"十四五"职业教育国家规划教材

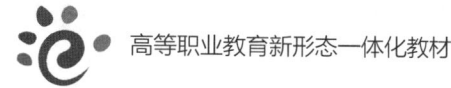高等职业教育新形态一体化教材

TESHU ERTONG FAZHAN YU XUEXI

特殊儿童发展与学习

（第二版）

主　编　刘新学

中国教育出版传媒集团

高等教育出版社·北京

内容提要

本书为"十四五"职业教育国家规划教材，高等职业教育新形态一体化教材。

本书主要讲述了特殊儿童发展与学习的理论、研究方法，介绍了几种影响比较大的学前特殊儿童教育模式，阐述了儿童出生前后的主要风险因素，分析了家庭对特殊儿童的影响，简要介绍了特殊儿童发展与学习的评估。书的后半部分依次介绍了视觉障碍、听觉障碍、智力障碍、言语与语言障碍、注意缺陷多动症、孤独症、情绪与行为障碍、学习障碍、多重障碍、肢体障碍和病弱儿童，以及超常儿童的学习与发展，并单列一节介绍案例，以突出本书的实践性。

教师如需获取本书授课用PPt等配套资源，请登录"高等教育出版社产品信息检索系统"（http://xuanshu.hep.com.cn/）免费下载。

本书可作为高等职业教育专科、本科学前教育专业、早期教育专业、婴幼儿托育服务与管理专业教材，也可作为社会从业人士的业务参考书。

图书在版编目（CIP）数据

特殊儿童发展与学习／刘新学主编. -- 2 版.

北京：高等教育出版社，2025.6. -- ISBN 978-7-04-064091-5

Ⅰ. G76

中国国家版本馆 CIP 数据核字第 2025S9Z756 号

Teshu Ertong Fazhan yu Xuexi

策划编辑	张庆波	责任编辑	张庆波	封面设计	杨立新 李小璐	版式设计	徐艳妮
责任绘图	李沛蓉	责任校对	胡美萍	责任印制	刘思涵		

出版发行	高等教育出版社	网　址	http：//www.hep.edu.cn
社　址	北京市西城区德外大街 4 号		http：//www.hep.com.cn
邮政编码	100120	网上订购	http：//www.hepmall.com.cn
印　刷	武汉市新华印刷有限责任公司		http：//www.hepmall.com
开　本	787mm×1092mm　1/16		http：//www.hepmall.cn
印　张	20.25	版　次	2015年3月第1版
字　数	440 千字		2025年6月第2版
购书热线	010-58581118	印　次	2025年6月第1次印刷
咨询电话	400-810-0598	定　价	48.00 元

本书如有缺页、倒页、脱页等质量问题，请到所购图书销售部门联系调换

版权所有　侵权必究

物 料 号　64091-00

第二版前言

特殊儿童教育是基础教育的重要组成部分,需针对不同类别的特殊儿童实施个性化教育与干预。本书围绕主要特殊儿童类别,探讨其发展与学习特点,提供因材施教的理论与实践支持。

本书以党的二十大精神为指导,深入贯彻教育部《高等学校课程思政建设指导纲要》等文件要求,坚持立德树人,有机融入思政元素,增编相关案例,增强学生的社会责任感,助力学生树立正确的教育观、儿童观和发展观,培养关爱特殊群体的专业素养和人文情怀。

本书按特殊儿童类别编排,没有以普通心理学的心理过程划分,更契合个体差异及康复训练需求。内容力求简明易懂,结合理论与案例,强调实践应用,助力读者在学习理论的同时深化理解,提高实操能力。

本书由多位专家学者共同编写。南京特殊教育师范学院刘新学编写第一章特殊儿童发展与学习概述、第二章特殊儿童发展与学习的理论,负责全书统稿;张宇编写第三章特殊儿童发展与学习的模式,负责部分书稿统稿;韩媛媛编写第十章言语与语言障碍儿童、第十三章情绪与行为障碍儿童;秦奕编写第十一章注意缺陷多动症儿童;李贵希编写第十四章学习障碍儿童、第十五章多重障碍儿童;杭州师范大学周丹编写第五章家长对特殊儿童的影响、第十六章肢体障碍和病弱儿童;浙江师范大学李伟亚编写第四章特殊儿童出生前后的危险因素、第十二章自闭症儿童;浙江师范大学林云强编写第六章特殊儿童发展的临床评估;黑龙江幼儿师范高等专科学校王雪娇编写第七章视觉障碍儿童;山东体育学院商庆高编写第八章听觉障碍儿童和第十七章超常儿童;中国教育科学研究院冯雅静编写第九章智力障碍儿童,并负责案例统稿。

配套视频的录制者为南京特殊教育师范学院刘新学、张宇、姚妮、丁心睿及包丽丽。

本书在编写过程中参考了大量国内外文献资料,并尽力注明出处。由于涉及文献众多,特别是网络资源的使用,难免有所疏漏,在此向所有被引用资料的学者致以衷心的感谢。

编者在编写过程中付出了很大努力,但由于多方面的限制,书中难免存在不妥之处,敬请各位专家和广大读者不吝赐教,以便进一步修订完善。

编　者

2025 年 2 月

第 一 版 前 言

　　特殊儿童教育是基础教育中的重要部分,由于特殊儿童差异性较大,在教育中需要对不同类型的特殊儿童采取不同的针对性教育或干预训练。为了更好地对特殊儿童进行教育或干预,本书针对主要的特殊儿童类型,分类描述其发展与学习的特点,为特殊儿童的因材施教提供理论与实践支持。

　　本书中所讲发展侧重于特殊儿童身心的发展,而学习则侧重于非自然成长的学习。由于特殊儿童(超常儿童除外)一般都存在一方面或多方面的障碍,很多学习与教育内容是生活技能方面的,知识的学习相对健全儿童而言要少。超常儿童的学习则主要表现为超前、抽象知识,艺术能力等的发展与学习。

　　在章节的安排上,本书是按特殊儿童分类来编排的,这主要是考虑到特殊儿童的差异性大于其共性,同时,也便于针对不同类型特殊儿童进行分类学习与查阅,符合特殊儿童康复训练的实际。编者力图将抽象的基础知识以简明易懂的形式体现出来,使书本贴近实际,融入特殊儿童的康复训练中,注重理论与案例的结合,帮助学生在学习理论的同时结合实践深入体会理论的指导意义。在主文上设置知识链接、拓展阅读、思考与练习等栏目,图文并茂,形式活泼。

　　有多位作者参与了本书的编写,刘新学编写第一章特殊儿童发展与学习概述和第二章特殊儿童发展与学习的理论,并负责全书统稿;周丹编写第三章特殊儿童发展与学习的模式、第五章家长对特殊儿童的影响和第十六章肢体障碍和病弱儿童;李伟亚编写第四章出生前后的风险因素和第十二章孤独症儿童;林云强编写第六章特殊儿童发展的临床评估;王雪娇编写第七章视觉障碍儿童;商庆高编写第八章听觉障碍儿童和第十七章超常儿童;冯雅静编写第九章智力障碍儿童,并对本书案例部分统稿;韩媛媛编写第十章言语与语言障碍儿童和第十三章情绪与行为障碍儿童;秦奕编写第十一章注意力缺陷多动症儿童;李贵希编写第十四章学习障碍儿童和第十五章多重障碍儿童。

　　本书的编写参阅了大量国内外文献资料,并努力注明出处,由于参阅资料杂多,特别是网络的使用,挂一漏万在所难免,在此向所有被引用资料的作者致以衷心的感谢。

　　编者尽管作了很大的努力来撰写,但是由于各方面的限制,不妥之处在所难免,谨望各位专家和广大读者不吝赐教,以备采纳后加以修正。

编　者

2014 年 3 月

目 录

第一章　特殊儿童发展与学习概述

知识目标

掌握特殊儿童的发展规律、分类标准及研究方法，理解其教育干预的基础。

能力目标

能够运用已有的发展与学习理论解释特殊儿童的行为和学习特点，掌握基本的研究方法和行为矫正设计。

素质目标

增强对特殊儿童个体差异的敏感性，尊重和理解其特殊需求，促进其全面融入社会。

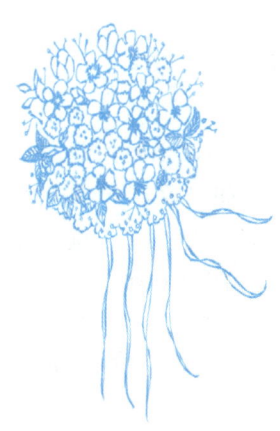

案例

西商杜某,家巨富,生子而哑,因名之曰一鸣,盖取惊人之义,以致其属望之意。及长,绝聪慧,但不能言而已。延师教读,授以书,注目不移,翌日即能默写,点画无讹,师以是奇之。遂能吟咏,所作有大家风,不落寻常窠臼。曾有《粉蝶》一绝曰:"聊将春色作生涯,宿尽园林几树花。不惯吟香浑似我,却教香里度年华。"诗出,人皆传诵。

(资料来源:石正人选编. 聊斋志异续编. 北京:北京十月文艺出版社,1997.)

第一节　特殊儿童发展与学习的基本知识

一　特殊儿童发展与学习的概念

（一）特殊儿童的概念

特殊儿童
概念与分类

英国在沃诺克报告(Warnock Report,1978)中首次提出"特殊教育需要儿童"(child with special educational needs,简称 SEN)[①]。现在一般称为特殊需要儿童(children with special needs, exceptional children),广义是指与健全儿童有显著差异的各级各类儿童。这些差异可表现在智力、感官、情绪、肢体、行为或言语等方面,既包括在发展上低于健全儿童的儿童,也包括高于正常发展儿童的儿童以及有轻微违法犯罪的儿童。狭义专指残疾儿童,即在身心发展上有各种障碍的儿童。朴永馨(1995)提出,特殊儿童可以有两种理解:一种是广义的,即把正常发展的健全儿童之外的各类儿童都包括在内;另一种是狭义的,专指生理或心理发展上有缺陷的残疾儿童。这里的特殊儿童是指因个体差异而有各种不同的特殊教育需求的儿童。

（二）特殊儿童的发展与学习

特殊儿童的发展与学习是指特殊儿童从孕育到出生后的身心发展与知识经验习得的过程。特殊儿童的发展具有其一般性规律,也有其特殊性。所谓一般性规律就是指特殊儿童也是儿童,他们的发展不能完全脱离健全儿童的发展与学习规律;特殊性是指在遵从健全儿童的发展与学习规律中,又有其独特的一面,不能与健全儿童一视同仁。所以有些学者把特

---

① Warnock M. Children with special needs：the Warnock Report［J］. British Medical Journal,1979,1
(6164)：667 - 668.

殊儿童称为异常儿童,以区别于健全儿童。

(三) 特殊儿童的发展与学习遵从人类身心发展的基本规律

在强调特殊儿童与健全儿童差异性的同时,仍然需要考虑其遵从人类身心发展的一般规律,其学习也可以用学习理论来解释,用动物实验得来的结果可以类比健全儿童,也同样可以类推特殊儿童,从目前的各种干预措施与康复训练,就可以明白其共同性。所以台湾学者陈政见认为,特殊儿童与健全儿童的共性表现在:①发展历程、模式相似;②生理组织结构相似;③心理需求要素相似;④人格结构发展相似;⑤社会适应内容相似。在身心发展方面,特殊儿童同样遵循儿童心理发展的基本规律:

特殊儿童
身心发展
规律

1. 从低级到高级、从简单到复杂

特殊儿童心理发展也是遵循由低级到高级、由简单到复杂的发展历程。特殊儿童发展同样可以用皮亚杰、弗洛伊德、埃里克森、格瑞斯潘等的观点进行解释。特殊儿童具体表现为迟滞、超前(例如天才儿童和儿童早衰)或固着(例如袖珍人)。

2. 遗传、环境和教育相互作用

遗传、环境和教育对特殊儿童的发展与学习起着非常重要的作用。特殊儿童受遗传与变异的影响,其本身的生理基础,是干预与康复训练的基本前提。环境与教育方面,特殊儿童可以在已有的生理基础上,借助各种手段来得到发展与学习。三者相互影响,共同促进特殊儿童的发展与学习。

3. 潜能与可塑性是学习的基础

特殊儿童本身就有很大的潜能与可塑性。正是潜能与可塑性的存在,才给干预和康复训练提供了基础。特殊儿童的这种潜能与可塑性也存在各种身心发展与学习的敏感期,在敏感期内予以干预和康复训练效果最好。过了敏感期,在一定的时间范围内仍然可以通过干预和康复训练,得到一定程度的提高。

在描述特殊儿童发展规律时,不要忘记特殊儿童与健全儿童之间的差异。这种差异很难总结。有报道说世界上罕见病有 6 000 多种,如果以疾病来对特殊儿童分类,那就至少有6 000 种特殊儿童。有的特殊儿童比健全儿童对某种刺激异常敏感,而有的则十分迟钝;天才儿童在某些方面则异常高于健全儿童(如智力)。所以,在描述特殊儿童发展时,不同类型的特殊儿童具有不同的注意、认知、情感、意志和个性发展特点。在强调差异性的同时,不排除也存在某些共性,一般而言表现在如下三个方面(除去超常儿童):①特殊儿童普遍存在明显的身心缺陷。特殊儿童的障碍妨碍了他们的发展与学习,极易引发第二性缺陷。听障儿童由于听觉器官障碍,即使其有正常的语言系统,仍然不能对语言进行学习,思维由于缺少语言这一工具,导致抽象思维的发展受到损害;视障儿童丧失接收外界信息的视觉通道,大大限制其对外在世界的感知。②特殊儿童个体间的差异性非常显著。孤独症、注意缺陷多动症、情绪与行为障碍、不同肢体障碍类型的儿童等,差异十分显著,因此,对于特殊儿童的研究很难有像对健全儿童一样的大规模取样研究。对于发展与学习规律的研究,也要针对不同的障碍类型区别对待。③特殊儿童发展与学习普遍迟滞。在不同类别的特殊儿童中,身心发展普遍存在障碍。特殊儿童与健全儿童相比毕竟是少数,用健全儿童发展与学习水平作为评判准则,除去一些个别特征外,特殊儿童在大多数方面低于健全儿童。

二　特殊儿童发展与学习的研究对象

年龄阶段一般认为可以分为婴儿期(0—3 岁)、幼儿期(3—6 岁)、儿童期(6—11、12 岁)、少年期(11、12 岁至 14、15 岁)、青年期(16—28 岁,有的认为应该到 35 岁)、成年期(35—60 岁)、老年期(60—79 岁)、高龄期(80—89 岁)、长寿期(90 岁以上)。由于我国从 1922 年壬戌学制开始承袭美国学制,中间虽然几经改革,现今仍然沿用美国的六三三制。世界上很多国家的学制与美国学制基本一致,这里就对美国有与没有特殊教育需要儿童的看护与教育体系进行图示(见图 1.1)。从图中可以看到美国对于特殊儿童与健全儿童的年龄界定,与我国当前儿童期的划分基本一致。本书对于特殊儿童发展与学习的研究对象年龄界定为 12 岁以前,包括婴儿在母体内的发育时间。

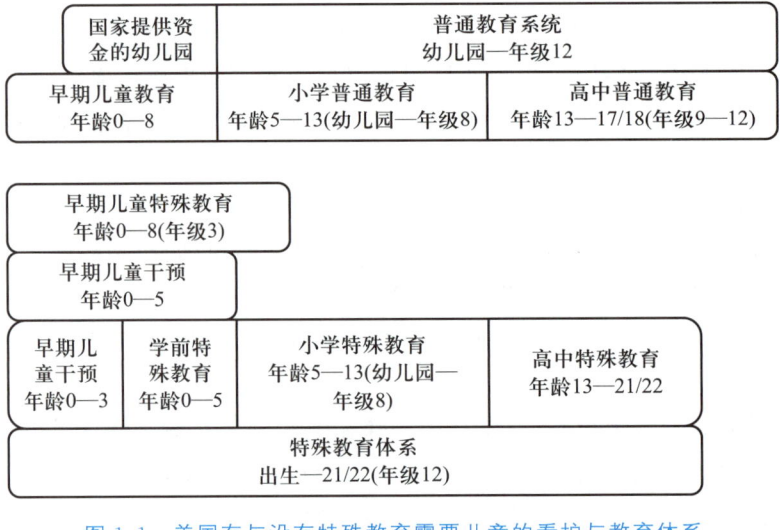

图 1.1　美国有与没有特殊教育需要儿童的看护与教育体系

由此可见,特殊儿童发展与学习的研究对象包括除健全儿童之外的各级各类异常发展儿童。

三　特殊儿童的分类

过去人们一般以医学诊断作为特殊儿童分类的标准。从 20 世纪 70 年代起,人们开始尝试根据特殊儿童当前的表现以及所需要的教育和服务来分类。例如,1972 年伊斯科和培恩提出,从以下三个方面共九个维度来对特殊儿童进行评估和分类:①基本状况:可见的生理偏差、运动能力及局限、沟通能力及问题。②调节状况:同伴接受、家庭干预、自我尊重。

③教育状况：动机、学业状况、教育潜能。

1975 年，美国第 94 届国会通过了第 142 号法令，即《所有残疾儿童教育法》。该法规定，残疾儿童（狭义的特殊儿童）分为学习障碍、言语和语言障碍、智障、重听、聋、视觉障碍、情感障碍、肢体残疾、其他健康损害、聋盲、多种残疾共十一类。1990 年，美国在新颁布的《残疾人教育法》（简称 IDEA）中将重听和聋合并为听觉障碍一类，并增加了孤独症和脑外伤两类。另外，在 1973 年颁布的《职业康复法》和 1978 年颁布的《天才与特殊才能教育法》中还分别把注意缺陷多动障碍、天才和有特殊才能学生确定为特殊儿童。美国《残疾人教育法》对特殊儿童的分类是：学习障碍、言语或语言障碍、智力障碍、情绪障碍、多重障碍、听觉障碍、其他健康障碍、视觉障碍（包括全盲）、孤独症、聋—盲、外伤性脑损伤、发展迟缓。

我国台湾把特殊儿童分为两类——天赋优异与身心障碍两大类。天赋优异儿童表现在：一般智能、学术性向、艺术才能、创造能力、领导能力以及其他特殊才能方面。身心障碍儿童分为：智能障碍、视觉障碍、听觉障碍、语言障碍、肢体障碍、身体病弱、严重情绪障碍、学习障碍、多重障碍、孤独症、发展迟缓以及其他显著障碍。

1989 年国务院转发的《关于发展特殊教育的若干意见》文件中提到了盲、聋、智障、肢体残疾、学习障碍、语言障碍、情绪障碍共七类特殊儿童。1990 年 12 月颁布的《中华人民共和国残疾人保障法》分残疾人为视力残疾、听力残疾、言语残疾、肢体残疾、智力残疾、精神残疾、多重残疾和其他残疾等 8 类。2006 年，在第二次全国残疾人抽样调查标准中，将残疾人分为七类：视力残疾、听力残疾、言语残疾、智力残疾、肢体残疾、精神残疾、多重残疾，其中每类残疾按其程度分为 1—4 级。

知识链接

让·马克·加斯帕尔·伊塔（法语：Jean Marc Gaspard Itard，1775—1838），法国医生，出生于普罗旺斯，被称为特殊教育之父。1825 年，他描述一位名叫 Marquise de Dampierre 的贵族女性的状况，这名女性一生患有妥瑞氏症，这是有关妥瑞氏症的最早记载。他最著名的事迹是曾经收养过一位叫作维克多（Victor of Aveyron）的野男孩。1828 年出版《关于阿维龙的野生儿的报告和回忆录》一书（图 1.2）。这个男孩是被人从森林中捕捉到的。伊塔尝试施予教育训练，虽然最后未能成功，但是对后世特殊教育有深远的影响，堪称启智教育的先驱者，并影响了蒙台梭利的教育理念和方法。

在对维克多五年的教育中，伊塔给他安排了个别化教育计划。也许这是世界上最早的个别化教育计划，主要从五个方面来关注维克多的发展：

通过学习表演让他对社会生活感兴趣，而不是让他进行阅读。

用最为活跃的刺激来激活他的神经敏感性。

给他提供新的需要以拓展他的思想,并积极发展他的社会交往能力。

通过执行严格的律法去模仿练习,引导他使用语言。

在指导下让他去练习简单的心理操作。

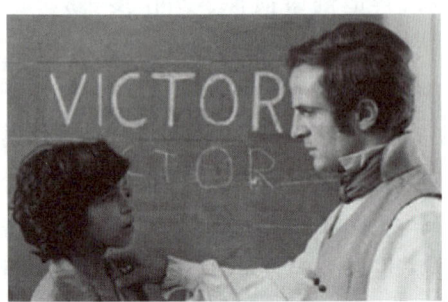

图 1.2 让·马克·加斯帕尔·伊塔和维克多

伊塔使用了我们现今普遍采用的综合训练方法——视觉策略、感觉刺激、行为方法等去帮助维克多学习语言,以及认知、社会、情绪和自助技能。直到现在他的很多方法还被用于特殊儿童的学习与发展。

第二节 特殊儿童发展与学习的研究方法

一 观察法

观察法(observation method)(见图 1.3),是指研究者通过感官和辅助仪器,有目的、有计划地对处于自然情境下的特殊儿童在日常生活、游戏、学习和劳动过程中的表现,包括其言语、表情和行为进行观察,并根据观察结果分析儿童心理发展的规律和特征的方法。在研究中,人们除了借助自己的眼睛、耳朵去感知、观察外,还可以运用照相机、闭路电视装置、录像机等现代技术手段来观察。

图 1.3 参与观察与非参与观察

观察法是研究特殊儿童心理活动的基本方法。因为特殊儿童的心理活动有明显的外在特征，所以通过对他们外部言行的观察，可以了解他们的心理活动。借助观察法，可克服研究对象在各种能力、反应方式和特点方面的局限，能比较客观、有效地观测他们的行为。皮亚杰喜欢在家庭、学校或者游戏场所等儿童自然活动场所观察儿童。他认为，自然状态的观察更有利于取得客观的结果。

运用观察法研究特殊儿童心理时应注意：①观察前要做好准备。②观察时尽量使儿童保持自然状态。③对儿童观察记录要求详细、准确、客观，不要带任何主观偏见。④儿童的行为不稳定，观察应排除偶然性，观察的次数要多。另外，还要考虑到各种误差，如观察者的期望效应，观察仪器设备的干扰等。

观察法最大的优点在于：①能通过观察直接获得资料，不需其他中间环节，因此观察的资料比较真实。②在自然状态下观察儿童，能获得生动的资料。③具有及时性的优点，能捕捉到儿童身上正在发生的现象。④能搜集到一些无法言表的儿童活动资料。局限性主要有：①受时间的限制。②受观察对象限制。③受观察者本身限制。④观察者只能观察表面现象，不能发现其本质。⑤观察法不适用于大面积调查。

二　实验法

实验法（experimental method）即有计划地控制各种条件，特别是改变某一条件，来研究儿童心理特征的变化，从而揭示特定条件与心理活动之间关系的方法。运用实验法可以揭示自变量与因变量之间是否存在因果关系或相关程度的大小，从而发现并概括出特殊儿童发展与学习现象中的客观规律。

在运用实验法时必须考虑三个变量：①自变量：实验者安排的刺激情境或实验情境。②因变量：实验者预定要观察、记录的变量，是实验者要研究的真正对象。③控制变量：实验变量之外的，其他可能影响实验结果的变量。

实验法主要有两种，即自然实验法（field experiment）和实验室实验法（laboratory experiment）。自然实验法又称现场实验法，是指在实际生活情境中，由实验者创设或改变某些条件，以引起儿童被试者某些心理活动并进行研究的方法。如在正常的儿童游戏活动中，分析各年龄幼儿的基本活动特点，从中发现儿童游戏活动的规律。与观察法的不同之处在于，研究者可以对某些条件进行控制，避免研究者处于被动地位，使自然实验法兼具观察法和实验法的优点。正因为如此，自然实验法和观察法一样，成为研究特殊儿童心理的重要方法。由于特殊儿童摆脱了实验室实验可能产生的紧张心理而处于自然状态中，因此得到的资料比较切合实际。自然实验法的缺点是实验情境不易控制，在许多情况下还需要由实验室实验来加以验证和补充。

实验室实验法是指在实验中严格控制实验条件，借助专门的实验仪器，引起和记录特殊儿童的心理现象并进行研究的方法，如图 1.4 所示。严格控制实验条件，有助于发现特殊儿童行为和心理活动的因果关系，并可对实验结果进行反复验证。实验室实验法最主要的优点就是能严格控制试验条件,可以通过特定的仪器探测一些不易观察到的情况,取得有价值的科学资料。如在特殊儿童情感实验室中通过设计不同的实验情境,诱发出特定情绪,利用生理学方法(遥测记录包括心率、心律、血压、呼吸、皮肤电反应、体温等生理信号的变化)和行为学方法(通过观察被试对象面对不同刺激时的表现,对他们的行为动作、面部表情和语音信号进行分析)对特殊儿童的情绪进行研究,从而达到对特殊儿童情绪能力进行评估的目的。但是实验情境带有很大的人为性质,如果特殊儿童意识到正在接受实验,有可能影响实验结果的客观性,具有局限性。

图 1.4　实验法

(一) 单被试实验设计

单被试实验设计(single-case experimental design)是指在整个研究过程中只有一名被试的研究设计,也称个案设计(single-case design)。它为研究者提供了一种资料搜集与解释的方法,这是它的独特优点。单被试设计在特殊儿童研究中十分重要,因为特殊儿童的异质性很高,很难像健全儿童一样成组进行实验研究,非常有必要采用单被试设计来明确变量间是否存在因果关系。运用单被试设计,则可针对特殊儿童的个别状况找出其发展水平、行为特征,对症下药,达到事半功倍的效果。一般应用单被试设计来对特殊儿童在生活、行为、言语等方面的问题进行测试,诸如智力障碍儿童在良好生活习惯上的培养及基本读写算能力的发展[1],多动症儿童的行为改善[2]、情绪困扰儿童的社会技能培养[3]等。

---

① Whitman T L, Scibak J W, Reid D H. Behavior modification with the severely and profoundly retarded: research and application [M]. New York: Academic,1983.
② 陈荣华. 行为改变技术[M]. 台北:五南图书出版有限公司,1986.
③ Kaufman A S, Kaufman N L. Kaufman Adolescent and Adult Intelligence Test[M]. Circle Pines, MN: American Guidance Service,1993.

研究结果不能提供一系列被试组分数，无法计算平均数、方差及进行统计显著性检验。单被试实验结果的呈现与解释常常依靠图示，如图 1.5 所显示的资料来自一项考察不团结行为矫治效果研究，这是其中一个学生的行为表现。

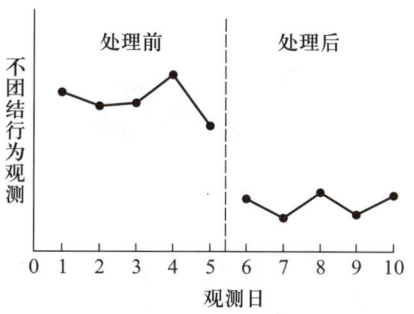

图 1.5　单被试研究数据

（二）倒返实验设计（ABAB 设计）

倒返实验设计（reversal replication design）通常称为 ABAB 设计，也有人称之撤回设计（withdrawal design）、操作设计（opera design）及等时系列设计（equivalent time series design）。倒返设计是个案实验设计模式中最基本的一种，基本的原则是在至少两种条件下（一是基线 A，也就是初始情况；二是处理 B，也就是实验处理），重复测量行为的改变情形。如果在实施实验处理后被试的行为状况不同于基线阶段的行为状况，就可认为实验处理有可能导致被试行为的改变（A—B 设计）。为了证明该假设是否成立，实验者需要撤销实验处理，再倒返到基线阶段 A 的条件，而不给予任何实验处理（A—B—A 设计）。如果经过这样的安排被试者的目标行为又恢复到基线水平，则实验者就有根据认为其所实施的实验处理确实影响目标行为的改变。假如再度进行实验处理 B 之后（A—B—A—B 设计），被试行为又再次发生变化，就可以证明实验处理导致目标行为发生改变，明确了其间的因果关系。A—B—A—B 实验设计如图 1.6 所示。Bob 是一个智障青年，无要求的实验处理后攻击反应次数减少[1]。

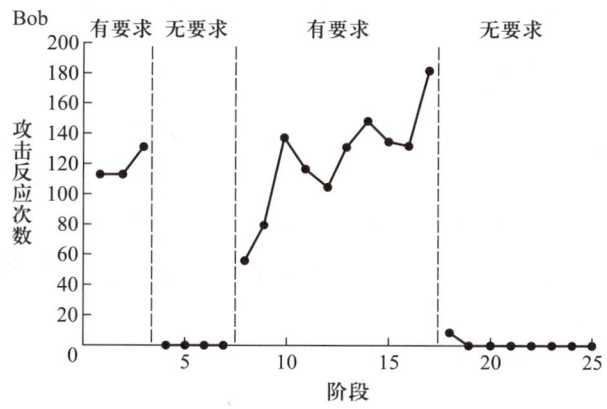

图 1.6　A—B—A—B 实验设计

---

[1]　Carr E G，Newsom C D，Binkoff J A. Escape as a factor in the aggressive behavior of two retarded children [J]. Journal of Applied Behavior Analysis，1980，13(1)：101－117.

知识链接

多重基线设计

多重基线设计是倒返设计的一种发展,就是在同一行为改变方案中,同时建立和测量两项或两项以上的行为基线。行为基线可以针对不同的被试,也可以针对不同的目标行为,或者针对不同的实验条件。它可以用来处理多被试、多自变量情况下的实验。由于针对性的不同,故多重基线设计又可分为多重对象设计、多重行为设计和多重条件设计等三种不同的实验设计模式。

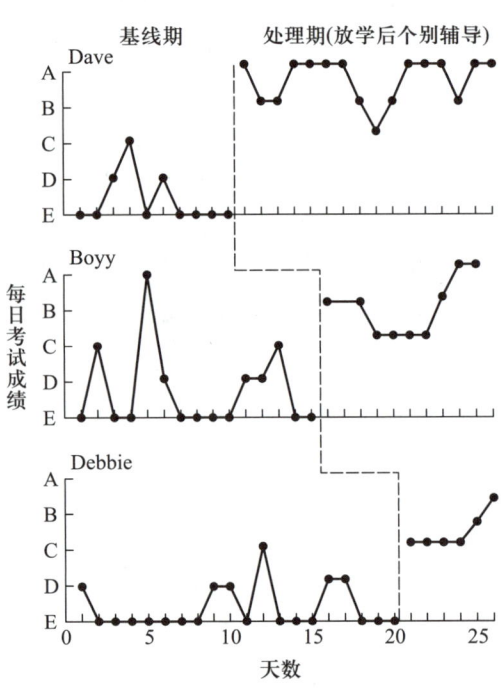

图1.7 多被试多基线设计
注:1970年霍尔等人曾经采用此种实验设计来同时处理三位高中学生的法文学习成绩问题,并取得良好的效果。策略:放学后留校辅导。

1. 多被试多基线设计

如果有多个有相同问题行为的被试被置于实验情境中,其办法是:几个被试同时进入实验后,先作观测,但观测时间一个比一个长些,次数多些,并绘出基线。这样,基线就一个比一个长。每当一个被试观测结束后,即引进实验措施,因此实验措施的引进时间也不相同。当实验措施引进后,要分别作出观测,绘出被试行为变化曲线。当每个被试行为达到显著改变后,可以停止实验措施的引进,但实验不马上结束,还要继续进行一段观测,以看实验措施的后效(见图1.7)。

2. 多行为多基线设计

如果同一研究对象有几种问题行为需要同时矫治,其办法是:先对这个研究对象的几种问题行为作自然观测,用观测数据绘出基线。然后,选择几种问题行为中的一种作矫治处理,其他行为仍旧作自然观测记录。待到第一种问题行为达到要求的效果后,再对第二种问题行为作矫治处理,其方法如第一种。然后是第三种(见图1.8)。

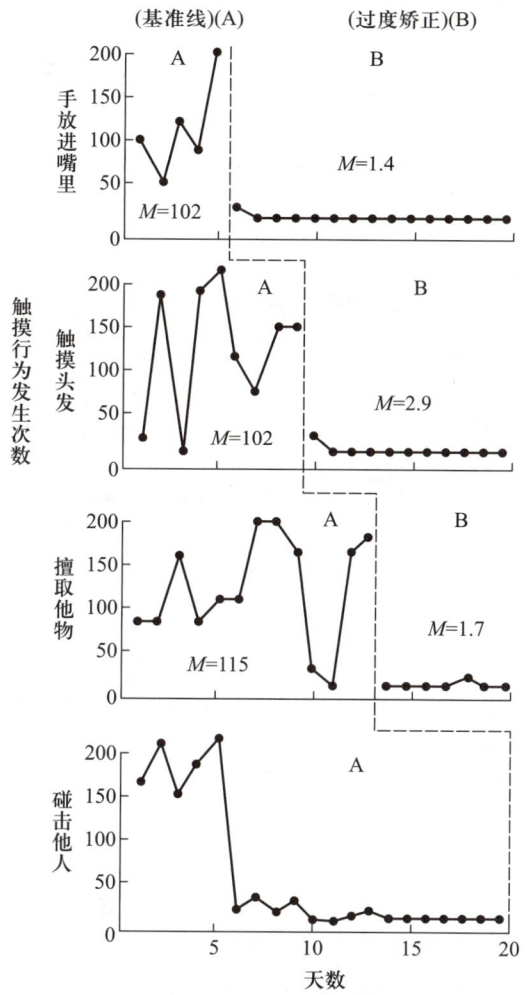

图 1.8 多行为多基线设计

注:萨维和迪克于1979年利用口头警告加过度矫正策略来处理智障儿童乱摸乱碰行为的实验研究中,实验对象是一位12岁的重度智障女童。

3. 多条件下多基线设计

如果是对同一研究对象的同一种问题行为在不同条件下用同一矫治措施,其方法与前两种设计相似。例如,一名学生上课听讲效果不佳,现决定用"及时提问"方法作矫治处理。先在语文、数学、物理三科中进行。处理前对此三科上课听讲效果作自然观测,绘出基准线。然后在语文课上采取及时提问方法并作观测记录,其他课仍旧作自然观测记录。待到语文听讲效果达到预期指标后,再依次将及时提问法引入数学和物理课教学。这样,待一段时间后,就可以利用观测数据绘制的曲线对及时提问在三门课上的效果作出判断(见图1.9)。

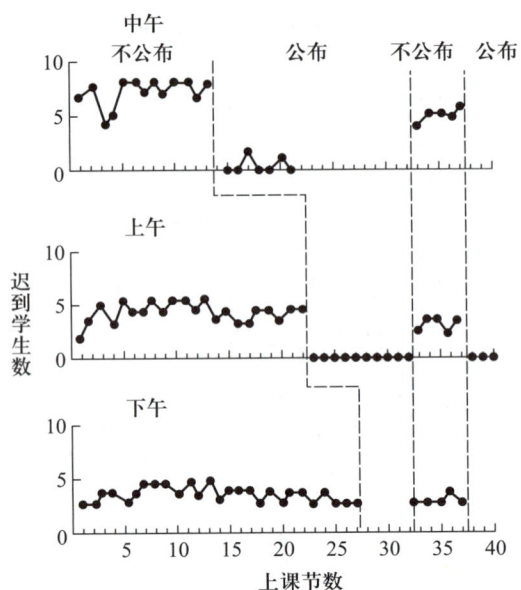

图 1.9   多条件下多基线设计

注:霍尔等人于 1970 年公开发表一篇用正强化原理来处理同一组儿童上
课迟到行为的研究案例。该方案所使用的行为处理策略是,在班级布告栏
开设"今天模范榜",及时公布休息后准时上课的学生姓名。

(三)逐变标准设计

逐变标准设计是对问题行为先作自然观测,形成基线。引入矫治措施后,把整个实
验过程划分为若干小阶段,并预先订出每小阶段行为改变的标准。这样,每一小阶段的
行为变化曲线就成为下一小阶段的基线,依次递进直至问题行为达到最后矫治目标(见
图 1.10)。

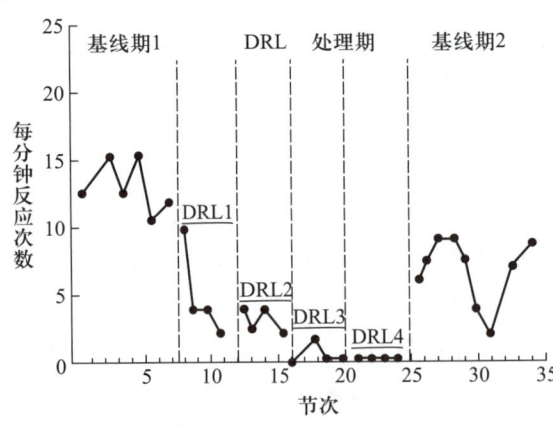

图 1.10   逐变标准设计

例:德兹和雷珀在一项以低频行为分
化强化策略(简称 DRL)来消除一高中职
业班女生的讨论离题行为的研究中,就采
用逐变标准设计。该方案的实验对象是
一高中职业班的女生,共 15 人。所要处
理的行为是:课上讨论功课时,经常发生
讨论离题的不当行为。其使用的行为处
理策略是,如讨论离题行为减少到预定标
准,则全班同学可以在周五享受到 50 min
的自由时间。

三　调查法

调查法(Investigation method)是指为了解情况,而制订计划收集研究对象所需的各种信息与材料,并进行分析、综合与推断,得出某一结论的研究方法。它的目的可以是全面把握当前的状况,也可以是为了揭示存在的问题,弄清前因后果,为进一步的研究或决策提供观点和论据。途径与方式很多,如访谈、问卷、测验、电话等形式获得原始资料。

(一) 问卷法

问卷法(questionnaire method)是通过由一系列问题构成的调查表,收集资料以测量特殊儿童行为和态度的基本研究方法。问卷是研究者用来收集资料的一种技术,它重在对儿童意见、态度和兴趣的调查。问卷的目的,主要是经由监护人或儿童填写问卷,从而得知有关施测者对某项问题的态度、意见,然后比较、分析大多数被调查者对该项问题的看法,以作为参考。在儿童心理与教育方面,很多问题无法直接测量,只能通过问卷的方法间接测量。

问卷形式主要可以分为三种:①结构式或封闭式问卷。这种问卷提出问题,并提供可选择的答案,只允许在问卷所限制的范围内挑选,题型主要有:是否型、选择型和评判型(图1.11)。②开放式或非结构型问卷。问卷只给出问题,不提供答案,让被试自由回答。③综合型。由于研究需要,有时也可以综合开放与封闭的优点,如问卷以封闭型为主,适当加入若干开放性问题。

问卷法的优点主要有:抽样范围较广,节约时间和经费;操作简单易行;可以自由地表达意见,使调查结果更为可靠。但也存在不足:要精心设计问题。如果问题表达不准确,便不能得到真实的回答;抽样需要认真考虑样本的代表性;对于虚假回答难以辨别,导致所得结果不可信。另外就是客观事情非常复杂,问卷的测查能力有限。

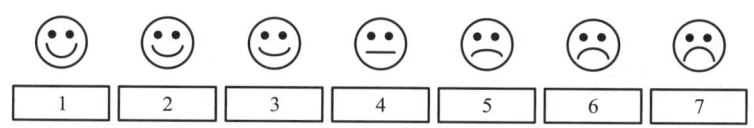

图 1.11　评判式问卷举例

(二) 测验法

测验法(test method)是根据一定的测验项目和量表,来了解儿童心理发展水平的方法。一般是采用标准化的项目,按照预定程序,对儿童心理发展的某个方面进行测量,并将测量的结果与常模相比较,从而确定儿童心理发展水平或特点。测验主要用来查明幼儿心理发展的个别差异,也可用于了解不同年龄幼儿心理发展的差异。在测验过程中应注意对幼儿心理测验一般采用个别测验,不宜用团体测验。测验人员必须受过训练,要善于取得幼儿的信任。幼儿心理活动的稳定性差,不能单凭一次测验的结果作为判断幼儿心理发展水

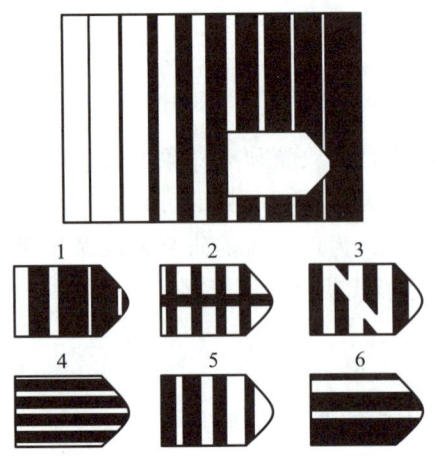

图 1.12   瑞文智力测验图例

平的依据。

运用测验法时，所采用的量表是非常重要的。国际上已有一些较好的婴幼儿发展测验量表，如格塞尔发展量表（1940）、韦克斯勒学前和小学智力量表（1967）、Achenbach 儿童行为量表（1983，简称 CBCL）、贝利婴儿发展量表（1969）、PPVT 图片词汇测试，适合于 3 岁 3 个月—8 岁 5 个月的孩子使用。如图 1.12 瑞文智力测验图例。

测验法的优点：主要表现在使用简便，在较短时间内能够粗略了解儿童的发展状况，测验量表的编制十分严谨，结果处理方便，可以直接进行对比研究。量表的种类较多，可以适应不同研究目的的需要。测验法的不足在于：使用灵活性差，对施测者的要求较高；结果难以进行定性分析；儿童测试的成绩可能受练习、测验经验的影响等。另外，测验法无法反映儿童思考的过程或方式；测验题目很难同时适用于不同生活背景的各种儿童等。

研究特殊儿童心理的方法还有调查法、谈话法和作品分析法等。比较有影响的研究还有自然反应法，主要包括视觉追踪法、视崖反应法、回避反应法、抓握反应法等。另外还有很多其他研究方法。在实际研究中往往综合运用各种方法。

目前，特殊儿童发展心理科学研究不断深入。随着现代科学技术和社会的迅速发展，特殊儿童发展心理学的研究方法表现出许多新特点，尤其是研究思路的生态化、研究方式的跨学科和跨文化特点、研究手段的综合化和智能化、多元统计技术的大量应用、研究各方面的计算机化等。

思考与练习

1. 请说明特殊儿童的概念。

2. 简述特殊儿童发展与学习的基本规律。

3. 特殊儿童发展与学习的研究对象有哪些？

4. 简述我国特殊儿童的分类。

5. 简述观察法。

6. 简述实验法并举例。

7. 简述问卷法。

8. 简述测验法。

本章小结

1. 特殊儿童的概念有广义与狭义之分。广义是指与健全儿童有显著差异的各级各类儿童。狭义专指残疾儿童,即在身心发展上有各种障碍的儿童。

2. 特殊儿童的发展与学习是指特殊儿童从孕育到出生后的身心发展与知识经验习得的过程。特殊儿童的发展与学习遵从人类身心发展的基本规律。

3. 特殊儿童发展与学习的研究对象年龄界定为12岁以前,包括婴儿在母体内的发育时间。

4. 2006年的第二次全国残疾人抽样调查标准中,将残疾人分为七类:视力残疾、听力残疾、言语残疾、智力残疾、肢体残疾、精神残疾、多重残疾,其中每类残疾按其程度分为1—4级。

5. 观察法,是指研究者通过感官和辅助仪器,有目的、有计划地对处于自然情境下的特殊儿童在日常生活、游戏、学习和劳动过程中的表现,包括其言语、表情和行为进行观察,并根据观察结果分析儿童心理发展的规律和特征的方法。

6. 实验法是指有计划地控制各种条件,特别是改变某一条件,来研究儿童心理特征的变化,从而揭示特定条件与心理活动之间关系的方法。在实验法中必须考虑三个变量:自变量、因变量和控制变量。

7. 问卷法是通过由一系列问题构成的调查表,收集资料以测量特殊儿童行为和态度的基本研究方法。

8. 测验法是根据一定的测验项目和量表,来了解儿童心理发展水平的方法。

第二章 特殊儿童发展与学习的理论

案　例

美国马里兰州巴尔的摩市雷斯特斯镇的布鲁克·格林伯格（Brooke Greenberg，1993 年 1 月 8 日—2013 年 10 月 24 日），从小就患有一系列医生无法解释的疾病。生后没多久就患有胃溃疡，接着又患上了癫痫。医生诊断她大脑中风，可几周后却发现她的大脑并没有留下任何明显的伤害。布鲁克 4 岁时突然陷入昏迷，沉睡了整整 14 天。她的外表看起来像是一名 1 岁大女婴，身高只

图 2.1　布鲁克（左）和妹妹

有 76 cm，体重不到 10 kg。布鲁克的智力也停留在了婴儿状态。布鲁克一直生活在摇篮中，不会讲话，不会走路，绰号"不老女婴"（见图 2.1）。医学专家对布鲁克的 DNA 样本进行了研究，希望从布鲁克身上发现一种"基因突变"现象，不过始终没能对她的怪病作出确诊。因此，专家们给她的怪病取了一个"X 综合征"（Syndrome X）的名字。

（根据网络资料整理）

发展心理学家研究人类的发展问题，首先进行假设，然后设计研究方法，收集数据，对得出的结果加以解释，最后形成发展理论。发展理论有一套解释体系，用各种规律或规则来对人的发展进行阐述，逐渐接近对人发展历程的认识。发展理论给出的规律或规则，可以为儿童的学习与发展提供教学指导。教师、训练人员、康复人员、医生等各级各类人员在儿童的学习中都需要按照发展理论对儿童施以教导。

第一节　建构主义理论

建构主义作为一种认识论涉及众多学科领域。有的认为是一种理论流派，有的则认为是一种理论思潮。建构主义者普遍认为知识绝非对现实世界的客观表征，而是人们在与情境的交互作用中所建构的一种对于世界的解释，"情境""协作""会话"和"意义建构"是知识的四大属性；学习是学习者于丰富的情境中，通过主动探索和协作，从而建构意义、创造知识的过程；学习过程中教师与学生同为平等的参与者和对话者，学生是知识的主动建构者，教师是意义建构的帮助者与促进者。

一　建构主义的源头

建构主义的哲学基础，从维科（Vico）起始。在《新科学》中，他指出人类历史的进程是社

会文化各个方面相互联系、相互作用的有机进程，"真理就是创造"。杜威把思想、理论和概念都看作是人应付环境的手段，真理只是一种有用的假设，"真理就是效用"。皮亚杰所提出的发生学结构主义则成为建构主义的直接来源。库恩（Kuhn）有关认识论的主张，给建构主义提供了更为稳固的哲学基础。20 世纪 60 年代开始的后现代主义哲学更是给予建构主义以极大支持，甚至有学者将建构主义本身归于后现代主义中。哲学家罗蒂（Rorty）所提出的反表象主义（antirepresentationalism）则成为建构主义主要的认识论。

皮亚杰与维果茨基对于建构主义的发展做出重要贡献，发生认识论与心理发展理论成为建构主义的重要心理学基础。同时，认知心理学也为建构主义提供了心理学基础，尤其是情境认知与学习（situated cognition and learning）理论对"处境主义"的重视，强调真实的学习应在有意义的处境中出现，参与基于社会情境的一般文化实践是个人认知的源泉。

建构学习理论来源于认知理论与社会认知理论。认知理论与刺激—反应理论（S—R 理论）相对立，它是建立在格式塔心理学基础上的，也被称为"场的理论"。代表人物是托尔曼（E C Tolman），其理论要点集中在 1932 年发表的《动物和人的目的性行为》（Purposive Behavior in Animals and Men）中。显见（molar）的行为是可以被理解的，它是有目的性的，是根据对环境中的目标和导致这一目标的手段之间关系的认知而来的。所谓认知，并不是对个别的感知和部分的知觉，而是对含有格式塔心理学所说的形态知觉这种更大的整体的认识。它也包括对象间的相互关系和意义关系，是在对对象间的手段—目的关系（means-end relation）的期待（means-end expectation）这一形态上成立的。如果把对动物具有重要意义的对象称为意义体（significate），那么作为手段的那些对象就被称为符号（sign）。在这二者之间，由于经验的作用形成赋予意义的手段—目的关系，把这种形成了的整体称为符号完形（sign-gestalt）。所谓学习，并不像赫尔（C L Hull）所说的那样由刺激—反应结合而成，而是这种符号完形的形成。所以，认知理论也被称为符号完形理论。通过学习，动物会去制作对其本身具有意义的某种环境认知地图。因此，学习过程也可以说是这种认知地图的形成过程。托尔曼在把行为作为心理学的研究对象这一点上虽然是行为主义者，但就对学习这一心理学现象的解释来看，与赫尔站在不同的立场上，二者间长期进行着不断的争论。

社会认知论（social cognition theory）是社会心理学的主要理论之一。源于 20 世纪 20—30 年代德国心理学家 K. 考夫卡、W. 苛勒和 M. 韦特海默等创立的格式塔心理学。格式塔意指形式或图形，在心理学中通常指模式或完形。格式塔心理学的主要观点是：整体不决定于其个别的元素，而局部过程都决定于整体的内在特性。因此，要理解整体的全部性质，就需要"自上而下"地分析从整体结构到各个组成部分的特性。30—40 年代，与韦特海默等同时代的 K. 勒温另辟格式塔心理学的新领域，他侧重于意志和需要的研究，创立拓扑心理学。他提出 $B = f(P, E)$ 的行为公式，强调行为随人与环境这两个因素的变化而变化。与勒温同时代的 F. 海德、M. 谢里夫、S. E. 阿希、T. M. 纽科姆等人在认知平衡、社会规范形成、印象形成等领域也取得了突破性的进展，从而逐步形成了社会认知这一理论取向。50 年代后期，L. 费斯廷格、H. H. 凯利等人对这一理论又进行了新的发展，建立了认知不协调、社会比较、归因等理论。

这些理论假设儿童是主动学习者,借助听、看与环境(如同龄人、成人、各种材料)进行互动。为了理解这些东西,儿童需要建构自己的知识体系。在这方面比较有影响的是皮亚杰与维果茨基的理论。

二　皮亚杰的理论

皮亚杰(Jean Piaget,1896—1980,见图2.2)是瑞士儿童心理学家,发生认识论(genetic epistemology)的开创者,日内瓦学派的创始人。皮亚杰认为发展就是个体在与环境的不断相互作用中的一种建构过程,其内部的心理结构是不断变化的,所以也有人称他的理论为建构主义发展论。皮亚杰引用四个概念:图式、同化、顺应、平衡来说明内部的心理结构是如何变化的。所谓图式,在皮亚杰看来就是人们为了应付某一特定情境而产生的认知结构。最初的图式来源于先天的遗传,表现为一些简单的反射,如抓握反射、吸吮反射等,所以皮亚杰称之为"遗传性图式"。个体通过各种活动,如触觉、视觉、听觉等,不断获得各种信息,逐渐地丰富和完善着自己的认知结构,形成了一系列的图式。同时,皮亚杰认为图式的变化通

图2.2　皮亚杰
(Jean Paul Piaget,
1896—1980)

过同化(assimilation)、顺应(accommodation)和平衡(balance)三个过程来实现。

同化就是指主体将外界刺激纳入已有的图式中,这是个体获得新经验的过程。顺应就是同化性的结构受到所同化的元素的影响而发生的改变,即当有机体不能利用原有图式接受和解释新的刺激情境时,有机体就会对自身图式作出相应的改变,以适应新的情境。同化与顺应是适应的两种形式。而同化和顺应既是相互对立的,又是彼此联系的。皮亚杰认为,同化只是量的变化,不能引起图式的改变或创新;而顺应则是质的变化,促进创立新图式或调整原有图式。平衡既是发展中的因素,又是心理结构。平衡是指同化作用和顺应作用两种机能的平衡。新的暂时的平衡,不是静态的而是动态的,不断发展的平衡—不平衡—平衡的过程就是适应的过程,没有平衡,就没有发展。

皮亚杰认为影响心理发展的因素有四个:成熟(maturation)、物理环境(physical environment)、社会环境(social environment)、平衡(equilibration)。成熟是指机体的成长,主要指神经系统的生长。儿童心理的发展必须依赖于先天的遗传因素和生理基础。物理环境提供两种经验:物理经验(physical experience)和数学逻辑经验(logic-mathematical experience)。社会环境是指影响个体心理发展的社会因素,包括社会生活、社会传递、文化教育、语言信息等。皮亚杰强调,社会环境对人的心理发展的影响是以个体的认识结构为前提,并通过社会互动作用而实现的。平衡是主体内部存在的机制,是不断成熟的认知结构和外部环境的相互作用。皮亚杰认为如果没有主体内部的同化、顺应、平衡机制,任何外界刺激对儿童本身都不起作用。

皮亚杰依照儿童智慧发展的水平,将儿童心理的发展划分为四个阶段:

1. 感知运动阶段（sensorimotor stage）（0—2 岁）

婴儿的学习限于最简单的身体动作和感官知觉方面：视觉、触摸、嗅觉、味觉和听觉。在这个阶段，儿童依靠感知动作适应外部世界，逐渐形成客体永存性的概念。

2. 前运算阶段（preoperational stage）（2—7 岁）

该阶段儿童能保持不在眼前物体的形象，语言和符号的初步掌握使得体验超出直觉范围（这一阶段是动物能达到的极限），出现直觉思维（4—7 岁）或表象思维（imaginal thought）。主要有三个特点：一是相对具体性，儿童开始依靠表象思维，但是还不能进行运算思维。二是不可逆性，突出表现为缺乏概念守恒（conservation）结构，如液体守恒、数量守恒、面积守恒等。三是自我中心性，具体表现为自我中心思维（egocentric thinking），儿童只能站在自己的经验中心来理解事物、认识事物。

案　例

一位教师与 4 岁儿童的对话：

教师："彼得，请你数一数第一排有几个硬币，好吗？"

儿童："1、2、3、4、5，5 个。"

教师："很好。请你再数一数第二排有几个硬币，好吗？"

儿童："1、2、3、4、5，5 个。"

教师："太好了。你说这两排中哪一排硬币比较多呢？"

儿童："第二排硬币比较多。"

○ ○ ○ ○ ○   第一排

○　○　○　○　○   第二排

图 2.3　数量守恒测试

教师："为什么呢？ 第一排有 5 个硬币，第二排也有 5 个硬币，为什么不是一样多呢？"

儿童："因为第二排比较长。"……

这个案例是比较典型的数量守恒测试（见图 2.3）。

3. 具体运算阶段（concrete operational stage）（7—11 岁）

儿童开始具有逻辑思维和运算能力，对大小、体积、数量和重量进行推论思考；把概念体系用于具体事物；逐渐能够运用保守原则。在这一阶段中，最重要的一种运算是分类。

4. 形式运算阶段（formal operational stage）（12 岁以上）

这一阶段儿童不再依靠具体事物来运算，能够脱离具体事物进行抽象概括，能够作出几种假设推测，并通过象征性的操作来解决问题；达到了认知发展的最高阶段；同成熟的成年人的思维能力相当。

皮亚杰的发展心理学理论简评：优点在于皮亚杰以智力为主要研究对象，探索智力的结构、功能与年龄的关系,开创了认知研究的先例。他所创立的学说为认知发展心理学的建立奠定了基础。按照思维的发展水平来划分心理发展的年龄阶段,具有一定的科学性。皮亚杰把社会影响、物理环境的影响和个人内部的动力因素有机地结合起来研究学习,既考虑了先天遗传的作用,又注意到后天活动的功能;既承认年龄阶段对学习过程的影响,又强调了社会环境对心理发展的促进作用。这对教育理论与实践也产生了重要的影响。皮亚杰的理论也有不足之处,在整个理论中大量用生物学的词汇,把智力的本质看作生物意义上的适应,把认知适应视作机体适应的延伸。同时,他把心理内部的平衡作用看作智力发展的决定因素,对外部环境的影响似有重视不够之嫌。虽然存在一些缺陷,但作为心理学的理论仍然是十分有价值的。

三　维果茨基的理论

维果茨基(Lev Vygotsky,1896—1934,见图 2.4),苏联心理学家。他的心理发展观主要包括四个方面。

第一,文化—历史发展观。维果茨基认为心理发展的实质是指一个人的心理在环境与教育的影响下,在低级的心理机能的基础上逐渐向高级的心理机能转化的过程。心理机能由低级向高级发展的标志体现为四个方面:①心理活动随意机能。②心理活动的抽象—概括机能,即各种机能由于思维的参与而高级化。③各种心理机能之间的关系不断变化、组合形成间接的以符号或词为中介的心理结构。④心理活动的个性化。维果茨基强调心理发展的高级机能是人类物质产生的过程中发生的人与人之间的关系和社会文化—历史发展的产物,心理发展过程是一个质变的过程,并为这个变化过程确定了一系列的指标。

图 2.4　维果茨基
(Lev Vygotsky,
1896—1934)

第二,文化—历史发展理论。维果茨基认为,由于工具的使用,人不再像动物一样以身体的直接方式来适应自然,而代替以物质生产的间接方式。工具生产中凝结着人类的间接经验,即社会文化知识经验,这就使得人类的心理发展规律不再受生物进化规律的制约,而是受社会历史发展规律制约。

第三,教学与发展。维果茨基在教学与发展的关系上提出了三个重要的问题:一是"最近发展区"的思想。维果茨基认为,至少要确定两种发展的水平。第一种水平是现有发展水平,这是指基于一定的已经完成的发展系统的结果而形成的心理机能的发展水平。第二种是在有指导的情况下借别人的帮助所达到的解决问题的水平,也是通过教学所获得的潜力。两者之间的差异就是"最近发展区"。二是"教学应当走在发展的前面",也就是说,教学"可以定义为人为的发展"。三是最佳学习期。开始某一种教学,必须以成熟与发育为前提,但更重要的是教学必须首先建立在正在开始形成的心理机能的基础上,走在心理机能形成的前面。

第四,"内化"说。维果茨基指出,教学的最重要的特征便是教学创造着最近发展区这一事实,也就是教学激起与推动学生一系列内部的发展过程,从而使学生通过教学而掌握全人类的经验并内化为其自身的内部财富。维果茨基的内化学说的基础是他的工具理论。他认为，人类的精神生产工具或"心理工具"，就是各种符号。运用符号就能使心理活动得到根本改造，这种改造转化不仅在人类发展中，而且也在个体的发展中进行着。

维果茨基心理发展理论的优点在于：解决人的心理怎样发展的问题。他认为，人的心理发展有两种截然不同的过程：一种是天然的、自然的发展过程，即心理的种系发展过程；另一种是历史文化发展过程，即心理的"人化"过程。在这个阶段上心理的发展基本上不受生物进化规律的制约，而是受社会文化发展规律的制约。将历史主义的原则运用于心理学之中，强调人与人的交往，他对人的心理的历史观是与他的活动观和内化观紧密联系在一起的。维果茨基的思想和研究成果，对儿童心理学的发展起了巨大的推动作用。但维果茨基过于重视语言对思维发展的作用，也受到一些学者的批评。

四   建构主义理论在特殊儿童发展与学习中的应用

建构主义理论广泛应用于教育中，在早期教育中的应用突出表现为蒙台梭利教育、瑞吉欧教育和高宽课程。将建构理论运用于特殊儿童发展与学习中时，十分注意让特殊儿童通过活动来学习，这样可以使特殊儿童保持对学习的兴趣，并积极参与教学活动。要依据特殊儿童的能力与兴趣，调整课程与环境设置，让特殊儿童以自己可接受的方式去学习、获得知识并得到身心发展。

建构主义主要包括五种教学模式：一是支架式教学（scaffolding instruction）。它基于建构主义学习理论，以学习者为中心，旨在培养儿童的概念理解、问题解决能力和自主学习能力。该方法通过逐步提供适当的学习线索或提示（即"支架"），帮助儿童克服学习障碍，逐步发现和解决问题，从而掌握知识。在支架式教学中，教师要为儿童的知识建构提供一种概念框架。框架的建立应遵循维果茨基的"最近发展区"理论，且要因人而异。二是抛锚式教学（anchoring instruction），也称"实例式教学"或"基于问题的教学"。这种教学要求儿童到实际的环境中去感受和体验问题。在实际情境中一旦确立一个问题，整个的教学内容和教学进程就被确定了（就像轮船被锚固定一样）。抛锚式教学与情境学习、情境认知以及认知的弹性理论有着极其密切的关系，只是该理论主要强调以技术学为基础的学习。约翰·布朗斯福特是该理论的主要代表人物，对抛锚式教学的理论和研究做出了贡献。三是随机通达式教学（random access instruction），也称随机进入教学。它是斯皮罗等人在认知灵活性理论的指导下提出的针对高级学习的一种教学方式。其核心主张是对同一内容的学习，要在不同时间、在重新安排的情景下、带着不同目的以及从不同的角度多次进行，从而获得多方面的认识与理解。四是认知学徒式教学（cognitive apprenticeship）。该教学模式由美国认知心理学家柯林斯和布朗等于1989年提出，学习者通过与专家的互动来学习新知识，能促进学习者高级思维技能的获得和知识的迁移。五是情境教学法（situated learning）。该教学模式是指在教学过程中，教师有目的地引入或创设具有一定情绪色彩的、以形象为主体的生动具体场景，以引起儿童一定的态度体验，从而帮助儿童理解教材，并使儿童的心理机能得到发展的教学方法。情境教学法的核心在于激发儿童的情感，通过直接经验来学习。

当成人为儿童提供支持或帮助时,所有的儿童都可以参与其中,特殊儿童也不例外。在教学中,老师可以根据特殊儿童的潜能与感兴趣的活动设计教学,给特殊儿童创造学习和解决问题的机会,使特殊儿童在学习与解决问题中去积极思考,不但可以获得知识经验,而且也可以促进特殊儿童各种能力的发展。

维果茨基十分重视同伴与成人在学习中的作用。在特殊教育中同伴指导对提高特殊儿童的注意力具有显著作用。同伴指导可以使特殊儿童获得多方面的发展与提高,例如,有认知障碍和躯体障碍的儿童,在同伴指导下去进行观察、学习,并努力实践新的技能。

自从建构主义理论引入学校教学后,学生在团体学习中获得很大的提高,特殊儿童也在基于这种理念的教学中获得很大发展。有研究者认为这种进步来自儿童对活动的参与。有轻微障碍的儿童,如有学习障碍、认知障碍的儿童可以通过动手操作、实践活动获得发展。例如特殊儿童参与科学课,可以通过自己动手操作来探索科学奥秘,既可以学习科学知识,也可以促进能力或技能的提高。

对特殊儿童进行教学,需要对教学目标进行分析,按照差异教学的要求进行内容调整,引导儿童围绕教授主题进行意义建构。建构主义认为创设情境是意义建构的必要前提,通过情境的创设,激发儿童的情绪与体验,努力使所创设的情景反映新旧知识的关联,便于儿童对知识进行重组和改造,帮助儿童形成对知识的同化和顺应,提升教学效果和儿童的学习效率。

第二节　现代发展理论

儿童的发展既有连续性也有阶段性,并不是单纯的连续性(例如兔子)或阶段性(例如青蛙)发展(图2.5)。儿童心理发展的连续性表现为个体整个心理发展是一个持续不断的变化过程。当某一种心理发展在进行量的积累时,就表现为心理发展的连续性。儿童心理发展从量的积累达到一定程度就会产生质变,因此儿童心理发展过程中就会表现出明显的阶段性。

图 2.5　连续性与阶段性发展

一   弗洛伊德的心理发展观

图 2.6   弗洛伊德
（Sigmund Freud，
1856－1939）

弗洛伊德（Sigmund Freud，1856－1939，见图 2.6）是奥地利精神病学家，精神分析学派的创始人。精神分析（psychoanalysis）是西方现代心理学的主要流派之一，又叫作弗洛伊德主义，它包括古典弗洛伊德主义和新弗洛伊德主义。

弗洛伊德心理发展阶段理论：弗洛伊德以力比多的发展及其所对应"性感区"为标准，把力比多的发展分为五个阶段，即口唇期（oral stage）、肛门期（anal stage）、性器期（phallic stage）、潜伏期（latent stage）和生殖期（genital stage）。

1. 口腔期（出生—1 岁）：引导婴儿吮吸乳房和奶瓶的行为，如果口腔的需要未能得到适当满足，将来可能形成诸如吮吸手指、咬手指甲、暴食和成年以后抽烟的习惯。

2. 肛门期（1—3 岁）：学步幼儿和学龄前幼儿从憋住大小便然后排泄的举动中获得快感，上厕所成为父母训练幼儿的主要内容之一。在这一时期弗洛伊德特别要求父母注意对儿童大小便训练不宜过早、过严。

3. 性器期（3—6 岁）：自我冲突转移至性器官时，幼儿会通过性刺激得到快感。弗洛伊德认为 3 岁后的所谓"性生活"主要是指儿童依恋异性父母的俄狄浦斯情结（oedipus complex），即男孩产生恋母情结，女孩产生恋父情结。

4. 潜伏期（6—11 岁）：性本能消失，超我进一步发展，儿童从家庭以外的成人和一起玩耍的同性伙伴那里获得了新的社会价值观念。孩子逐渐放弃了俄狄浦斯情结，男孩和女孩开始各自以同性父母为榜样来行事。弗洛伊德把这种现象称为"自居作用"。

5. 生殖期（11 岁以后）：潜伏期的性冲动再度出现，如果前面发展得顺利的话，那么就会顺利过渡到结婚、性生活与生育后代的阶段。

另外，弗洛伊德认为在力比多的发展过程中会遇到两种危机：固着（affixation）和倒退（regression）。固着是指力比多由于在某一阶段得到过度满足或过度失望而停留在原先的阶段，不再继续发展到下一个阶段。倒退是指发展到下一阶段的力比多又倒流回先前停顿的地方。在弗洛伊德看来一个人的个性或人格在五岁左右就已经形成了，所以早期力比多的发展无论是固着还是倒退都是不正常的现象，其结果是导致人格发展受到影响。

二   埃里克森的心理发展观

埃里克森（Erik Homburger Erikson，见图 2.7），美国心理学家，出生于德国法兰克福，祖籍丹麦。埃里克森强调自我在个性结构中的作用。埃里克森认为自我在个性发展中的作用不亚于本我，这与弗洛伊德不同。他认为本我代表人的先天盲目冲动，只能使人变成动物,而自我是个人过去经验和现在经验的综合,是要克服本我,控制性欲的方向。超我是个人经验以及对他人有影响的观点,协助自我控制本我。埃里克森认为人的本性最初无善恶之分,有向任何方向发展的可能性。个性的发展既是连续的也是分阶段的,每个阶段都包含两个对立的、受文化制约的特定发展任务。个人在发展任务的斗争和解决过程中,按次序向下一个阶段发展。如果人在各个阶段能顺利解决矛盾,就完成了这个阶段的任务,就可以向积极的品质发展。这有助于自我力量的增强,有助于个人适应环境,就能顺利转向下一个阶段,就能适当顺利地完成下一个阶段的发展任务,逐渐形成健康、成熟的个性。否则就会产生消极品质、心理危机,出现情绪障碍,削弱自我力量,阻止个人适应环境以致不能顺利完成下一阶段的发展任务,出现病态或不健全的个性。

图 2.7 埃里克森
(Erik H Erikson,
1902—1994)

另外,埃里克森强调某一阶段的发展任务虽然在当时没有解决好,但到后面的阶段可以通过适当的途径(例如教育)得到补偿。埃里克森根据人一生中出现的心理社会问题,把人格发展分为八个阶段(见表 2.1)。这八个阶段按生理发展的顺序排列,但每阶段能否顺利度过则与社会环境中出现的各种问题有关,所以也称之为"心理社会问题"理论。

表 2.1 埃里克森人格发展八阶段理论

年龄	发展任务	重要事件	发展顺利的表现	危机未得到彻底解决的表现
0—1.5 岁	信任对怀疑	喂食	婴儿与看护者建立信任与爱	对周围的环境没有安全感
1.5—3 岁	自主对羞怯	穿衣,吃饭,如厕训练	开始出现自主性行为	缺乏信心,产生羞愧感
3—6/7 岁	主动感对内疚感	独立活动	儿童更加自主,对生活具有自信和责任感	形成退缩、压抑、被动的人格,产生内疚
6/7—12 岁	勤奋感对自卑感	入学	勤奋学习知识,发展能力,有成就感	产生自卑和失败感,缺乏基本能力
12—18 岁	角色同一性对角色混乱	同伴交往	在职业、性别角色等方面获得同一性,方向明确	难以始终保持自我一致性,容易丧失信心、失去信心
18—30 岁	友爱亲密对孤独	爱情婚姻	与人交往中有亲密感	被排斥在群体之外,有孤独感
30—60 岁	繁殖对停滞	养育子女	关爱家庭,支持下一代发展,有社会责任感	过于自我,产生颓废感,生活消极懈怠
60 岁以后	完美无憾对悲观绝望	反省和接受生活	对人生感到满足,安享晚年	在绝望中度过余生

埃里克森自称为弗洛伊德的信徒,可他的理论与弗洛伊德的理论很少有共同之处。另外,他有关人性的概念与弗洛伊德的人性观也有显著差异。埃里克森力图从概念上对与人

格发展有关的几个条目进行分类,任何一个人可以认为它们是清晰的,也可以认为是模糊的,可以认为他的理论对了解人格是一种有用的引导,也可以认为是毫无用处的。他认为除了实验室研究法外,还有其他评定人格理论的方法。埃里克森运用他的理论剖析了乔治·萧伯纳、甘地、马克西姆·高尔基和马丁·路德等,为此,导致了一门被称为历史心理学的新学科的诞生。埃里克森的分析是基于一种训练有素的主观性,也可以说是基于"半传说"之上的。虽然埃里克森的理论缺乏科学的严谨性,但被许多人看作是所提出的人格理论中最有价值的一种。

三 格林斯潘的功能情绪发展

图 2.8   格林斯潘
(Stanley I. Greenspan,
1941—2010)

功能情绪
发展理论

斯坦利·格林斯潘博士(Stanley I. Greenspan,图 2.8)是国际知名的儿童发展专家、美国乔治·华盛顿大学医学院精神病学及儿科临床教授,创建了"0 到 3 岁:美国婴幼儿及家庭中心"组织,是世界上著名的孤独症研究专家。通过多年的临床研究及实践,以"通过儿童与生俱来的兴趣教授基本能力"的理念为基础,提出了基于发展、个体差异和人际关系(developmental,individual-difference,relationship-based)的模式,简称 DIR 模式。他还开发了功能性情绪发展能力量表,国内已有人进行修订并使用。

他把情绪发展分为六个不同的阶段。他的情绪发展阶段理论不同于皮亚杰、弗洛伊德和埃里克森的阶段,他们在对发展阶段划分时都有一个时间段而且不重叠,而格林斯潘的情绪发展阶段有一个重叠部分,下面就是各阶段说明:

阶段一(0—2 个月):来到这个世界上的自我调节和兴趣(regulation and interest in the world)。婴儿从出生就开始运用感官去感知外部世界。当婴儿对所接收的信息进行加工时,婴儿就会及时调整自己,以适应环境并保持安静。婴儿在进行调整的时候就开始对周围世界感兴趣,以特定的方式吸收外界来的信息。婴儿的吃饭和睡觉就是很好的证明。当婴儿得到温馨的看护时,婴儿就会调整自己而给以积极的回应。相反,当外界刺激让婴儿感到不舒服时,婴儿就会调动机体的防御机制,给以消极的反馈或回应,如翻腾与哭闹等。当婴儿运用所有的感觉去觉察周围世界并寻找规律与模式时,智力也因此开始发展。在该阶段孤独症儿童所表现的主要症状是无法建立情感与动作之间的完整联结,很难与人分享乐趣,对别人的手势不能给以积极回应,情感和乐趣的分享能力有限。

阶段二(3—6 个月):建立关系与依恋。在第一个月时婴儿已经可以与看护者进行有来有往的交流,并且能够模仿看护者的一些面部表情。早期婴儿与看护者面对面的交流,促进婴儿去理解自己与看护者的情绪。5 个月的婴儿就有了社会性微笑,能够表达自己高兴或悲伤的情绪。当婴儿得到温暖的对待时,就会逐渐对能带来愉悦感的特定个人感到很有兴趣并进行互动交流。孤独症儿童没有能力将自己的感知系统与情绪、动作经验相联系,不能完全参与他人的互动。或许能产生愉悦感,体验到强烈的亲密感,却没有能力呈现开心的笑容及面部表情,其行为具有明显的固着性和刻板性。

阶段三(6—9个月):意向性和双向交流。这个阶段的婴儿开始使用一些信号与看护者相互交流,例如口头发声、笑、哭、踢等。看护者解读婴儿的这些信号和反应的能力非常重要,正确的理解可以帮助婴儿与看护者学习交流。当看护者与婴儿进行情感信息交流时,双向沟通就发生了。格林斯潘称之为"交流环(circles of communication)"。这种交流开始于婴儿或看护者发出第一个信号,紧接着以相同或相似的行为给予回应。例如,看护者发出一个声音,婴儿也回一个声音。孤独症儿童在这个阶段所显示出的清晰症候是没有语言的开心对话,因为这种连续双向的情绪示意和运用表情动作的表达能力,对于无法在感觉与动作之间联系的孩子来说实在非常困难。对于有孤独症危险的婴儿,可能会有瞬间的反应和互动,不过很难主动引发或继续这些反应与互动。

阶段四(9—18个月):社会性问题的解决、情绪调控和自我感的形成。社会性问题的解决是指个体试图去识别日常生活中遇到的特殊问题,并发现有效解决方案的一种自我导向的认知行为过程。婴儿在该阶段开始想使用符号和手势来表达简单的想法,开始指向或用手势表达他们需要了解的事物,并与成人去分享他们感兴趣的事物,去学习解决一些简单的问题。例如,当不能拿到玩具时,会让父母帮助解决。该阶段的幼儿有能力与他人一起玩,并去感知整个外部世界,而孤独症儿童往往不能体验或学习这种能力。

幼儿能够根据成人表现出来的情绪线索,来学习调整自己的强烈情绪反应。例如,成人面对一个15个月的幼儿想要拿到玩具而发出的尖叫声给予回应,幼儿可以通过成人所表达出来的情绪线索作出情绪调控。幼儿能做到这一点主要是学习区分同意与不同意情绪之间的不同。在幼儿与成人间不同状态的转换,帮助幼儿学会了对自己和他人的感觉,慢慢就形成了一个完整的自我感与另一个完整的他人感,并在两者之间进行互动交流。如果一个幼儿对成人表现出的情绪线索全然不知,这可能就是语言、交流、社会化问题的早期显示。几乎所有孤独症婴儿都会出现明显的症状,无法持续一段连续的情绪及社会沟通。

阶段五(18个月— 30个月/2岁半):创造表象,运用词汇表达想法。18个月的幼儿已经具有简单的语言能力和运动技能,开始了解并运用词汇及语言。他们已经有能力运用形象来思考,并在心里保存表象。保存在记忆中的表象会有明确的含义。因为这个阶段幼儿形象思维能力的发展,幼儿能够使用形象扮演,开始把想法组织为简单的段落或句子并进行交流。该阶段的孤独症儿童在心理表征方面存在缺陷,他们很难使用表象。此阶段能够进行的是在地板上放置小熊、木偶等玩具,与幼儿进行互动交流。注意一定要对幼儿感兴趣的任何事物,可以是最喜欢玩具,也可以是最讨厌的食物等。不建议用智力游戏、拼图、结构化游戏来引导幼儿进行活动。

阶段六(2岁半—5岁):情绪思考、逻辑性及现实感。在这个阶段儿童会以逻辑方式联结各种象征,并对他人情绪作出各种可能的思考及回应。儿童开始把简单的想法连接成一个故事,能给故事的不同组成部分命名,并按逻辑顺序连接起来。例如,他们设计一个去公园的故事,按照先后顺序,如先坐车,然后到公园,进行野餐。儿童开始理解时间的概念,并按照时空顺序进行考虑。儿童甚至有能力依据逻辑顺序来辨别哪些是真的哪些不是真的，并运用想法来创作故事。

阶段七（5 岁至儿童中期）：多原因多角度思考。该阶段的标志是认识到引起事件的原因有多种。随着发展，儿童意识到事件的原因不止一种，而是有多种。多原因思考能够使儿童去比较不同的现象，也可以帮助儿童开始去理解各种各样的人际关系，例如，在一个动态家庭中的各种关系。

功能性情绪发展模式提供了情绪和智力之间的相互关联性阶段指标，强调让儿童建立愉快的情绪体验和有意义的人际情感关系，将他们机械的行为举止转化为有意义的沟通内容，进而鼓励他们进行主动沟通和逻辑思考。

"地板时光"疗法是一种系统的、以发展为取向、以家庭环境和人际互动为主的孤独症干预和治疗模式。其创始人是格林斯潘。"地板时光"疗法强调对儿童的情感体验和想象力的培养，强调人际关系的互动、个人活力和大量而密集的运动游戏。归纳其要点，就是在家庭环境中，父母和儿童通过共同参与的创造性活动，以儿童独特的知觉和兴趣作为引领，促进儿童情感体验的形成和亲子关系的发展。因此，在干预治疗方案中，"地板时光"疗法提出了两个重要目标：一是减缓已辨识出来的危险因子或问题；二是促进情绪、社会及智力的整体正常功能发展。

四　感知加工理论

感知加工理论（sensory processing theory）来源于信息加工理论和感觉统合理论，主要是把人的大脑与计算机进行类比，首先通过感官接收信息，然后个体对信息进行加工，最后转化为知识或技能。Siegler 和 Alibali 对人类的思维进行解释[1][2]，认为思维加工非常复杂，从感觉接受刺激开始，进行编码、再现、储存、检索。在这一系列过程中，学习和记忆策略是信息加工最为重要的影响因素。在过去的 20 多年间，对现代神经科学和信息加工理论进行整合，逐渐成为解释儿童发展的感知加工理论。

最初提出感觉统合理论（sensory integration theory）的是美国临床心理学家 Jean Ayres，她认为感觉统合是指将人体器官各部分信息输入组合起来，经过大脑统合作用，对身体内外知觉作出反应。脑的不同水平和不同区域互相联系，综合知觉反应和活动，这种统一协调的工作就是感觉统合。当这一系统无法正常运转时，就称之为感觉统合失调。感觉统合的理论认为，感觉输入的控制是学习活动的主要环节，学习障碍可能是由于对感觉信息组织不良所致。即：当感觉系统无法正常运转时，就称之为感觉统合失调（sensory integrative

---

① Siegler R S. Relations between short-term and long-term cognitive development[J]. Psychological Science Agenda，2003（16）：8 – 10.

② Siegler R S，Alibali M W. Children's thinking（4th ed）[M]. Upper Saddle River，NJ：Prentice Hall，2005.

disfunction)。Ayres 通过因子分析将感觉统合失调分成不同的亚型或综合征。她的理论受到科学方法上的质疑,在许多领域存在相互矛盾的地方,但是,在 20 多年神经科学与脑科学的发展中,她的很多观点得到了证明[①]。目前,在早期干预、特殊教育、职业治疗的实践中,广泛使用感觉统合理论。

感知加工就是指个体"对于来自躯体和环境的信息进行感受、理解、组织的一种能力"并运用这些所接收的信息。这说明我们运用感觉器官,如眼睛、耳朵、鼻子、嘴巴和皮肤接收信息。当我们的大脑接收到感觉信息时,感知加工就会把大脑中过去储存的知识经验与当前的感知信息进行联结。注意就是直接与信息联结的一种加工方式。例如,当我们注意的时候,我们的神经系统能够对输入的刺激进行加工以保持信息平衡,而且我们也能对需要注意的不同刺激进行调节。这种能力保证可以对输入的一般信息给以适当的反应,反应既不太弱,也不过于强烈,我们称之为感觉调节(sensory modulation)。

同理,我们有能力对那些无关的背景刺激(如位置和噪声)不产生反应。这就是为什么我们可以对感觉信息进行组织整理的原因。这种组织信息的能力,可用于调节我们的情感和行为,也使我们对日常发生的刺激作出适当的反应,保证每天都有良好的感官功能。自我调节能力可以调节情绪、与他人互动、集中注意,并能使个体保持安静来专心学习。感知的调控就是感知加工与调节。

当神经系统不能有效地加工感知信息时,个体的学习和行为将受到影响。例如,当神经系统反应过快或过慢时,儿童可能会对某种声音、接触、图像、纹理或运动反应过低或过于敏感。因此,一个儿童在听到某种声音而盖住耳朵,或在环境中感受到某种气味而捂住鼻子,或表现出高激活水平,这可能表明儿童的感官系统对这种声音或气味反应敏感。另一方面,如果一个儿童表现出"退缩"或低反应动机与躯体唤醒,这可能是儿童感知加工系统反应过低。

职业治疗师在对有感知困难的儿童进行评估与治疗时,一般都会训练儿童的感觉统合与感知加工。在给特殊儿童进行早期干预之前,首先就需要对儿童的发展情况与感觉系统给予评估,然后,根据评估的实际情况制订早期干预计划或个别教育计划(IEP)。同时,治疗师也要与特殊儿童的家庭接触,详细了解特殊儿童感知发展的细节问题,并针对这些问题制订治疗方案。

第三节　行为主义理论与生态理论

应用行为
分析

一　应用行为分析

应用行为分析(applied behavior analysis,简称 ABA)是指将任务(即所要学的知识、技

① Geva R, Feldman R. A neurobiological model for the effects of early brainstem functioning on the development of behavior and emotion regulation in infants: Implications for prenatal and perinatal risk. Journal of Child Psychology and Psychiatry[J]. 2008,49(10):1031－1041.

能、行为、习惯等)按照一定的方法和顺序分解成一系列较小的和相对独立的步骤,然后采用适当的强化方式进行训练,直到独立完成任务。它是由美国著名的孤独症训练专家洛瓦斯教授和从事此专业领域工作人员多年研究的成果。巴甫洛夫(Pavlov,1849—1936)、华生(Watson,1878—1958)、斯金纳(Skinner,1904—1990)等行为主义者的理论,是一种对孤独症儿童及其他精神迟滞障碍儿童训练的非常有效的方法。

其核心是分解式操作教学(discrete trial teaching,DTT)。教学法包括五个基本概念的教学程序:

① 指令:用语言或动作、图片给予孩子刺激,表达训练者的要求,例如:"坐下""把杯子放在桌子上"。

② 辅助:一种附加的刺激,有意识地引发孩子的正确行为反应。例如:在听到指令"坐下"后,孩子仍然站在那里,需要帮助他理解应该如何动作(如按住他的肩膀向下用力)。

③ 个体反应:孩子在听到指令后的行为表现,可能是正确的(符合训练者期望),也可能是不正确的(不符合训练者期望)。后者需要辅助。

④ 强化:是训练者对孩子的反应所作出的反馈行为,对孩子正确的反应(如在听到"坐下"后,孩子坐到椅子上)给予强化(奖励);而对不正确的反应则不给予强化。

⑤ 停顿:表示一个回合的结束,而在下一个回合开始之前一定要有的时间空隙,可以用来整理教具和记录孩子的反应情况。

在使用正强化增强一种行为时所使用的物品或活动称为强化物,因此一个物品/活动只有在它能使一种行为的出现增加时,才具有强化的功能和效果(即儿童必须改变行为才能得到它),才能被视作"强化物"。

ABA 和 DTT 在实践的使用中,依据儿童的障碍类型与教育目的,有很多不同的形式,尽管形式不一,但都要严格遵循 ABA 的步骤①。

应用行为分析法自从 1993 年以来在美国越来越广泛地受到教育界的注意。在莫莉思 1993 年写的《让我听见你的声音》一书中,讲了一个有两个孤独症儿童的家庭所采用的矫治方法。他们看了洛瓦斯 1987 写的一篇文章后决定按照他的方法建立家里的强化训练项目,他们的结果显得十分成功。因此现在美国很多家长和专家都在讨论这个教法。这几年来在美国越来越多学校、机构和家庭都选用应用行为分析法(Applied Behavior Analysis,ABA)来教孤独症儿童。

二 生态系统理论

在生态系统理论(ecological systems theory)发展心理学中,布朗芬布伦纳(Bronfenbrenner,见图 2.9)提出了个体发展模型,强调个体发展嵌套于相互影响的一系列环境系统

---

① Steege M W,Mace F C,Perry L,et al. Applied behavior analysis:Beyond discrete trial teaching[J]. Psychology in schools,2007,44(1):91-99.

之中,在这些系统中,系统与个体相互作用并影响着个体发展。

尽管现代学习理论家班杜拉认为环境既影响着个体的发展,又受发展着的个体的影响,然而他没有对个体发展的环境作出明确描述。布朗芬布伦纳的生态系统理论对环境的影响作出了详细分析。因为他承认生物因素和环境因素交互影响着人的发展,所以把这种理论描述为生物生态学理论可能更为准确。布朗芬布伦纳的生态模型如图 2.10 所示。

布朗芬布伦纳认为,自然环境是人类发展的主要影响源,这一点往往被那些在人为设计的实验室里研究发展的学者所忽视。他认为环境(或自然生态)是"一组嵌套结构,每一个嵌套在下一个中,就像俄罗斯套娃一样"。换句话说,发展的个体处在从直接环境(像家庭)到间接环境(像宽泛的文化)的几个环境系统的中间或嵌套于其中。每一系统都与其他系统以及个体交互作用,影响着个体发展的许多重要方面。环境因素可分为四层:

图 2.9　尤里·布朗芬布伦纳
(Urie Bronfenbrenner,
1917—2005)

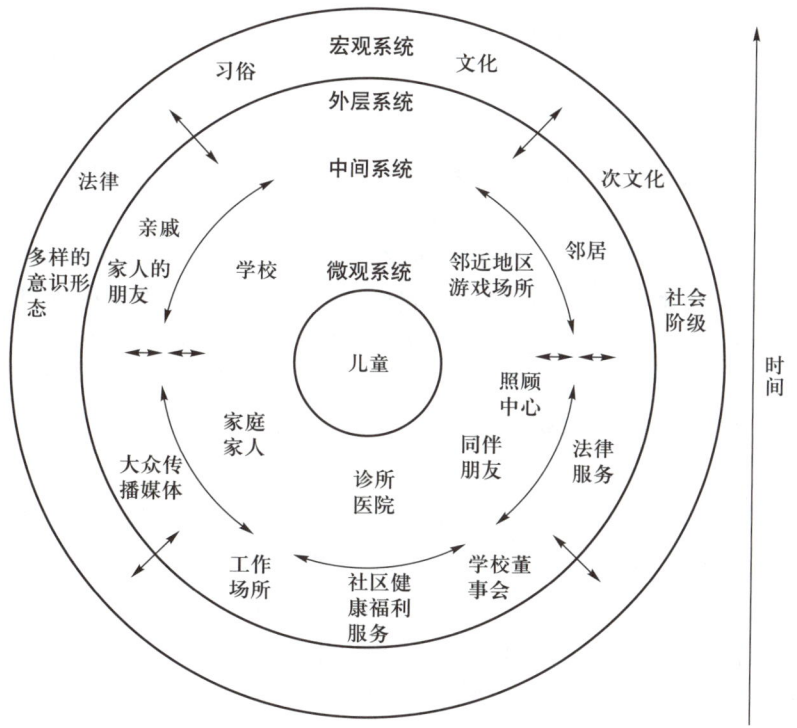

图 2.10　布朗芬布伦纳的生态模型

1. 微观系统

环境层次的最里层是微观系统(microsystem),是指与儿童有切身关系的生活环境。包括家庭、学校、友伴及社区。

2. 中间系统

第二个环境层次是中间系统（mesosystem），是指各微观系统之间的联系或相互关系。主要包括家庭、学校、友伴及社区之间的联系与相互关系，如父母与学校相互合作的情况，友伴群体相处的影响等。

3. 外层系统

第三个环境层次是外层系统（exosystem），是指那些儿童并未直接参与但却对他们的发展产生影响的系统。例如，父母的工作环境就是外层系统的影响因素，儿童在家庭的情感关系可能会受到父母是否喜欢其工作的影响。

4. 宏观系统

第四个环境层次是宏观系统（macrosystem），指的是存在于以上 3 个系统中的文化、亚文化和社会环境。

宏观系统实际上是广阔的意识形态。它规定如何对待儿童，教给儿童什么以及儿童应该努力的目标。在不同文化中这些观念是不同的，但是这些观念存在于微观系统、中间系统和外层系统中，直接或间接地影响儿童知识经验的获得。

布朗芬布伦纳认为人与环境是一个无法切割的整体，每个人的发展都受到这四个系统的影响。四个系统与个体互动的频率及密切的程度有所区别，由小到大如同草履虫般的巢状结构，并维持在一种动态平衡（equilibrium）状态，且没有一个系统是全开的或全闭的。

5. 时间纬度

布朗芬布伦纳的模型还包括了时间纬度（chronosystem），或称作历时系统。把时间作为研究个体成长中心理变化的参照体系。他强调了要将时间和环境相结合来考察儿童发展的动态过程。婴儿一出生就置身于一定的环境之中，并通过自己本能的生理反应来影响环境，也会根据外界环境来调节自己的行为。随着时间的推移，儿童生存的微观系统环境不断发生变化。布朗芬布伦纳称为"生态转变"，每次转变都是个体人生发展的一个阶段。

三　现代相互作用生态模型

现代相互作用生态模型（the modern transactional ecological model）的理论基础来自布朗芬布伦纳的生态模型，强调前后背景因素对儿童发展的重要影响。儿童的发展被看作一个相互影响的加工过程，这包括儿童、家庭和环境。随着时间的推移这些因素在儿童与环境之间会产生积极的或消极的影响。例如，在儿童出生的第一个月，母亲非常焦虑，这将影响她与儿童进行正常的互动。母亲在儿童的喂养与睡眠模式上，可能与儿童的要求不一致，儿童就可能表现出困难的气质特征。儿童的这种困难气质特征会减少母亲从儿童身上获得的愉悦，因此，母亲就减少与儿童互动的时间或次数。如果成人不主动与儿童互动，尤其是不与儿童进行语言交流，儿童就不可能获得正常的语言发展，在幼儿园的语言测试上就可能表现出低分数。

　　基于这样的解释,该模型认为任何有效的干预依赖于各种背景因素,例如,儿童、母亲、家庭、自然环境、父母和儿童的心理状况与幸福感以及文化。然而,在实践中没有哪一种干预方案能够对所有影响儿童发展的因素来进行控制,因此就需要去选择那些对儿童的发展影响最大的因素,针对儿童与家庭的需要提供最为有效的支持或资源。在该模型中,需要去了解家庭的文化、父母的行为、家庭的信仰体系、所有来自日常生活的实践和家庭行为,以及儿童与其他家庭成员之间的互动交流。

　　用相互作用生态模型作为干预的理论基础,在干预策略上就需要考虑把特殊儿童的家庭成员和各种训练措施综合纳入早期干预计划中,以促进特殊儿童的发展与学习。例如,要对一个刚学走路的特殊儿童给予发展与学习上的干预,不仅要把父母包括进来,还要把家庭成员也纳入进来,积极与特殊儿童互动交流,及时提供促进其发展的各种资源。波特奇计划就是以该理论为基础以帮助发展迟滞儿童的著名干预方案,20世纪70年代开始于威斯康星州的波特奇城,由美国联邦政府赞助。在具体实施上,通过训练家庭访问者,教给家长如何在家庭中对特殊儿童进行综合性教育。还有美国的抢先起步项目,也受该理论的影响而备受推崇。

相关链接

　　美国幼儿教育协会(National Association for the Education of Young Children, NAEYC)于1987年发布了《适宜于0—8岁儿童的发展适宜性教育》的说明,并提出"发展适宜性教育"(Developmentally Appropriate Practice,DAP)。该教育主要是指基于儿童发展水平、有助于儿童达到一定发展目标的教育实践。由于强调满足儿童的各种需要,而不是期望儿童去适应社会或教育的要求,美国幼儿教育协会于1997年对发展适宜性教育说明做了修订,在2009年第二次做了修订。发展适宜性包括两个方面:一是年龄适宜性,基于年龄相同的儿童具有普遍的特征、能力和行为,教师应当根据儿童在某年龄阶段的典型发展状况,向儿童提供适宜的教育经验。二是个体适宜性,是指教师必须考虑每个儿童的特殊需要,无论是课程还是师幼互动,都应当适宜于儿童的个体差异。对于特殊儿童尤其要注意采用发展适宜性教育。只有针对特殊儿童的不同需要施以相应的教育,才能促进特殊儿童的发展与学习,最大限度地发挥特殊儿童的潜能。

思考与练习

1. 建构主义理论主要包括哪些内容?

2. 试用皮亚杰对儿童发展阶段的划分来解释特殊儿童的发展。

3. 试用维果茨基的理论来解释对特殊儿童学习的帮助。

4. 试比较弗洛伊德与埃里克森对儿童发展阶段划分的差异。

5. 试用格林斯潘的功能情绪发展来解释孤独症儿童的发展。

6. 试用感知加工理论来解释感觉统合训练。

7. 试运用行为分析法来分析特殊儿童洗脸、吃饭、穿衣等日常行为。

8. 试用生态系统理论来分析早期干预中的社会支持与家庭支持。

9. 试用现代相互作用生态模型来解释特殊儿童的行为问题。

10. 你如何看待理论对特殊儿童发展与学习的指导？

本章小结

1. 建构主义学习理论来源于认知理论与社会认知理论。这方面比较有影响的就是皮亚杰与维果茨基。皮亚杰认为发展就是个体在与环境的不断的相互作用中的一种建构过程,其内部的心理结构是不断变化的。他用四个概念:图式、同化、顺应、平衡来说明内部的心理结构是如何变化的。皮亚杰依照儿童智慧发展的水平,将儿童心理的发展划分为四个阶段:感知运动阶段、前运算阶段、具体运算阶段、形式运算阶段。

2. 维果茨基的心理发展观主要包括四个方面:第一,文化—历史发展观;第二,文化—历史发展理论;第三,教学与发展;第四,"内化"说。维果茨基十分重视同伴与成人在学习中的作用,在特殊教育中同伴指导对提高特殊儿童的注意力具有显著作用。同伴指导可以使特殊儿童获得多方面的发展与提高。

3. 弗洛伊德的心理发展观。弗洛伊德根据力比多发展"性感区"为标准,把力比多的发展分为五个阶段,即口唇期、肛门期、性器期、潜伏期和生殖期。另外,弗洛伊德认为在力比多的发展过程中会遇到两种危机:固着和倒退。

4. 埃里克森的心理发展观。埃里克森根据人一生中出现的心理社会问题,把人格发展分为八个阶段:第一阶段为信任对怀疑,第二阶段为自主对羞怯,第三阶段为主动感对内疚感,第四阶段为勤奋感对自卑感,第五阶段为角色同一性对角色混乱。以上五个时期是针对弗洛伊德的五个阶段提出的,那么以下的三个阶段就是埃里克森的独创:第六阶段为亲密对孤独,第七阶段为繁殖对停滞,第八阶段为完善对绝望。

5. 格林斯潘的功能情绪发展。格林斯潘是世界上著名的孤独症研究专家,他创立了"地板时光"疗法,并开发了功能性情绪发展能力量表,把儿童情绪发展分为六个不同的阶段:阶段一(0—2个月),来到这个世界上的自我调节和兴趣;阶段二(3—6个月),建立关系与依恋;阶段三(6—9个月),意向性和双向交流;阶段四(9—18个月),社会性问题的解决、情绪调控和自我感的形成;阶段五(18个月—30个月/2岁半),创造表象,运用词汇表达想法;阶段六(2岁半—5岁),情绪思考、逻辑性及现实感;阶段七(5岁—儿童中期),多原因多角度思考。

6. 感知加工理论。来源于信息加工理论和感觉整合理论,主要是把人的大脑与计算机进行类比,首先通过感官接受信息,然后个体对信息进行加工,最后转化为知识或技能。在过去的20多年间,现代神经科学和信息加工理论进行整合,逐渐成为解释儿童发展的感知加工理论。

7. 应用行为分析。来源于巴甫洛夫、华生、斯金纳等行为主义者的理论,是一种对孤独症儿童及其他精神迟滞障碍儿童训练的非常有效的方法。其核心是分解式操作教学。教学法包含五个基本教学程序：指令、辅助、个体反应、强化、停顿。

8. 生态系统理论。布朗芬布伦纳提出的个体发展模型，强调个体发展嵌套于相互影响的一系列环境系统之中，在这些系统中，系统与个体相互作用并影响着个体发展。环境因素可分为四层：微观系统、中间系统、外层系统、宏观系统、时间纬度。

9. 现代相互作用生态模型。来自布朗芬布伦纳的生态模型，强调前后背景因素对儿童发展的重要影响。儿童的发展被作为一个相互影响的加工过程，这包括儿童、家庭和环境。随着时间的推移这些因素在儿童与环境之间会产生积极的或消极的影响。基于这样的解释，该模型认为任何有效的干预依赖于各种背景因素，例如，儿童、母亲、家庭、自然环境、父母和儿童的心理状况与幸福感以及文化。波特奇计划与抢先起步项目，深受该理论的影响。

第三章 特殊儿童发展与学习的模式

知识目标

了解特殊儿童发展与学习的五种模式的背景、代表人物及基本内容。

能力目标

掌握五种模式并应用于特殊儿童发展与学习的实践中,设计适合的教育方案。

素质目标

提升在特殊儿童教育实践中的灵活性和适应性,有效运用多种模式应对不同发展需求。

案例

美国版的蒙台梭利模式

美国有一所采纳蒙台梭利教育模式的初级学校（内设幼儿园和小学）——米星湾蒙台梭利学校。该校建于 1968 年，原为公立学校，后来改为私立学校。该校制定的蒙台梭利法的 12 要点为：①蒙台梭利法建立在对儿童天性的长期观测之上。②蒙台梭利法是普遍适用的，不受种族、肤色、气候、国家、社会阶层、文明类型的影响。③儿童会愉快地、自发地选择其喜欢的活动，尤其是智力活动。④从做中学是儿童所迫切需要的，学校应在儿童才智成长的每一阶段都为他们提供符合其需要的活动。⑤给儿童最大的主动权，确保他们达到甚至超过旧体制下的学校水平。⑥通过奖惩的办法，通过儿童自发的、积极形成的纪律，免除强迫教育。⑦尊重儿童个性，避免成人的过多影响，让儿童获得更多的个人成长的空间和自由。⑧实施因材施教，引导儿童发展。⑨要让每一个儿童都能保持自己的学习节奏。⑩要消除不良竞争，为儿童提供相互帮助的机会，让儿童体会到相互帮助的快乐。⑪在没有竞争和没有强迫的环境中，儿童不会过度紧张，不易产生自卑，还可以避免可能在无意识中对他们的今后造成不利影响的经历。⑫蒙台梭利法能够全面发展儿童的个性，其中不仅包括智力，也包括从容处事的能力、独创性和完善的情感。

（资料来源：《外国中小学教育》，1997 年 6 期）

第一节 蒙台梭利模式

玛丽亚·蒙台梭利（Maria Montessori，1870—1952，见图 3.1）是 20 世纪享誉全球的教育家。她的幼儿教育实践是从其对特殊儿童的教育开始的。她曾回顾说："实际上'儿童之家'所采用的教育体系起源更早。如果说关于健全儿童教育工作的经验似乎太短暂，那么应该知道这一短暂的教育工作来源于以往对非健全儿童进行教育的经验。"[①]可以说，蒙台梭利是一位成功的特殊教育实践家和理论家，对全世界的特殊儿童发展与教育做出了巨大贡献。

图 3.1 玛丽亚·蒙台梭利

---

① 蒙台梭利.蒙台梭利幼儿教育科学方法［M］.任代文主译校.北京：人民教育出版社，2002：83.

一   蒙台梭利模式的核心理念

蒙台梭利
教学法的
理念

蒙台梭利从医学、生物学、哲学、实验心理学、教育人类学等多学科角度来研究儿童,并在实践中不断改进和完善自己的理论和方法。

(一) 儿童观

蒙台梭利的教育思想是与其儿童观紧密联系在一起的。一方面,蒙台梭利主张儿童心理发展是天赋能力的自然表现,认为儿童是"精神的胚胎",存在着与生俱来的"内在生命力",具有"吸收性的心智",儿童的心理发展是连续性和阶段性的统一,其生命活动不仅通过自发活动呈现和发展,还表现为不同阶段的心理发展"敏感期";另一方面,蒙台梭利也相信环境对儿童的发展起着举足轻重的作用,强调要为儿童创造"有准备的环境"来保障儿童的自我发展。

(二) 教师观

蒙台梭利把"儿童之家"的教师称为"导师(Directress)"。她认为儿童的发展是教不来的,教育不是教师"给予什么",而是教师要"跟随幼儿"。在蒙台梭利的教育方案中,教师要具备多种角色:环境的提供者、示范者、观察者、支持者和志愿者。教师的工作就是观察儿童的内心需要,为他们准备和创设环境、示范教具操作,根据儿童的特点在必要时给予启发、引导和帮助。

(三) 教学观

1. 有准备的环境

"有准备的环境"是蒙台梭利教育的核心。它主要由两部分构成:一是物质环境;二是人文环境。物质环境主要是指蒙台梭利教具、各种符合儿童尺寸的室内设施以及教师自制的各种教学材料;人文环境则主要是指各种有价值的人类文化遗产。

环境的设置必须提供适合儿童自由操作的各种活动材料,这些活动材料是真实、可操作的,并且是符合儿童发展的节奏和步调、随着儿童的发展不断更换的。环境必须是有秩序的、美的、对儿童有吸引力的,同时也必须是能保护儿童,能体现与成人世界联系的。

2. 自由和自主

蒙台梭利认为"我们必须采用以自由为基础的教育方法去帮助儿童获得自由"。前一个"自由"是指活动的自由。在蒙台梭利看来,只有自由的环境经验才能使人具有发展的可能。因此,在蒙台梭利教室里,儿童可以自由选择教具、选择活动,自由决定工作时间,自由进行人际交往,没有人为的比赛和惩罚。后一个"自由"是指独立自主的人格。蒙台梭利认为,儿童天生就能够以直接且积极的方式追求独立,而成长就是向更高层次的独立不断推进,因此"教育介入的首要形式,必须以引导孩子向独立自主的方向发展为目标"。

3. 工作

蒙台梭利发现,儿童具有工作的本能,儿童可以通过工作来完整建构自我。在自由开放的空间中,当儿童全神贯注地投入到自己选择的工作之后,他们会表现出极度的欢愉、平和与宁静。这时他们的某些需要就能得到满足,心智上也就达到了平衡与和谐。可见,工作首先使儿童个性成长进入秩序状态,并为其继续成长创造广泛的可能性。

4. 秩序和纪律

大自然赋予儿童对秩序的敏感。因此,教学的节奏和日常生活必须是可以预料的,教具必须有秩序地组织,教师对儿童的行为指导必须准确、精确。

二　蒙台梭利的特殊教育思想

蒙台梭利真正从事特殊教育的时间只有 5 年(1896—1901),但这 5 年针对智障儿童所开展的工作为她之后的教育思想的形成奠定了重要基础。蒙台梭利以一个教育改革者的面貌出现,尽力打破传统特殊学校的教育方法,一切从观察特殊儿童及其家庭环境入手。蒙台梭利的研究与实验为残障儿童的教育发展做出了不可磨灭的贡献,同时对纠正人们对于特殊儿童的错误和片面认识有着重要作用。

(一)肯定特殊教育的意义

蒙台梭利肯定教育对于特殊儿童的发展具有重要意义。她总结出:"儿童智力缺陷主要是教育问题,而非医学问题。教育训练比医疗更为有效。"还呼吁"智能低下儿童应当与普通儿童一样,有同等的受教育的权利"。"低能儿童并非社会之外的人类"。"他们即使无法得到比普通儿童更多的教育,也应该和普通儿童所得到的教育一样多"[1]。"我觉得我能理解那些同低能儿童打交道的人的沮丧情绪,也明白他们为什么往往放弃这种方法。教育者必须把自己置于被教育者的地位,这种偏见使缺陷儿童教师变得冷漠无情。他们不得不接受这样的事实:他所教育的是次等人,因此也就无所谓成就……然而这些想法都是不对的,我们必须知道,怎样唤醒带着童心而沉睡着的人。我直观地感受并且相信……鼓励他们使用这些教具,在使用中自己教育自己。我在工作中遵循的是:非常尊重孩子们,同情他们的不幸;爱他们,让这些不幸的孩子知道怎样唤起他们周围的人的心中的爱","只要以特殊的教育方式教导他们,就一定能有效地改善智力不足的问题"[2]。在她 5 年的智障教育生涯中,蒙台梭利也确实为保障智障儿童的受教育权利竭尽所能。

(二)提出特殊儿童教育的四项原则

1. 早期教育原则

蒙台梭利不仅强调要对特殊儿童实施教育,而且还强调这种教育越早越好。对于儿童的缺陷,蒙台梭利认为只要在儿童发展的敏感期之前进行教育,就能得到很大的改善,而儿

---

① 赵祥麟 . 外国教育家评传[M]. 2 卷 . 上海:上海教育出版社,2003:527.
② 蒙台梭利 . 蒙台梭利幼儿教育科学方法[M]. 任代文主译校 . 北京:人民教育出版社,2002:71-84.

童的敏感期多集中在0—6岁这一阶段,因此对于缺陷儿童的干预越早越好。蒙台梭利曾经做过这样一个比喻:一只蜗牛和一只蝴蝶虽然外表和行为方式大不相同,但是,蝴蝶的美丽却是来自它幼虫形态的生命,而不是来自它模仿另一只蝴蝶的努力。她认为人生最初两年将会影响人的一生。如果人们对婴儿所具有的巨大的心理能力还没有给予足够的重视,促使儿童极其敏感,那么任何粗暴的行为不仅会引起即刻的反应,而且还会造成儿童终生的缺陷。

2. 系统观察原则

蒙台梭利认为,无论是从事特殊儿童教育还是从事健全儿童教育,最重要的就是观察。教师只有努力使自己成为一名观察者,才能耐心地等待,不干涉儿童,尊重儿童的各种活动,使儿童自动地显示其需求。只有如此才能真正地了解儿童的精神,并揭示生命的法则——内在的秘密,而给予适时与适量的帮助。此外,蒙台梭利还强调必须在自然条件下,在儿童的自由活动中去观察研究"自由儿童"及其表现,而不是去观察研究在"实验室"或在特殊控制下的儿童。她还指出,人是社会的产物,教师不仅要观察研究儿童本身及其表现,而且要了解家庭和周围环境对他的影响。她着重指出,如果要使你对儿童的观察研究获得的结果准确、可靠,结论合乎科学,最重要的是必须与儿童保持亲切友好的合作。因此,教师要关心、热爱儿童,尊重儿童的个性,经常与儿童在一起生活和工作。

3. 尊重个体差异原则

尽管蒙台梭利认定健全儿童与特殊儿童有某些相同之处,并且她后来也将对特殊儿童的教育方法应用到健全儿童身上,但她仍看到特殊儿童与健全儿童之间存在着差异,需要区别对待。在教师指导儿童时,对健全儿童进行训练时要强调"自主",成人尽量不要干扰。但特殊儿童缺乏相似的自主性,就要注意及时提醒和纠正他们的操作错误。随着特殊儿童智力和思维水平的不断完善,教师对特殊儿童操作错误的纠正次数应该逐渐减少,以培养他们的自主性。

4. 循序渐进原则

蒙台梭利特别强调由简到难、循序渐进地教授特殊儿童。她认为特殊儿童的思维发展缓慢,缺乏学习的兴趣和主动性,且情感发展迟滞。在实施智障儿童感官教育时,必须从相对简单的预备性练习入手。她指出,应该在孩子完成一个任务之前,真正找到如何教他去完成这个任务的办法。

相关链接

蒙台梭利曾经有过一次经验:"在我教一个缺陷儿童时,偶然观察到这样一个事实:一个11岁的智障女孩,其身体和手的运动能力正常,但学不会缝纫,或者说连缝纫的第一步缝补都学不会。这只不过把针扎过第一层及其下层织物,然后再挑起来,抽过线,反复如此缝而已。于是,我想先让这女孩用福禄贝尔席子学编织,就是把一根纸条横着一上一下地穿过两头都固定着的一排纵向纸条。我想这两种练习有相似性,很有兴趣地对她进行观察。当她能熟练编织后,我再让她学缝纫。我高兴地看到她现在会织补了。从那以后,我们的缝纫班都从正规的福禄贝尔编织课开始。"[①]

在蒙台梭利看来,在没有让儿童缝纫之前就应该为缝纫所需的运动做好准备。准备性的动作可以学会并变成一种机制,这样儿童就能直接完成他们以前没有着手进行的工作。

(三)设计探索特殊教育的方法和内容

1. 感官训练法

蒙台梭利强调感官训练对于特殊儿童教育训练的重要意义。她认为,为特殊儿童提供感官教育能够达到多重效果:

第一,能够补偿特殊儿童的智力缺陷。蒙台梭利曾经引用过一句古老的名言:来自智力的东西没有一件不是来自感官。在教育智障儿童过程中,蒙台梭利认为,如果运用某种训练刺激智障儿童的各种感觉器官,加强感觉器官和神经系统的训练,就可以极大地补偿智障儿童在智力方面的缺陷。

第二,能够补偿智障儿童的审美能力。蒙台梭利认为,美学和道德教育与感觉训练密切相关。只有提高辨别刺激的细微差别的能力,才能有灵敏的感官和鉴赏力。和谐就是美,只有具有灵敏感官的人才能领略到艺术品的和谐。感官不灵敏的人对艺术的天然和谐往往视而不见、听而不闻。通过感官训练,智障儿童在他们头脑中建立的牢固秩序基础上将外部事物加以区分、归类和编排。这既是智力的表现,同时也是对自己精神的陶冶。

第三,能够补偿智障儿童的心理缺陷。蒙台梭利认为,智障儿童不仅仅存在智力落后这第一性缺陷,还可能由于这一缺陷导致丧失勇气等第二性缺陷。及时的感官训练不仅能够促进他们的智力发展,还能够有助于他们克服自身心理上的自卑、胆怯、盲目、封闭等障碍。

为此,蒙台梭利从伊塔(Itard)和塞根(Seguin)的著作中学习借鉴来不少他们用于感官训练的教具和方法。她把感觉教育细分为触觉、听觉、嗅觉和味觉等感官的训练,各种感知又细分成若干种(如触觉又细分为对光滑、粗糙的感知,对冷热的感知,对轻重的感知和对厚薄大小的感知等)。她还专门设计了各种教具,每一套教具都由若干件组成。所有部件除了在某一方面具有量的差异外,其余的性质都相同。在感官训练时,蒙台梭利遵循了循序渐进的原则,一般都是采用分解的方法,把复杂的整体分解为简易的几部分进行练习,因为感官教育主要针对儿童的敏感期而拟订,而敏感期的出现是服从个体发展规律的,故应根据这种发展规律设计并循序渐进地进行感官教育。同时,她还重视在儿童感官操作的时候结合语言。下面以教弱智儿童识别颜色为例。

[①] 蒙台梭利.蒙台梭利幼儿教育科学方法[M].任代文主译校.北京:人民教育出版社,2002:71-84.

蒙台梭利采用的塞根三阶段"名称练习"法

第一阶段是把感觉和名称联系起来。给孩子出示红色时,要简单地说:"这是红色。"出示蓝色时,要简单地说:"这是蓝色。"

第二阶段是让儿童认识相应名称的物品。成人对孩子说"给我红色的",然后说"给我蓝色的"。

第三个阶段是记忆相应物品的名称。给孩子看某一样物品,问他:"这是什么颜色?"他应该回答:"这是红色"或"这是蓝色"。蒙台梭利通过不断的实验,用事实证明了教特殊儿童识别颜色时,再没有比这更好的方法了。

2. 活动作业法

蒙台梭利认为儿童的生命力和个性通过活动不但能够得到表现和满足,而且还能得到进一步的发展。因此,蒙台梭利在教育特殊儿童时,安排了大量的活动作业,她认为这不仅有助于肌肉的协调和控制,而且可以训练他们动作灵活,具有适应周围环境的能力,还可以培养他们的独立性和意志力。

此外,蒙台梭利还强调活动作业在促进认知发展和情感健康方面的重要性。通过动手操作,儿童能够更深入地理解抽象概念,增强解决问题能力和创造力。在这个过程中,孩子们不仅学会了独立思考,还培养了自信心和自我效能感。

蒙台梭利认为,每个孩子都有独特的发展节奏和学习方式,活动作业能够满足这些个性化需求。通过观察和引导,教师可以为每个孩子提供量身定制的活动,帮助他们在自己的节奏中成长。此外,这些活动还鼓励孩子们互相合作和交流,从而增强社交技能和团队精神。

在蒙台梭利的教育理念中,活动作业不仅仅是学习工具,更是全面发展的途径。通过持续的实践和反思,儿童能够不断提升自己的能力,成为自信、独立、有创造力的个体。这种教育方法不仅适用于特殊儿童,也对所有儿童的发展具有普遍意义,为他们未来的学习和生活打下坚实的基础。

蒙台梭利采用的教智障儿童书写的重要方法——"自发书写法"

蒙台梭利制作了一套漂亮又精致的木制字母来教智障儿童学习书写。字母是行书体,用木料制成,厚度为 5 毫米,低矮字母的高度为 8 厘米,较高字母的高度按比例而定。字母的正面涂有磁漆(辅音字母为蓝色,元音字母为红色),底面用青铜覆盖。与木制字母配套,还有一套纸卡字母。首先,蒙台梭利要孩子们将可以移动的木制字母放在相应的纸卡字母上,告诉他们字母的名称,让他们反复触摸木制字母,先用食指,然后加上中指,最后像拿笔似的拿一根小木棍触摸字母。蒙台梭利认为这种触摸练习不仅可以训练孩子心理运动的轨迹,建立起手对每个字母的肌肉运动记忆,还能训练孩子掌握运用书写工具所需的肌肉运动机制。掌握了以上这些准备性的动作后,孩子就能很容易学会书写。蒙台梭利从 1899 年起开始用这种方法来教孩子学习书写,取得了令她惊讶的效果,智障孩子第一次书写,就在黑板上"毫不犹豫地敏捷地写出字母表中的全部字母"。

3. 生活技能训练法

塞根的"生理教育法"主张以人类的实际生活需要来激励特殊儿童进行活动,使他们通过活动增长智力。蒙台梭利对此十分信服,并成功地将之应用于特殊教育实践。她认为对于特殊儿童来说,实际的生活技能不仅可以激发动机、培养儿童的独立性,而且因为这些技能的发挥要求神经系统和肌肉的高度协调,所以对特殊儿童的发展能够起到积极作用。因此,在蒙台梭利的学校里,她要求特殊儿童尽可能地做家务、进行自我服务。后来,蒙台梭利还将这些成功经验运用到"儿童之家"的教育教学中,为儿童安排了不少走路练习,正确地呼吸、说话练习,甚至有开抽屉、开门锁练习和看书、写字练习。

三 蒙台梭利模式的评价以及在特殊儿童发展与学习中的应用

蒙台梭利的特殊教育思想对当今的特殊儿童发展与学习,以及幼儿教育都有着深远影响。

(一)影响了特殊儿童发展与学习的思想和实践

蒙台梭利
教学法在
特殊儿童
发展与学习
中的应用

蒙台梭利在她所处的年代认真观察特殊儿童,努力寻找并在实践中不断改进教育、训练特殊儿童的方法,取得了良好的教育效果,这毫无疑问向当时人们对于特殊儿童片面、错误的认识树起了挑战的旗帜。她的特殊教育实践给了人们很大的启示和鼓励,有助于人们改变不正确的观念。她继承和发展了智障教育先驱伊塔和塞根的思想,是智障教育理论和方法的奠基人之一。她提出的对特殊儿童进行早期教育和尊重特殊儿童的心理特点、个体差异的思想,对后世影响很大。她为特殊儿童所设计的感官教育法、活动作业法、生活技能教育法以及各类教具,至今仍为人们所借鉴。她关于"儿童智力缺陷主要是教育问题,而非医学问题"的论断不但非常正确,而且具有预见性,与当代特殊教育学从医学模式向社会生态学模式转变的趋势不谋而合。蒙台梭利为特殊教育史留下了一笔辉煌的财富。

（二）影响了幼儿教育的发展

对于幼儿教育而言，蒙台梭利的特殊教育实践和思想同样留下了不可磨灭的贡献。蒙台梭利对幼儿教育的贡献和重要性已成为不可否认的事实。人们盛赞她为"儿童世纪的代表""在幼儿教育史上，是自福禄贝尔以来影响最大的一个人"[①]。

蒙台梭利看到了缺陷儿童与健全儿童在心理发展上的相似性，并且认为能够促进缺陷儿童心理发展的方法一定有助于健全儿童的发展。"如果缺陷儿童和普通儿童之间有可能相差无几的话，那就是在幼儿时期，这时，一个是没有能力发育的儿童，另一个是还没有发育的儿童，他们是有某些相同之处的。幼儿还没有获得比较协调的肌肉运动，所以不太会走路，不能完成生活上的普通动作，如扣衣扣和解衣扣。他们的感觉器官，如眼睛的适应能力还没有完全发展，语言非常原始，表现出幼儿语言上一般具有的缺陷，注意力不易集中或一般不稳定等等，都是正常幼儿和有缺陷幼儿的共同特点。"[②]在这种认识的引导下，蒙台梭利进而把特殊儿童的教育方法用于正常幼儿教育。例如，以官能心理学作为出发点，她认为认知能力的培养应从感觉训练开始，并将低能儿童的感官教育推至普通儿童；将应用于特殊儿童的作业活动教学成功地应用于正常幼儿，并创造了让4岁儿童毫不费劲就学会写字的奇迹；将生活技能训练也应用于正常幼儿，主张在幼儿的日常生活中完成各种教育目标等。当然，蒙台梭利并非简单地把针对特殊儿童的教育方法直接应用于健全幼儿教育。正是这些针对特殊儿童的工作以及伊塔和塞根的教育思想，为蒙台梭利幼儿教育科学方法的形成奠定了基础。皮亚杰曾经对蒙台梭利改进特殊儿童教育方法并将其普遍化的做法给予积极评价。他说："蒙台梭利夫人在精炼地总结了她的发现后，立即将这些研究成果应用于健全儿童教育。她认为，儿童在早期阶段更多是通过行动而不是思维来学习的。为这种学习提供合适的教学设备，比最好的书本甚至语言本身更能促进儿童的知识增长。"

第二节　奥尔夫模式

卡尔·奥尔夫（Carl Orff，1895—1982，见图3.2）是当代最负盛名的德国作曲家和音乐教育家，奥尔夫音乐教育体系的首创者。1924年奥尔夫与好友京特合作，在慕尼黑市创办了一所"体操—音乐—舞蹈"学校，即奥尔夫音乐发展史上著名的"京特学校"。奥尔夫在"京特学校"开始了其音乐教育改革的一系列尝试。1930年，奥尔夫与凯特曼编写的奥尔夫学校音乐教材第一卷发表。1932年，他出版了《奥尔夫教材——为儿童的音乐》。1937年其音乐作品《卡尔米娜·布拉纳》（Carmina Burana）发表之后，其成名作《卡尔米娜·布拉纳》

图3.2　卡尔·奥尔夫

① 吴式颖. 外国教育思想通史［M］. 9卷. 长沙：湖南教育出版社，2002：206.
② 蒙台梭利. 蒙台梭利幼儿教育科学方法［M］. 任代文主译校. 北京：人民教育出版社，2001：82.

（1934—1937）、《月亮》（1937—1939）、《聪明的女人》（1941—1943）相继问世。1948 年，他完成《安蒂戈尼》，奠定了他在世界上作为大师级作曲家的地位。1950—1954 年，奥尔夫出版了影响深远的五卷本《学校音乐》（*Orff-Schulwerk*）。1961 年，在奥地利萨尔斯堡成立了"奥尔夫学院"。这是世界上第一个奥尔夫教学法的研究和培训中心，对后世奥尔夫音乐教育的传播和研究产生过重大影响。

一　奥尔夫音乐教学法的基本原理

奥尔夫音乐
乐教学法
的理念

奥尔夫音乐教学法遵循儿童的身心发展规律，倡导"原本性"的音乐教育。所谓原本性的音乐是和动作、舞蹈、语言紧密结合在一起的。它是一种人们必须自己参与的音乐，即人们不是作为听众，而是作为演奏者参与其间；它是先于智力的，它不用什么大型的形式，不用结构；它带来的是小型的序列形式、固定音型和小型的回旋曲形式。原本的音乐是接近土壤的、自然的、机体的、能为每个人学会和体验的、适合于儿童的。具体而言，奥尔夫原本性音乐教育的原理可以体现为重视综合性，鼓励即兴性，要求参与性，诉诸感性，从本土文化出发，适于开端，面向所有学生。其中即兴是其音乐教育体系最核心、最吸引人的构成部分。

以儿童的发展为本，带领孩子在游戏中学习音乐，在游戏中体现学习方法，使孩子在音乐的学习中找到乐趣，这是奥尔夫音乐课的教育宗旨。他一反以往那种学唱一些歌曲、学习一些节奏或加入一些简单律动的做法。奥尔夫音乐课有清晰明确的教学目的，并能根据孩子们的年龄特点和兴趣爱好调整教学形式和手段，始终让孩子在完全放松、心情愉快的氛围中进行学习。5—8 岁儿童正处于创造力萌芽与发展的重要阶段，利用艺术作为手段来开发培养他们的创造性思维和创造能力、独立思考问题的能力、与他人合作的能力，是奥尔夫音乐教学法最独特的魅力所在。这也是当前世界各个国家在儿童教育中极为重视和极力推广的做法。

二　奥尔夫音乐教学法的主要特点

（一）原本性

奥尔夫音乐教学法是当今世界影响广泛的三大音乐教育体系之一。作为一种原本性（elementarous）的音乐教育，它是一种倡导儿童亲自参与的音乐教育教学形式。在这种音乐教学中，儿童不是仅仅作为听众，而是作为演奏者主动参与其中。在音乐教学活动中，儿童边唱、边跳、边奏乐，这种灵活的参与方式很容易激发儿童对音乐的兴趣，避免了儿童被动接受音乐，真正地达到了寓"教"于"乐"的教学效果，最大限度地满足了儿童的心理发展需求。奥尔夫音乐教学法不仅是一种具体的音乐教学方法，其实也是一个从理论原则到指导思想都非常完备的教育体系。其以"元素性音乐教育"为特色，明显区别于"传统"教学法和其他国外的音乐教学法，与"奥尔夫音乐风格"一样，形成了它的独特性。奥尔夫音乐教学没有教学大纲,没有分年级的要求,它的基础教材不要求一个作品接着一个作品地进行,而按音乐语言发展的顺序渐进。奥尔夫音乐教育体系要求从教师的教学到表演、乐器制作,哪怕是最简单的,也必须有艺术价值。也就是说奥尔夫教育体系看似简单,但对教育的质量要求却十分严格,在各方面都有它自身的艺术准则。因此,不难看出,奥尔夫音乐教学法不是一些固定、封闭的"条条框框",其内容和方法是鼓励和启发创造,不断地推陈出新、向前发展。这一点正如奥尔夫本人所强调的:"走遍全世界的,不是我为表明一种理念所写的《学校儿童音乐教材》,而是那个观念本身。"①

(二)综合性

奥尔夫音乐被称为"元素性音乐",奥尔夫本人也将其自喻为"野生物"。因此,元素性是奥尔夫音乐教育体系的显著标签。其音乐教育体系中的元素性表现为以节奏为基础,从朗诵入手,强调体感,以人的自然性为出发点,发掘人本身的音乐性等方面。奥尔夫认为节奏是最基础的元素,不同的歌曲旋律不同,但节奏却是可以相同的。语言是音乐的本质所在,因此,儿童诗歌等内容的朗诵要素就是旋律性和节奏性。在强调体感、发掘人的音乐性上,身体是最好的器乐,捻指、拍手、拍腿等形体动作都富有音乐性。音乐是一种综合艺术。它是一种结合动作、舞蹈、语言的有机整体,是人的一种本能,是源于生命开端的、接近土壤的、人之心灵最自然和直接的表露。奥尔夫音乐教学法遵循儿童音乐教育和身心发展规律,符合儿童音乐发展的观念,依据儿童的实际接受能力,借助各种音乐媒介对儿童进行综合性的音乐训练,体现着明显的综合性。

(三)创造性

即兴创造是人的天性,是发自内心的本能反应。奥尔夫说过教学从即兴出发,即兴以节奏形式作为支点,最后才是音的固定和记谱结果。在音乐教学中,奥尔夫要求教师抛弃传统的师道尊严、杜绝强制性。要求每个学生自己都要动手、动口、动脚,去演唱、奏乐、跳动、游戏,学生自己设计音乐和动作,在音乐体验中学习音乐知识。在具体的教学中他要求即兴发挥、展开想象。即兴奏乐可以说是最古老、最自然的形式之一,它能够有效唤起并促进儿童潜在的音乐本能。

(四)诉诸感性

人类认知是遵循从感性到理性的顺序的。奥尔夫音乐教育强调通过感觉来协调儿童各方面的能力,让学生主动参与到音乐活动中去体验。这不同于"他娱"性的音乐行为,是学生自己必须参与的"自娱"性的音乐行为。这是人类学习的最重要的途径之一,是培养情商、奠定智力的重要手段和基石。音乐是人的天性需要。奥尔夫音乐教育就是在开发和培养儿童的这种天性,使孩子在感受和体验音乐中健康快乐地成长。音乐是一种人与人之间的灵魂

---

① 李妲娜,修海林,尹爱青. 奥尔夫音乐教育思想与实践[M]. 新版. 上海:上海教育出版社,2011:43.

交流，人的音乐行为与人的想象、情感等多种审美体验和审美意识密切联系在一起。

三　奥尔夫音乐治疗方法在特殊儿童发展与学习中的应用

奥尔夫音乐治疗方法包括：语言交流技能练习、乐器演奏、肢体运动等。研究表明，奥尔夫音乐治疗方法可以明显改善孤独症儿童的社会交往能力，并且在智力障碍儿童教学中也有很重要的作用。

奥尔夫音乐教学法在特殊儿童发展与学习中的应用

奥尔夫理念强调的是音乐的"原本性"。提出音乐的"原本性"，意在追寻音乐作为人的本能的初始状态，也就是把音乐还原到它的原本状态。因此音乐理念应该是：需要人人参与而不是作为听众的音乐；与动作、舞蹈和语言紧密结合在一起的音乐；从即兴出发以游戏方式引入的音乐；使用原本性乐器的音乐等。在此基础上具体化的方法与技术在音乐教学中都取得了明显的效果，例如，通过音乐教育使智障儿童在心理能力和社会适应能力方面得到提高，从而实现特殊儿童的发展。

1. 游戏中的音乐活动——自由即兴的音乐教学方法

自由即兴的音乐教学方法使智障儿童不受任何音乐技法的限制，随心所欲地用音乐表达自己。这种方法用在智障儿童的音乐教育中有很好的效果。人与生俱来的潜在的音乐能力在儿童阶段会明显地显现出来。12岁以前的儿童大都能表现出对音乐的喜爱和用音乐表达的能力，但如未得到开发，12岁以后会逐渐地衰减，有智力障碍的儿童也不例外。所以在对儿童的行为矫正中，鼓励他们以音乐游戏的方式用音乐表达自己，可以宣泄情绪，也可以消除由于交流障碍产生的焦虑。智障儿童自由地"玩"乐器，教师则可用钢琴或其他的乐器对智障儿童的表达进行支持，使智障儿童逐渐与音乐建立关系，进而与教师建立关系，最终打破他们封闭的内心世界。自由即兴的音乐教学方法可不拘一格，最重要的是教师要有敏锐的洞察力，并要以自己娴熟的演奏与学生的即兴"合拍""共情"，以引导其达成教育目的。

运用自由即兴的音乐方法能使智障儿童的创造性得到充分发挥。如在跟着鼓点走时，学生们掌握了均匀的行进节奏后，老师让大家想出不同的走法，学生们立刻活跃起来，争先恐后地表演着向前走、向后走、快走、慢走，有的蹩着脚向左走、向右走，还有的趴在地上爬着走。学生之间又相互模仿着。这种即兴的方法激发出来的创造力是无穷的。

2. 与语言结合的方法——歌谣的运用

将语言引入音乐活动是奥尔夫体系最重要的特点之一。语言是与动作和音乐融合在一起的，这里的音乐主要指的是节奏因素，运用歌谣与语言相结合的方法，其核心就是节奏训练。这种音乐活动在实施的过程中，运用"节奏基石"的训练方法会取得明显的效果。"节奏基石"指由语言中最短小的、具有一定音乐意味的字、词拼成的最小节奏单元。对于智障儿童的音乐教育，用最简单的音乐训练方法能得到最好的效果。"节奏基石"的训练方法是最佳选择。

3. 音乐与身体动作相结合应用的效果

按照奥尔夫的理念，音乐应是和身体动作相结合的。人类音乐萌生之初皆为载歌载舞，这也最符合人生之初的儿童阶段的特点。儿童更需要从身体的动作中去感受音乐，身体的动作又最能产生节奏律动。节奏是生命力的基础,用身体感受到的节奏律动可以内化为动态的心理平衡能力。基于这种认识,每一个课例都从始至终贯穿着身体动作的设计。

4. 奥尔夫乐器的应用——原始性乐器的功效

使用的器材以奥尔夫乐器为主,包括有音高的音条乐器(各种木琴、铝板琴、钟琴、音块)和无固定音高的打击乐器(各种鼓、三角铁、钹、碰铃、沙锤等)。由于奥尔夫乐器深受智障儿童的喜爱,所以在音乐活动中起到了"强化物"的作用。

5. 音乐提示行为训练

在唱歌课中教师也可进行音乐提示行为训练,这种训练可以帮助智障儿童提高社会适应能力。智障儿童从一开始的不与人进行目光交流、肢体互动,到能够在教师的配合下,逐渐有了眼神的交流、肢体的接触,最后有了自己言语的表达。奥尔夫音乐教学法能够使一个不愿意与人交流的智障儿童,开始主动和老师建立良好的沟通。

第三节　瑞吉欧模式

罗里斯·马拉古兹(Loris Malaguzzi,1920—1994)创建了瑞吉欧(Reggio)儿童教育体系。瑞吉欧儿童教育体系诞生于 20 世纪 60 年代,其发源地为意大利北部一个名为瑞吉欧·艾米里亚的小城。由当地的杰出人文主义教育家马拉古兹发起并领导,在市政府和社区民众的全力支持、合作与参与下,经过专业人员(包括教师和教研员)数十年的艰苦努力和实践,被誉为继蒙台梭利之后又一个颇具特色的、堪称影响世界的幼儿教育模式或体系。

一　瑞吉欧模式的核心理念

瑞吉欧的课程是一种生动的实践,对这种实践影响最大的教育家和心理学家有杜威、皮亚杰、维果茨基。除此之外,布鲁纳的教学思想、布朗芬布伦纳的教育生态学观点、加德纳(Gardener)的多元智力理论、Kayo 关于成人的辅导作用、Shaffer 关于语言和社会互动的关系、G. Mugny 关于表征的起源和人际的认知建构,以及社会语言学对于成人和儿童如何共同建构意义情境的研究、社会学象征符号互动论、社会建构主义的"支架教学"理论等,都是瑞吉欧教育的"营养源"[①]。

(一)瑞吉欧教学目标

该教育体系所追求的目的是儿童愉快、幸福、健康地成长,其中主动性、创造性被视为愉快、幸福、健康的前提与核心。瑞吉欧的教育目标具有浓厚的人文主义特色:让儿童更健康、更聪明、更愿学习、更具潜力、更好奇、更敏感、更具随机应变的适应能力,更能反省自己、更渴望交流。

---

① 顾明远,梁忠义. 世界教育大系·幼儿教育[M]. 长春:吉林教育出版社,2000:349.

（二）瑞吉欧教学内容

瑞吉欧没有明确规定的教学内容，更没有固定的"教材"或预先设计好了的"教育活动方案"。教学的内容来自周围的环境，来自生活中儿童感兴趣的事物、现象和问题，来自他们的各种活动。

日常生活是取之不尽的课程教学内容的资源。瑞吉欧的教学实践表明，并非经验的新颖或奇异决定儿童的兴趣和学习的意义；恰恰相反，充分地揭示日常生活的意义对儿童更具深刻的价值。例如，广场上的狮子雕像、城市中的雨和雨中的城市、人群、影子等都是儿童探索的好题目。除了围绕自己感兴趣的事物和问题开展研究工作之外，儿童尤其是年龄小一些的孩子还从事许多其他活动：积木游戏、角色游戏、听故事、游戏表演、烹调、家务活动以及穿衣打扮等自发性的活动，还有许多如颜料画、拼贴画和黏土手工，等等。

（三）瑞吉欧课程教学的组织与实施

瑞吉欧的课程与教学主要是以"项目工作"或"项目活动"的方式展开的。项目活动是瑞吉欧教育方案的灵魂与核心。项目活动指的是一种课程组织形式：儿童在教师的支持、帮助和引导下，像研究人员一样，围绕某个大家感兴趣的生活中的"课题"（"主题"或"题目"）或认识中的"问题"进行研究、探讨，在共同的研究探讨中发现知识、理解意义、建构认识。项目活动主要采取小组活动的方式，有时也有个人或全班集体的活动。项目活动的实施：①创设一个学习的班级环境。②制定一个适宜的研究方案（主题）。③课程的实施。有系统地着重于符号的呈现，以培养儿童的智能发展为目标，教师鼓励儿童经由他们随手可得的"表达性、沟通性、认知性语言"来探索环境和表达自我。

（四）瑞吉欧课程教学的特点

瑞吉欧课程教学特点比较鲜明：弹性计划。他们把课程设计视为一个保持着高度动态性、灵活性和开放性的过程，师生共同建构的课程，以"项目活动"为课程和教学的主要形式，注重真实生活中的问题解决，是互动合作中的教学，长期深入的专题研究。瑞吉欧的项目活动不是匆忙走过场，而是深入且富有实效的学习，有档案的支持。瑞吉欧的教师们注意收集、保存儿童学习过程和师生共同工作过程中的有关资料，以小组为基础开展活动。项目活动小组一般是 3～5 人，有时 2 个人，运用图像（视觉）语言及多元象征。儿童的象征方式是极其丰富的，并不限于绘画、雕塑。

二　瑞吉欧幼儿教育体系的主要特色

瑞吉欧体系的特色几乎体现在所有方面：机构的组织与管理，资源的配置和利用，校内外的人际、群际互动与合作、课程与教学、教师的成长，等等。20 世纪 90 年代后期，该体系逐渐被我们所熟知，由北京教育音像报刊总社主办的《学前教育》杂志曾连续发表了有关文章,对这一体系的教学特色进行了各方面的介绍,有"方案教学""弹性计划""项目活动"。读过这些文章的老师不难发现,在这些文章中所阐述的这一体系最直接、最感性的特色是一致的,就是幼儿在教育过程中生动而丰富的表现,也就是一种真正的学习主体性的体现。

(一) 提倡幼儿教育是全社会的教育,需要社会支持和家长的参与

1. 瑞吉欧·艾米里亚的幼儿教育是全社会的事

社会在育儿方面给予家庭以有力支持,素来是意大利文化中集体主义的一种表现。在瑞吉欧市,0—6岁的保育和教育是一项十分重要的市政工程,享有12%的政府财政拨款。许多由社区公民自发组织起来的民间组织对地方政府施加实质性影响,即对政府的这一项工作进行监督,以保障与改善该地区学龄前儿童的家庭教育和正规教育。

2. 家长在学校中所起的种种实质性作用,本身也是社会支持的一种表现

在全市所有的幼儿学校中,家长都有权利参与学校所有环节的一切事务并自觉承担起这一责任。例如,家长要讨论学校的各项政策,研究幼儿身心发展的状况,参与课程的计划与实施并给予一定的评价。

(二) 学校管理风格——民主与合作

瑞吉欧学前教育系统是一个以儿童为中心的联盟,是使教师与儿童同样能获得"家一样的感觉"的地方。这些学校并没有我们在一般机构中所见的那些行政事务,教师之间也没有任何的层次等级,他们只是平等的同事与合作者。所有学校由一位主管直接向市政府汇报工作,他还要组织协调一群教研员进行宏观决策、计划和研究,并对各所学校进行具体的指导。这些教研员是该市幼儿教育的课程决策者,其中每个人都要协调和指导五六所学校的全部教师的业务工作。学校每个班配备两名教师(幼儿的数量:婴儿班12人,托儿班18人,幼儿班24人),实行三年一贯制跟班教学,以在教师和幼儿之间保持长期稳定的联系。每所学校都有一名在艺术方面受过专业训练的艺术教员,他除了自身在艺术教育方面为瑞吉欧幼儿教育做出特殊的贡献外,还要协助教师发展课程并做好课程、教学与幼儿活动的记录。

(三) 方案教学——弹性课程与研究式的教学

瑞吉欧模式是一种以儿童为中心的教育方法,强调通过实际问题解决和项目研究来促进学习和发展。这种教学模式的核心理念是儿童的学习应该源于他们的兴趣和真实生活中的问题,通过探索和互动来深入理解和掌握知识。方案教学以现实生活中的问题为出发点,鼓励儿童通过实际操作和研究来解决这些问题,培养他们的批判性思维和问题解决能力。儿童通常以小群体的形式进行长期、深入的专题研究,学会交流、合作和分享资源,增强社会技能和团队精神。教师是观察者和引导者,通过观察和记录儿童的活动和对话,了解每个孩子的兴趣和需求,从而设计和调整教学内容,提出问题并提供适当的支持。反思和讨论是方案教学过程中不可或缺的部分。通过不断反思和讨论,儿童能够深入理解和内化所学知识,并不断改进和完善学习方法。

（四）儿童学习与表达的手段——一百种语言

在幼儿小组围绕着一个共同的"项目"开展活动的过程中,幼儿的自我表达和相互交流是两种基本活动。在瑞吉欧看来,幼儿表达自我和彼此沟通的手段,以及教师判断幼儿对于相关的内容是否理解的标志,不应只是人特有的语言符号,还应包括动作、手势、姿势、表情、绘画、雕塑等一切表达方式。在绝大多数情况下,幼儿的学习、探索和表达是许多"语言"的综合。为弘扬进步主义的教育理念、推广自己的教育经验,自 20 世纪 80 年代初期以来,马拉古兹率队在欧洲各国举办巡回展览。这个名为"儿童的一百种语言"的展览获得巨大成功,使瑞吉欧的精神、理念与教育经验得到各国教育界、学界和政治界人士的赞赏。瑞吉欧教育被美国《新闻周刊》评为"全世界最好的教育系统之一",并刮起了席卷西方世界的瑞吉欧教育"旋风"。

（五）教师的成长——合作学习和反思实践

瑞吉欧全部教育过程与效果得以有效进行和保证的最关键要素,乃是教师们一直孜孜不倦地努力提升自己对于幼儿的认识和对幼儿教育的理解。

瑞吉欧的教师和孩子一样,都不是训练出来的。相反,教师是通过进入一个充满各种关系(与孩子、家长、其他教师、教研员等的关系)的环境之中学习的。环境中的这些关系支持教师合作建构了关于儿童、学习过程以及教师角色的知识。教师的成长与孩子的发展被视为一个"连续体"。在与儿童合作开展的活动中,教师不断地观察幼儿,并采用多种方式记录、保存学习过程和"产品",为孩子建立"档案"。记录、整理、分析、解释档案的过程,不仅为教师本人计划和实施课程提供了充分的信息基础,而且成为教师自我反思和同其他教师、教研员、艺术教员以及家长进行交流、共享的宝贵资源。

（六）学校的第三位教师——开放的环境

物质环境的设计布置同样也是瑞吉欧教育的中心环节,而该环节的一个核心问题就是如何增进环境的开放和资源的综合利用。学校在设计新的空间和改造旧的场所时,一个通常的考虑就是如何使各部分的教室能够便利有效地衔接起来,并且使学校与周围的社区密切互动。学校所有的教室都向一个中心区域敞开大门,厨房可以随时提供参观的便利,大大的玻璃窗、教室后面的院落、开向外面的大门,也使学校同社区保持随时的沟通,入口处放着各种各样的镜子、照片和儿童的作品。

瑞吉欧的教师将幼儿学校的环境称为"我们的第三位教师"。教师竭力创造机会,要在学校的每一个角落为幼儿提供充分的交往机会,便利他们的沟通。为此,教师在学校的大厅里设置一个活动中心,教师之间可以通过电话、过道或玻璃窗进行联系。其环境创设的宗旨:促进幼儿之间的游戏性的交往。这种教育理念也为我们所倡导。在我们的环境创设以及活动区域的建立上,也以促进幼儿之间、幼儿与环境之间的交往,发展幼儿的个性和兴趣爱好为目的。

瑞吉欧教学体系的六大特色反映出,瑞吉欧成功的关键在于它的教育理念和实际做法,切合了当前对幼儿教育改革与发展的最迫切的呼声。瑞吉欧教育体系中,幼儿、教师和家长这三种"主角"在共同活动中所表现的积极参与、主动探索、团结互助、友好合作的精神,所营造的自由表达、通融理解、开放民主的氛围,所焕发出的责任心和想象力,以及在长期的合作中所结成的共同体,无不向人们展示了幼儿教育中永恒的为真、为善、为美的图景。这种景象,是任何一个真正称得上成功的幼儿教育机构所必备的人文景观。

三 瑞吉欧模式在特殊儿童发展与学习中的应用

将瑞吉欧教育的核心理念应用到特殊儿童的发展和学习中是尊重特殊儿童,重视其表达和情感发展,努力开发和发展特殊儿童和其同龄人、家庭、教师、社会环境之间的相互关系,促进特殊儿童幸福发展。结合瑞吉欧理念,教师可以使用劳动技能、手工、绘画等课程,课程内容应注意到生活性、趣味性、实践性、开放性和延续性。有的孩子不会用言语表达意思,可以让其表演和动手做。特殊儿童需要被带到室外去观察各种景物:房子、大树、花草、喷泉、道路、行人、车辆、鸟鱼虫蝶等,然后给他们提供多种材料,彩笔、彩纸、彩带、白纸、油泥、绳子、拼插玩具、种植工具、废旧材料等,让他们自由选择,教师时而参与、时而旁观,让孩子们自由创作,最后把作品一一挂上作品栏,让孩子们品尝到成功的喜悦,从而激发他们的好奇心和求知的欲望,产生学习知识的兴趣。教师应该教会特殊儿童珍惜和关爱,学会关心自己,学会关心身边的人,以友善的心对待他人,尊重他人的劳动,从而学会认知,学会做人,学会共同生活,学会生存。

(一)解读儿童语言,寻找教学方法

瑞吉欧教育理念认为,儿童会用"一百种语言"表达自己的情感,交流他们的思想。这"一百种语言"的交流形式,不仅仅包括言语,还可以包括动作、素描、绘画、建筑、雕塑、影子游戏、拼贴、戏曲、音乐等。这个理念给了我们很大的启发。健全儿童有一百种语言,特殊儿童也该如此,他们缺乏言语表达能力,教师可以揣摩他们的动作、表情、哭闹情绪、制作等方面的行为表现,解读他们的意思,了解他们的需求,发展他们的情感,帮助他们认识事物,掌握生活技能。

1. 细心观察、热情关怀

特殊儿童往往有自卑、孤僻、胆怯、暴躁等不良性格和情绪,教师要细致入微地观察他们的言行举止,聆听他们的声音,深切体会他们的内心活动,揣摩其所表达的语言,并通过教师的种种语言与非语言信息向他们传递对他们的重视,表达对他们的爱意,如亲切的口气、关切的眼神、甜美的微笑,拍拍肩、握握手、拥抱、亲吻等,使他们感受到温暖,建立起师生交流互动的信息平台。

2. 策略施教,引导认识

特殊儿童的认知能力和个性特征各不相同,教师在教学活动中应该充分尊重孩子的差

异,教学形式、教学内容都采取弹性方式。如一天刚刚结束晨间活动,孩子们如厕准备上课。突然,一名女孩子的哭喊声、呼叫声传遍了各个教室。原来是这名女孩子如厕时手扶在门框上,被一名多动症男孩子玩关门而压伤了大拇指。这时教师及时调整上课内容,教师跟孩子们一起送受伤的儿童就医,孩子们争先恐后抢着扶受伤女孩去医院。经过医生诊治,受伤女孩的情绪也慢慢地稳定下来。回到教室后,教师让这两名学生演示当时的情形,使全班学生都知道怎样如厕才安全,同时认识了医院、医生、开门、关门等汉字,还享受到了助人为乐、团结友爱的快乐。

（二）记录成长档案,密切师生关系

著名教育家苏霍姆林斯基说,"教育技巧的全部奥秘在于如何爱护学生"。爱就是教育,爱是打开学生心灵大门的钥匙,爱是做好教育工作的前提和基础。在长期的教育教学工作中,实际上我们给予特殊儿童最多的也就是爱。在学习上,教师应该任劳任怨、耐心辅导,使特殊儿童掌握知识;在生活中,无微不至地给予关心。瑞吉欧的"档案记录"让我们认识到,档案记录孩子成长是传递爱和被爱、密切师生关系最有效的途径。

记录成长档案,教师必须密切关注孩子们的一切活动,聆听孩子们的声音,通过文字、相片、摄像、制作等多种形式,将孩子们的学习过程一步一步记录下来,并进行反思,以便更有效地了解儿童,再以此来对每个教学活动进行必要的调整和设计,使教学活动更符合儿童的兴趣和学习成长需求。当孩子们看到自己的成长记录档案时,往往会兴奋不已,真正地感受到自己被关注、被重视,是重要的社会成员,从而与教师建立了牢固的依恋感情,真正使教师对特殊儿童从形式上的关爱走向心灵上的关爱,真正地密切了师生关系。

（三）注重环境刺激,巩固教学成果

瑞吉欧教育理念注重良好的环境刺激。精心准备教室的环境,让教室中每一个物品的摆设、每一种材料的挑选都充满了美,是有组织的且具有挑战性,给人一种轻松愉快的感觉,以传达沟通的意图,激发人与人之间及人与物之间的互动。

瑞吉欧教育理论强调环境是产生互动的容器,具有极高的教育价值。教师在特殊儿童教学实践中,需要充分发挥环境教育这一功能。可以在教室内设置一块主题教学活动区和两块区域活动区,主题教学活动与区域活动相互渗透、相互融合,使儿童在主题中获得的直接、有效的知识经验,在区域活动中巩固扩展。将教室墙面分成四块板面:主题教学板、活动相片板、手工作品板、认知挂图板,充分发挥墙面的作用,让墙面开口讲话。瑞吉欧教育理念激活了教师的思维,解放了特殊儿童的手脚,达到了事半功倍的教育效果。

第四节　高宽课程模式

高宽课程模式(High/Scope curriculum)作为一种早期教育课程模式,是与拉瓦特里的EEC课程、德弗里斯·凯米的EEP课程齐名的三种认知中心课程模式之一。20世纪80年代末以后,高宽课程模式在 20 世纪 70 年代课程的基础上进一步得到完善与发展,在与另两个皮亚杰课程模式的竞争中脱颖而出,逐渐成为美国运用最为广泛的课程。由于高宽课程在课程推广、课程研究上卓有成效的工作,它在国际上也声誉日隆,在英国、爱尔兰、墨西哥、新加坡等国家也有了自己的拥趸。目前,在世界各地已经有几千所运用高宽课程的学校。

一 高宽课程模式产生背景及发展

20 世纪 60 年代初,美国密歇根州伊普西兰蒂市公立学校的韦卡特(Weikart)注意到来自低收入家庭的学生在学校大半处于失败群体之中。他和同事们对此现象作了初步分析之后提出了这样的假设:如果能对这类家庭三四岁的幼儿进行早期介入服务,有可能提升他们入学后的表现。于是,他们在政府资助下成立了"perry preschool project"(也就是高宽托儿所方案的前身)。由于这个方案主旨是帮助低收入家庭的孩子提高入学后的成就,因此它更注重儿童的认知发展,更多地运用皮亚杰理论。1971 年,韦卡特等的"认知取向课程:学前学校的工作框架"课程获得对发展性的关注,但师幼互动仍是说教式。1979 年,霍曼等的《活动中的幼儿:学前工作者手册》,取代了"认知取向课程"的说法,儿童作为主动学习者以及知识建构者成为课程核心,课程围绕"关键经验"组织。1995 年,霍曼、韦卡特的《教育幼儿:为学前学校和儿童看护中心教育方案提供主动学习实践》,讨论了与各领域的关键经验相关的教室布置、材料、一日生活流程、教师要求、活动和教学策略。1998 年,高宽课程训练中心在英国、墨西哥、新加坡等国特许开办,在加拿大、挪威、南非、中国台湾等国家和地区也得到发展。经过 20 多年的发展,高宽课程模式不断演进,日趋成熟。

二 高宽课程的课程目标、课程内容和特点

(一)课程目标

高宽课程的课程目标可以概括为以下两点:

1. 自主与全面发展:鼓励儿童主动参与自己的学习过程,培养他们的自主性、批判性思维和创造力,同时关注认知、社交、情感和身体等多个方面的全面发展。

2. 积极互动与实践:促进儿童与同伴、教师和环境的积极互动,通过真实情境中的问题解决和反思来增强他们的社交技能、沟通能力和问题解决能力。

(二)课程内容

1. 主动学习

主动学习是该课程的核心指导思想,成为一日活动的核心。在这种学习中,儿童通过操作物体,通过与他人思想交流以及互动,建构新的理解。四要素:①儿童直接操作物体;②儿童对自己的行动结果进行反思;③把儿童的学习兴趣作为学习资源;④儿童对难题的发现

（问题解决）。

　　早在 20 多年前，高宽课程中就提出了主动学习（active learning）这一术语。所谓主动学习，是指由学习者发起的学习，是学习者主动地建构关于现实知识的过程。这一概念背后是皮亚杰关于动作的认识，皮亚杰认为处于前运算期的幼儿，逻辑运算能力尚没有充分发展，他们主要依靠动作直接作用于环境而获得经验。因此，高宽课程认为只有向幼儿提供丰富的材料，鼓励他们对材料的操作、转换、组合，孩子的认知才能得到发展，而不能依靠老师手把手地教或传递进行学习。

　　但是在《活动中的幼儿》一书中，主动学习还只是八大关键经验之一（其他几个分别是语言、经验和表征、分类、排序、数概念、空间关系、时间关系），虽然它被放在所有关键经验的前面。到 20 世纪 80 年代中后期，主动学习从关键经验中抽离出来。它已经不再是一个关键经验，而是凌驾于所有关键经验之上的核心原则，成为整个课程模式的核心和根本。无论是一日活动的安排，家长与老师之间的合作，还是对学生的评价，与孩子间的互动，对学习环境的设置都必须围绕主动学习这一核心原则行事。

　　当主动学习还是一个关键经验时，虽然高宽课程也赋予它很高的地位，称它为课程的基础，但实际上，高宽课程还没有摆脱认知中心的倾向，这时的主动学习更多的是一种手段，也就是说，要发展儿童的思维、智力，必须借助于主动学习这一手段，因为孩子在主动学习中，思维、认知的发展是最有效的。高宽课程认为，社会性、情感的发展只能是间接的，是认知发展的副产品。可是当把主动学习当作整个课程的核心时，主动学习不再只是一个手段，更多的，它是一个目标了。当课程的一切都围绕主动学习这一原则进行时，其最终的目标必然是使孩子成为一个主动学习的人。而主动学习当然不是一种技能、技艺，而是一种态度，一种精神。这显然不同于 1971 年忽视情感、社会性发展，过于强调认知的高宽认知中心课程，也不同于 1979 年把主动学习当作手段之间的关系。把主动学习当作高宽课程的核心原则的意义在于在评价孩子发展的情况时，不再根据孩子认识多少字、会算怎样的题，而是放在孩子对学习的态度，孩子的兴趣、社会性、主动性上。可以看出高宽课程已经逐渐去掉了认知中心课程的帽子。但这不是简单地回到美国传统的目标上去，在社会性、情感的发展和认知的发展两个目标之间，他们似乎找到了平衡，因为主动的社会性的发展与认知的发展从来就不是对立的。

　　主动学习是一个完整的过程。真正的主动学习包括直接操作物体，在活动中思考，来自幼儿内在的动机、需要和问题解决。简而言之，主动学习就是儿童在内在兴趣需要的基础上对物体进行操作，开展活动，在活动中不断思考，发现问题并解决问题的过程。同时为确保主动学习这一原则被遵循，高宽课程对主动学习进行了具体化、可操作性的规定，这也是它比 1979 年更完善的一个表现。它认为一个主动性学习的环境应该包括以下五个部分：材料，要提供丰富的、能适应孩子不同发展需要的材料；操作，要给孩子提供进行操作、转换、组成等活动的机会；选择，孩子们应能自由地选择自己操作的材料与活动；来自孩子的语言，孩子们有机会描述事物、表达自己的想法，以及孩子之间能很好地交流；来自成人的支持，老师应支持鼓励孩子的选择与活动。这五个部分是一个主动性学习环境的必要条件，是主动性学习发生的前提。这些具体的标准与规定为保证主动学习这一核心原则奠定了基础。

主动学习强调教师与孩子间的互动。20 年前,高宽课程对教师角色最贴切的描述是:儿童解决问题活动的积极鼓励者,他的主要作用在于提供材料、提出问题和建议,并明确要求儿童运用某种方式制订计划。要求教师的角色是儿童的观察者、倾听者。总的来说,高宽课程中主张教师说得更少、听得更多,因为他们认为,只有少说多听,多注意孩子的注意力与活动,孩子才有可能多说,思考才会更多。以前教师关心的是自己如何做,而现在,教师的重心开始转向学生,转向学生的活动、学生的兴趣,他不再是孩子活动的局外人。

20 世纪 80 年代之后,高宽课程吸收了社会生态学的观点,开始重视教师与学生之间的积极互动。这种互动必须能保证孩子对自己进行的活动有一个建构性的理解过程,而不是直接把关键经验教给孩子。根据社会生态学的观点,老师与学生之间的关系,更具体地说是这种关系所形成的一种心理环境、心理氛围,对孩子的学习作用重大。它是师生积极互动的基础。所以教师与学生之间的互动,很重要的一点就是要营造一个支持孩子主动学习的氛围,创设一个孩子自由探索、心理宽松安全的环境。因此,高宽课程要求教师与孩子分享控制权,比如教师控制环境的布置,而孩子决定自己该学习什么;要求教师关注孩子的实际水平,找出孩子的兴趣点,并围绕孩子的能力水平与原有经验作出计划;与孩子建立真诚的伙伴关系,给孩子具体的反馈,并认真对待孩子的问题;与孩子一起游戏,支持孩子的游戏活动。具体而言,教师的工作包括:提供材料、活动区的划分、一日常规的建立、倾听孩子的声音、记录孩子的发展等。

2. 课程框架——关键经验、常规活动

（1）关键经验。关键经验的设计是为了给教师提供一种方法,帮助其对课程进行思考。1995 年版本的高宽课程方案包括 10 大领域 58 条关键经验,具体为:①创造性表征。通过看、听、触、尝、闻来认识客体;模仿各种动作和声音;把模型、照片、图片与真实的场景及事物联系起来;假装和角色游戏;用黏土、积木和其他材料造型;涂色与绘画。②语言和读写能力。对别人讲述个人有意义的经验;描述物体、事件和事件之间的关系;从语言使用中得到乐趣;听故事与诗歌;自编故事与诗歌;以多种方式进行书写;绘画、涂鸦类似字母的图形、自己发明的拼写、社会约定俗成的形式;以多种方式进行阅读;读故事书、标记、符号、自己书写的作品;讲故事。③主动性和社会关系。作出并表达自己的选择、计划和决定;解决游戏中出现的问题;考虑自己的需要;用语词表达感受;参与小组活动;对他人的感受、兴趣和需要敏感;与同伴、成人建立联系,进行和体验合作游戏;解决社会性冲突。④运动。原地运动:弯腰、扭动、摆动、晃动;发生位移的运动:跑、跳、滑、走、爬;带器械运动;在运动中表现出创造性;描述运动;按运动指令做动作;感受和表达出稳定的节拍;按节拍运动。⑤音乐。随音乐律动;探索和辨别声音;探索嗓音;发展音调;唱歌;演奏简单的乐器。⑥分类。⑦排序。⑧数概念。⑨空间。⑩时间。

杜威把经验分成两套东西,一套是经验的事物,一套是经验的过程。也就是说一个指客观的事物,一个指主体的体验过程。皮亚杰认为关键经验是主客体之间的相互作用。最初,高宽课程没有关键经验一说,最初说法是表征水平和内容区,然后是目标序列。直到 20 世纪 70 年代中期,对关键经验的认识才最终得到确定,提出教师所做的一切都是为了孩子们获得重要的关键经验。这实际上反映了高宽课程的重心由孩子不会做什么(目标)向孩子能做什么和正在做什么(关键经验)的转变。这个术语的产生让教师把重点放在提供材料和挑战性情境以使孩子的思维能力得到练习,而不是从一个低水平向一个高水平的发展。

　　根据高宽课程的阐述,可以说关键经验是对孩子社会性、认知、身体发展的一系列陈述,由几个大的关键经验组成,同时在每个大的关键经验下又分成若干小的关键经验。它是成人支持、观察孩子活动并作出计划的指示物,也是评估儿童发展状况的指标体系。关键经验的来源主要是高宽课程研究者与实践者的长期观察实验、长期与孩子共同学习的结果。这些关键经验首先是孩子发展必不可少的,同时它们又是连续的,不是一次就能发展的。所有关键经验的获得都要依靠主动地操作物体、与他人交流以及经历事情。在 20 世纪 80 年代中期推广高宽课程的培训方案中,意识到以前的关键经验对孩子发展的描述是不全面的。比如有人提出高宽课程低估了孩子的社会性学习和社会性的发展,因此在 1991 年,把自主性和社会关系列为关键经验之一,并把主动学习这一经验移走。同时在借鉴加德纳多元智力理论的基础上,在 1987 年把音乐并入关键经验之中。另外,高宽课程还改变了一些关键经验的名字,如把经验和表征改为创造性表征、语言与文字、自主性与社会关系、运动、分类、音乐、排列、数概念、空间、时间概念共十大关键经验,而小关键经验由 1979 年的 49 个发展到现在的 58 个。随着研究与实践的进一步深入,关键经验将会有所改变和增加。

　　(2) 日常常规。高宽课程的日常活动安排主要由"计划—工作—回顾"系列以及其他因素构成。"计划—工作—回顾"系列,结合小组活动时间、大组活动时间、户外游戏时间,构成儿童日常的常规活动。

　　① 计划:在计划的时间里,儿童会告诉教师他们所选择的活动以及他们打算干什么。计划的过程包括:确立一个问题或者目标;想象和期待将会发生的行动;表达个人的意图和兴趣;把意图具体化为目标;周密计划;持续不断地修正。

　　② 工作:这是一天中时间最长的独立时间段。儿童在工作区域里忙于实施在各领域所制订的计划。在这段时间里,教师观察儿童,"简明扼要地问问题",加入儿童活动中,激励、扩展活动,建立问题情境并与儿童交流。

　　整理和收拾时间是工作时间不可分割的组成部分。通过这一时间,儿童将材料和工具分类、整理、放回原处并把未完成的作品收拾起来。教师鼓励儿童去解决问题(如何保存一个已经搭建好的积木以备后用),或者让儿童合作。

　　③ 回顾:儿童对已经历或已实现的事情的回忆。儿童利用大量的技巧来向教师和同伴表达他们的经验。例如,用语言、图画或者手势表达他们在工作时间的所作所为。回忆策略包括:回忆做了什么,如何做,回忆计划和口述发生过的事情。回顾时间让儿童更清楚他们的计划和行动,提供了表达经验和想法的机会。教师要支持这种活动和最初计划间的联系。

(三) 课程特点

　　高宽课程的特点主要体现在四个方面:①以结构化了的关键经验作为建构课程的框架;

②通过环境进行教育；③在强调幼儿主动学习的同时，突出教师的指导作用；④重视语言在幼儿思维活动中的作用。

三　高宽课程的组织形式

1. 活动区（自选）活动

活动区自选活动是幼儿自主活动。由幼儿自己来进行计划、工作、回顾。常设的活动区有：积木区、角色扮演区、美工区、读写区、音乐与运动区、木工区、沙水区、玩具区、户外活动区等。

2. 小组活动

5～8 位幼儿一起完成教师预先计划好的活动。

3. 集体活动

全班幼儿在同一时间从事同样的活动，以培养他们的集体归属感，提供学习交流和表达自己思想的机会，以及观察、了解同伴的机会。

4. 教师的角色

（1）为幼儿主动学习提供适宜的材料和情境。

（2）为积极的社会性交往创设适宜的氛围。

（3）鼓励儿童有目的地活动、解决问题和口头反思。

四　高宽课程在特殊儿童发展与学习中的应用及评价

课程评价是课程的重要组成部分。高宽课程运用专门的儿童观察记录（COR，High/Scope Educational Research Foundation）来测量该课程对 3—5 岁幼儿发展的影响。这个评价工具是以课程内容涉及的主要经验为基础的[①]。教师首先要从六个角度记录幼儿的行为：创造力、社会关系、创造性表征、音乐和运动、语言和口头表达、逻辑和数学，每种行为的发展情况又分为五个等级。记录下幼儿的行为之后，教师就要按照五个等级水平对幼儿的行为进行评价。可以看到，高宽课程评价关注的是教学达到的效果，倾向于目标评价，属于较为传统的测评方式，主要用来明确幼儿各项基本能力的发展水平，评价的指导思想明显受到认知心理学的影响。

曾经有一位学者说过："课程变成一种模式，犹如一只鸟被制成了标本。博物馆陈列的标本与天空中飞翔的鸟并不能完全对等。制作标本的目的只是在于方便人们了解鸟的一些最基本特征。"高宽课程是正在实施和发展的一种真实课程。试着将这种课程与教育心理学联系起来分析，只是想从一个特定的角度来观赏高宽课程这个"标本"。要真正对高宽课程有更全面深刻的理解，还需到实践中去考察，甚至还需要亲身体验这种课程的实践活动。

---

① 陈俞．关于 High/Scope 学前教育课程［J］．早期教育，2000(21)：26－27.

第五节　抢先起步项目

一　抢先起步项目的创立背景

抢先起步项目(head start and early head start)是由美国健康及公共事业部(US Department of Health and Human Services)的儿童与家庭管理处(Administration for Children and Families)组织实施的,专门针对0—3岁儿童的早期教育。

抢先起步项目产生于20世纪60年代。第二次世界大战以后,美国经济迅速增长,人均收入显著提高,经济的繁荣带来了教育、文化和科学技术的迅速发展,美国进入了现代富裕社会。然而,正是在这一时期,美国自第二次世界大战以来长期积累的社会矛盾也日趋尖锐。一方面,反对种族歧视、追求自由平等的黑人民权运动此起彼伏,全国数以千计的黑人区几乎都发生过暴乱,这是他们对长期以来所遭受的贫困、失业等不公正待遇的抗争。另一方面,由于贫富悬殊,大量的城市贫民和偏远地区的居民生活窘迫,社会动荡不安。社会矛盾的激化迫使联邦政府不断探求解决社会问题的途径。另外,美国经济实力的空前壮大,也为解决社会问题提供了充分的物质条件。1961年肯尼迪就任总统后立即要求国会通过法案,扩大救济范围、开发萧条地区。肯尼迪总统遇刺后,约翰逊总统果断提出"向贫困宣战"。与此同时,儿童发展理论研究取得了新的成果。研究发现,贫困的根源在于幼儿阶段教育的缺失和恶劣的生活环境。在这种社会背景下,作为联邦政府反贫困斗争的主要措施之一,抢先起步项目应运而生。

二　抢先起步项目产生的理论基础

首先,联邦政府在大萧条时期和第二次世界大战时期对幼儿教育的成功干预,为其后来通过幼儿教育解决社会问题提供了范例。另外,从现实的角度看,儿童发展理论的研究成果,联邦政府在20世纪60年代掀起的反贫困运动,还有在反贫困的理论研究与现实政策之间起媒介作用的福特基金会等公益团体,以及1964年《经济机会法案》(*the Economic Opportunity Act of* 1964)的通过,这四方面因素为抢先起步项目的产生奠定了基础。

(一)抢先起步项目产生的理论基础——儿童发展观的改变

20世纪中期以前,大部分儿童心理专家都认为智商是由遗传决定的,一个人智商的高低在出生的那一刻就已经确定了。很少有人意识到早期教育对提高智商的作用。

首先向"遗传决定论"提出挑战的是行为心理学创始人华生(Watson)。华生确信人的行为是后天经验的唯一产物,可以通过调整环境来进行引导。他认为在一个人5岁之前,在他的个性涉及范围内建构或是改变他,是可以实现的。他断言"给我一打健康的婴儿,并在我自己设定的特殊环境中养育他们,那么我愿意担保,可以随便挑选其中一个婴儿,把他训练成为我所选定的任何一种专家——医生、律师、艺术家、小偷,而不管他的才能、嗜好、倾向、能力、天资和他祖先的种族。"[1] 20世纪20年代美国儿童心理学的代表人物是心理学家格塞尔(Arnold Gesell)。他强调从出生到6岁是儿童一生中最重要的成长阶段,是儿童身心发展最快的时期,因此他反复强调,预防性医疗、合理的营养和彻底的卫生措施,对于儿童的正常发展非常重要。他说尽管遗传决定着一个人的智力、能力并决定着他的身体成长,但是,条件反射联想式记忆、习惯、态度是在婴儿时获得的。……这是受人养育影响的结果。[2]

认知心理学日渐盛行于20世纪60年代,整个美国的儿童发展观也逐渐趋向环境决定论。环境决定论认为智力是环境的产物,如果在儿童生活的早期给他们提供良好的环境和所需要的营养品,那么不仅能促进儿童智力发展,还可以巩固成为一个人永久性的智能。

其他许多学者也进行了有关"美国贫困问题探索"的研究(the discovery of poverty in America),对贫困儿童的学前教育和补偿教育给予了很大的关注。如1962年召开的"全国贫困儿童学前教育环境研讨会"和1964年召开的有关文化剥夺教育的芝加哥大学会议,两次会议都探讨了贫困和贫困儿童在学校所面临的困难。学术界对于文化剥夺理论的关注在时间和内容上与肯尼迪和约翰逊总统的政治目的和政治需要形成了难得的巧合,促成了抢先起步项目的创立。

(二) 抢先起步项目产生的政治基础——联邦政府"向贫困宣战"

20世纪60年代美国繁荣昌盛的景象掩盖了一个严酷的现实:并不是每一个美国人都能平等地享受这种繁荣。美国国内的贫困现象不仅依然存在,而且由于贫富差距日趋悬殊,贫困问题愈加突出。

1962年,美国分析学家哈里·考迪尔(Harry Caudill)发表了"黑夜降临到坎伯兰河(Night Comes to the Cumberlands)",对该地区的贫困状况做了生动的描述,并强调了贫民处境的艰难。另一位美国分析学家迈克尔·哈灵顿(Michael Harrington)于1962年出版的《另一个美国:美国的贫困状况》(The Other America: Poverty in the United States),对公开美国的贫富悬殊情况起了至关重要的作用。哈林顿重点强调了当时美国与繁荣并存的令人震惊的贫困现象。他认为,由于经济的快速增长,美国已经被"分裂"为"两个国家",即"富人国"和"穷人国"[3]。有关贫困问题的大量作品的发表,引起了美国全社会对贫困问题的关注,促使政策制定者和有关专家寻求更有效的解决贫困问题的方法,来帮助贫困的弱势群体。

---

① 约翰·布鲁德斯·华生. 行为主义[M]. 李维译. 杭州:浙江教育出版社,1998:95.

② Tank R M. Young Children, Families and Society in America since the 1820s: The Evolution of Health, Education and Child Care Programs for Preschool Children[D]. University of Michigan,1980:271.

③ 汪树民. 战后美国贫困问题研究[D]. 复旦大学,2004.

（三）抢先起步项目创立的法律基础——美国特殊儿童早期干预的相关法规

"抢先起步项目"（Head Start）最初是按 1965 年"小学和初中教育法案"中的有关规定设立的，目的是对弱势儿童进行补偿教育，针对的群体主要是贫困人群子女，每年为八十多万儿童和他们的家庭服务。这个项目体现的是规定所有的儿童，无论经济条件、发展状况如何，都应被纳入"抢先起步项目"中。

《"抢先起步项目"修正案》（Head Start Amendments）（92—424 公法）是针对"抢先起步项目"所作的修正。修正后的新条例规定，有发展残障的儿童人数要占"抢先起步项目"中注册儿童人数的 10％，这 10％的儿童应包括以下类别：智力障碍儿童、听力障碍儿童、言语障碍儿童、视觉障碍儿童、肢体障碍儿童、有慢性病的儿童以及学习障碍儿童。目前，"抢先起步项目"是在社区基础上融合重度发展障碍儿童的最好项目。最新的"抢先起步项目"的法规仍强调应该鼓励地方性的社区项目和地方性机构（如公立学校和大学等）合作，共同为有发展障碍的儿童提供合适的融合教育。

1998 年，"抢先起步项目"通过 2 050 个子项目，同 13.9 万名专业人员一起为 75 万名儿童提供服务。"抢先起步项目"继续成为包含残障儿童的首要项目，在整个项目中被诊断为有发展障碍的儿童人数已经超过 13％。自从 1965 年项目启动以来，这个重要项目已为超过 1 689.2 万名儿童和他们的家庭提供过服务。

通过美国早期干预的相关法规，我们看到了早期干预在美国这一特殊教育相对发达国家中的发展历程。随着新项目的产生和旧项目的不断发展，特殊儿童早期干预作为一门专业学科逐渐成为专家学者研究的焦点，特殊教育也因此获得更有力的实践支撑。

三 抢先起步项目的目标以及内容

施瑞弗和经济机会办公室的努力为抢先起步项目的创立指明了方向、铺平了道路。库克和抢先起步项目规划委员会的工作则赋予了抢先起步项目灵魂和思想，把抢先起步项目推入了科学发展的轨道。

（一）关于抢先起步项目的目标

抢先起步项目的总体目标是提高低收入家庭儿童的社会能力（social competence）。所谓社会能力是指儿童在当前环境以及将来的学校和生活环境中处理学习和工作事务的日常效力（everyday effectiveness）。在总目标之下，委员会认为抢先起步项目应当实现七项重要的具体目标：

1. 提高儿童的健康水平和肌体能力（physical health and physical abilities）。
2. 通过鼓励儿童的自信心（self-confidence）、好奇心（curiosity）、自发性（spontaneity）和自律行为（self-discipline），来促进他们在情感和社会性方面的发展。
3. 特别关注儿童的概念和语言技能，促进他们的智力发展和技能进步。

4. 建立儿童模式并期望儿童成功,为他们将来的学习创造一种自信的氛围。

5. 提高儿童与他人积极进行沟通的能力,加强家庭的力量,使家长积极主动地与儿童沟通。

6. 培养儿童和家庭对社会负责的态度,鼓励贫困者与社会共同解决贫困问题。

7. 增强儿童及其家庭的自尊和自我价值意识(the sense of dignity and self-worth),培养他们的自尊心。

(二)关于抢先起步项目的内容

抢先起步项目不仅仅是一个幼儿教育计划,而且还是一个促进儿童全面发展的综合性计划,按照抢先起步项目目标的要求,抢先起步项目主要内容包括四个方面:教育服务、健康服务、社会服务以及家长参与。

1. 教育服务

抢先起步项目提供的教育服务必须符合每一个儿童的个别需要及其不同种族与文化的多样性特点,同时还要满足社区需要。在教育服务中,儿童可以参加户内、户外活动并且学习文字和数字概念。通过丰富多彩的学习经历,每一个儿童的智力、社会性和情感都能得到良好发展。教师鼓励儿童表达自己的感受并且发展他们的自信心和与别人和睦相处的能力。另外,委员会建议抢先起步项目应当为残疾儿童提供服务。

2. 健康服务

抢先起步项目提供的健康服务包括营养健康、心理健康、牙齿保健、医疗检查和跟踪服务。主要致力于帮助低收入家庭协调与保健医师的良好关系,更好地帮助家庭了解儿童的健康状况和相关服务。

3. 社会服务

抢先起步项目帮助家庭获得重要的社区服务如咨询、经济资助、工作培训、职业教育等,家庭工作者深入每个家庭,帮助家长更好了解儿童生长发育的状况并为其成长创造条件。

4. 家长参与

家长的影响是幼儿成长过程中的重要部分,他们的参与既有助于幼儿的成长也有助于家长自身的发展。在抢先起步项目中,家长不仅要参与具体工作,比如充当多种角色,如员工、志愿者和观察员等,更重要的是,家长还被允许参与决策的制定与实施,比如参加抢先起步项目委员会制定政策的会议,参与制订家长教育计划,参加有助于他们自身发展的活动,还可以与工作人员共同设计在家中开展的儿童游戏等。

四　抢先起步项目在特殊儿童发展与学习中的应用

面对特殊儿童的教育,抢先起步项目进行了一系列的改革与创新。该项目为特殊儿童提供服务成为最令人称赞的决策,也是最有意义的行动计划之一。最初,抢先起步项目委员会不同意为残疾儿童提供服务,因而一直也没有把残疾儿童纳入服务范围。直到儿童发展办公室成立后才开始招收残疾儿童,并启动了几个试点工程。

儿童发展办公室建立的试点工程成为 14 个资源普及计划（resource access project）的核心。资源普及计划由抢先起步项目和教育局特殊教育部联合建立,为抢先起步项目的特殊教育教师提供培训和技术指导。儿童发展办公室的员工也与这些专业人员一起工作并设计研发了手册。

最初,抢先起步项目员工为了给特殊儿童提供服务而大伤脑筋。有一个跨学科的诊断小组要针对每一名残疾儿童的需求设计一份具体的服务计划。大多数抢先起步项目都对为特殊儿童提供服务的职员进行岗前培训和在职培训。尽管属于刚刚开拓的新领域,但具有讽刺意味的是,由于抢先起步项目从接纳特殊儿童之初就实行全纳教育,反而比公立学校更成功地为特殊儿童服务。有证据表明抢先起步项目能够提高患有某种残疾儿童的认知技巧[①]。被确诊语言能力受损的儿童在参与抢先起步项目之后,其表现要超过没有参与过抢先起步项目或参与其他形式学前教育的同类儿童。同样,患有学习能力缺乏或情绪困扰症状的儿童在某些智力测验中也获得了更好的成绩。尽管抢先起步项目没有显示出对智力迟缓或身体残疾儿童认知能力的发展有明显的影响,试点工程取得的成功还是得到了国会的重视和认可。1972 年,国会同意抢先起步项目所招收的儿童中至少 10% 是残疾儿童。同年,儿童发展办公室进行了一次残疾儿童参与抢先起步项目的调查统计。从此以后,这项调查成为每年抢先起步项目报告中必须提供的内容。在 1985 财政年度,抢先起步项目的全年制项目中总共接纳了 61 898 名残疾儿童,占到了参与儿童总数的 12.2%。后来这一数字不断增长,到 1992 年的时候,抢先起步项目中接纳的残疾儿童占到了儿童总数的 13.4%[②]。

抢先起步项目成功地服务于特殊儿童,促成了《1986 年特殊教育法案》的修订。法案要求,各州要为 3—5 岁的特殊儿童提供自由的、适当的公共教育,并给那些愿意为年龄更小的特殊儿童提供服务的州政府以财政补贴。这一法案有两个目的：第一,在正规的教育环境中为残疾儿童提供所需要的服务；第二,使抢先起步项目能够协同其他机构共同为特殊儿童提供服务。这一法案的修订很明显是源于抢先起步项目。

抢先起步项目的扩展和创新不仅扩大了其覆盖领域,还丰富了项目的内容,增强了项目效果,使其更加适应社会发展的需要。这些新计划的实施一般都伴随着实验性质的评估和研究,使抢先起步项目真正成为贫困儿童教育与发展的示范项目,在全国学前教育领域新模式探索中起到了带头作用。抢先起步项目明显减少了处境不利学生在学业上失败的次数,极大地提高了他们的认知能力。根据 Woolfolk（2005）,抢先起步项目对那些处境不利孩子的认知发展起到了一定的作用。认知发展是渐进的、有序的改变,通过这种转变,精神过程变得复杂,而且它指的是思维的转变。

---

① Valora Washington，Ura Jean Oyemade Bailey. *Project Head Start Models and Strategies for the Twenty-First*［M］. New York：Garland Publishing，1995：42.

② Valora Washington，Ura Jean Oyemade Bailey. *Project Head Start Models and Strategies for the Twenty-First*［M］. New York：Garland Publishing，1995：42.

思考与练习

1. 简述蒙台梭利教育模式的核心理念。

2. 蒙台梭利的特殊教育实践和思想有哪些?

3. 如何评价蒙台梭利教育模式在特殊儿童学习和发展中的理论与实践贡献?

4. 奥尔夫音乐教学法的基本原理和主要特点有哪些?

5. 简述奥尔夫音乐教学法在智力障碍儿童的学习和发展中的应用。

6. 简述瑞吉欧课程的基本理论。

7. 简述瑞吉欧课程的课程目标、内容、组织和实施以及课程特点。

8. 简述高宽课程的课程目标、课程内容以及课程特点。

9. 简述抢先起步项目的目标以及初期内容。

10. 简述抢先起步项目中面向特殊儿童发展与学习的服务计划。

11. 评价抢先起步项目在特殊儿童学习和发展中的理论与实践贡献。

本章小结

1. 蒙台梭利从医学、生物学、哲学、实验心理学、教育人类学等多学科角度来研究儿童,并在实践中不断改进和完善了自己的理论和方法。蒙台梭利模式的核心理念是它的儿童观、教师观、教学观。蒙台梭利以一个教育改革者的面貌出现,尽力打破传统特殊学校的教育方法,一切从观察缺陷儿童及其家庭环境入手。蒙台梭利的研究与实验为特殊儿童教育的发展做出了巨大贡献,同时对纠正人们对于特殊儿童的错误和片面认识有着重要作用,影响了特殊儿童发展与学习的思想与实践。

2. 奥尔夫音乐教学法的主要特点是原本性、综合性、创造性及诉诸感性。奥尔夫音乐治疗方法主要有语言交流技能练习、乐器演奏、肢体运动等。奥尔夫音乐治疗法可以明显改善特殊儿童(孤独症儿童)的社会交往能力,并且在智力障碍儿童的教学中也有很重要的作用。

3. 瑞吉欧体系的特色体现在机构的组织与管理,资源的配置和利用,校内校外的人际、群际互动与合作,课程与教学,教师的成长等方面。将瑞吉欧教育核心理念应用到特殊儿童的发展和学习中是尊重特殊儿童,重视其表达和情感发展,努力发展特殊儿童与其同龄人、家庭、教师、社会环境之间的相互关系,促进特殊儿童的幸福成长。

4. 高宽课程的前期目标是促进儿童认知能力的发展,为其今后的学习成功奠定基础。后期目标是强调以儿童的主动学习为中心,使儿童的认知、情感、社会性协调发展。主动学习是该课程的核心指导思想。高宽课程对特殊儿童的发展与学习有着广泛应用价值。

5. 抢先起步项目的总体目标是提高低收入家庭儿童的社会能力。所谓社会能力是指儿童在当前环境以及将来的学校和生活环境中处理学习和工作事务的日常效力。抢先起步项目不仅仅是一个幼儿教育计划,而且还是一个促进儿童全面发展的综合性计划。按照抢先起步项目目标的要求,抢先起步项目主要内容包括四个方面:教育服务、健康服务、社会服务以及家长参与。

第四章 出生前后的危险因素

知识目标

了解儿童出生前后危险因素、基因和环境对儿童发展的影响，以及早期刺激、依恋和母乳喂养的重要性。

能力目标

从基因和环境角度分析儿童发展问题，能够识别和评估常见发展障碍的原因。

素质目标

提升对儿童发展影响因素的敏感性，积极应用预防和干预措施，支持儿童的健康成长与全面发展。

当心罕见的脆骨症"玻璃娃娃"

2 岁的小雨（化名）自出生起，就是个"玻璃娃娃"，短短两年里，因摔跤就先后骨折了 5 次。这位女孩家祖孙三代都患"脆骨症"。专家表示，脆骨症的发病率大约为 1/30 000，10% 的患者从出生起就有骨折、脆骨等症状，绝大多数患者一般在学龄前就出现症状，同时还出现蓝巩膜等并发症。脆骨症目前病因不明，为先天性发育障碍，主要表现为易致病理性骨折，常为染色体隐性遗传，迟发者病情较轻，但先天患者在出生时即有多处骨折。

（根据网络资料整理）

从受精卵在母体中形成的那一刻起，个体便开始了他的生命之旅。自此之后，该生命在各种因素的影响下经历着整个身心系统的成长与发展。

现代心理学家均认为，遗传论与环境论并不彼此排斥，而是相乘的关系。有心理学家直言：遗传与环境的乘积即是个体发展。代表遗传的"成熟"与代表环境的"学习因素"都是个体发展不可或缺的[①]。因此，出生前后的许多生物医学和环境的状况均有可能成为危险因素，妨碍个体身心的健康发展。

"危险因素"是存在于一个消极影响结果之前并提高了消极结果发生可能性的变量。危险因素的作用是增加发展中的个体产生某一问题的可能性。与之相对的是"保护性因素"，是提高个体避开消极结果能力的变量，是减少个体发生某一障碍的可能性或环境变量。儿童身上或环境中存在的危险因素和保护性因素之间、儿童与其所处的环境之间、他们所面临的各种危险因素之间始终存在着相互作用。危险因素和保护性因素的作用不是绝对的或固定不变的，而是在彼此相互作用的过程中变化的，最终会对个体的发展产生怎样的影响，取决于个体所处的整个情境。

第一节　影响特殊儿童发展的因素

出生前导致儿童发展风险的原因称为产前因素。产前因素有以下多种。

一　基因

特殊儿童
出生前的
危险因素

个体从父母处遗传而来的基因限定了个体发展所能达到的大致范围。若基因出现问

① 何华国．特殊幼儿早期疗育［M］．台北：五南图书出版公司，2006：3.

题,一般而言,个体均会出现发展异常。尽管每一名儿童的发展都是独特的,但这些基因相关的危险情况和儿童的障碍间有直接关系。儿童所受的影响,可能是轻微的也可能是显著的。

(一)染色体异常

染色体异常可能来自遗传,也可能来自早期细胞分裂过程中染色体的突变。

1. 遗传而来的染色体异常

软骨发育不全(achondroplasia)、囊细胞纤维化(cystic fibrosis)、苯丙酮尿症(phenylketonuria;PKU)、泰-沙氏症(Tay-Sachs disease)、脆性 X 综合征(fragile-X syndrome)、杜氏肌肉萎缩症(Duchenne muscular dystrophy)、血友病(hemophilia)等均由遗传而来的染色体异常所导致。

苯丙酮尿症是一种先天性遗传疾病。患者的体内缺少一种重要的酶,导致个体无法正常代谢大多数食物中都含有的氨基酸——苯丙氨酸。这种氨基酸的异常代谢产物会损害大脑,从而造成个体出现攻击性行为、多动症以及重度智力落后。

2. 染色体突变

染色体突变会导致以下影响发展的病症:

唐氏综合征(Down's syndrome),一种由染色体突变所致的综合征。在常染色体三体型中,最常见的是 21-三体型,由于第 21 号染色体增加了一条,即由一对变为三条所致。通常造成大多数患者中度智力落后,也有部分患者轻度或重度智力落后。大约每 1 000 个活产儿中有一例。当母龄达到 45 岁时,子女患有唐氏综合征的危险率有可能增至约 1∶30。

脆性 X 染色体综合征,一种出现在 X 染色体上的具有连锁性以及重复性的突变。这种突变阻碍了脑神经发育所必需的 FMR-1 蛋白的生成。大多数男性患者在儿童期表现为中度智力落后,到了成年期则呈现出中度到重度缺陷。女性患者可能将携带的 X 脆性染色体遗传给下一代。相对于男性而言,女性受到此疾病影响的概率较小。

猫叫综合征(Cridu-chat syndrome,或 cat crying syndrome),由第 5 号染色体短臂缺失引起的遗传病,发生率为 1/100 000。患儿一般表现为生长发育迟缓,头部畸形,哭声轻,音调高,皮纹改变,并有严重的智力障碍。由于其最明显的特征是哭声类似猫叫,因此被称为"猫叫综合征"。

威廉姆斯综合征(Williams syndrome,又称高钙血综合征),由第 7 号染色体缺乏两对基因所致。患威廉姆斯综合征儿童普遍表现出异常面部特征。有很典型的宽大的嘴和大而松弛的下唇,鼻尖向上翻,脸颊稍稍突出,牙齿不规则,牙缝很大。这些特征被称为"小精灵特征"。患者认知能力的水平从正常到轻、中度的智力落后不等。

普拉德-威利综合征(Prader-Willi syndrome,俗称小胖威利)。该综合征是由第 15 号染色体部分缺失所致。起初,婴儿会表现出肌张力低下(肌肉松弛)以及喂养困难。在接下来的儿童期则会发展为无法满足的食欲。无法控制的食欲带来对食物的持续渴望,从而使患儿体重剧增,并造成危及生命的过度肥胖。此病症在新生儿中的出现率约为 1/25 000 到 1/10 000。

（二）神经管缺陷

中枢神经管是胚胎发育成脑、脊髓、头颅背部和脊椎的部位。如果中枢神经管没能正常发育，出生的婴儿可能在上述部位出现缺陷。

神经管缺陷又叫神经管畸形，是一种严重的畸形疾病。神经系统发育、神经管畸形可能与许多种类基因的表达或突变有关。如发育调节基因及转录因子类基因、原癌基因和抑癌基因、蛋白激酶 C 相关基因、生长因子及其受体基因、同型半胱氨酸代谢相关基因、细胞骨架类和细胞连接类基因等。

常见的神经管缺陷有无脑畸形、脑水肿（hydrocephalus）和脊髓膨出脊柱裂（spina bifida with myelomeningocele）等。

二　环境

环境的危险指的是会妨碍个体健康发展的生活境遇。这类危险通常具有累积性，并导致个体各种发展与行为的问题，这些问题又会随着个体年龄的增长而恶化。

当个体还在母体中的时候，环境中的一些危险因素也能通过母体间接作用于成长中的胎儿。即出生前母体所处的环境中，如果存在不利于或有害于胎儿正常发育的危险因素，也会导致胎儿发展的异常，并可能给出生后个体的发展带来持续的消极影响。

造成发育中的胎儿发展异常的因素叫畸胎原（teratogens）。在发育过程中，胎儿受到畸胎原的影响会产生细胞分裂、组织器官的改变而导致畸形甚至死亡。这种伤害对胎儿而言是极其严重且不可逆转的。某一畸胎原可能造成的胎儿的伤害程度主要取决于母体接触畸胎原的时间（胎儿的年龄）、程度（如剂量）和其他因素（如遗传特质等）。

知识链接

Burk（2006）描述了畸胎原伤害发展中胎儿的四大决定因素[1]：

剂量：越大剂量的畸胎原作用的时间越长，伤害越大。

年龄：胎儿接触畸胎原的年龄不同，致畸的效果也可能不同。一般而言，畸胎原在胎儿期的时候最具危险性。胎儿期是个体中枢神经系统开始发育的时期，因此是最敏感、最脆弱的时期，是有机体对环境中毒素的伤害性作用最不具抵抗力的时期。

遗传：从母体而来的遗传组合决定胎儿是否能更好地经受住有害的环境。

---

[1] Mojdeh Bayat. Teaching Exceptional Children[M]. 1st ed. New York：McGraw-Hill Humanities/Social Sciences/Languages Press，2011.

其他消极影响：同一时间出现多种消极因素，如母体营养不良、使用药物、不良的健康状况和生活方式等，可能使畸胎原的致畸作用更强。

发生于胎儿发育过程中的畸形可能由不同的原因导致。虽然有些是由于染色体的异常，但大部分（65%）原因目前尚不清楚。辐射、环境毒素等均是这一类型损害的罪魁祸首。

（一）辐射

辐射是最广为人知的畸胎原之一。第二次世界大战时，广岛与长崎原子弹爆炸后所产生的许多先天畸形、1986 年乌克兰切尔诺贝利核泄漏事故之后出现的大量先天畸形及白血病案例，均是辐射影响的结果。

（二）环境毒素

环境毒素威胁包括暴露在铅、水银、杀虫剂和环境污染物质中等。

铅和水银是环境中常见的两种畸胎原。胎儿可能通过母体接触空气、饮用水、食物、受污染的土壤、劣质的含铅油漆、尘土、某些类型的陶器和化妆品等毒素，出生后这些毒素仍会直接作用于个体而继续影响个体的健康发展。

铅中毒可能损害儿童的认知发展。旧建筑通常使用含铅材料，一些玩具（包括国产的和进口的）也可能含铅。必须检查儿童直接或间接接触的所有材料和玩具，以确保不含铅和其他毒性材料。

水银是一种神经毒素。孕期高频率或高程度接触水银可能导致胎儿智力障碍、脑瘫或视觉、听觉障碍。水银以三种形式存在：金属的、无机的和有机的。所有鱼都含有一定量有机形式的水银，如甲基水银。孕期女性和幼儿应避免食用高水银含量鱼类，并限定其海鲜食用量。

有观点认为水银是孤独症的一种潜在致病因素。这一观点引发了大量争论。许多孤独症儿童的家长认为是出生之后接种疫苗——许多疫苗含有硫汞撒，一种基于水银的防腐剂——导致孩子患上孤独症的。尽管目前大部分儿童用的疫苗已经不再使用硫汞撒，家长们仍然对孩子接种疫苗表示担忧。

三　药物、酒精和非法物质（毒品）等

导致胎儿畸形的畸胎原不仅包括环境中存在的毒素，如空气中的污染物和食物中的化学物质，也包括孕期女性可能接触的有毒物质。目前母亲在孕期使用的药物（包括处方药和非处方药）、酒精、非法物质和尼古丁等，与很多母亲和胎儿的病症有关。这已经为大家所公认。一些有毒物质对发展中的胎儿中枢神经系统的消极影响是长期的和不可逆的。

（一）药物

大部分处方和非处方药物对发展中的胎儿没有有害影响。然而，总有一些药物会对胎儿产生致畸作用，导致胎儿发展的严重问题。伤害的程度主要取决于药物的类型和母体服用药物的时间。

20世纪50年代用于控制孕期呕吐的药物——thalidomide也是一种广为人知的畸胎原。怀孕女性因服用thalidomide导致很多短肢畸形儿的出生。在孕期前三个月内服用，产下短肢畸形儿的概率会更高。此外根据研究，服用抗惊厥药物（anticonvulsant）的女性，有10％～20％的可能性会产下先天畸形儿。因此，现在已经禁止向孕期女性开具这一药物。

大约2％的孕妇服用抗抑郁药物——即使其抑郁症症状很轻。这些药物似乎不会增加婴儿先天性严重缺陷的风险，但是也会使婴儿出生时体重偏轻、轻度早产，出生后阿普加测试分数较低，并伴有轻度的运动障碍①。

（二）酒精

酒精饮料含有乙醇。乙醇非常容易从胎盘经过，是一种对胎儿的神经发展有负面影响的毒素，即使很少量的饮用也可能导致胎儿神经发展的损伤。大量饮用酒精饮料可能导致胎儿酒精综合征。

胎儿酒精综合征（fetal alcohol syndrome，FAS）又称胎儿乙醇中毒综合征。母体在怀孕期间嗜酒会对胎儿产生毒性作用，从而造成胎儿身体的缺陷以及发育迟缓。该综合征的诊断标准为：儿童具有两处或两处以上的颅面部缺陷，并且身高及体重的发育水平落后于90％的儿童。另外，那些在出生前有过酒精接触史、满足FAS诊断标准中的一部分，但并未表现出全部症状的儿童被诊断为胎儿酒精效应（fetal alcohol effect，FAE），通常表现出注意缺陷/多动障碍和学习困难等。

（三）非法物质（毒品）

过去30年间的大量研究揭示了毒品等对胎儿发展的负面影响。孕期女性若滥用非法物质，会对胎儿造成不利影响。这些物质常见的有烟草（尼古丁）、可卡因、海洛因和大麻等。

1. 烟草（尼古丁）

儿童接触烟草有两种方式：其一是在母体子宫中时接触；其二是出生后被动吸二手烟。

在子宫中接触烟草会影响胎儿神经的发展。胎儿期接触烟草，出生后更有可能出现低体重和生长速率降低，注意缺陷障碍，多动、冲动和焦虑的发生率更高。胎儿受影响的程度与母体吸食的量存在正比例关系。吸烟导致婴儿增加突然死亡综合征的危险性。母亲吸烟的影响是细微的，但是会持续影响儿童的一生。

---

① 斯瓦伯. 我即我脑［M］. 王奕瑶，陈琰璟，包爱民，译. 北京：中国人民大学出版社，2011：33.

2. 可卡因、海洛因和甲基苯丙胺(冰毒)

胎儿期接触不同非法物质的后果是复杂的,受接触时机、剂量和接触程度的影响。尽管胎儿期接触这些物质的长期效果仍不清楚,一些研究提出孕期物质滥用的女性所生的孩子可能有学业失败和轻度生理发展滞后危险,也有研究发现可能导致感觉加工障碍危险的增加。

使用可卡因可能导致早产、围生期死亡率增加、新生儿癫痫及婴儿头围缩小等,并可能对大脑结构和功能产生持续的负面影响。使用海洛因可能导致胎儿成长滞后、低体重和身高以及围生期死亡率的增加。冰毒对发育中婴儿的影响类似于可卡因,如导致出生低体重和早产。冰毒通过胎盘,可能导致胎盘早剥和母体死亡,也可能导致母体和婴儿的心动过速和高血压。许多吸食鸦片或冰毒的母亲生产的新生儿不得不经历一个时间段的戒除治疗。这些婴儿通常有异常的睡眠模式、喂养困难、震颤和肌张力过高等症状。

母亲产后持续物质滥用与儿童今后不良的认知和语言发展以及注意技能的缺陷有关。

四 母体的健康

母体的健康状况会影响腹中胎儿的发展。多种母体的病症会威胁胎儿大脑和生理的健康。母体的健康状况可能导致出生的婴儿有问题或障碍,这称为先天病症。在美国和其他发达国家的标准化照料中,孕期女性在孕期前三个月和中三个月必须接受筛查和基因测查,以诊断胎儿发育是否有问题。

母体孕期感染是可能直接导致胎儿神经结构损伤,从而影响大脑发育的常见原因。胎盘通常能阻断多种小的感染,但是某些特定类型的感染可能通过胎盘而影响胎儿。

胎儿期感染包括:弓形体病、HIV、梅毒、风疹、巨细胞病毒和疱疹等,这些对发展中的胎儿是危险因素,会导致婴儿出现特定的障碍。母体新陈代谢障碍如糖尿病,是另一种对胎儿健康发展持续产生威胁的病症。

(一) 母体病症

1. B 群链球菌

B 群链球菌(GBS)是导致围生期感染的最常见原因之一。GBS 可能引起新生儿败血症(肺部感染)和脑膜炎(大脑的流体和 lining 感染)。细菌定植发生在阴道壁。胎儿出生时,婴儿经过产道时可能感染细菌。

新生儿在出生第一周或几周内可能表现出症状。20%感染 GBS 的婴儿死亡,其余的可能出现严重脑部损伤。怀孕 35~37 周间进行的 GBS 例行检查可以帮助医护人员采取恰当的措施预防母体病菌在生产过程中传给婴儿,如让母体在生产过程中服用抗生素等。

2. 弓形体病(toxoplasmosis)

弓形体病(toxoplasmosis)是一种食物传播疾病,由一种被称为弓形虫的寄生虫引起。弓形体病可能通过肉类、蛋类或受感染的宠物猫粪便传染给人类。母体中的感染通常通过胎盘传给胎儿。如果传染发生在孕前期，儿童患有先天性弓形体病的可能性较小，但对胎儿的损伤通常极为严重；如果母体在孕后期感染，胎儿被感染的概率达 65％，但出生时的弓形体病会较轻。

弓形体病会引起婴儿的淋巴结炎症，可能导致脑损伤，或阻碍脑脊髓液流向脑部，引起婴儿的脑积水。脑积水是大脑中的脑脊髓液累积，导致颅骨增大或前额突出，可能导致智力障碍和抽搐。

3. 巨细胞病毒（CMV）

巨细胞病毒属疱疹，是出生时一种最常见的病症之一。由 CMV 引起的感染具有隐蔽性，不容易被注意到，极少引起疾病。胎儿可能通过胎盘感染 CMV。如果母体在孕中期发生感染，婴儿在出生时感染 CMV 的可能性更大。

如果胎儿在发展关键时期染上 CMV，对中枢神经系统的损伤将是相当大的。感染了 CMV 但在出生时没有表现出症状的婴儿中，有 15％在出生后 5 年内或之后出现智力障碍或进行性听力损失。感染 CMV 可能导致的其他疾病包括黄疸病、运动障碍、抽搐、肝炎等。一些研究为 CMV 和易感的儿童孤独症存在联系提供了支持。

4. 疱疹单纯病毒（HSV）

疱疹单纯病毒是一种性传播疾病。疱疹病毒有两种类型：HSV-1，通过唾液分泌接触感染；HSV-2，又称生殖疱疹，通过性传播，在性区域复制。

感染 HSV 的新生儿中只有 5％是在子宫中通过胎盘获得，85％在生产过程中通过接触母亲的病灶获得。患有 HSV 的母亲生的孩子可能是健康的，尤其在采用剖宫产的情况下。剖宫产能够减少婴儿感染 HSV 的危险性。

感染了 HSV 的婴儿可能出现智力障碍、肾脏和肝脏问题、聋或盲，在子宫中感染通常导致儿童盲。一些感染了 HSV 的婴儿中枢神经系统受损。如果不进行治疗，可能致死。为感染疱疹的婴儿提供早期治疗极为关键，可以帮助扭转疱疹对儿童产生的不利影响。

5. 人类免疫缺陷病毒（HIV）和艾滋病（AIDS）

获得性免疫缺陷综合征，俗称艾滋病（AIDS），是一种由人类免疫缺陷病毒（HIV）引起的慢性疾病。HIV 以人类的免疫系统为攻击目标。感染者的免疫系统逐渐被 HIV 摧毁，直至丧失几乎所有免疫能力。目前为止，仍没有治愈艾滋病病毒感染的方法。

母婴垂直感染是儿童感染 HIV 的主要途径之一。母婴垂直感染会发生在孕期、生产过程中和母乳喂养过程中。感染 HIV 的儿童中有一半在出生后第一年，或者逐渐地或者急性地显示出症状。这些儿童可能有复发性病症，如耳部感染、上呼吸道感染、肺炎或肠胃炎等各种炎症和疾病。

通过孕期筛查可以进行婴儿 HIV 感染的早期干预和预防，因此建议存在感染危险的女性在孕前期和孕后期接受 HIV 筛查。已感染女性不进行母乳喂养，或者在婴儿出生后前几个月不进行母乳喂养。

自 2000 年以来，新增艾滋病病毒感染的儿童人数已显著下降，但全球仍需共同努力，确保在 2030 年前消除儿童感染艾滋病。

6. 风疹病毒

风疹病毒导致儿童和成人患上风疹,即通常所说的德国麻疹。1969 年以来通过有效的疫苗接种,风疹已经得到了控制。然而,美国、加拿大和世界上的一些地区,一小部分的婴儿出生时仍患有先天风疹。母亲孕期感染,所生的婴儿可能会患先天风疹综合征(CRS)。孕期前 16 个星期,胎儿有在子宫中染上风疹的危险。胎儿通过胎盘感染,可能导致死胎、自然流产或先天性风疹。先天风疹是一种危险疾病,可能导致儿童出现严重障碍,可能导致心脏缺损、智力障碍、聋和盲。

7. 妊娠糖尿病

糖尿病是指血糖过高。1 型糖尿病,身体分泌极少的胰岛素,不能有效地使用糖分。2 型糖尿病,身体生产过多胰岛素,但是不能有效地使用。1 型糖尿病患者需要每天注射胰岛素,2 型糖尿病患者进行恰当的饮食能满足身体新陈代谢的需求。另一种糖尿病,妊娠糖尿病指的是怀孕前没有而孕期患上的糖尿病。

妊娠糖尿病对婴儿发展中的大脑和新陈代谢功能带来巨大的威胁。孕期母亲血液中过多的糖分导致胎儿高血糖症,转而导致高胰岛素血症的反应,胎儿血液中产生过多的胰岛素。这会导致耗氧量增加,超出胎盘所能提供给胎儿的氧气量,导致婴儿低氧血症。

低氧血症给发育中的大脑带来巨大威胁,可能导致特定脑区如海马的损伤。而且,妊娠糖尿病导致婴儿慢性缺铁,影响多种发展中的大脑功能。除了胎儿发展过程中可能发现的神经性和新陈代谢问题,如果孕期的糖尿病没有通过恰当的饮食得到治疗和密切监控,出生的婴儿在将来可能有出现肥胖症和发展中糖尿病的危险。

除了以上所介绍的母体病症会影响胎儿的正常发展外,其他的母体疾病也会增加胎儿及其出生后的正常发展,如抑郁症。母亲妊娠期间的抑郁会增加儿童今后发生异常行为的风险,母亲孕中期、孕晚期乃至产后的抑郁症,被认为是影响婴幼儿出现神经行为问题的独立危险因素。

(二)营养

良好的营养有助于胎儿的健康发展,也有助于儿童出生后的健康和幸福感。好的饮食应该提供儿童出生前和出生后的健康发展所需的所有营养。在胎儿期的发展中,营养物质通过胎盘传递给儿童。出生后,母乳喂养的儿童通过母乳从母亲那儿获得身体发育所需的营养。因此,母亲的饮食会影响出生前和出生后的婴儿。母亲营养不良可能导致儿童健康和认知等方面的问题,且可能持续到成人期。

许多健康危险和疾病,如低体重、肥胖症和糖尿病,被认为与胎儿营养不良或营养过剩有关。例如,早产的婴儿和营养不良的母亲产下的婴儿,可能有冠状心脏疾病。过去的十几年间,患有糖尿病和肥胖症的产龄女性数量激增。孕期女性正常增加的体重取决于该女性的体重指数(body mass index:BMI)。母亲体重过重可能导致出生并发症、剖宫产和儿童肥胖症的可能性增加。营养师和医生应根据母亲的年龄、活动水平和体重提出恰当的饮食建议。

母亲的饮食习惯影响儿童的成长和身体健康。孕期或者母乳喂养期间食用不健康食物（如垃圾食品）的母亲所生儿童，在今后的发展中更有可能形成不健康的饮食习惯及出现肥胖问题。

第二节　出生时的影响

足月怀孕生产的女性在怀孕 38～42 周间分娩。在分娩过程中，母亲的情绪和身体健康，恰当的产前照料，健康的饮食，生产过程中伴侣、产科医师和助产士的积极支持等因素会影响生产和生产过程。

大部分生产是自然阴道分娩（SVD）。发生婴儿窒息的情况下——婴儿不能获得足够的氧气——会采用手术分娩加快生产进程。手术分娩包括使用手术钳或其他吸引器械。如果胎儿处于危急状态，也可能通过切开腹部和子宫实施剖宫产。在出生过程中或刚刚出生时的一些因素或状况会影响个体的健康发展。

一　生产过程

先天感染，指的是在出生前或生产过程中受到细菌、病毒或原虫感染。常见的感染情况包括弓形体病（toxoplasmosis）、麻疹（rubella）、巨细胞性包涵体病（cytomegalic inclusion disease）、疱疹（herpes）、梅毒（syphilis）、艾滋病（acquired immune deficiency syndrome）等。

二　新生儿

出生后 28 天内的婴儿称为新生儿。

（一）可能使新生儿面临发展危险的状况

出生低体重指出生体重低于 2 500 克。出生体重过轻可能是早产儿，也可能是足月产儿。

母亲的几种健康问题可能导致婴儿出生时难产。其他可能导致出生时并发症和新生儿疾病的因素有：母亲妊娠高血压，母亲的血压过高；母亲创伤和被虐待，如由意外或身体虐待引起的腹部创伤；产科疾病，如早产、包膜破裂（破水）、胎盘分离或脐带脱垂；特殊疾病，如呼吸窘迫和出生受伤或受损；母亲的压力，近来被发现会导致障碍（如情绪和焦虑障碍）易感性。

（二）新生儿筛查

一般而言，筛查测试用于筛查特定的危险因素或可能的问题，而不是用于疾病的诊断或评估。筛查测试是大范围使用的工具，可能出现误报或漏报的情况。误报是指个体没有病症却被报告有问题，而漏报则是指个体确实存在某种危险，但没有报告出来。实施筛查测试帮助卫生保健专业人员决定是否有必要实施诊断性测试。诊断性测试用于确认或排除特定病症的存在。

许多新生儿筛查测试可以帮助医生确定显著的遗传和医学病症的可能性,如 HIV 之类的感染性疾病,或 PKU 等的新陈代谢障碍。新生儿筛查有助于儿童获得及时的诊断,能帮助专业人员确定适宜的干预措施,也有助于预防由于原初问题没有得到处理可能引发的疾病。多数新生儿筛查测试依赖于血样(出生后最初的几天内抽取),用于确认内分泌障碍、感染性疾病和新陈代谢障碍等病症的可能性。

三 早产儿

早产是指在怀孕三十七周之前出生(足月怀孕为四十周)。早产的婴儿通常是低体重(LBW)或较低体重(VLBW)——低于 1 500 克。一些婴儿可能体重低于 1 000 克,称为极低体重(ELBW),甚至低于 800 克,称为微早产儿。

早产的时间越长,出现结构性和功能性问题的危险性越高。早产儿大部分的器官没有完全形成和准备好实施它们的功能,因此不同的器官系统存在发展性并发症的危险。这些并发症包括呼吸问题、神经发展问题、听觉损伤、呼吸和心动过缓——呼吸暂停和心律放缓、突发性婴儿死亡综合征(SIDS)、心血管问题、肠胃问题和免疫问题。随着科技进步,早产儿的照料水平有了很大提高,有效地减少了婴儿的死亡率,促进了他们的健康和发展。

从出院前开始的早期干预可以提供给父母在照料孩子和成功地应对由此产生的压力时所需的适宜、必要的支持。发展性照料(developmental care)是用于早产儿的早期干预策略之一。这一策略主要关注照料者和婴儿之间的互动。发展性照料策略被描述为"关系看护(照料)",旨在促进照料者和婴儿间健康的依恋和关系的发展。

知识链接

发展性照料(developmental care)

在发展性照料策略中,照料者观察婴儿通过自主的行为、肌肉运动(移动性、肌肉紧张度、体位)、状态(状态间的动作)、互动、注意行为等提供的线索,以了解婴儿的能力和需求。然后照料者通过一定的方式支持婴儿以增加他的自我控制。如果婴儿的行为表明感觉系统存在过度刺激,照料者可通过身体摆位减少刺激,以及进行其他的调整帮助婴儿加强自我控制。

第三节　出生后的照料

个体从出生到三岁,是脑和身体成长的关键阶段。婴幼儿大脑健康发展要求多方面的条件。首先需要有基本的物质保障,包括充足而均衡的营养摄入,避免尼古丁等有害物质的侵害等。其次,需要外部的环境刺激。

特殊儿童
出生后的
危险因素

一　营养、安全及健康

（一）营养

充足的营养在儿童早期发展中具有重要地位。营养不良,会影响儿童脑的发育、身体生长,还可能影响儿童的智力和认知水平、免疫能力,增加成年期慢性疾病的发生风险。营养不良可能表现为营养不足,包括身体消瘦和发育迟缓。营养不良也可能表现为肥胖,主要原因是高糖、高盐、高脂肪食物摄入量过多,体力活动不足。

纯母乳喂养,指从出生至六月龄除母乳以外不给儿童喂食任何其他食物。六个月纯母乳喂养对婴儿和母亲有诸多好处。尽早进行母乳喂养(产后一小时),可防止新生儿肠道感染,降低新生儿死亡率。

母乳喂养和儿童的神经发展之间有密切关系。母乳中的一些对儿童身体成长和发展有利的成分和激素能极大地促进神经系统的发展。母乳喂养的儿童长大后显示出拥有更好的运动能力、更高的学业成就、更好的社会情绪发展和调节能力。母乳喂养到9个月的儿童被发现在成人期的智力测验中表现更好。母乳喂养时间越长的儿童,智力和语言能力的发展似乎更好。

母乳喂养对儿童社会情绪发展有益。母乳喂养期间母亲与儿童之间的皮肤接触能够促进母亲和儿童之间情感纽带的形成。一项以1 000名儿童为对象、持续18年的纵向研究显示,母乳喂养使儿童对父母的依恋水平增加。母乳喂养的儿童与母亲之间的关系更加积极。

6个月龄前后,纯母乳开始满足不了婴儿对能量和营养素的需要,必须添加食物。随着年龄的增长需逐渐增加食物的种类,并注重食物的合理搭配。

（二）安全

意外是导致儿童死亡的主要原因。睡眠、沐浴、喂哺等过程中均可能存在安全隐患。要留意儿童在成长过程中的行为表现,消除各方面的潜在危险。

初生至五岁的婴幼儿常见的意外地点是在家中。第一年常见的意外包括跌倒和烫伤、厨房意外等,一至三岁潜伏的危险包括跌伤、窒息和夹手等。照料者需提高警惕性,加深对儿童成长过程的认识,对一些可能发生的意外做好防范。在任何情况下,照料者都应该留意婴幼儿的活动或举动,绝不能让儿童独自留在家中或依赖年幼兄姊的照顾。婴幼儿因意外受伤,应第一时间去医院就诊。

儿童的成长与发展需要父母和照顾者的关爱与照料。当儿童受到不良对待,其身心发展便可能受到影响。不良对待的主要形式是虐待。虐待指对十八岁以下人士做出/不做出某行为以致儿童的身心健康发展受危害或损害,包括身体伤害/虐待、心理伤害/虐待、性侵犯、忽视等。有人可能会殴打儿童,有人可能会把儿童独自留在家中,有人在幼儿可触及的范围内留下刀或火柴……

受虐待频繁或长期处于紧张环境中,会导致一系列身体、心理和行为问题,严重的情况下可能导致儿童死亡。儿童可能在家庭、机构或社区环境中受到熟人虐待,或更为罕见的陌生人虐待。如果施加虐待的是儿童的父母或照料者,儿童所受的伤害往往更大。

保护儿童免受虐待既是儿童的权利,也是儿童的父母/监护人、照料者和社会的责任。

(三) 健康

在婴幼儿的成长过程中,一贯的、敏感而又能及时回应的照料可以帮助儿童形成规律的生活习惯,有助于他们身心的健康成长。不健康的饮食、睡眠、社交等可能导致儿童成长过程中出现各种问题。

随着城镇化进程的加速,电子产品对人们生活的影响越来越大。有研究显示,婴幼儿的语言发展迟缓与每日屏幕暴露时长存在相关,屏幕暴露妨碍婴幼儿语言,尤其是表达性语言的发展。因此,父母在照料婴幼儿的过程中,需重视过早、长时间屏幕暴露对儿童发展的危害,尽可能避免婴幼儿屏幕暴露或延缓初次屏幕暴露的时间。特别是 18 月龄以下的婴幼儿,要避免任何屏幕接触。

二　情感连接

婴儿降临到这个世界的时候,已经在生物学上做好了发展自我规约(控制)和与他人建立关系能力的准备。年幼儿童发展中最重要的任务不是适应环境,而是形成与照料者的温暖而信任的关系。

出生后,婴儿开始发展与主要照料者的相处方式。为引起关注,婴儿会做出努力,如微笑和发声;为满足生理和安全需要,他们也会做出特定行为,如哭泣、面部表情或动作行为和身体语言等。为人父母的天性也能帮助年轻的父母自动、自然地生发出各种照料行为。照料者所做出的这些回应行为,不仅帮助婴儿更好地调节感觉刺激,而且能引导婴儿学习如何与他人建立联系。通过这些早期的有来有往的互动,婴儿学会相信,照料者在自己需要的任何时刻都会及时出现。当这些信任的基础建立之后,婴儿将照料者当作安全基地或堡垒,在感觉安全的前提下自发去探索环境。无论何时,感觉需要的时候再回到照料者身边。因此,依恋指照料者和婴儿之间这一早期建立关系的过程。

英国精神科医生 John Bowlby(1907—1990)提出了依恋理论。Bowlby 的学生 Mary Ainsworth(1913—1999)进行了大量关于婴儿与其母亲间依恋的研究。Bowlby 将依恋定义为随着时间的推移将婴儿与其照料者（父母）联结起来的纽带。根据 Bowlby 的理论，依恋不同于瞬间（短时间）形成的简单亲子连接，而是一种花费时间的复杂生物性过程。Bowlby 相信依恋是一种内植在儿童脑中的与生俱来的发展性过程。

Mary Ainsworth（1984）开创了一种用以评估婴儿与照料者之间依恋关系的实验室程序——陌生情境。她关于依恋的研究帮助我们认识到，儿童与他们的照料者（父母）间所形成的依恋类型，取决于他们与照料者之间的关系类型。而他们与照料者的关系类型取决于婴儿从照料者处所获得的反应的一贯性和类型。婴儿如果从照料者处获得一贯的温暖反应，该婴儿便会形成与该成人的安全依恋，其在今后的生活中也更可能拥有健康的社会情绪发展，能够与他人形成积极的关系。

婴儿与照料者之间的良性互动所产生的影响是双向的。强烈的早期依恋和婴儿与看护者的互动可刺激催产素的分泌。这种极为重要的激素对婴儿和母亲都能产生相互关联的神经和行为影响。对母亲而言，催产素可激励更长期的母乳喂养，从而使婴儿获得更好的营养，让大脑得到更好的发育。母乳喂养也能提供刺激和养育之情，进一步强化婴儿与看护者之间的纽带，促进大脑健康发育。

尽管早期的儿童—照料者关系对儿童今后的社会情绪发展极为关键，但并不意味着消极的关系一定导致儿童发展异常。随着儿童的成长，如果他们与其他成人在新的环境中能够拥有一贯的积极互动，那么他们仍有机会和可能建立健康的神经适应模式，以帮助他们发展社会情绪技能和能力。

Bowlby 的依恋理论经受住了 20 世纪 50 年代至今的无数科学实验的考验，是少数拥有坚实实证基础的理论之一。儿童脑的社会网络发展中，积极的婴儿—照料者关系的重要性已经毋庸置疑。也因此，健康的成人—儿童关系被认为对高危儿童的发展具有最强的缓冲和治疗效果。针对发展迟滞和障碍儿童的基于关系的干预模型在早期干预和早期特殊教育领域也被认为可能更为有效。

孩子在生命最初几年得到的关爱和照料会对大脑功能产生终生影响。

思考与练习

1. 简述儿童发展的危险因素和保护性因素的含义。
2. 可能导致儿童发展异常的基因因素有哪些？
3. 日常生活中如何避免铅和水银对年幼儿童发展的影响？
4. 母体的健康和营养对儿童健康发展的重要性体现在哪里？
5. 如何为年幼儿童提供丰富而又有高质量刺激的成长环境？
6. 阐述不同类型依恋的具体体现。
7. 母乳喂养的重要性体现在哪里？

8. 案例分析

叮当,四周岁男孩,原就读于某省省会城市的一所普通公立幼儿园,因无法参与集体活动及教师由于班额大无法顾及该幼儿,被劝退。其后父母将其送入一班额较小的普通私立幼儿园。叮当在园期间主要是自己玩自己的,集体活动期间,教师会安排叮当和其他几名发展较弱而无法参与集体活动的幼儿一起坐在角落,在堆放了玩具的桌子边自己玩耍。

叮当极少有语言表达的意愿和行为,即使与母亲交流也是如此。如想要买自己喜欢的玩具时,会伸手拉母亲;母亲拒绝时用哭闹来表达。对陌生人没有兴趣也基本没有视线接触,但对其他儿童很感兴趣,喜欢看其他儿童游戏,并会试图加入其中,但缺乏社会性技能,常被其他儿童拒绝。有少数表达性语言用于有基本需要时的沟通,主要为单字或单词,且发音清晰度显著低于同龄正常发展的幼儿。很少玩建构性玩具,回避需要认知参与的较难的玩具和游戏。一直将老虎或恐龙的塑胶玩具抓在手里,外出也是如此。

据母亲讲述,叮当出生后母乳喂养了六个月。在出生后第一年由母亲和奶奶共同抚养,在二至四周岁期间,由爷爷奶奶带回老家抚养。爷爷奶奶个性内向(爸爸个性也如此),与外界交往少。叮当在此期间基本待在家中,自己在床上或床下地板上玩玩具,祖孙之间很少有对话,叮当的基本生活需求,如饿了、渴了等均会在表达出来之前被满足。四周岁之后,母亲发现其发展与同龄健全儿童有差异,才开始担心,将叮当带回自己抚养并开始寻求专业人员的帮助。

根据以上描述,试结合本章内容分析导致叮当目前发展状况的可能原因。

9. 实践训练

观察并记录一个2周岁左右幼儿与其母亲(或其他主要照料者)的互动情况,母亲暂时离开时与陌生人相处时的表现及母亲离开后幼儿的反应。依据记录并结合所学,考察幼儿的依恋类型。

本章小结

1. 本章从危险因素和保护性因素的介绍切入,阐述了基因、环境和母体等方面可能影响儿童发展的危险因素及其可能导致的后果。

2. 本章主要介绍了儿童早期大脑神经系统的发育与其行为发展间的关系,并详细阐述了早期刺激、依恋和母乳喂养等对儿童大脑神经系统发育的影响。

第五章 家庭对特殊儿童的影响

知识目标

了解家庭因素对特殊儿童发展的影响,以及家庭 ABCX 和 FAAR 应激模式的基本内容。

能力目标

掌握四种家庭干预模式及其应用,能够有效实施特殊儿童家长教育的方法和内容。

素质目标

提升对特殊儿童家庭需求的理解,促进家长教育中的有效沟通和支持。

无臂钢琴师刘伟

当命运的绳索无情地缚住双臂；当别人的目光对着他叹息生命的悲哀时，他依然固执地为梦想插上翅膀，用双脚在琴键上写下：相信自己。那变幻的旋律，正是他努力飞翔的轨迹。

刘伟 10 岁时因触电意外失去双臂。在家人的坚定支持下，他没有放弃对生活的热爱和对梦想的追求。通过多年持续不断的学习和无数次的练习，刘伟学会了用脚弹钢琴，并展现出了惊人的音乐才华。

第一节   特殊儿童发展与学习的家庭因素

社会学习理论认为，父母在儿童身心发展和社会化的进程中扮演着重要角色，儿童的负面情绪、行为问题、社会适应不良等，可通过对父母的情绪、行为表现的观察而习得。

通常情况下我们对家庭概念的理解是基于我们自己的家庭背景和经验的，因而对于偏离我们概念中的家庭或是有异常的家庭我们都给予忽略。那么什么是家庭？家庭有数百个概念。本书采用两个概念：①一个家庭是由很多个体组成的一个整体。其中个体包括由于血缘关系或婚姻关系以及相互间承诺一起共享生活的每个个体[①]。②有血缘关系和婚姻关系的人或是日常生活中彼此照顾的人，被认为是一个家庭[②]。家庭有很多不同的种类。一般包括核心家庭、扩大式家庭、单亲家庭、两个种族的家庭、少数民族家庭、双职工家庭、离婚家庭、父母残疾家庭等。每个家庭都有其自身的形式、特征和文化。

提到特殊儿童发展与学习的家庭因素，我们不能忽视家庭系统理论的研究。了解家庭系统理论可以帮助我们更好地了解特殊儿童家庭的基本结构。我们对于特殊儿童的教育想法通常受到医学模式的影响，认为特殊儿童就是需要治疗的，有不健康的身体状况或是疾病[③]。直到 20 世纪 70 年代，尤里·布朗芬布伦纳（Urie Bronfenbrenner，1917—2005）提出人类发展的生态系统理论（见第二章第三节），我们才开始关注家庭和环境的生态影响。布朗芬布伦纳的理论认为儿童的发展与家庭、社会、文化和时代是紧密相连的。如果我们要考

① Hanson M J，Lynch E W，Wayman K I. Honoring the cultural diversity of families when gathering data [J]. *Topics in Early Childhood Special Education*，1990(1)：112−131.

② Park J，Turnbull A P，Turnbull H R. Impact of poverty on quality of life in families of children with disability. *Exceptional Children*，2002，68(2)：153.

③ Seligman M，Darling R B. *Ordinary families，special children*：A system approach to childhood disability[M]. 3rd ed. New York：Guilford Press，2007.

察特殊儿童的发展情况,需要考察儿童生长和发展的不同系统。他认为强调把家长和儿童放在一起的研究,对于儿童会有更好的影响。

儿童的发展受到很多因素的影响,而对于儿童健康和发展来说最重要的因素就是家庭因素。儿童不断地向家长、其他儿童学习,同时儿童的成长和发展也影响着家庭的发展。例如:健全儿童与特殊儿童对家庭的影响是不同的。根据生态系统发展理论,家庭自身就是一个系统,家庭中的成员之间相互影响,并且影响着其他系统。其他系统包括社区、学校、种族文化、社会价值观以及法律法规等系统。我们可以说儿童和家庭是一个生态系统的组成部分[①]。

布朗芬布伦纳的生态系统发展理论从理解特殊儿童家庭的角度提供了一个有用的方法和途径。[②] 当一个儿童被诊断为残疾,家庭系统必然会受到影响。家庭成员之间在微观和宏观上相互影响着。例如:有特殊儿童的家庭需要与医药和健康保健人员、早期干预人员或是特殊教育人员、私人治疗师或是其他有残疾儿童的家长保持联系。这些可能会形成一个新的外部系统。我们应该关注每个家庭体系中的各种因素。这些因素相互影响,决定了一个家庭怎样适应和处理家中有特殊需要儿童的要求。另外,当所有的家庭体系中的因素都被考虑到的话,干预是最有效的。

一　家庭结构的影响

(一)家庭结构的含义

家庭结构不是家庭人口数或家庭代次的简单相加,而是它们的有机组合;家庭结构的构成不是指家庭的经济、职业、文化构成,而是特指家庭中成员的构成及其相互作用、相互影响,以及由于家庭成员的不同配合和组织的关系而形成的联系模式。

家庭结构是建立在婚姻关系和血缘关系基础上的,既包括代际结构,也包括人口结构。家庭结构类型的不同,导致家庭环境、家庭教育方式、家庭成员的关系等也有所不同,最终影响儿童的个性和心理素质成长。

正如我们提供的家庭概念中提到的,家庭的概念限定了谁是家庭一员,谁不属于这个家庭。家庭的大小取决于其成员的数量,家庭结构即谁在这个家庭里。家庭结构(family structure):家庭中成员的构成及其相互作用、相互影响的状态,以及由这种状态形成的相对稳定的联系模式。家庭结构包括两个基本方面:①家庭人口要素。家庭由多少人组成,家庭规模大小。②家庭模式要素。家庭成员之间怎样相互联系,以及因联系方式不同而形成的

① Patterson J M. Healthy American families in a postmodern society:An ecological perspective[M]// Helen M Wallace,Gordon Green,Kenneth J Jaros,et,al. *Health and welfare for families in the 21st century*. Sudbury,MA:Jones and Bartlett,1999:31－52.

② Bronfenbrenner U. The ecology of human development:Experiments by nature and design[M]. Cambridge,MA:Harvard University Press,1979.

不同家庭模式。

（二）家庭结构的类型

根据家庭的代际层次和亲属关系来划分，我国的家庭结构大致分为以下四种：核心家庭、主干家庭、联合家庭和单亲家庭。

按家庭中配偶的对数可分为：多夫多妻、一夫多妻、一妻多夫、一夫一妻制家庭。按参与和决定家庭事务的权利可分为：父权家庭、母权家庭、舅权家庭、平权家庭。按家庭传袭系统可分为：母系家庭、父系家庭、平系家庭（男女两系平等计算或者任何一系都可以）、双系家庭（同时属于父族和母族）。按家庭成员居住地可分为：从妻居家庭、从夫居家庭、单居制家庭。最通行的分类方法是按家庭的代际层次和与亲属的关系把家庭分为：①核心家庭，即由父母和未婚子女所组成的家庭；②主干家庭，即由父母和一对已婚子女组成的家庭，比如由父、母、子、媳所组成的家庭；③联合家庭，即由父母和两对或两对以上已婚子女所组成的家庭，或者是兄弟姐妹婚后不分家的家庭；④其他家庭（以上 3 种类型以外的家庭）。分类的方法不同，家庭模式的含义也不相同。

（三）家庭结构的影响

不同家庭结构类型对特殊儿童的发展和学习有着不同影响。如果特殊儿童生长在主干家庭、核心家庭或者联合家庭中，会对特殊儿童的发展更有利。家庭可以给予特殊儿童足够的关心，同时帮助其健康成长。如果特殊儿童生长在单亲家庭中，父亲或母亲既要工作又要照顾特殊儿童，无论是在物质上，还是在精神上，都会有很大的不足，甚至会由于疏于照顾而使特殊儿童产生生命危险。

因此，单亲家庭特殊儿童要比核心家庭和主干家庭的特殊儿童遇到的困难更多。离异重组家庭儿童和留守寄养家庭的特殊儿童难免会性格较冷漠、孤僻，更难以发展和进步。

特殊儿童的童年期是其人格形成和发展的关键时期。父母的关爱、良好的家庭环境对特殊儿童人格的健康发展有重要影响。这个时期的特殊儿童特别需要父母的关心、引导和帮助。心理学研究表明，在个体发展早期，父母的爱、支持和鼓励容易使个体建立起对最初接触者的信任感和安全感，从而保证了子女成年后与他人的顺利交往。如果缺乏这种信任感和安全感的话，会使得个体逐渐产生一种孤独、无助的性格，很难与人相处，不利于心理的健康发展，可能会产生人际交往方面的障碍。特殊家庭的特殊儿童长期与父母分离或不能完整地得到父母的关爱，缺少与父母正常的情感交流，造成孩子情绪波动，焦虑、抑郁、苦闷、烦恼等消极情绪会长期困扰着他们。单亲重组家庭的孩子父母离异前长时期的争吵或冷漠的家庭氛围，尤其是父母离异这一创伤性事件给孩子带来的不安全感和被抛弃感的负性情绪体验，很可能会内化成特殊儿童的不良认知模式。如果此时这两类家庭结构中儿童的社会支持系统不能帮助他们化解这些情绪，就会导致特殊儿童的性格日趋内向、孤僻、敏感多疑，遇到挫折容易退缩，不善言谈，缺乏人际交往技巧，形成神经质人格。

为了特殊儿童的健康成长,有条件的父母应尽量多帮助孩子,承担教养子女的职责。对于单亲家庭的父母来说,无论两个人之后是否重组新的家庭,父母始终应该尽到应尽的责任。应尽的责任不应该因为家庭的解体而推卸掉,更不能将大人之间的恩怨发泄在孩子身上。不要采取过分偏激的教育方式,要多与孩子交流,关注孩子的心理感受。对于留守家庭的父母来说,如果有条件应尽量将孩子带在身边抚养;如果没有条件也应该把孩子寄养在孩子喜欢且又负责的监护人家中。父母应经常通过电话、邮件或书信的手段与孩子保持密切联系,让孩子感受到父母的关爱。家长还应鼓励孩子多参加学校和班级组织的集体活动,让孩子置身于集体之中,感受到集体的温暖,以减轻孩子的心理压力。

综上所述,特殊儿童人格特征受家庭结构的影响,不同家庭结构对特殊儿童有着不同的影响。我们应对此加以关注,针对不同家庭结构的特殊儿童采用不同的措施,为这些儿童创造一个良好的社会环境。尽量减少家庭环境对儿童的不利影响,使特殊儿童在各个方面都能够健康成长和发展。

二 家庭功能的影响

(一)家庭功能的含义

无论家庭中有谁,承担什么样的角色,每个家庭成员有以下四个功能:①形式上的隶属;②提供给其他家庭成员基本的物质和情感需要;③喂养、教育、社会化家庭中的儿童和成人;④保护其中弱小的成员[①]。

自 20 世纪 70 年代提出"家庭功能"以来,对家庭功能的定义可谓众说纷纭,用来代表和解释家庭功能的词汇多且混乱。概括而言,对家庭功能的定义有两种:第一种以 Beavers、Shek 和 Olson 为代表,他们主要用家庭的具体特征来定义家庭功能[②~④]。如 Beavers 用家庭的关系结构、反应灵活性、家庭成员交往质量和家庭亲密度、适应性来表示一个家庭的功能;Olson 认为,家庭功能是家庭系统中家庭成员的情感联系、家庭规则、家庭沟通以及应

① Patterson J M. Healthy American families in a postmodern society:An ecological perspective[M]// Helen M Wallace, Gordon Green, Kenneth J Jaros, et al. *Health and welfare for families in the 21st century*. Sudbury, MA:Jones and Bartlett,1999:31 – 52.

② Beavers R,Hampson R. The Beavers Systems Model of Family Functioning[J]. Journal of Family Therapy, 2000,22(2):128 – 143.

③ Shek D T. Family Functioning and Psychological Well- Being,School Adjustment,and Problem Behavior in Chinese Adolescents with and without Economic Disadvantage[J]. Journal of Genetic Psychology, 2002,163(4):497 – 500.

④ Olson, D H. Circumplex Model of Marital and Family Systems[J]. Journal of Family Therapy, 2000,22 (2):144 – 167.

对外部事件的有效性。第二种以 Epstein 和 Skinner 为代表,他们主要从家庭完成的任务来定义家庭功能[1][2]。如 Epstein 和 Skinner 认为家庭的基本功能是为家庭成员生理、心理、社会性等方面的健康发展提供一定的环境条件。为实现这一基本功能,家庭系统必须完成一系列的任务,如满足个体在衣、食、住、行等方面的物质需要,适应并促进家庭及其成员的发展,应付和处理各种家庭突发事件等。

(二) 家庭功能的维度

家庭功能有两个不同的维度。一是连贯性(cohesion);二是灵活性(flexibility)。连贯性指的是家庭成员之间的紧密性。在不同的时间,家庭成员之间的紧密程度是不同的。例如,当家庭中的儿童很小的时候,成人要紧盯着儿童,以免出现危险,这种情况下家庭成员间的关系较为紧密。过度保护的家庭再想要儿童独立的时候,会比较难。家庭成员中有一个残疾儿童,若让其独立会需要很长时间。相反,在一个个体独立性比较强的家庭中,残疾儿童更容易独立,但是可能在感觉上是不被其他家庭成员关爱。有的家庭里有一个残疾儿童的话,会使家庭里的成员关系更加紧密。在这种情况下,为了给家庭中其他成员提供情感支持,家庭成员往往会联系更加紧密。灵活性是指当有必要时,家庭成员在家庭中愿意接受改变的程度。每个家庭都不可避免地有一些变化,比如家庭中孩子的出生、儿童长大离开家庭等。当家庭中有孩子出生时,家庭将会有一个重要的过渡,这种过渡包括家庭中成人的育儿任务。通常育儿和养家的任务会被分开,家庭中成员的工作和家庭安排有所变化。家庭成员间愿意改变成员的作用的限制程度决定了家庭的灵活性。当一个家庭中有残疾孩子出生或是有儿童被诊断有残疾的时候,家庭的灵活性起着重要的作用。如果家庭灵活性较强,家庭成员更容易承担新的责任,可以满足家庭中残疾儿童的要求;但是,如果灵活性太强可能会导致家庭内部的混乱。也就是家庭改变太快太频繁,使家庭不稳定,不利于家庭保持一个长期发展。照顾一个残疾儿童要求家庭有恰当的灵活性,以满足残疾儿童的特殊需要。家庭其他成员亦可因此而改变他们的习惯和行为。

(三) 家庭功能的相关理论及影响

1. 结构取向的家庭功能理论

这一取向的潜在假设是根据家庭系统质量上的差异,将其分为不同的类型。其中有些类型的家庭是健康的,而另外一些则是不健康的,需要干预或治疗。这一取向的代表理论主要有 Olson 的环状模式理论(circumplex model)以及 Beavers 的系统模式理论(the Beavers systems model)。

---

[1] Epstein N B, Miller I W, Ryan C E, et al. The McMaster Approach to Families: theory, assessment, treatment and research[J]. Journal of Family Therapy, 2000, 22: 168 - 189.

[2] Skinner H, Steinhauer P. Family Assessment Measure and Process Model of Family Functioning[J]. Journal of Family Therapy, 2000, 22(2): 190 - 210.

（1）Olson 的环状模式理论（circumplex model）

Olson 等人提出的环状模式理论认为，有关婚姻和家庭的众多变量可归纳为三个维度：家庭凝聚性、家庭适应性和家庭沟通[1]。其基本假设是：家庭实现其基本功能的结果与其亲密度和适应性之间是一种曲线关系，凝聚性和适应性过高或过低都不利于家庭功能的发挥，平衡型家庭的功能比不平衡型家庭发挥得更好。家庭沟通更多地作为一种起推动作用的因素，通常平衡型家庭比不平衡型家庭有更好的沟通。从凝聚性以及适应性两个维度出发，可以将家庭分为 16 种类型。在这两个维度中处于中间水平的四个类型家庭都属于平衡型家庭，这类家庭是适应良好的健康家庭；一方表现为中间程度，而另一方表现为极端程度的八类家庭称为中间型家庭；两方都处于极端程度的家庭则属于极端型家庭，这类家庭及其成员常会出现适应不良等问题。20 世纪 90 年代，Olson 将其修订为 3－D 线性模型理论，认为在亲密度和适应性上得分高的家庭功能是良好的，而得分低的家庭功能是不良的。

（2）Beavers 的系统模式理论

Beavers 等人认为，家庭系统的应变能力和家庭功能的发挥之间是一种线性关系。即家庭系统的能力越强，则家庭功能发挥的效果越好，这便是家庭系统模式理论[2]。这一理论对家庭进行分类的依据主要有两个维度（如图 5.1 所示）：第一个维度是家庭在关系结构、反应灵活性等方面的特征，它与家庭功能的效果发挥间呈线性关系；第二个维度是家庭成员交往质量，它与家庭功能发挥的效果之间是非线性关系，处于两个极端的向心型交往和离心型交往均不利于家庭功能的发挥，其家庭以及家庭成员会出现适应障碍。

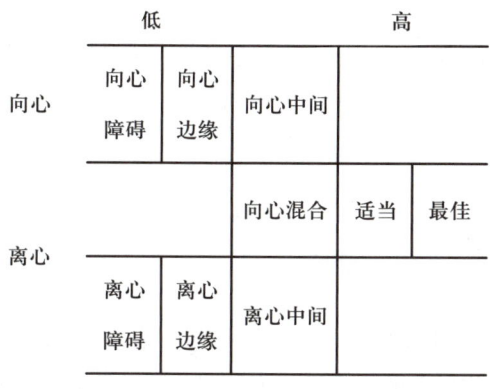

图 5.1　Beavers 家庭功能模式图

2. 过程取向的家庭功能理论

Epstein 等人认为，对个体身心健康和情绪问题直接产生影响的不是家庭系统结构方面

---

[1] Olson D H. Circumplex Model of Marital and Family Systems[J]. Journal of Family Therapy，2000，22(2)：144－167.

[2] Beavers R，Hampson R. The Beavers Systems Model of Family Functioning[J]. Journal of Family Therapy，2000（22）：128－143.

的特征,而是家庭系统实现其各项功能的效果。家庭实现其功能的过程越顺畅,家庭成员的身心健康状况就越好;反之则易导致家庭成员出现各类心理及行为问题。执行过程取向的代表理论是由 Epstein 等人提出的 McMaster 家庭功能模式理论(McMaster model of family functioning),以及由 Skinner 等人提出的家庭过程模式理论(process model of family functioning)。

（1）McMaster 家庭功能模式理论

Epstein 等人认为,家庭在运作过程中只有实现其各项基本功能才会维持家庭成员的心理健康①。他们提出这一理论的假设基于五个方面:家庭各部分是相互关联的;家庭中一部分若脱离,家庭系统中的剩余部分则不能够被理解;仅仅了解家庭中的个体或小群体,家庭功能则不能被完全理解;一个家庭的结构与组织是影响并决定其成员行为的重要因素;家庭系统相互影响的模式极大地塑造家庭中个体的行为。

（2）家庭过程模式理论

这一理论由 Skinner 等人提出,与家庭功能模式理论一样,二者均源于家庭种类计划(the family categories scheme)②。这一理论认为,家庭首要目标是完成各种任务,其中包含危机任务。各项任务都需要家庭一起去应对。在完成任务的过程中,家庭及其成员都得到成长,同时家庭成员之间的亲密度得以增强,维持了家庭的整体性,发挥好家庭作为社会单位的各项功能。这一模型包含了七个主要部分:任务完成、角色作用、沟通、情感表达、卷入、控制和价值观,其中任务完成是核心。七个维度有机地联系在一起,共同评价一个家庭的功能发挥效果。

以往对于家庭功能的研究多涉及正常家庭,而对于一些特殊家庭则研究较少,如重组家庭、寄养家庭、收养家庭、家庭成员有身体缺陷的家庭等。这些家庭及其功能如何发挥更有利于其成员向健康方向成长,是值得我们进一步研究的。

三　家庭文化的影响

文化一词是指人们在他们的家庭、社区和社会中表现的价值观和信仰的标准③。不同的因素影响人们对家庭文化的认同。例如:不同的宗教、语言、性别、种族、年龄、收入、家庭房屋所处的地理位置等,都会形成一个人独特的文化信仰。

家庭文化是儿童行为和价值观的第一个老师。家长通过日常生活中的言传身教,向孩

---

① Epstein N B, Miller I W, Ryan C E, et al. The McMaster Approach to Families: theory, assessment, treatment and research[J]. Journal of Family Therapy, 2000, 22: 168 - 189.

② Skinner H, Steinhauer P. Family Assessment Measure and Process Model of Family Functioning[J]. Journal of Family Therapy, 2000, 22 (2): 190 - 210.

③ Turnbull A, Turnbull R, Wehmeyer M. *Exceptional lives: Special education in today's schools*[M]. Upper Saddle River, NJ: Pearson, 2006.

子传递文化传统、道德规范和社会期望。在家庭环境中,孩子们学习如何与他人相处、如何处理冲突,以及如何做出符合社会价值观的决策。这些早期的教育和影响对于儿童未来的社会行为和人格发展,起着至关重要的作用。

文化对儿童的养育方式和价值观的塑造不仅限于家庭内部,还通过社会互动和社区影响扩展到更广的范围。儿童接触到的不仅是家庭中的文化信念,还有学校、媒体、同伴等各个方面的文化影响。亚洲文化中强调集体主义和尊重长辈,这种文化背景下的儿童可能会表现出更强的家庭责任感和集体荣誉感。父母在教育过程中会重视儿童对家庭和社会的贡献,希望他们从小就培养团队合作精神和集体意识。某些西方国家的父母则鼓励孩子独立思考、表达自我。他们认为这种方式有助于培养孩子的创造力和自主性。

文化还对家庭中的残疾成员有着不同的态度和支持方式。在一些文化中,残疾可能被视为家庭的负担或社会的禁忌,导致残疾人及其家庭成员面临更多的歧视和挑战。这种负面的态度可能使得家庭在照顾残疾成员时缺乏必要的支持,增加了他们的压力和困难。在另一些文化中,残疾被看作是命运的一部分,家庭和社区会提供更多的支持和关爱,以帮助残疾成员过上有尊严的生活。这些文化差异不仅影响到家庭内部的互动方式,也对社会政策和福利制度的制定有着重要影响。在包容性较强的社会中,政府和社区会通过立法和社会服务来保障残疾人的权利和福利,促进他们的社会参与和独立生活。

总之,家庭作为儿童文化行为和价值观的第一个老师,在多元文化背景下,通过复杂的互动和影响,塑造了儿童的成长轨迹和社会认知。理解和尊重这些文化差异,对于促进社会和谐、包容具有重要意义。只有在多元文化的共同作用下,儿童才能在丰富多彩的社会环境中茁壮成长,成为具备多元视角和全球意识的未来公民。

第二节　家庭应对方式与特殊儿童的发展

一　家庭 ABCX 应激模式

家庭 ABCX 应激模式(the double ABCX model of adjustment and adaptation)是用来解释在家庭中怎样处理规范性或非规范性压力的。这种模式起源于 1949 年。为了了解处于战乱中的家庭怎样处理战争带给他们的压力,希尔对二战后的老兵展开了研究。他设计了一个叫作 ABCX 的压力模型[1]。这个模型中 A 代表家庭每天面临的压力以及随着危机所带来的压力,B 代表家庭的资源,用以减缓和解除它的压力,C 代表家庭的评估或定义它所面临的危机。基于 Hill 的模型,A、B 和 C 彼此互动而产生 X,这是家庭遇到危机后的反应。面对危机,家庭的反应可能是积极的也可能是消极的。

---

[1]　Hill R. Generic features of families under stress[J]. *Social Casework*,1958(39):139-150.

在之后几年的工作中,麦卡宾(McCubbin H L)、萨斯曼(Sussman M)和帕特森(Patterson J M)对患有慢性疾病的儿童应用了这种 ABCX 模型。如图 5.2 所示,这种模型认为当危机发生在一个家庭中时,家庭将在承受原有压力的基础上不得不应付一系列新的压力,而且会有一系列的压力不断出现。因此,aA 代表的是一系列压力或者说是由于家庭中有残疾儿童的压力加上日常压力的积累效应;bB 代表的是家庭以前的和现在的环境;cC 暗示对于压力和自身评估的家庭的感知。在这个家庭 ABCX 应激模式中,xX 代表家庭的应对过程和它对于残疾以及一系列压力的反应。还有,适应性家庭看待他们自己的方式影响着他们处理危机的方式。

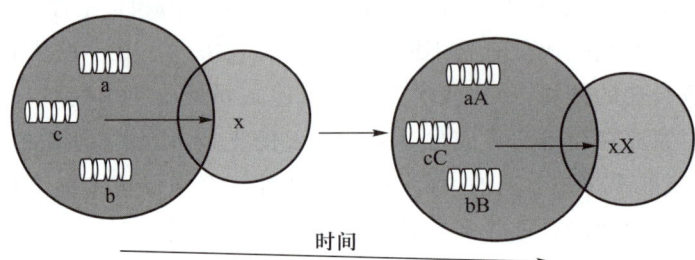

图 5.2   家庭 ABCX 应激模式在有残疾儿童的家庭中的应用①

a:家庭面临的压力,包括诊断出有残疾孩子的压力。

b:已经存在的家庭资源。

c:家庭的日常压力的感知("a")。

x:家庭面对压力和危机的反应。

aA:日常的压力与诊断为残疾的压力叠加到一起。

bB:家庭的现有资源,再加上诊断存在残疾后的新资源(例如服务、治疗等)。

cC:家庭关于残疾和压力以及其他资源的感知。

xX:家庭不恰当的感知危机、压力和使用资源,可能导致不良应对或适应方法,从而轻视了存在的危机。

二   家庭 FAAR 模式

另一个可以帮助有残疾儿童家庭的模式是家庭调整和适应反应模式(family adjustment and adaptation response model,简称 FAAR)②。通过帕特森(Patterson)与麦卡宾(Mc-

---

① Mojdeh Bayat. Teaching Exceptional Children 1st edition[M]. New York:McGraw-Hill Humanities/Social Sciences/Languages Press,2011.

② Patterson J M. Families experiencing stress:I. The family adjustment and adaptation response model:II. Applying the FAAR model to health-related issues of intervention research[J]. *Family Systems Medicine*,1988(6) 202－237.

Cubbin)的合作,我们可以认识到当一个家庭遇到有极大压力的事情时,家庭成员怎样估计他们自己的能力以及如何去处理这些事情,以及家庭处理危机情况的一些方法。在FAAR模式中,帕特森强调了家庭的调整和家庭对压力适应性的重要作用,而不是简单机械地处理问题。她解释说当整个家庭接纳一个残疾儿童作为家庭一员的时候,所有家庭成员都应该开始意识到一个新任务的开始。例如:"我们的家庭中有一个残疾儿童,这将意味着什么?"

家庭FAAR模式分成两个阶段。第一阶段是所谓的调整阶段。当家庭成员第一次面对残疾儿童的时候,他们开始意识到残疾有两个层次:情境意义上的(situational meaning)和全局意义上的(global situational meaning)。在情境意义中,家庭成员根据他们对残疾的限定和他们自己的能力采取主观的态度。例如:"我丈夫可以带着孩子一周去一次医院,我可以一周带孩子去两次医院。"家庭成员可以根据不同的情况进行调整,从而创造积极意义。在全局意义中,家庭成员之间分享信仰、意义以及面对残疾的问题。最后,在家庭中家庭成员对残疾的理解,决定了他们如何针对他们自身的心理和物质能力来平衡残疾成员的需要。

家庭FAAR模式的第二个阶段是适应阶段。在这一阶段中,我们可以采用积极的方式帮助家庭认识和接受残疾儿童,同时,帮助家长以一种积极的方式达到平衡(如图5.3所示)。在应对模式中,有一个特殊的时期是需要家庭意识到残疾儿童的存在。在适应和满足残疾儿童的要求方面,每一个家庭都是不同的,需要不同长度的时间来调整和适应。

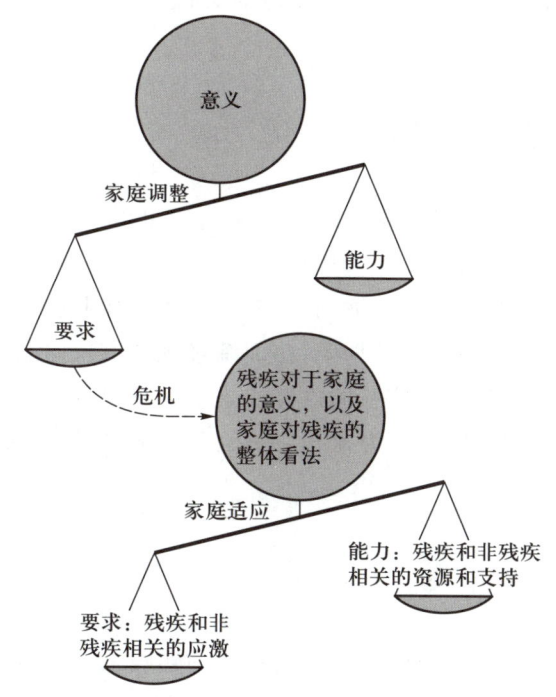

图5.3　家庭FAAR模式在有残疾儿童家庭中的应用[1]

[1]　Mojdeh Bayat. Teaching Exceptional Children[M]. 1st ed. New York:McGraw-Hill Humanities/Social Sciences/Languages Press,2011.

第三节   家庭干预特殊儿童发展的模式

在过去的五六十年里,国内外家庭干预特殊儿童发展的模式一直在不断进化和改变中。美国研究者特恩布尔(Turnbull)和她的同事们解释了干预模式的进化过程。这些模式阐释了美国家庭成员与专业人员的工作关系。基于特恩布尔的研究和分析,让家庭成员一起参与工作的模式一直受到这个领域旧的范式和模式的影响。旧的模式强调"固定的"家庭,因此对应"固定的"儿童。下面描绘了几种不同种类的家长与专业人员合作关系的模式。

一   辅导/心理治疗模式(1950s—1960s)

辅导/心理治疗模式(the counseling/psychotherapy model)受到心理分析学的影响。专业人士认为残疾儿童给他们的父母带来了很大的创伤,家长需要适当的心理治疗来弥补创伤。教师可以把原有的与特殊儿童家长共同教育孩子的过程作为"案例"讲解给其他家长听。同时,特殊儿童家长可以讲述自己过去的个人经历,为新加入的家长提供辅导建议,帮助他们度过艰难的时期。这个过程将会非常有利于家长与残疾儿童良好关系的建立。在这种模式中,需要专家参与控制测试。专家需要帮助家长达到使悲愤升华到一定程度后开始接受事实、认真对待残疾儿童的测试目的。

二   家长培训/参与模式(1960s—1970s)

家长培训/参与模式(parent training/involvement model)鼓励特殊儿童家长增加自己的决策参与力量。这种模式提倡"父母就是教师"和"父母就是治疗师"的哲学。在这个模式中,父母(尤其是母亲)也要与儿童一起被训练,甚至要给予家长额外的教育辅导。但是,就目前的状况来看,即使家长参与进了计划中,在训练过程中有决策权,但是通常他们是专业人员"额外的助手",在这种模式中,家长的需要或是作用通常会被弱化或是忽视。通常特殊儿童家长没有机会参与进来,只是作为家长存在。这种模式在美国的一些项目中仍然在实践。

三   家庭中心模式(1980s—1990s)

在美国,受系统理论的广泛影响,以家庭为中心的实践工作仍然在进行。家庭中心模式(the family-centered model)几乎被所有家庭成员(包括扩展家庭)认可,并被视为儿童成长中非常重要的影响因素。家长被认为是有关儿童和家庭事务的最终决策者,因此,关于特殊儿童训练和干预的决策总是在家庭内部做出。

与家长训练模式不同的是,在家庭中心模式实践过程中,专家和家长共同决定如何处理相关事务。邓斯特(Dunst)等人提出了一种指导方针和原则,被称为"授权家庭"(empowering families)[1]。根据这些原则,专业人士应认识到每个家庭的需要,并尊重每个家庭的独特性、种族、信仰和社会经济地位。专家应基于家庭的力量,与家庭合作,利用现有资源有效地满足家长和特殊儿童的需求。

通过这种方式,家庭在儿童成长和发展中发挥了更积极的作用,而专业人士则通过支持和合作,帮助家庭实现最佳的教育和干预效果。理解和尊重家庭的多样性,对于推动家庭中心模式的成功实施至关重要。

四　集体授权或特殊需要儿童家庭与专业人员合作模式(1990s—2000s)

目前这种模式(collective empowerment or family-professional partnership)是一种最为理想的专业人员与家庭合作的工作模式。它建立在家庭中心模式的假设和哲学基础上,是前几种模式的延续和发展。这种模式主要关注以下几点:一是以各种方式收集资源,找到每个特殊儿童家庭本质上的不同,使特殊儿童的缺陷在生活中可以得到控制;二是任何层次和水平的特殊儿童家庭都有获得尊重和自由决定是否参加的权利。

这种模式假定了家庭和专业人员的合作伙伴关系。集体授权意味着家庭人员与特殊教育专业人员之间是相互信任和彼此欣赏的[2]。特殊教育专业人员与家庭成员的合作创造了一种协同合作关系,这是他们之间可以相互信任和欣赏的直接原因。这种正能量可以同时提升父母和专业人员的能力。在集体授权或特殊需要儿童家庭与专业人员合作模式中,力量的协同和能力的建构成为一种强大的资源和力量[3]。

相关链接

美国对特殊儿童家长提供的各种服务

美国社区通常会为特殊儿童及其家庭提供一系列服务。提供何种服务,通常取决于儿童的年龄和具体问题。有些问题早在孩子进入公立学校系统之前就已很明显。在有些情况

---

① Dunst C，Trivette C，Deal A. *Enabling & empowering families：Principles and guidelines for practice*［M］. Cambridge，MA：Brookline Books，1988.

② Turnbull A P，Turbiville V，Turnbull H R. Evolution of family-professional partnership：Collective empowerment as the model for the early 21st century. In J. P. Shonkoff & S. Meisels(Eds.)，*Handbook of early childhood intervention*(2nd ed.，pp. 630－650). New York：Cambridge University Press，2000.

③ Turnbull A，Turnbull R，Wehmeyer M. *Exceptional lives：Special education in today's schools*［M］. Upper Saddle River，NJ：Pearson，2006.

下，问题在孩子出生之时就被发现了，而有些则是在出生数月乃至数年之后，由于没有达到预期的发育指标才被觉察。许多社区会定期进行一些特别筛查活动，有些问题是在这些筛查过程中发现的，这也不足为奇。在对婴幼儿进行常规检查时，医生或护士也可能发现和评估孩子当前或将来的发展问题。早期发现对于治疗至为关键，因为尽早开始治疗，可以减少将来出现很多潜在的问题。特殊儿童的父母可以利用的社区服务资源包括日托中心、医院服务、公立学校课程、开端教育计划以及由学院和大学提供的教育方案。

暂居看护服务是社区为残疾人士及其家庭提供的一种服务。该项服务为居家的发育异常人士提供暂时照料，也是使他们免于住院治疗的重要措施。该服务可在家中主要照料人必须暂时离开的情况下，为残疾人士提供应急照料，也可暂时减轻其照顾残疾家庭成员的压力。

是否能为特殊儿童提供合适的环境，这是特殊儿童的父母和家庭非常关心的问题。可是，父母对这一问题却常感到喜忧参半。例如，有特殊需要的儿童在特殊教育环境里可以得到保护和支持，但是，由于他们与其他学生隔离开，因此又失去了重要的激励和交往经验；如果参与到全纳计划中，他们又可能失去了需要得到的特别关照，因而可能得不到专门的服务。把孩子送到哪里接受教育、接受怎样的教育，这些都是顾费脑筋的事情。另外，如果融入主流教育计划，班级里的教师因为没有受过相应的培训、缺乏与特殊儿童打交道的经验，因此有时对特殊儿童会萌发厌恶之感。这就使家长在考虑特殊儿童教育安排方面更为复杂。

在美国，除了让父母参与特殊儿童的教育过程之外，还有些其他类型的支持服务，也能为家庭系统中的成人和其他孩子提供帮助。这些家庭通常需要专业咨询，目前也已经有一些机构可以为这些家庭成员提供帮助。

（根据网络资料整理）

思考与练习

1. 影响特殊儿童发展与学习的家庭因素有哪些？
2. 试阐述家庭结构的含义及其对特殊儿童发展的影响。
3. 试阐述家庭功能包括哪些及其对特殊儿童发展的影响。
4. 试阐述家庭文化的含义及其对特殊儿童发展的影响。
5. 如何理解家庭 ABCX 应激模式和家庭 FAAR 模式对特殊儿童的影响？
6. 试阐述四种家庭干预特殊儿童发展的模式及其应用。
7. 简述特殊儿童家长的心理特征。
8. 特殊儿童家长教育的模式有哪些不同？
9. 对特殊儿童的家长进行系统教育和培训有哪些必要性？
10. 特殊儿童家长在教育中有什么作用？

本章小结

1. 家庭教育在特殊儿童发展和学习的教育全过程中占有极其重要的地位。特殊儿童的家庭结构、家庭功能和家庭文化是影响特殊儿童发展与学习的最主要家庭因素。

2. 家庭 ABCX 应激模式和家庭 FAAR 模式与特殊儿童的发展和学习关系密切。

3. 国内外家庭干预特殊儿童发展的模式一直在不断进化和改变中。美国的研究者特恩布尔（Turnbull）等人解释了干预模式的进化过程。这些模式阐释了美国的家庭成员与专业人员的工作关系。本章描绘了家庭干预特殊儿童发展和学习的四种模式：辅导、心理治疗模式、家长培训/参与模式、家庭中心模式、集体授权或特殊需要儿童家庭与专业人员合作模式。

4. 对特殊儿童家长的教育非常重要。特殊儿童的家长都面对着子女是特殊儿童这一事实，有一些共同的心理特征。对残疾儿童的家长来说，由于家庭环境、家长修养和社会公众接纳态度的不同，我国和西方国家家长的表现并不相同。资质优异儿童的家长容易滋生炫耀感，期望值过高，容易出现照料过分以及溺爱等现象。因此，特殊儿童的家长都需要接受一定的指导和帮助。特殊儿童的家庭关系、家庭成员的合作程度都会直接影响到对特殊儿童的教育效果。特殊儿童尤其是残疾儿童的出现，既可能增加家庭的凝聚力，也可能增加家庭成员之间的矛盾。特殊儿童的家长必须明确自己在特殊教育中的地位与作用，要承担起法律及相关法规赋予的责任与义务，并在评估鉴定、个别教育计划的制订与修改、家庭辅导和训练中充分发挥应有的作用。

第六章 特殊儿童发展的临床评估

案　例

最早的注意力分配测试

战国末期哲学家韩非的《韩非子·功名》记载:"右手画圆,左手画方,不能两成。"意思是:一个人同时用右手画圆,左手画方,结果两个都画不成。这句话本意是指君与臣之间要做到配合一致,才能干成大事业,就像鼓与鼓槌一样配合使用,才能奏出震撼天地的乐章。不然,君臣之间互相牵制、猜疑,最终将一事无成。后来,这句话用来说明一心不能两用,成事在于专一的意思。

评析:这可以说是我国有记载最早的注意力分配测试,而始于汉代、兴于隋唐的科举取士制度也被中外学者公认为世界上最早的心理测量实践。

第一节　特殊儿童发展的临床评估概述

一　临床评估的定义

临床评估(clinical assessment)既是心理病理学研究的主要内容,也是特殊儿童教育的核心工作。临床评估是指为了促进特殊儿童的教育或康复工作,专业人员经过适当的检查、测验或其他方式把特殊儿童与健全儿童区别开来,并确定特殊儿童的发展水平和特异性,从而为教育介入提供参考依据。其中,对特殊儿童的筛查、鉴定、诊断、评价及判断等都属于广义上的临床评估。

我们确定一个儿童是不是特殊儿童、是哪一类特殊儿童、有什么特点等,是一件既严肃又细致的临床工作。临床评估的理念遵循"漏斗式"工作原理,即在对儿童各方面的发展情况形成初步印象之后,紧接着缩小范围,把重点聚焦于某些关键领域[1]。一些特殊儿童有明显的生理特征,我们可以借助目测的方式来初步判定,例如感官性残疾儿童有特定部位的肢体运动障碍,唐氏综合征儿童体貌有着典型的面部特征,先天性青光眼或无眼球致盲的视觉障碍等儿童是可以直接识别的,但是要进一步了解儿童残障的病因、身心发展特点和发展水平,却是一件极为专业和系统的工作。而对于轻度智力障碍、视力障碍及情绪和行为问题等

[1] Hawkins R P. The functions of assessment:Implications for selection and development of devices for assessing repertoires in clinical,educational,and other settings[J]. Journal of Applied Behavior Analysis,1979,12(4):501-516.

儿童的界定需要进行科学的检查和测验。一个儿童的特异性不经过准确鉴别、判定、仔细分析,那就很难客观说明该儿童属于什么类别,也就很难有针对性地对其进行教育①。因此,对特殊儿童的临床评估同样需要明确基本评估的信度、效度及标准化等要素(见下图 6.1)。

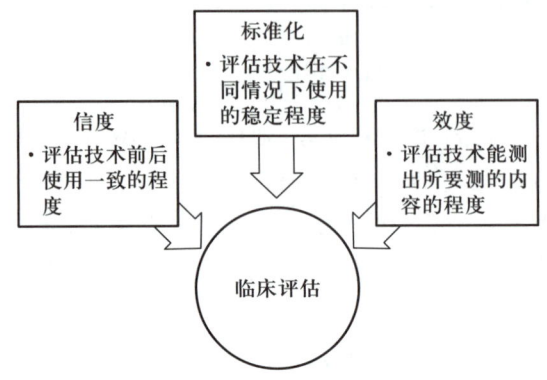

图 6.1　临床评估技术的核心要素

二　临床评估的重要性

(一) 政策法规的要求

　　1994 年国务院颁布了《残疾人教育条例》。第 2 条规定,实施残疾人教育,应当贯彻国家的教育方针,根据残疾人的身心特性和需要,全面提高其素质,为残疾人平等地参与社会生活创造条件。第 3 条规定,应当根据残疾人的残疾类别和接受能力开展残疾人教育。1998 年,我国教育部颁布了《特殊教育学校暂行规程》。第 28 条规定,特殊教育学校要把学生的身心康复作为教育教学的重要内容,根据特殊儿童的残疾类别和程度,有针对性地进行康复训练,提高训练质量。上述法规没有明确提到特殊儿童的教育评估问题,但是开展特殊儿童教育评估的确有助于这些法规的落实。

　　2013 年,卫健委联合中国残联印发《0～6 岁儿童残疾筛查工作规范(试行)》,组织开发适合基层医疗卫生机构使用的儿童心理行为发育问题预警征象筛查表(简称预警征)。2017年起,将预警征纳入国家基本公共卫生服务项目,免费向辖区内常住儿童提供。2022 年,卫健委又印发《0～6 岁儿童孤独症筛查干预服务规范(试行)》,明确各级机构职责任务,指导各地针对孤独症开展健康教育、筛查(初筛、复筛)、诊断、干预康复等服务。

(二) 因材施教提升特殊教育质量

　　特殊教育的质量,需要先对特殊儿童进行系统、科学的评估。评估做好了,有助于准确

① 张巧明,杨广学. 特殊儿童心理与教育[M]. 北京:北京大学出版社,2012:13.

了解特殊儿童发展状况,科学制订个别化教育计划,进而确定发展目标,实施有针对性的康复干预训练。

首先,临床评估数据是国家和教育部门制定教育规划的重要依据。我们知道评估失误会导致教育需求的不平衡或教育资源的分配不合理,这在国际上也曾有过惨痛的教训。比如:苏联在 20 世纪 30 年代因智力评估的不恰当导致测查出来的智力障碍儿童数量急剧增加,致使教育经费预算也一再提升,人为扩大了智障儿童的数量,造成有限教育资源的浪费。其次,临床评估结果关系到特殊儿童所在家庭的精神和经济负担,如将健全儿童误诊为残障儿童,不但会给家长造成巨大心理压力,而且会导致其教育期望的非理性化,更为重要的,也会导致一些不必要的经济损失。最后,临床评估的科学性是特殊教育质量的重要保障,体现了因材施教的个别化教育原则,同时有助于提高特殊教育的水平和管理质量,其意义具体体现在:①准确区分对象,即确定是否为有特殊教育需要的儿童;②合理进行安置,即根据特殊性程度将其安排至某一教育场所接受教育;③制订个别化计划,根据儿童的身心特点和教育需要制订有助于个体最大限度发展的教育方案;④监控教育质量,通过检查分析特殊儿童在学习上的进步和存在的问题,为改进教学或管理调整提供依据[①]。

三　健全儿童身心发展参照

2023 年 3 月,国家卫健委《7 岁以下儿童生长标准》正式实行,明确规定了不同年龄儿童生长发育的各项指标。该标准包括 0—7 岁各月龄男童、女童的身高、体重、头围等。这些标准为家长和专业人员提供了科学的参考依据,以更好地监测和评估儿童的生长发育情况。

儿童的发展是一个整体,我们应注重各发展领域之间的相互渗透和整合,促进其身心的全面协调发展,而不应片面追求某一方面或几方面的发展。同样,儿童的发展是一个持续、渐进的过程,表现出一定的领域性和阶段性特征。国家卫健委明确了不同年龄段儿童的发展标准,并提供了详细的参照数据。这对于特殊儿童的临床评估尤为重要,因为只有在了解健全儿童发展特点的基础上,才能更准确地判断个体的发育是否存在异常。如果个体在特定的月龄或年龄阶段未表现出同龄儿童大多具有的一些生理特征或发展技能,就应引起家长或专业人员的警觉,这是决定是否启动系统临床评估的初步参考依据。

此外,儿童粗大动作发展的阶段参照包括:二(月龄)抬、四翻、六坐、七滚、八爬、十站、周岁走、二岁跑、三岁单足跳等。精细动作发展的阶段参照包括:三(月龄)玩手、五抓手、七换手、九对指、一岁乱画、二岁折纸、三岁搭桥等。社会认知发展的阶段参照包括:一(月龄)哭、二笑、六认生、九做再见、一岁示需要、二岁做游戏、三岁会穿衣。需要注意的是,这些仅是一些经验性的发展参照,并非严格意义上的发展指标。有效的临床评估需要对儿童发展的各

大功能领域进行系统检查及诊断,结合标准提供的各项具体指标,才能更全面、准确地评估儿童的身心发展情况。

第二节   特殊儿童临床评估的领域

临床评估是一项系统性工作,是对任何一位儿童的全面测试过程,必然包含个体发展的各大功能领域,但在实践过程中也会根据各地区及儿童发展的情况选择相应的评估范畴。比如在美国,若从测评的目的和功能上来看,大致可以分成相互联系的四类范畴:一是对发展水平的评测,二是对障碍程度的评测,三是对职业教育和训练绩效的评测,四是对儿童早期筛查、干预的评测。纽约州针对儿童发展的测试主要是由学业程度测试、语言能力测试、心理发展水平测试三大部分组成的儿童发展水平测验和评估[①]。如果依据评估取向划分,目前特殊儿童的心理、教育评估程序大致可以分为三种主要取向,即:心理计量取向、行为和生态取向以及质的发展取向[②]。为了进一步明确评估内容,借鉴"皮亚杰早期教育指导手册"中的领域划分,我们以心理计量取向将特殊儿童临床评估的内容细化为以下六大方面,具体包括生活自理、动作发展、社会行为、言语语言、认知发展以及一个单项的婴儿刺激活动。需要指出的是,儿童发展的各个功能领域并不各自独立,而是互有重叠。特殊儿童的学习同样如此,一个功能领域中的发展水平可以帮助学习另一领域中的新技能。

一   婴儿刺激活动

婴儿期所接受的刺激与强化在儿童整个的生长发育过程中发挥着重要作用。婴儿刺激活动(infant stimulation)领域的临床评估主要针对 6 个月前的婴幼儿,主要是借助于环境中的某些刺激从而引发婴幼儿的特定反应。临床人员评估其反应的特异性,在通常情况下需要家长与婴幼儿共同完成。该领域评估主要包括一般的视觉刺激(视线追随光源而转头)、触觉刺激(抚摸婴儿的身体时观察其哭闹行为的变化)、听觉刺激(通过不同位置发出的声响观察婴儿视线及身体姿势的变化)等。此外,婴幼儿注视自己的手、俯卧抬头、支撑身体、重复自己的声音、一逗就笑、见到家人就微笑以及咿呀学语等都属于婴儿刺激活动评估的内容。

二   生活自理领域

生活自理能力,包括吃饭、穿衣、如厕等能力。对特殊儿童生活自理能力的评估和训练尤为重要:一方面特殊儿童有了照顾自己的能力才能进一步提升生活质量;另一方面也在很大程度上减轻了家庭和社会在照顾上的负担。对生活自理领域的评估行为也按照一定顺序

---

① 任颂羔. 特殊教育发展模式[M]. 北京:北京大学出版社,2012:79.
② 张世慧等. 特殊学生鉴定与评量[M]. 台北:心理出版社,2003:123.

发展的模式,如对 1 岁以内的儿童我们可以评估如下项目:吃流食、吃断奶食品、吃半固体食物、从父母端着的杯子中喝水等;对 1—2 岁的儿童可以评估如下项目:手握杯子喝水、排泄时可以静坐 5 分钟左右、脱袜子、手伸进袖筒及脚伸进裤腿等;对 2—3 岁的儿童可以评估如下项目:接过毛巾、大致擦手和洗脸、表达如厕需求、将松开的衣服脱下来、不靠近危险的地方、区分衣服的前后及自己倒水等;对 3—4 岁的儿童可以评估如下项目:自己吃饭、按要求擦鼻涕、按要求刷牙及穿鞋等;对 4—5 岁的儿童可以评估如下项目:能够对上拉链头、适当地使用餐具、夜间不尿床、自己穿衣服、主动刷牙、梳头等;对 5—6 岁的儿童可以评估如下项目:合理着装、安全过马路、在公共场合区分男女厕所以及独立上学等。

三　动作发展领域

儿童只有具备了平衡和正确的动作姿势才能够自由移动并了解周围的环境,从而学会新的知识与技能。动作发展既包括坐、爬、跑、丢球等粗大动作,也包括握笔、叠积木、翻书、拼图、使用剪刀等精细动作。比如对 5—6 岁儿童动作发展领域的评估项目有:模仿写字、平衡板上前后移动,自己荡秋千、拍球,自己跳绳、骑有辅助轮的自行车,在方格本中写字,不扶着单脚站立 10 秒钟以及双手抓住单杠或横木悬垂 10 秒钟等。在临床实践中,通常也将动作和知觉运动或感觉统合集中评估。常用的一些测验如:班达视觉动作完形测验(Bender visual motor gestalt test,BVMGT)、南加利福尼亚感统测验(southern California sensory integration tests,SCSIT)、视觉—动作统合发展测验(developmental test of visual-motor integration,VMI)、布鲁因宁克斯—奥泽里特斯基动作熟练度测验(Bruininks-Oseretsky test of motor proficiency,BOTMP)等。

四　社会行为领域

社会行为即社会性技能的习得,包括生活上与人相处时适当且积极的行为,如微笑、听从指令、在团体中合作及一些基本常规的养成等。儿童的学习经由模仿、参与、沟通等过程,这些都是基本的社会行为技能。

我们知道婴儿会很快发现父母的微笑是在赞许他的行为,哭闹会引起妈妈的关心等。特殊儿童需要在家庭或学校当中尽早习得社会性行为,才会在以后的学习生活中进一步类化这些技能,从而积极主动地融入社会。儿童的社会行为发展主要经历三大阶段:第一阶段主要是婴儿期,这个时候的儿童独自玩耍或自言自语,偶尔跟爸爸妈妈分享;随后进入第二个阶段,能够跟其他特定儿童玩耍,初步学会分享、等待或按次序等,当然这个过程也有波折,儿童需要不断自我调适;而第三个阶段的儿童,其社会行为主要发生在学校里,通过与老师及更多同伴的互动不断得以发展,比如能够配合老师讲的故事情节进行角色扮演,当同伴遇到困难时能够给予帮助,在公共场合不打搅他人等。

五　语言能力领域

语言是人类社会交流及情绪情感表达的主要工具,广义上的语言能力领域包括言语(speech)和语言(language)。语言学习是儿童所有学习的核心,听、说、读、写都必须以语言为中介而实施①。临床中除了借鉴健全发展儿童的语言评估外,往往也需要对特殊儿童的如下情况进行专项语言能力测试:第一,儿童存在孤独症谱系等特定障碍;第二,到小学三年级仍不能正确发出单音节词语;第三,语言表达内容的成熟程度明显低于同年龄的同学;第四,极为困难地表达自己的具体愿望、想法和要求②。常用的语言能力测试材料如下:①皮博迪图片词汇测验修订版(Peabody picture vocabulary test-revised, PPVT-R);②单字图片词汇语言表达能力测试(第四版)(expressive one – word picture vocabulary test – 4,EOW-PVT – 4);③单字图片词汇语言接受能力测试(第四版)(receptive one – word picture vocabulary test – 4,ROWPVT – 4);④分析评估语言基本法修订三版(clinical evaluation of language fundamentals-revised,CELF – 3);⑤伊利诺伊心理语言能力测验(Illinois test of psychological abilities,ITPA)等。

六　认知发展领域

认知是人类对客观对象的认识过程。广义上的认知发展既包括对物理世界的认知发展也包括对社会世界的认知发展,两者共同构成认知发展的全部内容③。心理学中的认知发展领域包含大量与智力相关的能力和技能,它们与注意力、辨别力、模仿、空间关系、时间关系、因果关系、推理、分类、排序、序列和问题解决有关④。对于认知发展领域的临床评估,我们不仅要了解其认知发展是否处于正常的发展顺序,而且要了解其认知发展能力的品质是否达到应有的水平⑤。比如:针对 5—6 岁年龄段儿童的认知发展领域的评估项目有:以宽度和长度为顺序排列 10 件东西;按顺序排列 10 以内数字;理解并运用"第一、第二及第三"的意义;按照样子模仿画菱形;解开简单迷宫;按顺序说出星期;利用物品做简单加减法;预测在日常生活中接下来要做的事情;区别整个和半个东西及百以内的按物数数等。

第三节　特殊儿童临床评估的方式及过程

特殊儿童的身心发展差异巨大,这不仅体现了个体间的发展差异,而且也体现了在个体

---

① 刘翔平,牛端. 儿童语言学习能力的评估模式[J]. 宁波大学学报:教育科学版,2000(1):14 – 17.
② 任颂羔. 特殊教育发展模式[M]. 北京:北京大学出版社,2012:84.
③ 林崇德,张文新. 认知发展与社会认知发展[J]. 心理发展与教育,1996(1):50 – 55.
④ 朱迪斯·班杜拉-乌兹. 特殊需要婴幼儿评估的实践指导[M]. 华东师范大学出版社,2005:374.
⑤ 王辉. 特殊儿童教育诊断与评估[M]. 南京大学出版社,2007:148.

内的发展差异。这种发展特点直接决定着特殊儿童的临床评估实践过程的多样性和灵活性,比如在美国 IDEA 法律中就要求对特殊儿童的评估应该涵盖如图 6.2 所示版块。尽管如此,我们还是没有发现哪种固定形式或者约定俗成的测试方式及过程能够适用于对所有特殊儿童的临床评估。但是,立足于特殊儿童教育康复的实践需要,一般认为有效的临床评估通常包括接案访谈、医学检查和心理与教育评估三种方式。其具体评估过程包括确定目标、设计方案、实施评估及结果应用等四大环节。

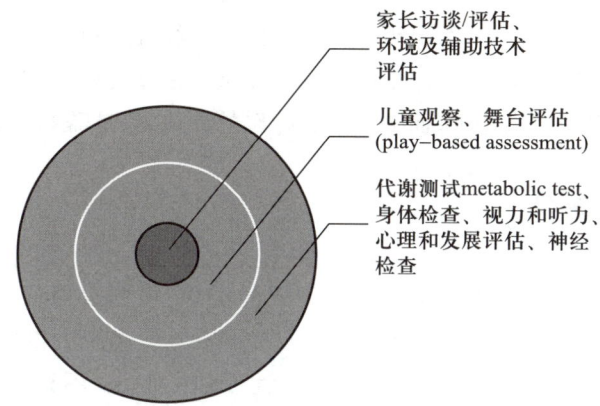

家长访谈/评估、
环境及辅助技术
评估

儿童观察、舞台评估
(play-based assessment)

代谢测试metabolic test、
身体检查、视力和听力、
心理和发展评估、神经
检查

图 6.2　IDEA 中关于儿童的会聚性评估(convergence assessment)

一　接案访谈

访谈作为临床工作的核心,被心理学家、医生及其他教育心理工作者广为使用,在特殊教育临床中同样扮演重要角色。临床人员着手于针对某一特殊儿童的服务工作,其最先程序往往是从接案访谈开始。其访谈的内容是儿童的状况及家长(或监护人)的需求,收集的信息主要是儿童过去和现在的身心发展概况,以及详细的生活情况及目前的突出问题。我们知道评估是为了更好地促进儿童的发展,所以,在此阶段中,评估人员要让家长尽可能多地告知儿童的实际情况,避免因一些不必要的掩饰而影响评估结果。尤其是针对一些外显的情绪行为问题的评估中,要让家长充分意识到行为问题的改善首先要从家长或儿童本身的意愿出发。多数评估人员在经过专业训练之后,会逐渐形成他们自己的信息收集方式,通常采用由一些在措辞上严格推敲、经过反复检验的问题组成,能以稳定方式获取有用信息的半结构访谈。

二　医学检查

医学检查包括儿童成长的测量(身高、体重和头围),这种测量结果多以年龄常模制成图表,而特定生理结构的检查也是医学检查的重要项目。例如:双眼的距离、臂长及手指比等。

同时,以下如对头、眼、耳、喉、腺体、心脏、血管、肺、腹、生殖器、脊椎、四肢和皮肤等的检查也需完成,上述部位的任何大小或者形态方面的异常都需要引起重视。

我们知道对于视觉、听觉、肢体等方面的损伤,眼科、耳科、骨科等方面均有一套科学的检测方法[1]。在实践操作过程中要充分发挥医学临床人员的专长,切实做到"医教结合"。况且,医学检查是对特殊儿童的最初检查,也直接影响对其他方面的评估。

当儿童有视力、听力或动作方面损伤的时候,其相应的整个评估方案及评估材料都需要重新调整。比如:若医学检查发现儿童有听力障碍,那么针对该儿童的评估就需要一个非口语化的工具;若医学检查发现儿童有视力障碍,那么针对该儿童的评估就要尽量减少对实物的操作或是对卡片或图片媒介等的操作;若医学检查发现儿童存在重度动作限制,那么针对该儿童的评估可能要借助于眨眼反应来体现;而关于多重障碍的评估,更是需要医学检查的全面配合。

三 心理与教育评估

心理与教育评估可以按照不同形式划分不同的类型:根据参照值的差异分为常模参照评估和标准参照评估;根据是否使用标准化测验项目分为正式评估和非正式评估;根据评估效用的差异分为筛查性评估、诊断性评估和治疗性评估。但是,不论采用何种类型的评估,其评估内容多聚焦于两大方面:

其一是智力功能评估(即智力测验),其二是适应行为评估。由于人们对于智力的认识存在差异,所以对于智能水平的评估也存在较大争议。正如美国智力与发展障碍协会(AAIDD)在其手册中所提及的那样:就诊断评估目的而言,目前对于智力功能最好的解释是:智力是一般心智能力,它包含推理、计划、解决问题、抽象思考、复杂思考、快速学习,以及从经验中学习。智力功能的显著限制是以 IQ 分数大约低于平均值两个标准差来作为参考的,并且充分考虑到为了特定评估目的而使用的测验标准误差及测量工具本身的优点和局限。常用的智力测验有:韦克斯勒智力测验(Wechsler intelligence scales)、斯坦福—比奈智力测验(Stanford – Binet intelligence test scale)、考夫曼儿童综合测试(Kaufman assessment battery for children, K – ABC)、瑞文标准推理测验(Raven's standard progressive matrices, SPM)以及中国 3—6 岁儿童发展量表等。

适应行为是概念、社会和应用技能的集合,是人们从日常生活中学习并且表现出来的。依据大量关于该领域的研究,现在国际上对于从多维的角度评估适应行为已获得一定共识[2][3]。其中,概念技能包括语言、阅读和写作,金钱、时间和数字概念;社会技能包括人际关系技能、社会责任、自尊、易受欺骗、天真、遵守规则/服从法律、避免受伤害和社会问题解

---

[1] 张巧明,杨广学. 特殊儿童心理与教育[M]. 北京:北京大学出版社,2012:17.

[2] Harrison P L, Oakland T, Corporation P. ABAS, Adaptive Behavior Assessment System:Manual[M]. Psychological Corporation,2000.

[3] Oakland T, Harrison P L. Adaptive Behavior Assessment System – II:Clinical Use and Interpretation [M]. Amsterdam:Elsevier Science,2011.

决等;应用技能包括日常生活活动、职业技能、使用金钱、安全、健康管理、交通旅行、计划和例行日常工作,以及使用电话等。可供参考的标准化测验有:适应性行为和教育评估表(adaptive behavior & evaluation scale,ABES-R)、文兰适应性行为评估表(Vineland adaptive behavior scale,VABS)以及AAMR适应行为量表(AAMR adaptive behavior scale,ABS)。此外,临床评估人员也可根据儿童的实际情况相应调整领域并选择合适的评估内容和测验工作。

四　常模参照测验与标准参照测验

(一)常模参照测验

常模参照测验(norm-referenced test)是指用常模来解释个体测验分数,以团体的心理水平来衡量个体心理水平。常模是根据标准化样本在测试上的测试结果,经过一定统计技术处理后建立起来的具有参照点和单位的测试结果评价参照系统,也叫常模量表。常模参照测验重在个体与个体之间的比较,以鉴别个体个别差异为指导思想,目的是测得个体在所处团体中的相对水平。常模实际上即是该团体在测验中的平均成绩,个体成绩便是以常模为参照标准来确定的。

这一测验衡量的是个体的相对水平,故其评分属相对评价范畴。早期的教育测验和智力测验许多都属于常模参照测验。测验项目要求具有适当的难度和一定的区分度,如智力测验、能力倾向测验等。

(二)标准参照测验

标准参照测验(Criterion-Referenced Test)又称目标参照测验,是将个体与绝对标准比较,以评价个体有无达到该标准为目的的测验。测验将个体分数与特定标准相比较,评价个体是否合格,而不考虑个体在团体中的相对位置,故常用绝对评分方式记分。标准参照测验是指以体现教育教学目标的标准作业为准,看个体是否达到标准以及达到标准的程度,它主要不是用于比较个人之间的差异,如我国的学科考试及教师自编测验。标准参照测验主要用于鉴定的目的。

1968年以后标准参照测验的实践得到发展,波帕姆及其同事们构建和散发了许多标准参照测验,每一套都与一套可测量的(或详述的)目标相联系。这些测验在许多课堂中得到了使用,并使课堂使用者成为标准参照测验的狂热支持者。1982年有调查表明,美国全国教育学会发言人明确表示,他们宁可要标准参照测验而不要常模参照测验。许多州立教育部门也编制了与州所设立的课程相关联的标准参照测验。

两种测验的相同点:两种测验都是对测验分数的解释,而且都可以给被试提供相应的信息。两种测验的不同点:两种测验是根据对测验分数的解释参照不同划分的。标准参照测验是将测验结果同事先规定的标准进行比较,对个体的分数做出解释;而常模参照测验是将测验分数参照常模加以解释,也就是将每一个体的分数同团体中的其他个体进行比较,这是一种相对的比较。

五 临床评估的基本过程

评估的种类虽然很多,但是具体的做法又各有差异,北京师范大学韦小满认为不论哪一种评估一般都包含四个基本步骤或环节[1],对此我们进行如下梳理:

1. 明确评估对象

评估对象的年龄和类别等方面的不同在某种程度上反映了评估目的和评估效用的差异。在特殊教育中,临床评估的目的主要有筛查(初步判断评估对象与整体相比是否存在显著的发展异常)、转介(把怀疑有特殊需要的问题介绍给专业机构进行更为细致全面的评估)、鉴别(确定被评估者是否为特殊需要儿童,如果是,应该属于哪一类,其特殊程度如何[2])、制订计划(根据评估对象的发展特点和教育需要制订有助于个体最大限度发展的教育方案)和教育评价(明确教育目标的达成情况,以便调整相应的教育康复方法)。所以,不同的评估对象有不同的评估目的,而评估目的的差异直接决定临床人员对于评估工具和方法的选择。

2. 设计评估方案

一份完整的评估方案通常包括以下两方面的内容:①确定评估的指标体系,具体指表征评估对象身心发展状况的各级各类因素的集群和量化方法[3]。这些指标体系可以对应本章第二节所介绍的临床评估婴儿刺激活动、生活自理、动作发展、社会行为、语言能力及认知发展等领域内容,也可以将智力测查、适应行为评定、生长发育史、病史及家族史、学业成就、家庭及社区资源等作为评估指标。②选择收集评估资料方法,根据评估指标的具体要求选择合适的收集资料方法,比如:访谈法、问卷法、量表法、测验法、作品分析法、功能评估法及相应的医学检查等。

3. 实施评估

在实施评估时,要做好测验前的各项准备工作。第一,要注意所选择的测验符合测量目的。第二,所选择的测验适合于特殊儿童。第三,所选择的测验要稳定可靠。有观点认为一个性能良好的测验要符合四个方面的特点:①题目有适当的难度和区分度;②测验结果具有很高的信度和效度;③测验手册中提供了标准答案、记分规则和适宜的常模;④施测、记分及分数的解释方法简便易行。另外,在实施评估中要严格按指导语的要求去操作,努力做到:①不随便改动测验程序;②不随便改动指导语;③不给予提示,让受测者独立完成各项测验任务;④态度要亲切、自然,不嘲笑受测者;⑤严格遵守时间规定;⑥准确、及时地记录受测者

①③ 韦小满. 特殊儿童心理评估[M]. 华夏出版社,2006:34-35.

② 韦小满. 当前我国特殊需要儿童心理评估存在的问题与对策[J]. 北京师范大学学报:社会科学版,2006(1):62-67.

的各种反应。

施测完毕,对测验分数的解释要谨慎,除了测量工具本身的信效度问题,还要控制来自受测者的误差。要选择适当时机向家长、老师或受测者报告和解释测验分数。

4. 评估结果的应用

特殊儿童临床结果除了为筛查、转介、鉴别、制订计划和教育评价提供依据外,还可以有效地为教育行政当局提供政策依据,给家长提供家庭教育辅导意见以及开展科学研究等。

第四节　特殊儿童临床评估的注意事项

一　坚持服务教育和动态发展的评估原则

特殊教育领域中临床评估的终极目的是促进儿童的教育康复,满足儿童的身心发展需求。因此,我们要最大限度地避免由于评估带来一些污名效应或者其他标签问题的困扰。在临床工作中要注意特殊儿童分类系统和鉴定方法的科学性,对评估人员进行适当的限制,落实严格的个案记录及保密原则等。

静态评估是了解儿童所处的比较稳定的发展状态,明确评估定位;动态评估则指反映学生学习过程及特点的一种过程导向评估模式,扩展传统标准化测验评估的范围,改变测验情境以比较个体内在能力差异,检验学习过程,并寻求足以促进新的信息或认知技能获得的策略[1][2]。通过反复循环的评估和教育,将临床评估和教育康复有效结合,即可以实现在临床评估中进行教育康复,在教育康复中也能实施临床评估。因此,建议专业人员在评估过程中坚持用动态、变化的眼光看待儿童的身心发展。不仅要关注其发展的特殊性,同时也需要了解其发展阶段的共性表现,注意静态评估和动态评估的有效结合。

二　重视评估过程的客观性和生态性

临床人员在面对儿童的心理和行为表现的时候,切忌带着主观的情感色彩去收集资料、做出决策。要基于严格的专业标准去面对儿童的行为表现,以客观表现和评估资料为依据,开展临床工作。

在面对一些边缘或者疑似临床问题时,更应该谨慎。儿童的特殊性及其与其他儿童之间有典型意义的差异有时不是在一次短时间的观察、测查或接触中就能表现出来的。比如说对孤独症儿童的人际关系或者亲子依恋关系发展的评估。在陌生情境(strange situa-

---

[1] 琚圆圆. 动态评估及其在特殊教育中的应用[J]. 中国特殊教育,2007(2):55 - 59.

[2] 王小慧,安秋玲. 教育评估的新方法:动态评估及其应用展望[J]. 中国临床康复,2005(40):82 - 84.

tion)测验中,当儿童进入一个新环境或与一个生疏的人接触时常常不能充分、自然地表现出自己的状况,而是拘谨、抑制或者是过度兴奋。在这种情境下的表现不能够代表儿童的实际状况。所以,有时候需要多次反复地检查、评估,尽快提高评估的生态效度。

生态的原则要求评估不能仅限于单一维度标准,而应该尽可能在真实的情境中去多维度理解儿童的心理及行为发展,且充分考虑文化差异对评估的影响。但是,这也并不意味着评估人员可以通过测验分数的调整来修正文化发展中的差异,除非有直接的经验实证支持。

三   侧重评估环节的科学性和个别性

科学性体现在对评估方法的选择、评估工具的选择以及对评估人员的安排上。评估方法要使用经过实践检验(比如行为表现评估、以课程为基础的评估及产品集评估等)的,同时又要对当地采取的、对这类儿童有效的科学方法进行检查。评估的工具要涉及筛查评估的检核表、量表及问卷等,最好是经过标准化的。评估工作应该由受过专业训练的人来担任,同时,各个不同的功能领域最好由不同的专业人员构成。在评估过程中,评估人员要严格遵守如下职业道德:对自己的工作后果负责;认识到本学科和自己能力的局限性;注意资料保密及坚持评估的专业标准等①。

同时,评估人员不但要谨慎选择"技术上适当"的工具,也必须认真选择那些为特别的个人或群体设计的评估工具。每个特殊儿童都有自己的特殊性,在集体或小组的活动中可以表现出来。观察该儿童与其他儿童的关系和交往特点,为临床评估提供有效信息。但是真正为评估提供所需的材料还是要以"一对一"或"多对一"的形式来实施。

四   力求评估资料的准确性和全面性

在明确评估方案后要准确、全面地收集儿童的全部材料。不论是儿童发展中的材料,家族史、个人成长史的材料,还是身体、医学检查,心理检查和学习作业的材料都应该能反应儿童的真实情况,而不用或尽量少用"或许""大概""可能""差不多"的材料②。暂时无法获得的信息可以通过延长评估时间和增加评估次数来获得,千万不能臆造评估结论。

迄今为止,还没有一种方法能够把特殊儿童评估所需要的信息全部收集起来,每种评估方法也各有其优势和局限③。因此,不仅在临床评估中要充分考虑到每种方法的评估效度,对于一个儿童的检查和鉴定也要考虑到儿童所有领域的发展情况,了解各个方面的发展变化。要对所有材料进行综合的全面分析,绝不能只检查某一个方面或某一种心理活动,更不能只用一种材料或者一种途径就确认儿童的心理行为问题。要发挥团队评估的作用。美国

---

①③ 韦小满 . 特殊儿童心理评估[M]. 华夏出版社,2006:39 – 40.

② 张巧明,杨广学 . 特殊儿童心理与教育[M]. 北京:北京大学出版社,2012:14 – 15.

《残疾人教育法》〔1990(PL101－476)〕规定,应该由多学科的团队通过全面的评价来决定儿童是否有特殊教育的需要。如果接受特殊教育的话,则在接受服务期间,每三年至少要进行一次全面而综合的评价,对个别教学计划的评价则一年至少进行一次。多学科团队的组成成员可包括心理学家、特殊教育专家、幼儿园健全儿童班的教师、从事特殊教育的教师与学校管理人员①。需要指出的是,要收集特殊儿童临床评估资料,一定不可忽视家长的有效作用。

五　发挥家长在临床评估中的有效作用

发挥家长在临床评估中的有效作用是指:首先,评估是为了促进儿童的教育康复和全面发展,其中包括家庭教育的有效配合;其次,家长最了解自己的孩子,能够给评估提供全面的资料;再者,家长参与临床评估也是体现其作为家长的权利和义务。美国94－142公法中家长参与评估的权利主要包括②:①申请评估。如果儿童从没或在最近某个时期内没有接受过评估而家长认为有评估的必要,可向相关机构提出书面申请。②有权同意或拒绝评估。当家长拒绝评估时,学校将不能予以评估,只能够采用调解和正当程序,以寻求家长的认可。③有权要求对儿童的教育需求进行全面和个别的评估。家长若认为相关机构的评估有失公允,则可以要求由局外人来重新主持评估。④若有必要,家长可要求多次评估,以保证子女的安置方式是经过慎重考虑的。

思考与练习

1. 怎样理解临床评估?
2. 临床评估技术的核心要素是什么?
3. 对特殊儿童开展临床评估工作有何意义?
4. 特殊儿童的临床评估一般分成几大领域?
5. 美国 IDEA 中关于儿童的会聚性评估包括哪些内容?
6. 简述接案访谈的要点。
7. 医学检查的主要项目及在临床评估中的作用是什么?
8. 特殊儿童的心理与教育评估内容有哪些?
9. 特殊儿童临床评估的基本过程有哪些?
10. 在对特殊儿童进行临床评估时应注意哪些问题?

---

① 王小慧,张福娟.特殊儿童评估的新进展[J].中国特殊教育,2001(3):50－53.
② 刘颂,王辉.特殊儿童家长参与的权利——英美两国有关特殊教育立法的述评[J].中国特殊教育,2000(4):35－38.

本章小结

1. 临床评估是指为了促进特殊儿童的教育或康复工作,专业人员经过适当的检查、测验或其他方式,把特殊儿童与健全儿童区别开来,并确定特殊儿童的发展水平和特异性,从而为教育介入提供参考依据。其中,对特殊儿童的筛查、鉴定、诊断、评价及判断等都属于广义上的临床评估。

2. 对特殊儿童的临床评估需要明确基本评估的信度、效度及标准化等要素。

3. 临床评估的重要性体现在:遵循法律法规精神,实行依法治教;促进特殊教育工作的开展,践行因材施教。

4. 儿童的发展是一个整体。我们要注重发展领域之间的相互渗透和整合,促进其身心全面协调发展,而不应片面追求某一方面或几方面的发展。同样,儿童的发展也是一个持续、渐进的过程,表现出一定的领域性和阶段性特征。特殊儿童的临床评估,首先必须知晓健全个体的发展特点,特别是学龄前儿童身心发展的阶段性特征。

5. 以心理计量取向将特殊儿童临床评估的内容细化为六大方面,具体包括生活自理、动作发展、社会行为、言语语言、认知发展以及一个单项的婴儿刺激活动。

6. 有效的临床评估通常包括接案访谈、医学检查和心理与教育评估三种方式,其具体评估过程包括确定目标、设计方案、实施评估及结果应用四大环节。

7. 对特殊儿童的临床评估要注意如下事项:(1)坚持服务教育和动态发展的评估原则;(2)重视评估过程的客观性和生态性;(3)侧重评估环节的科学性和个别性;(4)力求评估资料的准确性和全面性;(5)发挥家长在临床评估中的有效作用等。

第七章 视觉障碍儿童

知识目标

了解视觉障碍儿童在认知、语言、社会情绪等方面的发展特点。

能力目标

掌握视觉障碍儿童的学习内容和方法，能够制定初步的学习训练计划。

素质目标

增强对视觉障碍儿童的同理心和尊重，以支持其全面发展并提供适切的教育和训练支持。

案　　例

盲童乐团扬帆世界

2022 年北京冬残奥会开幕式上,重庆市特殊教育中心扬帆管乐团的一群盲童,共同实现了一个奇迹:在没有乐队指挥、面前没有乐谱的情况下,44 名盲童完全靠默记下来的乐谱,用 17 种乐器,耗时 1 分 58 秒,完美演奏出 74 个小节的国际残奥会会歌《未来赞美诗》,向世界展示了中国残疾人昂扬奋进的精神风貌,传递了自强不息的中国力量。国家体育场上一曲终了之际,扬帆管乐团的盲童们真正以"扬帆"之名,实现了"扬帆世界"的梦想。

视觉是人类获取信息的主要渠道。从学习知识的角度来看,视觉的重要性远远超过其他感知觉。视觉障碍儿童,在身心发展过程中存在与健全儿童相异的特点,这使得他们不只在生活上不便,在学习上也容易出现困难。作为教师或辅导人员,需要充分认识视觉障碍儿童的发展特点,要教育得法,通过学习与训练挖掘其潜能,提升其生活品质,使其能够更好地适应社会生活。

第一节　视觉障碍儿童发展的特点

视觉障碍儿童与健全儿童相比,缺乏视觉这一重要感觉,身心发展会受到严重影响,滞后于同龄健全儿童,但仍然遵循儿童发展的一般规律。大致说来,视觉缺陷对人的影响,因障碍出现时期的早晚与障碍程度的不同而异。先天失明者要比后天致盲者更为不利;幼年失明较成年后失明的影响更大;弱视者应比全盲者有更好的发展机会。五岁常被认为是一个关键期。如果失明年龄在五岁之前,则个人的许多视觉印象将很容易消失;如果在五岁以后才失明,则儿童早期的视觉经验有望获得保留,对其之后的学习将可提供比较具体的参考架构[①]。视觉障碍儿童在认知发展、语言发展、社会情绪发展、刻板行为发展、动机发展、个性发展等方面的特征如下。

一　认知发展特点

视觉在人的认知发展中起着重要作用。通过视觉,人们可以感知物体的形状、大小、色

---

① 何华国.特殊儿童心理与教育[M].4 版.台北:五南图书出版公司,2007:137 - 138.

彩、明暗、动态变化、方向以及物体之间的关系和联系，并对物体产生三维空间的认识[1]。尽管视觉障碍儿童的智力是正常的，但由于视觉的缺损，他们在认知发展方面极有可能偏慢。根据 Warren 的研究，发现视觉障碍儿童在质地、重量与声音方面的知觉辨识能力方面，与明眼儿童实际不相上下。不过视觉障碍儿童在形状鉴别、空间关系与知觉动作统合等较为复杂的知觉作业方面，比明眼儿童差。综合国内外研究结果显示，视觉障碍儿童在认知发展方面表现出以下四个特点：

（一）缺乏视觉表象，难以形成明确概念

明眼儿童借助事物的表象，通过比较不同事物的特征逐步概括出事物的共同特征，从而形成概念。但是对于视觉障碍儿童（以下简称视障儿童）来说，他们缺乏视觉，不能或不能很好地形成事物的视觉表象，即便他们能依靠听觉和触觉感知到一些事物的特征，可是也只能得到不完整、不具体甚至不正确的信息，无法像明眼儿童那样达到对事物本质属性的认识。比如说有些视障儿童认为只要有轮子的就是汽车，所以将火车、摩托车都认为是汽车，因为他们只抓住其中的一种特征——车轮，而忽略了诸如形状、大小、长短和功能等其他差异。另外，还有一些事物是无法通过听或触摸感知的，所以，在明眼儿童看来非常简单的具体概念，视障儿童学习起来也是较为困难的，特别是先天失明的儿童。比如，有的视障儿童知道自己有两条腿、两只脚，走路时需要用腿脚，当听老师说云在天上走时，就认为云也是有腿脚的。盲人摸象的寓言故事也说明了这样的问题。

（二）思维发展水平受到限制

儿童通过视觉观察获得常识和本体感觉，他们通常在触摸、品尝、观察事物的过程中发展早期的问题解决技能。例如，儿童学习在玩具上系绳子，摇拨浪鼓，摆积木等，这些活动都会不断地促进儿童的思维水平发展。由于视障儿童缺乏视觉表象，在概念形成、把握事物的本质特征方面存在较大困难，因此他们对事物进行分类的能力，分析与综合、概括与抽象的能力也比明眼儿童差。事实上，视障儿童感性经验的缺乏，尤其缺乏来自视觉通道，而由触觉和听觉无法补偿的大量信息经验，极大地阻碍了视障儿童抽象思维的发展。只有成人为视障儿童提供接触和摆弄物品、玩具的机会，他们的思维才会逐渐接近同龄健全儿童的发展水平。

（三）空间知觉发展困难

视障儿童在空间知觉方面表现出比健全儿童困难得多的特点，尤其是对距离的准确知觉和深度知觉。法国学者 Hatwel Y 研究发现，盲童对空间关系的认知显著迟钝。因为空间知觉的形成虽与视觉、听觉、触觉、嗅觉、动觉均有关系，但以视觉为主。视力正常个体常依靠双眼线索来进行距离、方位、深度等空间知觉。虽然听觉也可为方位和距离知觉提供一

---

[1]　刘春玲，江琴娣．特殊教育概论［M］．上海：华东师范大学出版社，2016：130.

定信息,但往往不太准确。触觉对物体大小、距离知觉形成的限制也十分明显[①]。

(四)听觉注意发展较好,机械记忆能力较强

视觉障碍儿童与健全儿童相比,主要通过听觉获得信息,没有或较少有视觉上的干扰。视觉障碍儿童的注意广度会缩小,在听觉、触觉、嗅觉等感觉方面的有意注意相对较强,因此他们的注意较为稳定、更难转移。虽然他们不能或较难对有视觉参与的多项活动进行注意分配,但是与其他感觉通道有关的注意分配活动发展较好。经恰当训练后,视障儿童可以具备较高的听觉注意、较强的听觉选择性和较好的听觉记忆能力。由于视障儿童因视觉缺损而缺乏对事物的视觉表象,在需要识记难以理解的事物或知识时,较多运用机械记忆,所以,机械记忆能力较强。

二 语言发展特点

儿童的沟通始于与照顾者的面对面接触,笑容是婴幼儿与照顾者传递信息的早期沟通信号。然而,视觉障碍儿童无法看到照顾者的面部表情(比如笑容),他们也就无法接收照顾者传递过来的信息。一般说来,儿童的语言发展是视觉经验与语言符号(包括形与声)统合的结果。视觉障碍儿童由于视力上存在不同程度的损伤,所以,学习语言时在形与声的统合上会感到困难,因此也不容易学习到语言符号所代表的意义。许多学前视障儿童的语言冗繁,都可说明这种言语缺乏意义的现象。

经由视觉管道的语言学习,对视觉障碍儿童虽然不利,但经由听觉的语言学习,其困难较小。尤其是先天失明的儿童,在说话发展方面或许比视力健全儿童更为迟缓,然而一旦他们学会了,说话也有可能是十分流利的。不过林宝贵与张宏治对台湾视觉障碍学生所作的语言障碍与构音能力研究却发现,视觉障碍学生的语言障碍比想象严重,构音障碍发生率最高(78.01%),其次是声音异常(17.01%)、多重障碍(14.66%)、语言理解能力差(12.02%)、口语听解能力差(12.02%)等五项障碍所占的比率较高[②]。另外,视觉障碍的语言学习可以通过触觉、嗅觉、味觉、运动觉等其他感觉获取语言的意义或概念的途径来实现,因此,如何运用视觉障碍儿童已有的感觉能力以协助语言的发展,是十分重要的。

三 社会情绪发展特点

婴幼儿与照顾者的早期接触行为对儿童形成依恋这一重要的社会情绪是非常重要的。如果视觉障碍儿童的父母不能利用不同的触觉和听觉刺激帮助孩子与父母及重要他人进行沟通交往,亲子依恋的质量就可能受到影响。

---

① 贺荟中,方俊明.视障儿童的认知特点与教育对策[J].中国特殊教育,2003(2):41.
② 何华国.特殊儿童心理与教育[M].4版.台北:五南图书出版公司,2007:140.

同时,视觉障碍儿童也要生活在其他明眼人之中,他们在适应社会环境及与他人交往的过程中必然会遇到困难。例如,明眼人之间的沟通交往不仅借助于语言,还要借助于许多非语言的交往。健全儿童在做一件事时,会从他人的面部表情、身势体态、目光示意中了解自己的行为反应是否符合当下的情境,从而调节自己的行动。而视障儿童对无声的身体语言无法感知,他们在与明眼人交往时,就会常常感到困惑不安或无助。另外,由于视力的缺陷,有许多社会活动如打球、看电影、郊游等,他们往往不会被邀请参与,这将导致他们社会交往能力的发展愈发困难。Holladay 的研究显示,学前期的视障儿童与同龄儿童社会情绪发展模式是相似的,但到了学龄期后,他们显现出与不良的自我形象和孤僻有关的社交技能问题,而这些社交技能在儿童的社会化和同伴关系建立中扮演着极其重要的角色。

视障儿童难以适应社会活动,主要原因在于大众对他们的态度。很多明眼人一遇到盲人就手足无措,认为自己对这类人群缺乏了解,所以不知该如何与之交往。还有一部分人则是对视障儿童过度保护。这两类态度皆可能造成其适应的困难。台湾学者的研究对视觉障碍学生和健全学生在田纳西自我概念量表上的得分进行了比较,结果发现,视障儿童的得分显著低于健全学生。实际上,视障儿童除了视觉上有缺陷外,他们和健全儿童一样也有其需求与感受,所以以"平常心"来对待视障儿童是很重要的。另外,成人对视障儿童的教养态度,也无疑会影响其自我观念与社会互动能力的发展。

四　刻板行为发展特点

视障儿童表现出广泛而多样的刻板和重复性行为,这些行为类似于一些孤独症儿童的行为表现,包括挤眼、晃头、摆动身体、绕圈子转、注视光源、玩弄手指等习癖,这些行为表现被称为盲相。盲相出现的原因可能是由于视障儿童缺乏视觉刺激,是其寻求自我刺激的一种方式。正常情况下,盲相会随着年龄增长而减少。

台湾学者万明美在三所启明学校调查 320 名视障儿童。调查结果显示,有三分之一的视障儿童存在刻板行为。其刻板行为的形态以身体部位划分依次为脸部、头部、手部及脚部;如以动作类型来区分,则依次为倾头、挖眼睛、摇头、按揉眼睛、摇摆躯干、点头及流涎。

 相关链接

慧慧是一名 10 岁的先天盲童。她热爱生活,喜欢唱歌并且极具天赋。她的歌声总是带着淡淡的忧伤和令人感动的坚强。慧慧在 4 岁时被父母送到当地的特殊教育学校进行

康复训练和文化学习。不久，老师们就发现了她在音乐方面的天赋。6岁开始，学校的音乐教师就单独给她授课，帮助她在音乐方面不断成长。她曾经参加过市级春节联欢晚会的演出，省内儿童歌唱比赛也取得了不错的成绩。由于慧慧的天分和努力，她小小年纪就已经成为当地残疾人艺术团的小童星。但当她充满信心地参与央视星光大道和非常6+1的海选时，却落选了，原因就是她在歌唱过程中总会下意识地出现挤眼、晃头、注视光源等刻板行为，虽然她的歌声优美，可是这些刻板行为会严重影响拍摄效果。考虑到这一点，编导组便将她淘汰了。经过这一次的失败，学校老师开始帮助她矫正盲相。经过一年多的努力，慧慧成功克服了刻板行为，她的节目也终于通过了央视少儿晚会评选，在晚会中大放光彩。

五　动机发展特点

视觉对动机的发展是至关重要的。在出生最初的几个月，视觉会激发婴儿运动他们的四肢。在婴儿早期，他们开始借视觉辅助努力抓取感兴趣的物品。这样，他们的肌肉就会得到锻炼、发展。之后，当孩子再大一些，他们不仅持续观察事物、运动躯体肌肉，还开始尝试爬向目标。然而，视觉障碍儿童则较少运动肢体，在这种情况下，他们往往存在动作发展转折点的滞后发展。比如，与同龄儿童相比，视障儿童往往是更晚一些才会抬头、坐，才会尝试着爬。这种滞后发展一方面与他们在行动上缺乏安全感有关，另一方面也可能是成人对其过度保护的结果，以致让他们形成了依赖性与无力感。所以，学习如何安全地移动是视觉障碍儿童教育的重要内容。

六　个性发展的特点

视障儿童个性发展的影响因素很多，包括社会环境、家庭环境、视障儿童对于自身状况的态度等。由于个人的气质类型、早期经历不同，对待生理缺陷的态度不同，因而他们的情感体验、意志品质和个性特点也不尽相同。有关研究表明，如果视障儿童能够对失明进行良好的心理调节，正确看待自己的生理缺陷，那么，他们的情绪、情感就能发展较好，能够自信、积极、乐观地面对生活。所以，不是所有的视障儿童都会出现个性发展的问题。北京大学医学部儿童青少年卫生研究所的调查结果显示，视障青少年中有近半数表现出积极向上的性格特征，有27%存在着自卑心理，仅有7%存在较为严重的退缩人格和依赖个性。

视障儿童和健全儿童一样有其身心发展的需要。这些需要被满足的程度，极大地影响着他们的个性形成。教师或家长必须为满足其个性发展的基本需要创造条件，帮助其调整心理状态，肯定他们的能力，不过分照顾、溺爱，顺利实现健康个性发展的目标。

相关链接

视觉障碍的分类

2006 年,第二次全国残疾人抽样调查残疾标准把视觉障碍分为盲和低视力两类,按照严重程度分为一到四级,具体如表 7.1 所列。

表 7.1 我国视觉障碍分类表

类　别	级　别	最佳矫正视力
盲	一级	无光感～0.02 或视野半径＜5 度
	二级	0.02～0.05 或视野半径＜10 度
低视力	三级	0.05～0.1
	四级	0.1～0.3

注:1. 盲或低视力均指双眼而言。若双眼视力不同,则以视力较好的一眼为准。如仅有单眼为盲或低视力,而另一眼的视力达到或优于 0.3,则不属于视力残疾范畴。

2. 最佳矫正视力是指以适当镜片矫正所能达到的最好视力,或用针孔镜测得的视力。

3. 视野半径＜10 度者,不论其视力如何均属于盲。

第二节　视觉障碍儿童的学习

案　例

如果我们不帮助视觉障碍儿童学习会发生什么?

案例一:小雯是一名 7 岁的农村女童。她是一个安静、不好动的孩子,总是喜欢待在角落里。小雯 6 个月的时候被医生确诊为视觉障碍。小雯的妈妈是一个家政服务员,每天从早到晚辛苦工作,爸爸是农民,也没时间陪伴她,于是小雯被托付给邻居照顾。小雯的两个姐姐,有时会带她到外面玩。但是,由于她看不见,姐姐们怕她遇到危险,更多是在家陪她玩。小雯 6 岁时,妈妈把她送到村里的小学。因为她不认识老师和同学,所以她不喜欢上学,整天哭闹,妈妈只好把她领回来。此后不是把她整天关在家里,就是带到工作的地方。因为缺少与人交流,她只好整天安静地坐着。到她 7 岁的时候,她才学会自己吃饭,可还是没有学会独立而安全地移动,所以,她在其他方面都无法自理。

案例二:昊昊是一个8岁的失明农村男童,很早就得到了确诊。由于家里还有其他盲人,所以昊昊的妈妈知道如何教会昊昊安全地走路和认识其他事物。例如,妈妈会在昊昊的身边摇晃玩具发出声音,鼓励他朝向声音的方向移动并抓取玩具。妈妈种田的时候会带着昊昊,向他描述周围的事物。她会让昊昊触摸、感觉庄稼,并告诉他摸到了什么。在昊昊学习爬的时候,妈妈会把他放在安全的地方任意爬。当他能走的时候,妈妈会告诉他所处的位置,所以他学会了安全地移动。昊昊学会了和小动物一起玩耍,安全地探索周围的环境。他和村子里许多孩子成了朋友,能够一起做游戏。昊昊6岁时学会了使用盲杖,所以他可以自己去上学并且成绩一直很优秀。

由这两个案例我们可以看出,是否接受早期干预对于视障儿童的成长起着重要作用。视障儿童如果能够接受恰当、正确的早期干预,他们可以和同龄健全儿童一样学习和发展。这需要我们首先设置适合视障儿童生活和学习的环境,其次是帮助他们学习如何能够在环境中运用其他感觉安全地移动,并且使用辅助工具和技术促进自己的学习。

一 环境适应与学习

视觉障碍
儿童环境
适应学习

由于缺乏来自视觉的信息,视障儿童对环境的识别和适应能力相对较低,明眼人所习惯的环境对于视觉障碍儿童却有极大的限制。

王芙蓉曾针对盲校设计了非常完善的无障碍系统,主要由畅通性设计、可识别性设计和安全性设计三方面的内容构成[①]。

(一)畅通性设计

视障儿童在校内行走要求不依靠盲杖或其他工具仪器的帮助,凭直觉徒手行走。若环境中出现特殊的临时性障碍,就会对他们的行走产生极大的阻碍。无论他们是否熟悉环境,都喜欢沿着通道边缘行走。一种是沿着墙边、绿化栏杆行走,一般情况下,盲童的脚离墙根或绿化栏杆边缘3～5厘米;另一种是沿与周围地面直接接壤的通道边缘行走。如果道边有垃圾箱、行道树等障碍物,他们就无法顺利通行。视障儿童在行走时容易被外物碰伤的部位有头部、膝盖和小腿胫骨外沿,所以在这些部位的活动轨迹上应避免设置障碍物,以防受伤。地面以上90～150厘米的头部(以7岁女生身高为准)、40厘米以下的小腿部分(以18岁男生身高为准),这些部位容易受伤。因此,在这个范围内应尽量避免出现障碍物。

在视觉障碍儿童的各种活动过程中,常先利用听觉和触觉等其他健全感官来认识环境,所以他们需要比健全儿童更大的活动空间。他们平衡觉也较差,往往出现行动不稳,因此,比一般儿童需要的活动空间更宽敞些,走廊、楼梯等通道的宽度应尽量取上限或适当加宽。

---

① 王芙蓉. 盲童的感知觉与盲校无障碍系统的建立[J]. 四川建筑科学研究,2003,29(1):3－5.

（二）可识别性设计

盲童由于其视觉缺陷，降低了对外界环境的感知能力，从而影响了他们对环境的识别，为此，应引入指导视力残疾者的设施——导盲系统。导盲系统是利用视觉障碍者敏感的触觉、听觉以及可用的残余视觉，来给予他们必要的信息。这种信息的给予主要通过三种方式：一是触感标志；二是声响标志；三是可见的符号标志。图7.1为导盲标志设置示意。

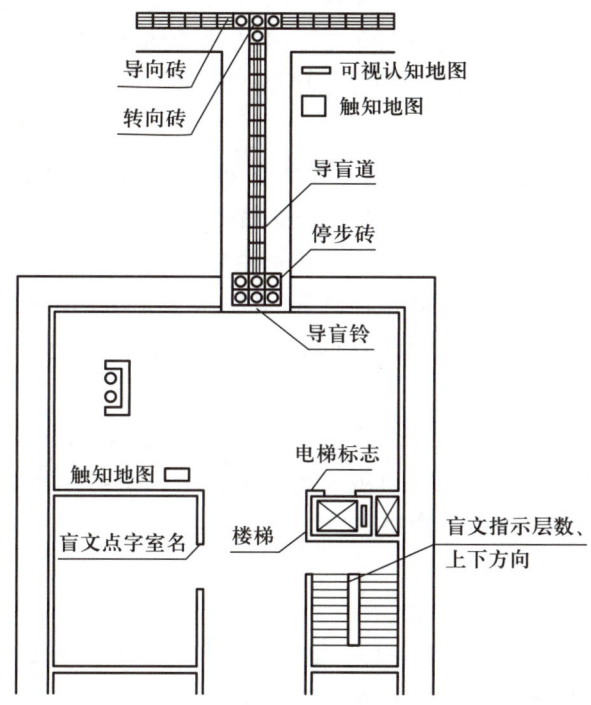

图 7.1 导盲标志设置示意①

1. 触感标志

触感标志是指利用材料和物体的特定质感及其表面的图案，为视障儿童所触知，用以识别环境。触感标志可通过手和脚的触觉感知物体表面的特性，来传达前进或停止，以及所到达的空间位置等信息，达到识别空间的目的。可以设置在墙面、栏杆扶手、门边、地面或其他可以触及的地方。主要包括脚触式和手触式触感标志两种。

（1）脚触式触感标志（导盲道）。脚触式触感标志通常就是指导盲道。导盲道是指用粗面材料或花纹表面的触感块材铺砌而成，作为导盲系统的路面标志。导盲道应包括指引方向的导向砖、提示转弯的转向砖、表示位置的位置砖。这些块材多为深黄色，以便低视力儿童辨认，同时还要提醒人们不要在导盲道上放置东西，以免使视障儿童被绊倒。学校的导盲

---

① 王芙蓉. 盲童的感知觉与盲校无障碍系统的建立[J]. 四川建筑科学研究，2003，29(1)：4.

道一般位于人行道中央，宽 75 厘米左右，有 3 块砖宽。室内走道一般不铺设触感块材，只沿墙面设导盲栏杆，并在房间门口、楼梯上铺设表示停步的块材。

（2）手触式触感标志

以手摸为主，触摸范围上限应以 7 岁女童身高为基础，上臂斜伸向上方成 45°角，手指尖距地面 120 厘米；下限应以 18 岁男子身高为基础，上臂斜伸向地面成 45°角，手指尖距地面 70 厘米。可以触知的标志有图案标志和盲文标志等，它们通常应在各空间的重点位置设置，表达该空间的功能用途及其他信息，如在房间门旁用盲文点字标志房间的名称、门牌号；在楼梯扶手上标志楼层层数、上下方向；在门厅、各层楼的楼梯口等处挂有摸字信息板或触知地图，指导视障儿童走向要去地方的方向和距离等。

2. 声响标志

通过声音辨别环境是盲童的又一特点，如从上下楼梯的声音知道楼梯的存在。在环境设计中，可以结合各种触感标志，有意识地布置扩音器、铃声、钟声等听觉指示装置来引导视障儿童，使其明确所在位置。比如，当儿童沿导盲道走到大楼的主要出入口时，就会响起导盲铃，提示前面是门；而盲童触摸各楼层信息板的同时，又会启动听觉指示装置，信息板中便传出讲解的声音，盲童边触摸边听解说，这样就可以使其对环境的了解更加迅速、准确。

3. 可见的符号标志

该标志主要是为低视力儿童提供信息的一种方式，对于明眼人也是需要的，只要兼顾低视力儿童的特殊要求即可。标志的字迹或图案要用大字或图案与背景的对比度要鲜明；标志位置要在 2 米以上，防止视线的遮挡。

（三）安全性设计

视障儿童活动能力较差，跌倒、碰倒、滑倒的现象时有发生。从安全角度考虑，首先应采取预防措施，防止出现此类现象，并消除各种可能造成伤害的隐患；其次应采取一定的保护措施。

1. 预防措施

视障儿童活动空间范围内门窗洞口的内缘、家具设备的外缘、外露的木柱、扶手断面等，均应消除其棱角，采用圆弧形、圆形或切角。学校或家中除楼梯外，地面应平坦，去掉不必要的沟坎、台阶。

过于光滑的地面对视障儿童同样危险，特别是当地面潮湿的时候，摩擦阻力减少，更容易引起意外。各种通道地面、室内外踏步、卫生间等地面均应作防滑处理。

2. 保护措施

保护措施主要体现在活动场地，最好采用松软而有弹性的材料，如操场跑道之内的场地铺设草坪。这样，即使视障儿童摔倒了，也不会出现大的伤害。

由于视障儿童学习、生活的许多方面是靠手的触摸进行的，所以，对手的保护十分重要。他们在走道内一般习惯于顺墙行走，手背贴着墙裙，摸索前进。故走道墙壁的墙裙应选用光洁的材料，如瓷砖。若走道两边墙上设有扶手，扶手材料的热传导性对触觉（尤其在寒冷的冬季）的影响不应忽视。应采用木质扶手。

除了王芙蓉提出的三大类环境设计要求，美国学者 Klein 等人还提出照明条件、材料的颜色、大小和位置等环境要求。

他们指出在家庭与学校环境中，照明的恰当调整和运用对于改善视障儿童的视力是十分重要的。决定哪一种照明强度适合于视障儿童需要依靠儿童的个人评估情况和相关专家的意见。一些低视力儿童对光是敏感的，所以，保持环境中目标物品在明亮的点光源下，其他区域则是昏暗的灯光对低视力儿童是更好的。还有一些低视力儿童对光是不敏感的，对他们来说，明亮的教室更方便学习。

不同颜色物品的摆放也会为视障儿童提供有效的视觉信息。例如，深色调的物品摆放在浅色调物品的上方，更容易被视障儿童识别。另外，由于视障儿童视野受限，选择物品材料的大小和摆放位置是十分重要的。如果儿童只存在中央区域视野，我们就应该把物品放置在正前方。

二　定向行走的学习

定向行走是指在环境中独立而安全地移动。定向和行走是彼此相关又相对独立的两种训练。

（一）定向技能的培养

定向是指个人运用多种感觉信息确定自己在环境中的位置以及确认自己与其他物体之间关系、物体与物体之间关系的心理过程。定向训练主要包括建立基本概念和常识、掌握常用的定向方法等内容。

视障儿童必须先学会定向，然后才能够安全地行走。定向的主要目的是为行走服务。定向是行走的前提，是行走方向性、正确性的根本保证。没有定向的行走是典型的"瞎撞"。但没有行走，定向得再精确，个体也不能到达目的地。所以，行走通常也是定向的目的之一，二者相辅相成。

（二）独自行走技能的培养

行走是指个人在定向的基础上依靠肢体在环境中空间位置的变化移动，即从一个地方移动到另一个地方。行走训练主要包括独自行走技能、辅助行走技能两大方面。

独自行走技能是指视觉障碍者在了解环境的基础上，在熟悉的环境中独立行走的方法，主要包括独自行走、保护技能和寻找失物的方法。常见独自行走技能如下：

1. 上部保护

上部保护是指视觉障碍者行走过程中按照一定的动作规范利用上肢保护上部身体的方法。动作方法是视障儿童一臂屈肘抬起，上臂略高于肩，使前臂横于面前，掌心向外，指尖略超过对侧肩，以保护其头部。

2. 下部保护

下部保护是指视觉障碍者在熟悉环境中行走时,按照一定的动作规范利用上肢保护下部身体的方法。动作方法是一侧手自然下垂后移至身体中心线前(一般大概位于阴部前)约20 cm 处,掌心向内,五指放松。必要时,上部保护与下部保护法可结合使用。

3. 沿物行走

沿物行走,是视觉障碍者沿着墙、桌子或其他物体的边缘线行走的一种独行方式。视障儿童面朝行进方向,体侧与边缘线相距一定距离(约 20 厘米),肩略微下沉,手臂自然向下前伸约 45°,用手指轻轻点触墙面或其他物体的边缘线。

4. 垂直定位

垂直定位是视觉障碍者通过已知物体的方向确定自己当前方向的一种技巧。视障儿童以某一相对固定的物体为基准(如:墙、门、桌子),背部及脚跟紧靠着该物体,根据所倚靠物体确定自己行走的方向。

5. 寻找失落物体

(1) 听音确定物体失落的方位:物体失落时都有一定的响声,视障儿童要根据物体落地时的声音迅速正确判断失落物体的方向和大致距离,将身体转向该方向,走上前下蹲寻找物体。下蹲有两种方法:直蹲式和上部保护式下蹲。直蹲式下蹲是指上体保持与地面垂直,下肢弯曲蹲下。上部保护式下蹲则是指使用上部保护方法保护头及面部,下肢微曲,弯腰下蹲。

(2) 寻找物体

寻找物品时可将手指张开,先摸索桌边或脚边。摸索的方式有两种:

盘旋法:双手手指分开,用指尖轻触地面,在体前由内向外画圆。由小到大直至充分搜索,未找到时可向前后左右移动一步,再使用盘旋法搜索地面,直到找到失落的物体为止。

栅栏法:双手手指分开,指尖轻触地面,双手平摊向两侧移动,如画直线的方法。先由内向外直线搜索,再由外向内直线搜索,状似栅栏。未找到时可移动脚步重新使用该法搜索。

6. 上下台阶

上楼:当视障儿童走到第一台阶时,要站在有扶手的一侧。先用脚试探台阶的下沿或用手触摸到台阶的扶手,脚与台阶的下沿要垂直,上前先用脚轻碰台阶的竖面,试探台阶的高度和深度,然后用沿物行走技能,沿台阶右侧一步一级上楼。若感觉到扶手变平了,则表明台阶快要结束,一层台阶上完后应调整方向,继续前行。

下楼:当视障儿童走到台阶顶部时,要靠近扶手一侧站立,并抓住扶手,用前脚掌试探台阶的前沿,并与台阶垂直。然后,用沿物慢行技巧或抓住扶手沿台阶右侧一步一级下楼,当快走到底部时,适当减慢速度,以确保安全。

(三) 辅助行走技能的培养

辅助行走技能包括随行技巧(人导法)、杖导法、犬导法、电子助行器等。

1. 随行技巧(人导法)

随行技巧(人导法),是指盲人跟随导盲人行走的一种方法,又叫导盲技巧,主要涉及盲人如何在导盲者的带领下美观、自然、安全、顺利行走的技巧。

(1)接触

导盲人走近视障儿童,与之同向并排站立,并以靠近儿童侧的手背轻触其手背,同时予以适当的语言提示,使视障儿童及时感知到接触,明白这是有人要带他走。

(2)抓握

抓握,是指视障者感知到接触的信息后及时与导盲人建立联系,抓握住导盲人。视障儿童用被接触侧的手背,沿导盲人手臂的外侧轻快地向上滑行至屈肘大致成直角(大致成直角时正好视障儿童在导盲人后的半步位置),然后视障儿童轻握导盲人的胳膊。抓握时,拇指放在导盲人胳膊的外侧,其他四指在内侧。

(3)站位与随行

站位是指抓握后视障者和导盲人的相对位置,当视障儿童抓握后立即后退半步,到导盲人侧后方,确信自己抓握侧的肩在导盲人对侧肩的后面。随行是指视障者正确站位后跟随导盲人行走——导盲人迈脚后,视障儿童根据抓握侧手所获得的信息跟随导盲人行走。

(4)换边

从导盲者的右侧换至导盲者的左侧:①以右手抓住导盲者的右手臂,松开左手(原抓握手);②左手背在导盲者背部轻快向左侧滑行,找到导盲者的左臂后轻轻抓握;③松开右手,右手快速移至导盲者的左手臂并正确地抓握,同时松开左手,身体保持与导盲者半步的距离。从导盲者的左侧换至导盲者的右侧,动作步骤同上,左右相颠倒。

(5)过狭窄通道

遇到比较狭窄的通道或在人流拥挤的地方随行,导盲者将导盲臂从身体的一侧移至身后,手背轻贴后腰。视障儿童觉察导盲者手臂的变化后,迅速从导盲者的一侧移至导盲者的背后,手臂伸直,步幅放小。

(6)上下楼梯

上下楼梯时导盲者带视障儿童径直走向楼梯。当接近楼梯口时稍做停顿,语言提示:"要上(下)楼了",或者夹紧一下被抓握侧的胳膊肘。当导盲者上下楼梯时,视障儿童会感到导盲者手臂的上升(或下降),随之上下楼。当到达楼梯尽头时,导盲者亦略加停顿或再夹一下胳膊肘,暗示已经到了楼梯的尽头。

(7)落座

导盲者握住视障儿童的手放到椅子的扶手上。视障儿童用腿轻碰椅面,以确定座位的朝向、所在方位、大小,然后一手扶椅背,另一只手到座位上全面摸一遍,确认椅面上没有东西后,自己再坐下。

2. 杖导法

所谓杖导法,是指视觉障碍者以盲杖为辅助工具独自行走。目前,世界上大多数盲人和教师培训中心使用的盲杖都以胡佛盲杖为基础,可分为:胡佛盲杖(弯把式盲杖)、直段式盲杖、折叠式盲杖、三组红白相间的盲杖（专供盲聋人使用）等。

知识拓展

盲杖的使用方法

（1）斜握法：用握手的方法握住杖柄，大拇指在盲杖的上端，食指自然贴于盲杖扁平一侧，指尖指向杖尖方向，中指和无名指与小指托住杖柄的下端，虎口向前；手臂伸直在身体的一侧放松下垂；盲杖杖尖触地向前滑动，直至手臂完全伸直；手腕内转使盲杖尖端滑向身体对侧，杖尖略超出对侧肩约 5 cm。

（2）直握法：直握法就是像抓铅笔一样抓握，拇指、食指、中指握住盲杖，使盲杖与地面保持垂直，持杖手在身体的一侧。

（3）斜杖而行：一般在过空旷通道、较大空间、有边缘线时常用的一种方法，有时在室外比较熟悉的环境中行走时也采用这种方法。采用斜握法握杖，如果盲杖有弯头，可将弯头对着前面；上臂、前臂和手腕伸直，持杖手大约在大腿前方 20 cm 左右，手柄端略超出身体 5 cm 左右；盲杖与身体、地面成一定的角度，杖尖轻触到身体另一侧的地面；杖尖可以在地上滑行，当遇到地面有裂缝和粗糙的路况时，可将盲杖略提起，越过不平整的路面。

（4）持杖沿边缘线行走：主要是在行走路线上有明显的边缘线时使用，如墙根、马路的道牙、草地边缘线等。盲人通过盲杖发现边缘线；将身体面向边缘线延伸的方向（与边缘线平行而行）；跨离边缘线小半步；利用斜杖而行技术使盲杖的杖尖与边缘线接触，迈步前进。

（5）左右点地式行走（两点式触地行走）：同斜握法的握杖方法一样，行走时，以手腕关节部位为支点，很自然地像鱼尾巴左右摆动手及盲杖，手臂保持相对静止；手臂自然前伸，手应保持在身体中心线附近前 20 cm 左右。盲杖的杖尖在地面的左右两侧击地，左右两侧击地点的距离稍宽于盲人肩宽约 5 cm。杖尖的摆动轨迹如弧状。杖尖在移动过程中略高于地面，弧顶高度大约离地 2～5 cm；当右足向前踏出时，盲杖同时摆移至左侧地面上轻叩。当左足向前踏出时，盲杖同时摆移至右侧地面上轻叩；手脚协调性要好，手脚同步。

3. 犬导法

犬导法是指视觉障碍者以导盲犬为辅助工具行走的一种方式。13 世纪中国就有关于视觉障碍者使用导盲犬的记载，第一所导盲犬学校于第一次世界大战后在德国建立，系统地为视障者训练导盲犬。

一般来说，使用导盲犬的视觉障碍者需具备如下条件：健康状况良好；喜欢有狗做伴并乐于照顾狗；爱行走且走路速度中等以上（5～6 km/h），经常到户外活动，熟悉行走路线；年龄在 16 岁以上 55 岁以下；智力中等以上；情绪稳定、不急躁，安全意识强、善良、信任导盲犬等。

　　使用犬导盲的方法一般是给导盲犬戴一个大小合适的脖子圈,在脖子圈上面再套一个长度合适的"U"形硬把手,行走时视障者抓着把手,这样导盲犬的行走信息就可以为视障者所了解。休息的时候,解开把手让狗自由活动。导盲犬可以带领视障者绕过障碍物、可以拒绝执行危险的命令。另外,通过导盲犬还可以促进视障者们的社会交往。但导盲犬的缺点是在一定的社交场合或场所不适合,加之饲养导盲犬有时反而增加视障者的负担。所以,使用导盲犬者的视障者并不多。

　　4. 电子助行器

　　电子助行器是一种协助盲人定向与行走的电子辅助装置,它能够对附近某一特定区域范围内发射信号(如电波、超声波、激光等)以使盲人感知周围世界并及时反馈、调节自己的行走动作。电子助行器的种类有:林赛道路响声器、激光盲杖、超声波导向仪、毛沃特感受器等。使用电子助行器可以帮助盲人获取更广范围的定向信息,提高定向速度和准确率,但是电子助行器价格昂贵,掌握起来有一定的难度,对地面起伏的感知不太灵敏,所以我国视障者较少使用。

　　在现代科技支持下,定向行走辅具有了较大发展。谌小猛、鲁明辉认为盲人定向行走辅具的发展可分为建构心理地图的辅具和行走导航辅具两大类,前者包括触觉地图、应用计算机虚拟技术,后者则包括 GPS 移动导航设备、近距离障碍物侦测设备。黄家兢则利用增强现实(Augmented Reality,AR)设计视障儿童定向行走训练辅具,主要通过 Easy AR4.0 稀疏空间地图(Sparse Spatial Map)技术跟踪真实世界的实时姿态后创建 AR 场景,并结合"护身符"音源配件,创造出适合视障儿童定向行走训练的 AR 音频仿真训练场景。

　　以上介绍了培养视觉障碍儿童定向行走的一些方法。不同国家和地区使用的方法不尽相同。我国盲校目前大力开展教师、家长及社会残障人士的定向行走培训,形成了学前至中学视障儿童的阶梯性课程内容。因此视障儿童入学后经过训练都能逐渐安全、自信地独立行走,帮助他们在更大的范围和陌生环境中自由自在地行动。

三　语言与盲文的学习

　　海伦·凯勒(Helen Adams Keller,1880—1968),美国女作家,残疾教育家。她在 19 个月的时候因为一次猩红热失去了视力和听力。在无声而黑暗的世界里,她自暴自弃过,直到她 7 岁时遇到了她的导师安妮·莎莉文(Anne Sullivan)。莎莉文老师跟海伦·凯勒很投缘,她们认识没有几天就相处融洽,而且海伦·凯勒还从莎莉文老师那里学会了认字。

一天,老师在海伦的手心写了"water"(水)这个词,海伦总是把"杯"和"水"混为一谈。到后来,她不耐烦了,把老师给她的新洋娃娃摔坏了。但莎莉文老师并未放弃海伦,她带着海伦走到水井房边,要她把小手放在水管口下,让清凉的水滴滴在海伦的手上。接着,莎莉文老师又在海伦的手心,写下"water"这个字,从此海伦就牢牢记住了。海伦后来回忆说:"不知怎的,语言的秘密突然被揭开了,我终于知道水就是流过我手心的一种液体。"在莎莉文老师的辛苦指导下,海伦用手触摸学会手语、摸点字卡学会了读书。

为了克服又聋又盲带来的学习困难,莎莉文老师替海伦·凯勒找了萨勒老师。萨勒老师教导她利用双手去感受别人说话时嘴型的变化,以及鼻腔吸气、吐气的不同,来学习发音。

在老师们的帮助下,海伦学会用顽强的毅力克服生理缺陷给自己造成的精神痛苦。她热爱生活并从中得到许多知识,学会了读书和说话,并开始和其他人沟通。她以优异的成绩毕业于美国哈佛大学拉德克利夫学院,成为一位学识渊博,掌握英语、法语、德语、拉丁语、希腊语五种语言的著名作家和教育家。

视觉障碍
儿童语言
和盲文学习

(一) 语言的学习

1. 通过实践掌握正确概念

从视障儿童学说话开始,就要最大限度地创造机会引导他们去实践,运用除视觉以外的其他感觉获取直接生活经验。可充分利用直观教学,鼓励视障儿童积极参加各类活动,使他们能够掌握并形成正确的概念。要尽可能为盲童制作模型、标本、凸图等教具。平时教师对事物的叙述要做到形象、具体、细致、有感情,从而增加盲童具体的感性形象知识,进而使其语言得到良好发展。

2. 重视表情和肢体语言教育

由于视障儿童对和人的表情相关词语的理解常有欠缺,在使用肢体语言方面也有不足,他们往往不能以正确的肢体活动来表达情绪,教师要鼓励视障儿童利用面部表情来传达内心的喜怒哀乐,同时指导他们适度运用手势、点头等动作进行辅助交流。教师可先示范,让学生摸,然后让学生练习,教师再给予反馈进行纠正。这样才能达到最佳的语言教育效果,同时也可改变视障儿童呆板、冷漠的刻板形象。

3. 加强背诵和复述,增加阅读量

视障儿童的词汇比较贫乏,阅读量较小,教师应有意识地培养他们养成大量阅读、主动积累的好习惯。鼓励视障儿童多"看"课外读物,多听有声读物、广播、他人的说话,在阅读中摘录佳句,加强背诵和复述,以此来扩大词汇量、正确理解词汇、掌握句型句法。视障儿童积累语言材料越丰富,他们实现自由表达的可能性就越大。

总之,教师和家长要根据视障儿童的语言发展特点,有意识地加强指导,弥补他们在概念形成和语言表达方面的不足,不断提高视障儿童的口头语言和书面语言水平。

（二）盲文的学习

盲文学习是书面语言和其他文化知识学习的开端。除少数低视力儿童外,大多数视障儿童都需要借助盲文学习知识。

世界各国视障者通用的盲文,是法国人路易·布莱尔创造的。它以六个凸点排列成两纵行组成一个单元叫作"方",有 63 种不同的点的变化,可以用来拼写各种不同的语言。为纪念路易·布莱尔对视障者教育的贡献,国际上将这种盲文统称为布莱尔(Braille)。

我国现行的盲文是由黄乃于 1952 年设计的。它以北京语音为标准音,普通话为基础,采用分词连写的方法。汉语盲文包括 54 个字母、声调符号和标点符号。视觉障碍儿童必须先学会字母符号、拼音规则、书写方法以后,才能进行阅读和书写学习。汉语盲文拼音表见图 7.2。

Initials

b	c	ch	d	f	g, j	h, x	k, q	l	m	n	p	r	s	sh	t	z	zh

Finals

a	ai	an	ang	ao	o, e	ei	en	eng	er	i/ yi	ia/ ya	ie/ ye	iao/ yao	iu/ you	ian/ yan	in/ yin	iang/ yang

ing/ ying	iong/ yong	ong/ weng	ou	u/ wu	ua/ wa	uai/ wai	uan/ wan	uang/ wang	ui/ wei	un/ wen	uo/ wo	ü/ yu	un/ yuan	ue/ yue	en

Tones

1	2	3	4

Punctuation

,	.	;	:	?	!	(	)	—	…

图 7.2　汉语盲文拼音表

1. 盲文学习的准备训练

在视力障碍儿童真正学习盲文之前需要做许多准备工作,如空间概念的形成、触觉与语言功能相结合的准备训练、创设学习盲文的环境等。要为视力障碍儿童学习盲文做好充足的准备,从而使其更快、更有效地学习和掌握盲文,最后能够自如地书写和阅读盲文。姚艳丽曾详细论述了视觉障碍儿童盲文学习前应接受的准备训练。具体内容如下:

（1）空间概念形成的准备训练

盲文学习离不开空间方位的准确判断能力,在阅读和书写盲文时往往要运用前后左右等概念。学前视障儿童往往没有形成空间方位概念,当讲授盲文从左向右阅读、从右向左书写、反写正摸等规则时,他们往往不明白。所以要先对他们进行方位等基本常识的教育,让视力障碍儿童理解前后、左右、反正的空间概念,这样才能顺利地进行盲文书写、减少盲文书写的阻力。视障儿童可以通过认识自己身体的各个部位、形象具体的教具和声音认识空间方位。

（2）触觉与语言功能相结合的准备训练

视障儿童对知识、对世界的了解大多数都需要通过盲文摸读获得。摸读盲文的基础是手的灵活性,所以,可以让视障儿童玩串珠、拣珠子、拼图、整理物品、翻书等游戏,训练视障儿童的手指灵活性。

同时,要进行触觉辨别训练。为视障儿童提供不同质地、形状、大小的物品让他们触摸、感知,并指导他们在感知的同时用语言描述各类物品的特性。如在纸板上用毛线粘一个迷宫,让视障儿童用手沿着毛线寻找迷宫的出口,或者用手蘸墨画画,玩沙子、泥巴游戏。教学时还要求他们通过比较的方式对物品进行分类,相同的、不同的,如螺丝钉和螺母、通心面和豌豆。这样可以丰富他们的感性经验,克服"语意不合"的现象,同时也培养了他们倾听理解和语言表达的技能。

另外,还要锻炼手指力度。阅读时,如果摸读力度过小,则难以准确读出内容;如果力度过大,则容易将盲文点字抹平,既影响摸读的效果,也不利于图书的保存。书写时,力度过小,就不能扎出凹凸字迹;力度过大则容易弄破纸张。在训练中,教师可先用橡皮泥等可塑教具进行手指力度训练,让视障儿童学会控制力度的大小,然后用不同的纸张书写、摸读盲文,体会不同纸张的厚薄程度,从而逐步掌握手指力度的控制和运用。

最后,要开展轻摸点位训练。教师应为视障儿童提供由盲点扎成的各种几何图形、规则或不规则线条、几方或一方盲字,让其进行触摸,为摸读盲文做好准备。提供的内容要从大到小、逐渐过渡。教师或家长要辅导他们使用双手手指触摸,为他们以后的双手阅读奠定基础。

（3）创设良好的学习盲文环境

在盲文准备训练中,要注意尽可能多地将盲文元素放置在视障儿童熟悉的生活空间里。例如每间教室的方位、物品摆放的位置、学生的姓名、教学所用的教具等,可以用较为简略的点来进行区别。在教学中教师将听到的故事制作成盲文读物,教师一边讲,一边让学生摸,使他们养成摸盲文的习惯,同时体会教师叙述的意境,增加他们学习盲文的兴趣。

2. 教授汉语盲文的规则

（1）表音不表义。汉字是音、形、义的统一体,是由不同笔画构成的方块形文字。而盲文是点字,是拼音文字,一个音节不表示具体意义。视障儿童只要学会全部字母和拼音规则,就能阅读所有的盲文读物。但是汉字中同音词特别多,好多词不仅同音甚至声调相同,如石油和食油等等。这就需要在盲文摸读时联系上下文来确定音节的意义。

（2）分词连写。汉语盲文采用按词分开写的方法,即一个词语是一个整体,词语之间空一方,使盲文摸读和书写更加科学、准确。《新盲字入门》中规定分词连写的规则只有三条。

一是要求完整地反映语法结构,二是要求符合语言的逻辑性,三是照顾音节关系,适当减少一些零散的单音词。

（3）拼音规则。现行汉语盲文的拼音规则有六条。

① 每个字母都发音。

② 每个韵母都能单独成音节。声母除了 zh、ch、sh、r、z、c、s 外都不能单独成音节。

③ 韵母和韵母、声母和声母通常都不能相拼。

④ 声母在前,韵母在后,声母和韵母拼起来发音,韵母不能和它后面的声母相拼。

⑤ zh、ch、sh、r、z、c、s 7 个声母单独成音节时,为避免与后面的韵母相拼,可使用声点界音。

⑥ g、k、h 3 个声母在韵母 i、ü 头从 i、ü 开头的复鼻韵母之前,要变音为 j、q、x。

（4）反写正摸。如果采用通常的盲文板和盲文笔（见图 7.3）书写,读和写是相反的。书写时是自右向左,每方点字中,右边是 1、2、3 点,左边是 4、5、6 点。摸读时把纸反过来,用双手指尖从左往右摸读,每方点字中,左边是 1、2、3 点,右边是 4、5、6 点。反写正摸给盲文学习带来了一些困难,但只要勤于练习,就能学会。

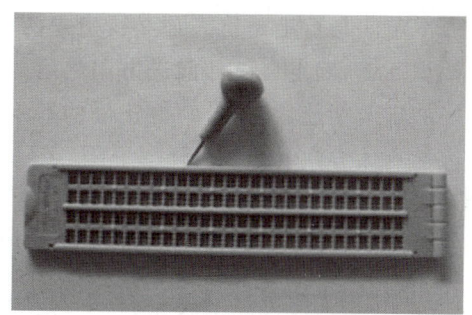

图 7.3　盲文板和盲文笔

第三节　视觉障碍儿童的学习训练

一　个案基本情况

李××是一个 8 岁的全盲男孩,2011 年在上海市儿童医院被确诊为视觉障碍一级。2016 年 9 月,进入当地盲校就读。孩子父母在外地打工,平时主要由爷爷奶奶带着。爷爷奶奶对其照顾非常细致。老人担心他外出容易受伤,限制他外出。他接受的环境刺激较少,也很少与他人接触。孩子缺乏安全感,性格比较内向、胆小,对空间方向等概念有模糊了解但不准确,日常生活和学习中需要他人引导,没有形成较好的定向行走能力,生活自理能力也较差。

2016 年 9 月至 2016 年 10 月,采用了观察、访谈和量表测试三种方法对他的身心发展状况(视觉、听觉、触觉、记忆力、智力、语言、人际、情绪、行为和身体发育等)进行了系统的测评与分析。

结果说明:孩子的听力和智力正常,认知发展水平较同龄人缓慢,身体发育也较同龄人缓慢。定向行走能力差,生活自理能力较差。

原因分析:孩子在情感上缺少父母的关爱,而爷爷奶奶对他的保护和担忧使得他对外界环境缺少接触,缺乏与他人的沟通交往,所以对环境和他人缺乏安全感。入学后不善于与同学交往,同时缺乏人际交往的主动性。另外,活动范围受限使得他运动量不足,缺少生活自理能力的训练。孩子入学前也没有接受过定向行走训练,所以很难在环境中独立活动。

经过分析,孩子的教育需求如下:需要进行定向行走训练;需要学习基本的生活自理能力;需要加强人际交往,包括亲子交往、同伴交往;需要触觉辨别训练和手指灵活性训练,为盲文学习做准备。

二 学习训练

1. 进行定向行走训练,扩大其活动范围,增加运动量。

定向与行走是盲人独立行走中两个相互依赖且缺一不可的能力。视障儿童只有在充分认识环境、确定自己的前进方向之后,才能自信、更有效地行走;另一方面,他们在具备了良好的定向功能后,只有掌握正确的行走方法才能安全到达目的地。针对李同学定向行走训练的具体方法和步骤如下:

(1)定向行走训练前期准备

第一,建立定向所需的基本概念和常识:首先要帮助他掌握身体部位和空间方位等概念,指导他了解身体所处位置,让他能够指出自己身体的前面、侧面、后面、上面、下面等方位。其次帮助他认识校园和家庭环境中常见物品和交通工具,并进行详细描述,使他能够利用其他感觉对物品建立概念。同时,还要带领他到公园、电影院、少年宫、游乐场、商场、超市等地方活动,扩大知识面,增加经验,提高感知觉能力,为之后的定向行为奠定基础。

第二,通过多种体育活动增加肢体的协调性和灵活性,如脚踏板运动、小云梯运动、小组活动等,另外,通过对肌肉、关节的推拿与按摩放松身体。

第三,训练步伐、蹲姿、站姿,正确的步态。正确的姿势有助于他行走时的平衡,以及身体正常发育。

(2)定向行走技巧的训练

第一,训练导盲随行技巧。每周3~4次,每次一小时左右。采用人导法让他重新熟悉家周围的环境,训练者可边走边讲解在所行走的路段应该注意的具体事项。

第二,训练盲杖技巧。训练时先易后难,先室内后室外,先到人相对较少的地方,后到复杂地段训练。

第三,训练独立行走的方法与技巧。训练他沿直线行走、沿边行走的技能。与此同时,充分利用和发展其他知觉,如听觉、触觉、嗅觉、空间知觉等来帮助定向。

2. 学会基本的生活自理技能

随着定向行走能力的提高,孩子也需要掌握生活自理技能。主要采用任务分析法分解个人清洁卫生、吃饭、穿衣、脱鞋等基本生活技能,开展训练。当所要培养的某一技能较为复杂且由若干部分或环节组成时,就需要运用链锁原理培养他良好的生活习惯和行为习惯。链锁就是把要求习得的整体行为分解为一个个紧密联系着的环节,即刺激—反应链,然后对当事人的行为链条逐一进行训练,并最终使之习得整体行为的方法。

以刷牙为例,首先用"任务分析法"(又称工作分析法)可分解为如下步骤:第一步:为儿童讲解牙刷、牙膏的功能及用法,使儿童认识牙膏、牙刷。第二步:手把手教会儿童如何挤适量的牙膏到牙刷上。第三步:教会儿童如何正确刷牙、漱口。第四步:教会儿童找到家里水龙头的位置,打(拧)开不同类型的水龙头,并在刷牙完毕后将水龙头关(拧)紧。第五步:手把手教会儿童如何用刷牙的杯子准确接到水龙头流出的水,并训练通过听音辨别杯子里的水是否满了。第六步:找到并拿取刷牙用的牙刷、牙膏、杯子并能在用过后放回原处。

然后,运用链锁原理依次对刷牙的每一个步骤进行强化训练。通过观察、访谈或调查对正强化物开展调查,确定他喜欢的游戏活动作为正强化物。当他能够完成某一步骤,给予正强化物,当这一步骤能够熟练完成后,进行下一步骤。在链锁训练过程中,需要李同学对前面的所有步骤达到较为熟悉的水平,能独立完成以前所学的所有步骤时,才进行下一个步骤的训练,直至能够完成刷牙的所有步骤。

3. 促进李同学与他人的人际交往

在儿童教养过程中,其他抚养或者喂养关系无法真正取代亲子关系的重要性。同伴关系也很重要。儿童在与同伴交往及游戏中可以习得很多技能,不仅有助于儿童社会化,同时使得儿童进一步认识自我,逐步形成自我认同感。所以要引导他与父母建立良好的亲子关系,与其他同学建立同伴关系,改变其内向、胆小的性格。

(1)帮助李同学的家人转变观念,积极配合各项训练

通过与小李的爷爷、奶奶及父母进行沟通,帮助他们转变对孩子外出和与他人交往的原有错误想法,使他们充分认识到通过与他人的交往,孩子才能更好地适应学校和社会生活,帮助孩子建立安全感,给予他积极的支持,配合老师的各项学习和训练。

(2)养成主动触摸他人和物品的习惯

首先让他对常见物品进行触摸。然后从能够逐渐接受老师和同学触摸手、头和上体,到主动拉住同学和老师的手,习惯与人接触,能够养成主动触摸的习惯。

(3)建立良好的亲子关系

虽然孩子的父母在外打工,但仍然可以与孩子建立良好的亲子关系。具体措施方法如下:父母先增加和孩子沟通的频率和时间。在沟通过程中,注意观察孩子的情绪和行为,当他取得进步时,及时鼓励和表扬;情绪低落时,给予安慰和理解。在日常生活中给予儿童关心与呵护,逐渐获得儿童的信任,初步建立亲子关系。另外,在沟通时,丰富沟通交往的形式和内容,自然地融入语言、认知、亲子游戏等。父母可以为儿童读一些寓言故事、童话故事、简单的生活小常识。亲子活动一方面有利于良好亲子关系的建立,另一方面可以拓展儿童的知识面,以弥补因为视障而造成的接收信息不够的现状。

(4)建立同伴关系

为孩子创造与同伴交往的机会。建立同伴关系可以先从比较熟悉的亲人朋友家中的年龄相近的小伙伴开始。可以邀请他比较熟悉的同龄儿童与他一同游戏、聊天。比如,进行一些适合他的粗大动作游戏,如跳绳、呼啦圈、蒙眼抓人,也可以玩一些精细动作游戏,如共同制作黏土、搭建积木等。然后帮助他逐渐熟悉老师、同学的声音,能够通过声音指认。设计

需要团队合作完成的作业或活动,将他与性格比较活泼外向的同学分在一组,引导同学主动发起与他的交往,帮助他获得同伴交往的成功经验,体会交往带来的积极情绪体验,增强其人际交往的自信心和主动性。

4. 进行触觉辨别训练和手指灵活性训练,为盲文学习进行准备

（1）触觉辨别训练

提高手指的触觉分辨能力主要是通过特殊的教具进行。训练中,教师为他提供了各种质地、形状、大小的物品,如积木、布料、弹珠等,让他触摸感知,并指导他在感知的同时用语言描述各类物品的特征。每天 30 分钟,使用正强化原理保持他的训练积极性。

（2）手指灵活性训练

利用串珠子、整理自己的物品等活动进行手指灵活性训练。同时每天做 15 分钟手指操来加强手部协调性,提高手指的灵活度。

三　训练效果

通过家校配合,经过 7 个月的学习训练,小李同学在各方面有了明显的提高。习得定向行走技能之后使得他能够勇敢地走出家门,他的活动能力和活动范围增大,接受更多刺激,他的认知发展和身体发展逐渐接近同龄人的发展水平;同时,他在与家长、同伴的交往沟通行动上更具主动性。他的妈妈在训练过程中辞职回到家乡工作。后期的训练中他的生活技能训练和生活常识的教育效果极为明显,能够自己完成个人清洁卫生、吃饭、穿衣、脱鞋等基本生活技能。孩子与父母、同学建立了亲密的人际关系,内心的不安全感和焦虑感大大降低了,性格变得开朗多了,班级里有两个很亲密的同学,能够与班级同学和谐相处。小李开始学习盲文,对盲文拼音掌握较好。

思考与练习

1. 简述视觉障碍儿童的发展特点。

2. 试运用视觉障碍儿童的发展特点解释"盲人摸象"的现象。

3. 试阐述如何合理地设计视觉障碍儿童的教学环境。

4. 简述常用的定向方法。

5. 试比较随行技巧（人导法）、杖导法、犬导法各自的优缺点。

6. 你如何看待盲文学习和语言学习的关系?

7. 实践练习

（1）二人一组为单位,练习随行技巧和独自行走技能。

（2）二人一组为单位,练习盲杖使用技能。

（3）试用汉语盲文书写自己的名字和学校名称。

本章小结

1. 视觉障碍儿童由于缺乏视觉，身心发展速度将受到影响，滞后于同龄健全儿童。视觉障碍儿童在认知发展、语言发展、社会情绪发展、刻板行为发展、动机发展、个性发展等方面表现出与健全儿童相异的特征。认知发展特征主要表现在思维发展水平受到限制，缺乏视觉表象，难以形成明确概念、空间知觉发展困难三个方面。语言发展特征主要表现在书面语言发展滞后和不足。社会情绪发展的主要问题是缺乏社会互动和交往。刻板行为发展特点则是其所具有的盲相。视障儿童在动机发展方面普遍滞后于健全儿童。个性发展特征由于气质类型、早期经历不同，对待生理缺陷的态度不同，个性特点也不尽相同。

2. 为使视觉障碍儿童更好地生活、学习，盲校应在环境设计上适应视觉障碍儿童的身心发展特征。盲校应具备无障碍系统，主要由畅通性设计、可识别性设计和安全性设计三方面构成。另外，还要考虑照明条件、材料的颜色、大小和位置等环境要求。

3. 定向行走是实现视觉障碍儿童独立而安全移动的重要技能。定向是指个人运用多种感觉信息确定自己在环境中的位置以及确认自己与其他物体之间关系、物体与物体之间关系的心理过程。行走是指个人在定向的基础上依靠肢体在环境中空间位置的变化移动，即从一个地方移动到另一个地方。定向和行走是彼此相关的两种训练。定向行走主要包括定向训练、独自行走技能、辅助行走技能。

4. 定向训练的内容包括建立基本概念和常识、常用定向方法。基本概念和常识有自身形体的构成、方位（位置）、方向、距离、量、时间、复杂的空间概念和环境常识、道路交通常识。常用的定向方法有方向辨别、触觉地图、心理地图等。

5. 独自行走技能，是指视觉障碍者在了解环境的基础上，在熟悉的环境中独立行走的方法。常见独自行走技能如下：上部保护、下部保护、沿物行走、垂直定位、寻找失落物体、上下台阶等。

6. 辅助行走技能包括随行技巧（人导法）、杖导法、犬导法、电子助行器。其中，视觉障碍儿童最为常用的技能是随行技巧（人导法）和杖导法。随行技巧是指盲人跟随导盲人行走的一种方法，主要包括接触、抓握、站位与随行、换边、过狭窄通道、上下楼梯、落座等技巧。所谓杖导法，是指视觉障碍者以盲杖为辅助工具独自行走的一种方式。运用盲杖的常用技能有斜握法、直握法、斜杖而行、持杖沿边缘线行走、左右点地式行走（两点式触地行走）等。由于饲养、训练导盲犬的难度相对较大，电子助行器价格较为昂贵等原因，犬导法、电子助行器在我国的应用较少。

7. 视觉障碍儿童在语言发展方面往往存在着口头言语发展较好，感性知识缺乏，理解能力发展受到限制，容易出现语言不合的现象。为克服这些弱点，可采取以下三种对策：通过实践掌握正确概念、重视表情和肢体语言教育、加强背诵和复述和增加阅读量。

8. 法国人路易·布莱尔创造了六点制盲文。我国汉语盲文是 1952 年黄乃在六点制盲文基础上设计的。在学习盲文前，要进行相应的准备训练，主要包括空间概念形成的准备训练、触觉与语言功能相结合的准备训练、创设良好的学习盲文环境。我国汉语盲文的规则有表音不表义、分词连写、拼音规则、反写正摸。

第八章 听觉障碍儿童

知识目标

了解听觉障碍儿童的定义、分级及其各方面的发展特点。

能力目标

掌握口语、手语、看话技能及社会交往技能的学习方法,能够制定个性化的学习和训练方案。

素质目标

提升对听觉障碍儿童发展的理解和同理心,有效应用知识支持其全面成长。

　　威尔士女孩哈弗文(见图8.1)出生时就患有极严重的听觉障碍。她的父母很重视对她的教育。哈弗文3岁时就被送入当地的一所普通小学学习,学过四年的手语。由于她的手语老师跳槽,没有老师教她手语了,她的父亲积极向当地政府反映,要求为8岁的哈弗文配备精通威尔士手语的教师。

图 8.1　哈弗文(Hafwen)和她的父母

　　听觉障碍,又称听觉受损,是指感测或理解声音的能力完全或部分降低。听觉障碍可以由各方面的生物和环境因素造成,有能力理解声音的生物都有可能患上该疾病。2006年我国第二次全国残疾人抽样调查的残疾标准认为:听力残疾,是指人由于各种原因导致双耳不同程度的永久性听力障碍,听不到或听不清周围环境声及言语声,以致影响日常生活和社会参与。深度的听觉障碍一般会称为聋。一说到"聋",人们就会想到"哑",其实两者是有区别的。"聋"是因,是第一缺陷,"哑"是果,是第二缺陷。听觉障碍儿童的言语器官本身不存在问题,通过现代科学技术补偿或重建听力后,经过听觉康复或言语矫治,建立"听"和"说"的联系,"聋"未必"哑"。

　　听觉障碍程度对听觉障碍儿童的学习和发展有重要影响。为了听觉障碍儿童更好地学习和发展,人们通常按照听觉障碍的程度进行分级。中国的分级标准(见表8.1)与WHO、ISO的标准基本一致,但中国规定的听力损失起点高些,而且在诊断听力残疾时,是以双耳中听力损失较轻的一侧为标准。如一个儿童的左耳听力损失为30分贝,右耳为70分贝,则此儿童的听力损失为30分贝;如果一侧听力健全,另一侧为全聋,那么该儿童仍然不能被诊断为听力残疾。

表 8.1 听力残疾标准对照表

听力损失程度(dB,听力级)	中国标准		WHO、ISO 标准		伤残人奥运会标准
	类别	分级	分级	程度	
>110	聋	一级聋	G	全聋	可参加世界聋人运动会
91～110			F	极度聋	
71～90		二级聋	E	重度	
56～70	重听	一级重听	D	中重度	
41～55		二级重听	C	中度	—
26～40	—		B	轻度	
0～25			A	正常	

第一节　听觉障碍儿童发展的特点

一　认知特点

听觉障碍
儿童的认
知、语言
发展特点

　　由于存在听觉障碍,听觉障碍儿童在感知觉、注意、记忆、思维等方面都表现出不同于健全儿童的特点。

(一) 感知觉特点

　　人类认识世界离不开感知觉。感觉是人脑对直接作用于感觉器官的客观事物个别属性的反映,而知觉是人脑对直接作用于感觉器官的客观事物的整体反映。听觉障碍儿童由于部分或全部丧失了听觉,听不清或听不到周围世界的声音,这使他们对外界事物的感知受到一定程度的影响,使他们的感知觉具有不同于健全儿童的特点。听觉障碍儿童感知事物的特点主要表现在以下三个方面:

　　1. 知觉信息加工不完整

　　由于听觉刺激的缺损,听觉障碍儿童对复杂的事物和环境感知不完整,缺乏听觉信息加工。他们的知觉信息更多地通过视觉、触觉等其他感觉通道获得,难以形成视听的综合信息。这导致他们对知觉信息加工的整体性和理解能力受到制约。例如,听觉障碍儿童如果没有助听设备,在看电视时,虽然能看到人物的形象、言语活动和行动,但听不到声音,势必影响到他们对电视故事情节的理解。

2. 视觉的优势地位

由于听觉有障碍,听觉障碍儿童的眼睛成为最活跃、最重要的感觉器官。视觉在一定程度上在听觉障碍儿童的感知活动中处于优势地位。国内有些研究表明,听觉障碍儿童的视知觉速度正常,在需要视觉参与的感知活动中,他们的视知觉能力与健全儿童没有显著差异。例如,与健全儿童和成人相比,听觉障碍儿童的视、触知觉能力没有降低[①]。而国外对学龄听觉障碍儿童和健全儿童的视觉缺陷情况调查显示,聋童有 40%～60%存在视觉缺陷,而健听儿童只有 20%～30%。可见听觉障碍儿童比健听儿童出现视觉缺陷问题的可能性更大。

3. 缺陷补偿

由于听力损伤,听觉障碍儿童更多地依靠视觉、触觉、运动觉等感觉通道来认识世界,并进行语言理解和语言交流。视觉及其他感觉通道对他们的听觉障碍起到了重要的补偿作用。缺陷补偿可帮助听觉障碍儿童发展语言。例如,通过眼睛观察说话者发音时的口型和舌位的变化,利用触觉和动觉感知发音时是否送气、声带是否振动等,听觉障碍儿童可以理解和学习语言。但视觉及其他感觉通道的补偿作用是有限的,不能完全取代听觉。

(二) 注意特点

注意是指心理活动对一定事物的指向和集中,它使人的心理活动处于一种积极的状态。与健全儿童相同,听觉障碍儿童的注意也是由无意注意向有意注意逐步发展的。但由于听觉通道受损、语言发生迟缓等的影响,听觉障碍儿童的注意呈现出与健全儿童不同的一些特点。如无意注意占优势;有意注意发展缓慢,稳定性差,需要活动的支持和吸引;注意的范围比较狭窄;注意的分配比较困难,他们无法同时既看又听,视觉兴奋和听觉兴奋不能一起产生,较难完成注意的恰当分配。

(三) 记忆特点

在整个学前阶段,听觉障碍儿童的无意记忆占优势。进入幼儿园或康复机构后,有意记忆虽开始获得一定的发展,但仍以无意记忆为主。另外,听觉障碍儿童形象记忆的效果优于抽象记忆,对直观形象的事物如"苹果""桌子""汽车"等,他们记得快,保持效果好,提取也容易,但对语言材料的记忆水平不高,再现也不完整。

(四) 思维特点

随着年龄增长,健全儿童的思维要经历动作思维、形象思维和抽象思维三个发展阶段。听觉障碍儿童思维发展的趋势与健全儿童相同,但由于听觉障碍及语言发展迟缓,听觉障碍儿童的思维与健全儿童不同,主要有以下特点:

1. 停留在形象思维阶段的时间较长,具体表现主要有:主要依据头脑中的表象进行思考,有很强的具体形象性;不会按照事物的本质特征进行分类,而更多地依据事物感知的特

---

① 刘春玲,江琴娣. 特殊教育概论[M]. 上海:华东师范大学出版社,2016:110.

点、生活情景或物体功用来分类。

2. 容易发生概念扩大或缩小化的错误。例如,有的听觉障碍学生刚理完发,老师问他是妈妈理的,还是理发店理的。他可能会说:"不是理的,是买的。"老师纠正说:"不是买的。"他却认真地说:"是五元钱买的。"他把"买"的概念扩大到了所有用货币的地方,而没有理解只有反映货币交换关系的才是"买"。除了概念扩大化的错误外,有时他们也会不合理地缩小概念。例如,认为自行车、汽车、火车是交通工具,而轮船不是,因为它不能在地上跑。

3. 思维发展达到的水平有局限。由于听力和语言发展的局限性,听觉障碍儿童中听力损失严重的聋童最终达到的思维水平比较低。20 世纪 70 年代,英海尔德根据皮亚杰的认知发展理论对聋童的思维进行研究发现:6—10 岁,100％处于前运算阶段;11—13 岁,60％处于前运算阶段,40％处于具体运算阶段;14 岁以后,60％处于具体运算阶段,40％处于前运算阶段。能进入形式运算的几乎为 0[①]。

二　语言发展特点

语言是人类思维和交流的重要工具。因为听力损失,听觉障碍儿童失去了正常习得语言的自然环境,他们的语言发展困难和滞后是显而易见的。听觉障碍儿童的语言发展与健全儿童相比,呈现出以下特点:

1. 不会说话

一部分听觉障碍儿童由于听觉障碍严重、没有充分利用残余听力等原因,导致语言发展受到阻碍,没有学会说话。

2. 发音不清

这是听觉障碍儿童语音发展中最普遍的现象,有的声母中的送气音和不送气音不分,如b、p 不分,也有的韵母发音困难。

3. 发音异常

听觉障碍儿童发音中最常见的是语调不准和尖声尖气的"假嗓音"。

4. 音节受限制

一般而言,健全儿童在 2—3 岁就能说出含有十多个音节的句子,而多数听觉障碍儿童送气不自如,发音不灵活,无法连续发出几个音节,因此语言缺乏流畅性。

5. 语言发展落后

多数听觉障碍儿童口语的形成较晚,词汇量少于健全同龄儿童,而且不能分辨同音异义词,语法比较差,常出现措辞不当、字序颠倒、漏字等错误。

6. 智力发展与语言发展不同步

虽然听力损失导致听觉障碍儿童的语言发展相对落后,但他们的智力发展受到的影响不大。有研究表明,听觉障碍儿童的智力水平与健全儿童没有明显的差异。

---

① 方俊明．特殊教育学[M]．北京:人民教育出版社,2005:170.

三　情绪、个性及社会化发展特点

听力损失导致听力障碍儿童语言发展迟缓，不能自由地表达自己的想法，也很难充分理解他人的意愿，因而他们在情绪、个性和社会化方面呈现出不同于健全儿童的特点。

听觉障碍
儿童的情
绪、行为
发展特点

（一）情绪

听觉障碍儿童因听觉障碍，语言发展迟缓，在和他人的交往过程中，常以情绪的外部表现作为交际工具，比如用表情、动作表达自己的需要、愿望，回答他人的问题。而在听不到或听不懂他人的要求，自己的意愿不能很好地表达出来或他人不能理解自己的想法时，情绪容易冲动。但随着年龄增长，通过接受系统的听觉和语言康复训练，尤其是在康复机构集体活动的要求和约束下，他们逐渐学会有意识地控制自己的冲动，情绪的稳定性逐步提高。在 4—6 岁时，听觉障碍儿童的高级情感开始发展，逐渐形成一定的社会责任感，培养起积极向上的情绪。

（二）个性

多数听觉障碍儿童的父母难以对孩子进行各项生活技能的训练，而听觉障碍儿童有疑问和困难，也难以向父母表达，亲子之间交流不畅。父母倾向于采取过多保护或者过度管束的教养策略，有时不能及时满足孩子的需要，有时甚至实施不恰当的惩罚，这容易导致听觉障碍儿童形成易怒、好冲动、脾气倔强的性格。听觉障碍儿童往往还具有以自我为中心、缺乏自我控制、易受暗示等消极的人格特征。另外，听觉障碍儿童大脑的成熟度不足，兴奋过程的活动优于抑制过程，不能长时间使某些大脑区域的神经细胞处于抑制状态，这使他们表现出好动的特点，同时他们好奇心强，探索的行为比较外露，对于新奇的事物，喜欢看、摸、动。

（三）社会性

儿童为了适应社会生活，就要学会与人相处，并要掌握社会的行为方式、规范、习惯，这个过程就是社会性发展的过程。由于听觉障碍与语言发展缓慢，一方面听觉障碍儿童很少和健全同龄伙伴一起玩耍，或者只与同类伙伴一起玩；另一方面，为了避免遭受别人的歧视，家长很少带他们去公共场所或参加集体活动，交往范围受到限制；还有，家长的过度保护容易导致他们自卑或胆怯，害怕单独接触社会，反过来加强了他们对家长的依赖性，社会交往更少。这些方面导致听觉障碍儿童的社会性发展比较迟缓，其特点主要表现为伙伴范围狭窄，社会交往欠缺，社会常识贫乏，社会适应性差。

第二节　听觉障碍儿童的学习

听觉障碍儿童的学习主要包括口语学习、手语学习、看话技能学习、社会交往技能的学习四方面。由于听力损失给他们的语言学习和社会交往带来困难，他们在听别人说话时得到适当的声学放大的基础上,还必须接受有组织的和系统的听觉训练。下面对听觉训练、口语学习、手语学习、看话技能学习和社会交往技能学习分别进行介绍。

一 听觉训练

听觉训练是指充分利用听觉障碍儿童的残余听力和助听设备的作用,通过专门而系统的训练以提高听觉障碍儿童的听觉能力。听觉训练是听觉障碍儿童口语学习的基础,能促使听觉障碍儿童回归主流社会,还有助于听觉障碍儿童的认知发展。

(一) 听觉训练的内容

个体的听觉能力发展分为声音觉察、声音辨别、声音识别、声音理解四个阶段[①]。

声音觉察是指听觉系统对声音的感知,是个体听觉能力发展的最初阶段。这一阶段的训练内容包括对噪音、乐音及语音等各种声音的感知。感动中国 2023 年度人物刘玲琍,为让儿童感知声音,把自己的嘴唇贴近孩子的手背,让孩子感受气流的有无与大小;还经常把孩子的手放在自己的脖子上和鼻子旁,让孩子们感受声带的振动,找准发音部位。在学习舌根音时,她甚至拉着孩子的手伸进自己嘴里,让孩子们触摸发音时舌头的位置。

在声音辨别阶段,听觉障碍儿童开始将听到的不同声音区分开来。这一阶段训练的内容包括区分声音的时长、响度、音调等。

到了声音识别阶段,听觉障碍儿童在已经熟悉声音的基础上,认识和识别各种声音所包含的意义和代表的事物。此阶段的训练内容有:对语音的音高、响度的识别,对不同单词音节的分辨,对发音方式、方法和部位的分辨,在噪声和距离变化条件下的语言识别等。

声音理解阶段是个体听觉能力水平发展的高级阶段。在此阶段,听觉障碍儿童能够根据语境和上下文来理解语言的含义。训练的内容包括对日常用语和熟语的理解、对连续语言的理解、对简短故事中顺序关系的理解、在噪声背景中理解对话等。

(二) 听觉训练的方法

听觉训练的方法多种多样,这里简要介绍几种基本方法。

(1)声物配对法。这是最基本的听觉训练方法,适用于听觉训练的初级阶段。训练时把发声的物体和它们的声音同时呈现给听觉障碍儿童,帮助他们在声音和物体之间建立起联系。

(2)声音辨别法。声音辨别法可以分为两类:一类为辨别不同的声音,另一类为听声音辨别物品或图片。前者是指同时呈现几种不同的声音,让听觉障碍儿童辨别出是什么声音,或者呈现嘈杂的声音,让听觉障碍儿童从噪音中辨别出某种声音。后者是在听觉障碍儿童听到声音之后,让他们辨别是什么物体发出的声音。

[①] 梁巍. 听觉训练[J]. 中国听力语言康复科学杂志,2005,6(1):62-63.

（3）听动协调法。这是一种巩固声物配对效果的方法。这种方法可分为听觉—动作法和听声复述法。听觉—动作法指当听觉障碍儿童听到声音时，需要根据发出声音的物体或动物作出相应的动作反应。如听到敲门的声音起身去开门，听到乐曲声就合着节拍跳舞等。听声复述法则是当听到声音或语言时，要进行复述。如：听到狗叫模仿狗叫；听到"ü"的声音，自己也发出"ü"的声音。

二 口语学习

大多数听觉障碍儿童有残余听力。利用残余听力学习口语意义重大，有利于听觉障碍儿童的学习、日常生活和社会化发展。听觉障碍儿童口语的学习和训练可以从语音、理解和表达三方面进行①。

（一）语音的学习与训练

（1）呼吸与控制的学习与训练。为了对说话时的气息进行较好控制，首先应进行言语呼吸的学习和训练，常用的方法包括吸气练习、呼气练习、呼吸配合练习。

（2）呼吸与声带配合的学习与训练。声带是言语声的重要声源部位，呼吸与声带协调配合是发音的基础，应培养听觉障碍儿童正确使用声带及控制气流的能力。常用的方法有触觉感知声带训练、声带松紧训练、长短音练习。

（3）口腔训练。口腔（唇、舌、齿）是最重要的语音调节器官。唇的开合、舌位造型的变化，都会使发音时共鸣腔产生变化而发出不同的语音。应针对双唇与唇齿的配合、舌头的灵活性等开展训练。

（4）音位训练。听觉障碍儿童学习发音从最基本的音位训练开始。音位训练从元音音位、辅音音位两方面展开。训练者要充分利用听觉障碍儿童的视觉（看清发音的口型与舌位）、触觉（感知声带的颤动、气流的强弱、发音时的共鸣），使他们逐渐掌握好发音部位和发音的方法。

（5）音节拼读的学习与训练。听觉障碍儿童掌握汉语普通话的基本音节，可为他们看话、说话做准备。具体训练方法包括：① 两拼法，声母＋韵母→音节，例如 p＋ao→pao。② 三拼法，声母＋韵头（介音）＋（韵腹、韵尾）→音节，例 h＋u＋āng→huāng。③ 直呼音节法，直接呼读出整个音节的训练。④ 声介合母拼读法，（声母、介音）＋（韵腹、韵头）→音节，例如 chu＋āng→chuāng。

（6）正音训练。对发音难度较大的声、韵母及音节，如对发音部位接近、发音动作相似的音，进行正音训练，可使听觉障碍儿童的发音更清晰。正音训练的内容包括声母本音的辨正、平/翘舌音辨正、舌面音/翘舌音辨正、送气/不送气音的辨正、前/后鼻韵母的辨正等。

---

① 汤盛钦，曾凡林，刘春玲．教育听力学［M］．上海：华东师范大学出版社，2000：205－217.

（二）语言理解训练

（1）丰富的语言输入。大量、不断的语言输入是理解语言的基础。应为听觉障碍儿童提供丰富和适宜的语言刺激，这样可以增进他们对语言的理解。

（2）培养听（看）话的兴趣与习惯。这是促进听觉障碍儿童理解和掌握语言的重要条件。

（3）习得语言规则系统。首先要让听觉障碍儿童学习语言规则，包括基本句型（陈述句、祈使句、疑问句等）和语法手段（词语的组合、虚词的使用等）。其次要扩大对基本词汇的理解，如：常用的名词（辅以实物或图片）、动词（辅以行为动作）、形容词（辅以描述性的语言）、代词（指称具体人或物）等。

（4）以特定语境中的最小语言成分对比理解训练。就是把需要辨别理解的一对或一组最小语言成分置放于有效的上下文里，通过对完整表达片段的不同理解来辨别理解其中最小语言成分的意义。在进行这种训练时，优先选择的语境是句子，而且是尽可能简单的句子，因为在这样的语境下需要对比的成分具有较明显的区别。

（5）转述训练。对他人的话语是否理解，有时需要通过表达进行验证。在听觉障碍儿童的理解训练达到一定程度时，可进行转述他人话语的训练。

（三）语言表达的学习与训练

（1）培养说的习惯。对听觉障碍儿童来说最难的是开口说话，因此语言的表达训练应从启发、激励他们开口说话开始，逐渐使他们养成说的习惯。

（2）仿说训练。仿说是指先由训练者进行示范性的说话，然后让听觉障碍儿童模仿训练者的语气、语调说话。

（3）句子训练。句子训练的目的是帮助听觉障碍儿童建立正确的句概念，增强语感。常用的方法有补句训练、排句训练、扩句训练和造句训练。

（4）看图说话训练。充分利用课文插图、各类挂图、绘本等作为训练材料，指导听觉障碍儿童说话。

（5）复述训练。复述训练是指让听觉障碍儿童用口语叙述课文或文艺作品（故事、儿歌、影视作品等）主要意思的训练。复述训练可以培养听觉障碍儿童对语言的听辨力、理解力、记忆力及表达能力。

（6）叙述训练。叙述跟复述不同，它是无本可依的。叙述的内容是听觉障碍儿童自己创造的。叙述的难度比复述大。听觉障碍儿童必须做到边想边用自己的话讲清事件的发生、发展，并在叙述中表达自己的感受、说明自己的观点。

（7）聋校构建良好的语言环境。在聋校中建设良好的语言环境对促进听觉障碍儿童听说能力的发展非常重要。要建设良好的语言环境，一方面要进行语言环境的布置，例如，在学校内的所有场合挂上相应的常用语牌子；另一方面校内的所有教育工作者都应为听觉障碍儿童的语言学习和实践创造条件，例如，每位教师在完成自己教学工作的基础上，应结合学科内容和特点创设语言实践的机会，引导并指导听觉障碍儿童说话。

三　手语学习

　　手语是听觉障碍儿童的一种特殊交往手段,它是手势语和手指语的统称。手势语是聋人利用手的动作和面部表情进行交往的一种表达系统,也称手势表情语。手势语是为了满足聋人群体的交往需要逐步发展起来的。手势是手势语的基本单位,它是对物体外部特征的形象模拟。手势的表达方法很多,最简单的方法是指点,谈到什么就指点什么。最常用的方法是比画。比,是对物体动作的模拟,例如,“跑”——双手握拳放于腰侧,并前后变动。画,是对物体形象的描绘,如“床”,就是用手指在空中画一轮弯月。手指语也称指语,是用指式(手指的格式变化)代表拼音字母,连接若干个指式,可以拼成任何的语言词句。手指语是语言的特殊形式,是专门为聋人设计的。目前我国大陆通用的汉语拼音手指字母方案是1959年制定的,由当时的内务部、教育部和文字改革委员会于1963年公布试行。它以汉语拼音字母为基础,共包含30个指式符号,如图8.2所示。

汉语手指字母图

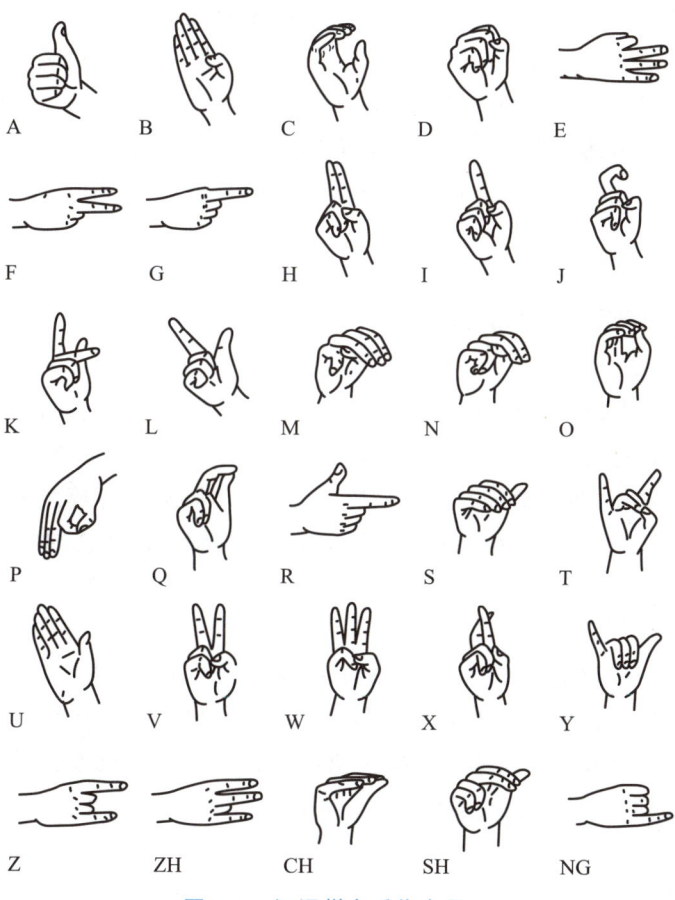

图 8.2　汉语拼音手指字母图

手语作为不少听觉障碍儿童的重要交流和学习手段,必须通过扎实的学习掌握好。指导听觉障碍儿童学习手语的教师和家长,为了使听觉障碍儿童学好手语,必须事先系统地学习手语。

手语学习跟口语学习一样,也遵循从词汇到句子的发展过程,因此手语的学习和训练也应围绕这两方面进行。

1. 手语词汇的学习

教师或家长首先应帮助听觉障碍儿童学会周围人和物的手语词汇。当指导听觉障碍儿童学习手语词汇时,应靠近所说的人或物,这有利于其头脑中建立手语词汇和相关人、物的联系,并把手语动作多打几次,以确定他们是否明白,这也有利于强化记忆。要求听觉障碍儿童在模仿熟练的基础上多使用学过的手语词汇,以巩固知识。当听觉障碍儿童习得一定的词汇后,教师或家长应当帮助他们对手语词汇进行归类,这样可以使其系统地掌握学到的手语词汇。

2. 手语句子的学习

在习得了一定的手语词汇后,听觉障碍儿童就可以将不同的词放在一起组成词组或者句子,表达更为完整的意思。手语句子的学习包括手语句子理解和手语句子表达两个阶段。在手语句子理解阶段,当儿童打出一个词时,教师或家长应进行扩展,把他打的词扩展为一句简短的话,接着观察儿童的反应。如果明白了就表扬他,并重复几遍,直至其学会。更重要的任务是使儿童习得手语的词组结构或语法结构。在手语句子表达阶段,听觉障碍儿童的任务是将习得的手语词根据句子结构表达成句。训练的方法有多种,例如,鼓励儿童模仿教师或家长扩展的句子;让儿童用句子回答教师或家长的问题;用对话的形式进行手语聊天等。

四 看话技能的学习与训练

看话(speech reading),又叫唇读(lip reading),是指聋人利用言语活动的视觉信息以理解说话者的言语来促进交流。它是聋人感知言语的一种特殊方式和技能。看话者通过观察说话者的口部发音动作、肌肉活动、面部表情、手势、身体姿势和环境线索等,形成连续的视知觉,并与头脑中已有的言语表象相比较和联系,从而理解说话者讲的内容[①]。

(一) 看话技能学习和训练的内容

看话是一项复杂的技能,需要长期的学习和训练才能逐步提高。看话训练的任务就是培养听觉障碍儿童的看话能力。看话学习和训练的内容包含以下五方面:

(1)视觉训练。通过视觉训练可以提高听觉障碍儿童视觉的感知能力,使听觉障碍儿童既学会观察唇部动作,又学会观察和收集一切非言语交流的信息,如说话者的面部表情、

---

① 汤盛钦,曾凡林,刘春玲. 教育听力学[M]. 上海:华东师范大学出版社,2000:168.

体形、身体动作与姿势等。视觉训练可以借助图片和录像等来进行。

（2）视觉记忆广度训练。视觉记忆广度训练的目的是提高听觉障碍儿童视觉记忆材料的数量，可以利用图片、实物等来开展。

（3）补缺练习。补缺练习的目的是提高看话者利用上下文填补空缺的能力，可以利用句子、图片、短文、电视节目等进行练习。

（4）个别语音和语词训练。这种训练的目的是使看话者掌握特定语音和语词的视觉动作，在辨别的基础上理解言语动作。

（5）会话技能的学习训练。目的是使听觉障碍儿童掌握看话中所需的会话技能，如把握谈话的主题、寻求别人的帮助等。

（二）看话技能学习和训练的方法

看话学习和训练的方法主要有分析法和综合法。分析法的特点是由部分到整体，因为词由音素组成，而句子则由词构成，所以要先通过视觉信息辨认音素，再辨认词，然后理解句子。综合法的特点是强调整体而忽略部分，这种方法鼓励看话者理解口头话语的大概意思，而不要把注意力集中在判断话语的每一个组成部分的确切含义。这两种方法各有优点，综合法能使看话者较快地掌握看话技能；分析法则可使看话者提高判断话语意思的能力。在看话学习和训练中，应把这两种方法很好地结合起来。

五 社会交往技能的学习

听觉障碍儿童的社会交往技能习得比较困难，社会交往技能不高，阻碍了他们参与社会生活，阻碍了他们社会性的发展。

社会交往与
环境适应
学习

（一）阻碍听觉障碍儿童社会交往技能学习的因素

导致听觉障碍儿童社会交往技能不高的因素很多，主要有以下几个：

（1）听觉障碍儿童自身的原因。如语言不通，沟通困难；受生理缺陷影响造成的心理问题，如自卑、多疑、焦虑、烦躁；缺乏必要的人际交往策略等。

（2）家庭的原因。有些家庭有两个以上的孩子，家长更关注健全孩子的教育，忽视听障孩子的教育。家长的忽视和放任易使听障儿童形成孤僻、冷酷的心理，给他们的人际交往造成心理障碍。而有些家长把孩子的听力缺陷归结为自己的原因，如怀孕时服药不当、孩子生病时照顾不当等，对孩子有亏欠心理，一味溺爱孩子，造成孩子以自我为中心，增加了他们在社会交往中的困难。

（3）学校的原因。聋校的封闭式管理使听觉障碍儿童的交往范围狭窄，交往对象多为听觉障碍学生。他们的社会经验不丰富，人际交往技能难以获得提高。多数聋校对听障学生的社会交往技能的培养重视不够，很少有聋校开设有关人际交往方面的课程。

（4）社会对听力残疾人的不公正对待。听觉障碍儿童由于听力受损，与健全人交流较少，因而主流社会对他们缺乏了解。很多人不会主动与他们交往，有些人甚至歧视他们。这些都不利于听觉障碍儿童社会交往技能的提高。

（二）听觉障碍儿童社会交往技能学习训练的途径

1. 重视语言的学习和训练

听觉障碍儿童社会交往中最主要的障碍就是语言沟通不良，因此必须抓好语言的学习和训练。听觉障碍儿童学习口语还是学习手语，还是双语都学，应根据听觉障碍儿童的年龄、听觉受损的程度、所处的环境等因素决定。不管听觉障碍儿童学习哪种语言，都应遵循三条原则：① 早期学习。心理学研究表明，语言发展的关键期或敏感期在 1—5 岁。如果能抓住这个关键时期进行训练，便能事半功倍。如果在语言发展的关键期之后再进行训练，往往收效不佳。② 多方合作，创造最佳语言环境。听觉障碍儿童的语言学习仅靠学校的努力是不够的，需要家长和社会的配合及多方努力为听觉障碍儿童的语言教育创造良好的环境。③ 最大限度利用残余听力。大多数听觉障碍儿童有一定的残余听力，在他们佩戴合适的助听器的条件下，充分利用他们的残余听力发展听觉技能，对于语言训练有极大帮助。另外，抓好看话技能的训练，这既有利于听觉障碍儿童学习语言，也有利于促进其社会交往。还有，发展听觉障碍儿童通过笔谈、书信等方式进行书面交流的技能，教会他们用手机短信进行交流，也能促进他们的社会交往。

2. 利用专门的沟通与交往课程培养学生的社会交往技能

我国聋校专门设置了沟通和交往课程。沟通与交往课程力求面向全体听障儿童，促进其沟通、交往能力的发展，为其融入社会奠定基础。在教学中，应坚持以实用性为导向，课程内容从满足听障儿童的沟通需要出发，紧密围绕听障儿童的家庭生活、学校生活和社会生活，构建学习主题。在真实的交往情境中，激发听障儿童沟通与交往的动机，学习沟通的知识和方法，形成沟通交往能力。在发展听障儿童沟通与交往能力的同时，帮助他们逐步克服沟通交往障碍，形成自信、自尊、勇于沟通、主动交往的积极心态，为听障儿童形成健康的人格和适应社会生活打下良好的基础。

3. 聋校的语文教学和其他课程的教学中应注意培养学生的社会交往技能

聋校的语文教学和其他课程的教学中重视培养学生的社会交往技能，是提高听障儿童社会交往技能的一条重要途径。要提高听障儿童的社会交往技能，不能仅仅依靠沟通与交往这一门课程的教学，还需要语文教学和其他课程教学的参与，形成课程互补，这样更能促进听障儿童社会交往技能的掌握和提高。具体来说，在语文教学和其他课程的教学中可采取以下措施：①通过角色游戏学习交往。角色游戏是听障儿童通过模仿和想象，进行角色扮演，创造性地反映现实生活的一种游戏活动。通过角色游戏，既有利于听障儿童语言能力的发展，又会使其人际交往技能以及社会化方面获得良好的发展。②传授社会交往的知识和技能，使听障儿童正确看待人际交往，并掌握相关的知识和技能。③创设人际交往情境，加强听障儿童同他人的交往，以促进其社会交往技能的提高。

4. 寻求社会各界力量的支持和帮助,促进听觉障碍儿童提高社会交往技能

听觉障碍学生人际交往的问题不仅涉及学生自身,更涉及整个社会。如果能够取得家长、社区和社会各界人士的支持,通过学校、家庭和社会的共同参与和教育,可以促进听觉障碍儿童提高社会交往技能。具体的做法有:① 办好家长学校,加强家长和教师、学校的合作,这有利于学生的全面发展,当然包括社会交往技能的提高。② 做好社区服务工作,扩大听觉障碍学生的交流范围。如参加社区组织的义务劳动、参加社区组织的文娱活动等,既有利于消除健全人对听觉障碍学生的误解,也有利于听觉障碍学生与健全人的交流合作,发展自身的交往能力,有利于他们融入主流社会。③ 加强宣传力度,寻求社会支持。社会上有些人对听觉障碍学生缺乏了解,甚至有些人怀有一定的误解。应加大宣传力度,开展各种形式的宣传活动,增进彼此了解。如举办全国助残日文艺汇演;邀请志愿者、大学生等开展双休日活动;聋校与普通学校开展"手拉手"共建活动等,这些都能有效地促进听觉障碍学生交际能力的发展,有利于他们今后回归主流社会。

第三节　听觉障碍儿童的学习训练

一　案例一:听觉障碍儿童小丽的学习训练

(一) 个案简况

小丽,女,2013 年 10 月出生,父母听力正常。1 岁时,小丽被母亲发现不会发音,而且对几乎所有的声音都没有反应。小丽被医生确诊为先天性耳聋。她没有及时佩戴助听器,也没有接受任何形式的干预。2015 年 11 月,已满 2 岁的小丽被送入社区幼儿园,对声音仍无反应,仍不会说话,连"爸爸""妈妈"也不会叫。

(二) 学习训练

1. 干预训练前的评估

在接受早期干预训练之前,小丽接受了医学评估、心理评估和语言学评估。

(1) 医学评估。纯音听力测试结果显示,小丽的右耳听力损失为 90 分贝,左耳为 100 分贝,属于神经性耳聋。

(2) 心理学评估。小丽韦克斯勒儿童智力测验的得分为 98,智力处于中等发展水平,这有利于她接受早期干预。

(3) 语言学评估。小丽对声音没有反应,不会有意识地听音,更不会说话。生活中主要通过"咿咿呀呀"等模糊的声音并配合手势和别人交流。

2. 训练过程和手段

根据小丽的现状,辅导教师确定了干预要实现的总目标:在小丽佩戴助听器的情况下,

通过分步骤的早期干预,使小丽学会聆听、获得语言能力,提高其社会交往能力,获得全面康复,进入幼儿园普通班级学习。为了实现这一目标,辅导教师进行了四个阶段的干预训练。

第一阶段:建立依恋关系。小丽刚入幼儿园时,不愿离开母亲半步,对母亲十分依恋。为了让小丽喜欢幼儿园,与辅导教师之间建立起依恋关系,辅导教师采取了多项措施,主要有:通过游戏"快乐的幼儿园",辅导教师带着小丽参观幼儿园;让小丽进入一个固定的中班,让哥哥姐姐带着小丽一起活动;因为是个别辅导,老师经常让小丽坐在自己腿上,把她抱在怀里;在幼儿园里,只要小丽肯放开妈妈的手独自玩耍,辅导教师就允许她多玩一会儿最喜欢的"会唱歌"的小汽车。1个月后,小丽喜欢上了幼儿园,和辅导教师也建立了亲密的依恋关系。

第二阶段:学会听音和辨音。小丽刚接受辅导时,对声音基本上没有认识,不能有意识地听音,又因刚开始佩戴助听器,一时很难适应。于是,辅导教师采用色彩鲜艳的口哨、喇叭、小锣等吸引她的注意,引导其对声音进行感知,并逐步适应佩戴助听器。同时,辅导教师利用幼儿园的电脑和启音博士软件,让小丽学习分辨不同的声音,并看着老师的口型,尝试发音。在小丽分辨出正确的声音后,启音博士会发出响亮的鼓掌声并伴有"对了对了"的口头奖励,小丽非常喜欢,百玩不厌。

在练习听辨音的同时,辅导教师开始对小丽进行呼吸器官和构音器官的锻炼,为下个阶段的发音做准备。小丽刚开始不能控制和协调自己的言语呼吸,说话时不能控制气流,停顿和换气的问题很突出。辅导教师采用游戏的形式,如闻花、吹蜡烛等,让小丽学习缓慢地呼气。针对小丽不会灵活地运用自己的唇、齿、舌,构音器官比较僵硬的问题,辅导教师专门为小丽编排了一套口舌操,每天练习,帮助小丽练习控制自己的构音器官。

经过5个月的训练,小丽基本上能分辨生活中常见的声音,如小动物的叫声、对自己名字的呼唤声、老师的指令声等,基本上可以发出爸爸、妈妈的声音,但不很清晰。

第三阶段:发音训练。通过第二个阶段的学习和日常生活积累,小丽可说出10个左右的词语,但很模糊。除非教师一定要她用口语表达自己的需求,否则她就用动作比画。生活中经常出现的词语,她基本都能理解。辅导教师根据听障儿童语言发展规律,为小丽设计了从词汇、短语、句子到成段理解语言的学习顺序。词汇是语言的基础,辅导教师遵循听觉障碍儿童掌握词汇的规律,先学习名词,然后再学习动词和形容词等。以名词为主,选择易于发音、使用频率高的词和小丽感兴趣的词,如花、妈妈、娃娃、书包、小狗和苹果等,通过直观形象的教具,结合实物帮助小丽掌握。例如在学习"橘子"一词时,辅导教师事先准备了几个橘子,让小丽观察橘子的形状,又让她拿在手里感受橘子的软硬,放在鼻子下面闻橘子的香气,最后和老师一起吃橘子,品尝橘子的味道,最终掌握了"橘子"一词。在小丽掌握了一定数量的词语后,辅导教师开始引导她把词语的学习扩展到短语,通过游戏活动或创设生活场景有步骤地学习。例如,每天小丽来到幼儿园时,辅导教师都会向她问"丽丽好",让小丽回应"老师好"。刚开始,小丽不理解问好的意义,只会鹦鹉学舌般地回答"丽丽好",老师就不厌其烦地跟小丽解释问好的意义。经过一个星期每天早上的问答,小丽终于理解了问好的意义,可以清楚地回答"老师好"。在学习短语的过程中,小丽只能在短时间内跟着模仿,头一天学会的，第二天就忘记了。经过 3 个月的学习，小丽能说出"老师好""吃苹果"等短语和"我，小便"等句子的关键词，说不出完整的句子。在理解句子方面，只能理解陈述句，不理解疑问句。

第四阶段：发展社会性。由于语言发展迟缓，小丽刚入幼儿园时胆怯、退缩，同时还非常自我。在幼儿园里，只要看到自己喜欢的玩具就抱在怀里，不准别的小朋友碰，否则就"哇哇"大叫。小丽的社交技能贫乏，交往方法简单。同伴交往能够帮助听觉障碍儿童很好地学习社交技能和策略，促进社会行为向积极的方向发展，同时同伴交往也是听觉障碍儿童促进语言发展的良好途径。因此辅导教师在对小丽进行语言康复训练的同时，非常重视小丽与同伴的交往：每天早上，辅导教师都让小丽进入一个固定的中班，和中班的大哥哥大姐姐一起吃早点，一起进行早间自由活动；辅导教师有事找其他小朋友时，也让小丽作为小使者去请这些小朋友。通过一年的同伴交往，小丽的社会交往能力有了很大提高，掌握的语言经常在同伴交往中运用，也得到巩固。由于有了自己的社交圈，小丽也更爱到幼儿园接受干预训练了。

（三）干预训练的效果

通过近一年的早期干预，为小丽制定的目标基本得以实现。小丽取得了很大进步：性格变得开朗、活泼，可以自如地在幼儿园固定的班级中活动；掌握了 100 多个单词，可以用口语表达自己的意愿和要求，会说"我要小便"等简单的句子，发音清晰。同时也发现了一些问题：生活中不经常用到的短语和句子小丽很难掌握，如会说"背书包"，但一直没有学会说"整理书包"；能理解陈述句，不理解疑问句；遗忘的速度较快，巩固比较困难等。这些问题可以在以后的干预训练中逐步解决。

二　案例二：重听儿童的学习训练

（一）个案简况

小周，男，2014 年出生，家中独子，听觉障碍的原因不详。父母听力正常，无家族遗传史。小周出生后，父亲经常外出打工，他一直跟随母亲在农村老家生活。母亲小学毕业，文化程度不高，又缺乏养育孩子的经验，直到小周 5 岁时才带他到医院看病。当地医院的医疗条件有限，一直未能确诊听觉损失的程度。

小周会讲爸爸、妈妈等简单的词语。由于有听觉障碍，家乡方言又比较流行，小周不会听也不会说普通话。小周 8 岁时，父亲把母子二人接到其所在城市同住，并送他到附近的一所特殊教育学校就读。报名时，学校工作人员对小周进行了简单的测试，发现他有较好的残余听力，建议父母给他佩戴助听器。开学时，小周已佩戴了助听器。

（二）学习训练

1. 学习训练前的评估
为了进行有针对性的康复训练，促进小周的学习和发展，在康复教师的要求下，小周接受了医学评估、心理评估和简单的语言学评估。

（1）医学评估。纯音听力测试的结果显示，小周右耳的听力损失为72分贝，左耳为73分贝，属于二级聋。

（2）心理学评估。家长带小周到医院进行智力测试，智商为107。智力在同龄人中属于中等水平。

（3）语言学评估。因为小周听不懂普通话，所以评估人员无法单独进行评估。通过他父母的介绍和翻译，了解到小周掌握了一些简单词语，如爸爸、妈妈、吃饭、喝水等，但发音不清。

2. 学习训练的过程和手段

（1）学习训练的目标和计划。针对小周的现状，康复教师制定了短期、中期和长期的目标。① 短期目标：学会使用助听器，能听懂简单的普通话。② 中期目标：学会汉语拼音，掌握日常的一些对话，养成用口语表达需求的习惯。③ 长期目标：能和健全人用口语进行交流，争取到普通学校随班就读。

根据小周的实际情况和确定的目标，康复教师为其制订了五个阶段的学习和训练计划。① 使小周适应助听器，并学会使用助听器。在家中，父母要做到尽量使用普通话，尤其是小周熟悉的词语，必须用普通话表达。这一阶段的时间计划为1个月。② 学会聆听，能分辨环境中的自然声，并掌握单韵母的发音。这一阶段的时间计划为2个月。③ 学习汉语拼音、日常生活的常用词语和简单句。这一阶段的学习时间为6个月。④ 学习简单长句，比如：你想做什么？他怎么样了？这一阶段的时间计划为3个月。⑤ 学会运用掌握的语言进行交流。

（2）学习训练计划的实施。小周的家离学校很近，所以进行走读。这种情况下，父母有更多的时间配合教师对小周进行教育。

第一阶段：首先教会小周的母亲使用助听器，包括如何防止啸叫的出现，如何保养助听器等。接下来由她教小周。经过一个月，小周能熟练使用助听器了。另外，小周的父母在家中坚持说普通话，保证了小周在校语言学习的连续性。

第二阶段：请小周的母亲到校听课，并把辨音训练的方法教给她，让她在家中配合教师训练小周。通过一个月的训练，小周就能区分猫叫、狗叫、鼓声、喇叭声等各种声音了。

第三阶段：在学校和家庭的共同教育下，用了约三个月的时间，小周就掌握了大部分声母和韵母的发音，同时掌握了100多个词语，并学会了"我叫小周""我9岁了"等简单句。

第四阶段：康复教师请小周的母亲配合做一件事，就是把家人每天在家做的事用口语表达出来，让小周听并要求小周第二天到校后，用简单的句子说给老师听。经过三个多月的训练，小周能熟练表达家人做的事了，如妈妈在家里做饭、我在家里看书、爸爸在家看电视，等等。另外，小周言语表达的清晰度也获得了很大改善。

第五阶段：小周掌握了400多个词语，口语也提高得很快，能进行日常交流。康复教师和小周的父母通过讨论，决定送小周到普通小学随班就读。普通小学接收了他，但只同意试读半年。试读期间，康复教师每周上门进行一次辅导，帮助小周解决在校遇到的问题。

（三）学习训练的效果

通过康复教师和家长长期的康复训练,以及小周本人的勤奋学习,较好地实现了既定目标。小周学会了使用助听器,学会了汉语拼音,掌握了 400 多个词语,口语能力获得很大提高。学会了用简单的句子表达自己的思想,会使用掌握的语言与别人进行口语交流。另外,小周在普通小学试读期间表现很好。小周和同学之间的交流越来越好,能基本依靠口语进行沟通。他的期末考试成绩也不错,在有 45 名学生的班级中进入了前 20 名。小周的成绩良好,被留在该校继续随班就读。

思考与练习

1. 如何理解听觉障碍的概念?
2. 听觉障碍儿童的认知有哪些特点?
3. 听觉障碍儿童的语言发展有什么特点?
4. 听觉障碍儿童的情绪、个性与社会化发展各有哪些特点?
5. 听觉障碍儿童听觉训练的内容有哪些?
6. 简述听觉障碍儿童口语学习与训练的内容和方法。
7. 听觉障碍儿童手语的学习与训练应如何开展?
8. 听觉障碍儿童看话技能学习与训练的内容和方法有哪些?
9. 如何培养听觉障碍儿童的社会交往技能?

本章小结

1. 听觉障碍是指感测或理解声音能力的完全或部分降低。

2. 听觉障碍儿童的认知发展特点有:感知觉的特点主要有知觉信息加工不完整、视觉占优势地位与缺陷补偿;注意的特点有无意注意占优势、有意注意发展缓慢,注意的稳定性差,注意的范围比较狭窄,注意的分配比较困难;记忆的主要特点是以无意记忆为主、形象记忆优于抽象记忆;思维发展的特点有停留在形象思维阶段的时间较长、容易发生概念的扩大和缩小化的错误、思维发展达到的水平有局限等。

3. 听觉障碍儿童语言发展的特点有:不会说话;发音不清;发音异常;音节受限制;语言发展落后;语言发展与智力发展不同步。

4. 听觉障碍儿童情绪发展的特点有:情绪容易冲动;随年龄增长情绪的稳定性提高;4 岁以后高级情感有一定的发展。

5. 听觉障碍儿童个性发展的特点:有些听觉障碍儿童有易怒、好冲动、脾气倔强的性格;具有以自我为中心、缺乏自我控制、易受暗示等消极的人格特征;好动、好奇心强。

6. 听觉障碍儿童社会化发展的特点：社会性发展比较迟缓，主要表现为伙伴范围狭窄，社会交往欠缺，社会常识贫乏，社会适应性差。

7. 听觉障碍儿童的听觉训练包含声音觉察、辨别、识别、理解四个阶段的内容。而听觉训练的常见方法有声物配对法、声音辨别法和听动协调法。

8. 听觉障碍儿童的口语学习，从大的方面看，主要包括语音学习与训练、语言理解训练、语言表达的学习与训练三方面。

9. 听觉障碍儿童的手语学习主要围绕手语词汇学习和手语句子学习两方面展开。

10. 听觉障碍儿童看话技能学习训练的内容包含视觉训练、视觉记忆广度训练、补缺练习、个别语音和语词训练、会话技能的学习训练五方面。看话技能学习和训练的方法主要有分析法和综合法。

11. 听觉障碍儿童社会交往技能学习训练的途径：重视语言的学习和训练；利用专门的沟通与交往课程培养学生的交往技能；聋校的语文教学和其他课程的教学中应注意培养学生的社会交往技能；寻求社会各界力量的支持和帮助，使听觉障碍儿童提高社会交往技能。

12. 本章第三节通过介绍两个案例，探讨了听觉障碍儿童学习和训练相关知识的实际运用。

第九章 智力障碍儿童

案　例

《冠军》妈妈丁朝霞的公益路

丁朝霞是"全国最美家庭""自治区民族团结楷模""第五届自治区道德模范"等荣誉的获得者。她用 30 多年时间,将一个智力三级残疾、听力三级残疾的弃婴,培养成了一名全国特奥会冠军。

2014 年,丁朝霞创办了"快乐小屋",免费为智力障碍儿童提供康复训练服务。10 年来,先后有 40 多名孩子从"快乐小屋"毕业,有 19 名孩子走向蛋糕房、社区保洁、超市送货、物资回收等工作岗位。

"为什么称智力残疾人为'蜗牛'呢? 因为他们出生就背了一个沉重的壳,发育迟缓。他们四肢健全、胆子小,行动缓慢、反应也慢。但他们内心强大,不认输慢慢前行……"每每外出演讲的时候,丁朝霞都会耐心做着解释。她希望将养育智力残疾孩子过程中积攒下的经验教授给"蜗牛"的父母们,一起帮助"蜗牛"们尽可能地自主自强,也呼吁社会各界为这些孩子尽可能地提供帮助。

第一节　智力障碍儿童发展的特点

智力障碍
基础知识

智力障碍是一种以智力功能和适应行为都存在显著限制为特征的障碍。适应行为表现为概念的(conceptual)、社会的(social)以及应用性的(practical)的技能。障碍发生于 18 岁之前。智力障碍是儿童期常见的神经系统疾病,发病率为.1%～3%。

一　认知发展特点

(一) 感觉发展特点

智力障碍
儿童的认知
发展特点

视觉健全儿童对光的感受性极强,通常 3～4 个月即可分辨颜色,尤其对于明亮、鲜艳的颜色更为敏感。智力障碍儿童的视觉感受能力相对较差,视觉敏锐度下降,对大小、形状、颜色的分辨能力差,七八岁的智力障碍儿童还远不能达到健全儿童两三岁的水平。此外,学习过程中他们也很难分辨正方形、长方形和平行四边形。

健全儿童在刚出生时即能够对声音有所反应,同时能对音高、音响、音长进行分辨,而且大多在出生后 4 周左右即可分辨出 pa 和 ba 音的不同。智力障碍儿童对听觉的感受性、辨别力都较差,对声音反应迟钝,尤其难以区分汉语中的四声。

与健全儿童相比,智力障碍儿童皮肤感觉(触觉、温度觉、痛觉)相对迟钝,感受能力低下,感受阈限较高,所以有时候会看到他们出现外伤不痛或不知冷暖的现象,这会对其身体健康发展产生一定的威胁。同时,智力障碍儿童的触觉分辨率也较低,例如,大多数智力障碍儿童难以通过触摸的方式将大米和麦粒区别开来。

智力障碍儿童的嗅觉感知能力与健全儿童也有所不同。他们可能对气味的敏感度较低,难以识别和区分不同的气味。有些孩子可能表现出对某些气味的特别反应,过于敏感或不敏感。此外,这些儿童在气味记忆和辨别方面往往也存在一定的困难。

智力障碍儿童动觉、平衡觉、皮肤感觉较差,动作能力较差,通常难以做出流畅的动作,在完成某些动作时也存在障碍;同时,在协调能力、平衡能力上也远不如健全儿童,还有部分智障儿童不能较好地分辨饥饱、舒适与否等感觉。

总之,与健全儿童相比,智力障碍儿童的感觉功能发展可以说全面落后甚至完全丧失。这与他们先天生理上的异常(如神经系统病变)有重要关系。并且,不同病因导致的感觉功能低下的表现有所不同,应当加强此方面的研究和探讨。

(二) 知觉发展特点

1. 知觉速度慢、容量小,只能感知事物的部分属性

对于智力障碍儿童的知觉速度,苏联鲁宾斯坦进行过一个经典实验。实验分别选取成人、健全儿童以及智力障碍儿童为被试,分别以 22 微秒、42 微秒的时间向被试呈现颜色鲜艳的、儿童熟悉的图片,记录他们正常感知的比例,实验结果如表 9.1 所列。从结果中不难看出,智力障碍儿童的视知觉速度远远低于健全儿童和成人。

表 9.1　鲁宾斯坦知觉速度实验结果[①]

时　间 /μs	成　人 /%	健全儿童 /%	智力障碍儿童 /%
22	72	57	0
42	100	95	55

在知觉容量方面有人做过研究,用速示器以 0.1 秒的时距呈现不连续的无意义的字母和符号,健全儿童能够知觉 5～9 个,而智力障碍儿童只能知觉 4～5 个[②]。此外,还有研究者让智力障碍儿童将红色圆形放在红色碗里,绿色圆形放在绿色碗里,结果很少有被试者能正确操作。问及原因,智力障碍儿童说因为它们都是圆的。可见他们只知觉到了圆形这个属性,没有看到它们的颜色是不同的。

2. 知觉分化不够,联系较少

智力障碍儿童对颜色的辨别和命名均远远晚于健全儿童,并且在图形辨认方面,林仲贤、林于萍进行过相关研究,结果均表明智力障碍儿童在视觉图形辨认能力、形状知觉等方

---

① С. Я. 鲁宾什坦. 智力落后学生心理学[M]. 朴永馨,译. 北京:人民教育出版社,1983:104 - 105.
② 刘全礼. 智力落后儿童的特点与教育纲要[M]. 天津:天津教育出版社,2008:117.

面存在困难,显著低于健全儿童。①~③

在方位知觉的分化方面,健全儿童 3 岁可以分辨上下,4 岁可以分辨前后,5 岁可以以自己为中心分辨前后左右,6 岁能完全正确地辨别上下前后,7 岁能固定辨别自己的左右方位。智力障碍儿童在方位知觉方面存在一定的困难。他们可能难以准确理解和辨别方向、位置和空间关系。例如,在学习左右、上下、前后等基本方位概念时,他们可能需要更多的时间反复练习。此外,在陌生环境中,他们的方向感更弱,容易迷失方向或难以找到熟悉的路线。智力障碍儿童方位知觉的障碍也严重影响其对图形的认知。有研究者通过对 77 名智力障碍儿童的研究发现,图的旋转对智力障碍儿童的识图产生很大的影响。认识旋转 180°的图形显著地比认识 0°的图形困难得多,14 岁只相当于 8 岁的水平。

此外,智力障碍儿童的知觉联系少主要体现在不能调动多种线索于知觉服务上。在短时间内向智力障碍儿童和健全儿童同时演示由几个点组成的简单图形,或由几根线条组成的图形,健全儿童能将点和线条组合联系起来,认出图形,而智力障碍儿童则只看到凌乱的点。

3. 知觉不精确

很多智力障碍儿童难以准确地知觉对象。例如,会将梨看成桃子、将狗看成狐狸等,这与他们可能存在的视觉障碍有关。视觉障碍使他们在识别物体时容易混淆形状、颜色和细节特征。此外,他们可能难以将部分信息整合为整体,导致对事物的理解出现偏差。

4. 知觉的主动性、积极性和恒常性较差

智力障碍儿童缺乏知觉事物的主动性和积极性,总是被要求后才会刻意去知觉。例如,教师指着一支铅笔分别问健全儿童和智力障碍儿童“这是什么”后,健全儿童通常在回答是铅笔之后还会补充诸如“颜色是红的”“有棱角的”等,但智力障碍儿童在回答了是铅笔之后就再也不想说什么了。同时,智力障碍儿童在知觉恒常性方面的障碍也比较明显。例如,他们会将呈现距离不同或倾斜一定角度的同一个物体,知觉为不同的物体。图画中近景的人比远景的树显得高些,当被问及人和树谁高时,有的会回答人高。

总之,智力障碍儿童在知觉的各方面属性上均落后于健全儿童。值得说明的是,由于知觉是对感觉属性的概括,是对不同感觉通道的信息进行综合加工的结果,是一种概括的过程,并且知觉包括一定的思维因素,所以智障的儿童在知觉功能上的落后与他们感觉功能的落后和思维能力的缺陷有直接关系。

(三) 注意发展特点

1. 注意力集中性较差

智力障碍儿童很难像健全儿童一样将自己的心理活动集中在一个对象上,任何外界刺

① 林仲贤,丁锦红. 弱智儿童视觉图形空间定向能力的研究[J]. 国际中华应用心理学杂志,2004(1):1－2.
② 林仲贤,张增慧,孙家驹等. 弱智儿童视觉图形辨认的实验研究[J]. 心理发展与教育,2001(1):36－39.
③ 林于萍. 智力落后儿童形状知觉特点的实验研究[J]. 中国特殊教育,1998(3):2－9.

激都容易使其分心,甚至到五六岁,集中注意某个东西的时间也不超过五六分钟。

2. 无意注意占优势,有意注意发展晚

无意注意发生在脑的低级部位,如网状结构,而有意注意是由脑的高级部位,特别是额叶控制的。智力障碍儿童往往脑功能发育障碍,尤其是皮质额叶障碍,因而有意注意发展较差,基本是无意注意,这就使得其注意中心是以自己的兴趣为中心,即时性强。

3. 注意广度狭窄

有关注意广度的早期研究是在黑色背景的白盘子中撒黑豆,当盘中的黑豆刚稳定下来时,让被试报告盘子中黑豆的粒数。一千次实验结果表明:当盘中的黑豆数多至 5 个时,报告开始出错;到 8~9 个时,错误估计的次数增加,但不超过 50%;多于 9 个时,估计错误次数大增,并且倾向于低估。所以有人估计注意的广度为 7 正负 2。

智力障碍儿童的注意广度要比健全儿童窄。有人做过研究,在 0.1 秒的时间内,向两组被试呈现画有黑色圆点的卡片,健全儿童能注意到 8~9 个,而智力障碍儿童只能注意到 3~4 个[①]。在另外一个研究中,主试让十几个六七岁智力障碍的儿童看图画书上的五种常见小动物,连续看两分钟后回答看到了什么,几乎没有人能够将看到的五种说全。

4. 选择性注意存在缺陷

健全儿童能够根据新任务及时、有意识地把注意力从一种对象转移到另一种对象上,如在课间休息的时候专心玩,10 分钟后又能马上专注于听教师讲课,而智力障碍儿童则难以根据需要进行选择性注意。

众多研究表明,智力障碍儿童在知觉、选择、整合有用信息并且排除无关信息的能力方面远远落后于健全儿童,并且在执行任务中需要被试对注意对象进行比较时,智力障碍儿童注意的警惕性和集中性会迅速下降。

5. 注意力分配差

智力障碍儿童在注意力分配和转换方面的能力通常逊色于健全儿童。他们很难根据任务的变化迅速将注意力从一个对象转移到另一个对象。有研究人员曾进行过一个实验,让智力障碍儿童在听到特定声音或看到特定灯光时,立即报告一个刻度盘上指针所指的刻度。这种任务要求他们迅速从感官刺激转移到准确的动作反应,但实验结果显示,这些儿童几乎没有一个能正确完成任务。这说明他们在处理和转换注意力时面临着显著困难。

(四)记忆发展特点

1. 记忆目的性差

健全儿童五六岁时有意识记忆能力开始发展起来,到学龄期逐渐占据主导地位。他们能够根据自己的意愿和目的对事物进行专门记忆,但是这对于智障儿童来说却相对困难。例如,给健全儿童朗读难度相同的两个故事,在朗读其中一个之前告诉他们朗读后要复述,

---

① 刘全礼 . 智力落后儿童的特点与教育纲要[M]. 天津:天津教育出版社,2008:132.

那么对这个故事的识记效果就更好。但是,同样的实验用于智力障碍儿童,则不会得到相同的结果。

2. 记忆速度慢、容量小

智力障碍儿童在记忆速度和容量上远小于健全儿童。智力障碍儿童在 0.1 秒的速示器上只能记住 3～5 个记忆单位,比正常少 3～4 个;顺背数字时,智力障碍儿童只能背出 5～7 位,比正常少 3～4 位;倒背数字时,只能背出 2～3 位,比正常少 4～5 位。

3. 机械记忆远超过意义记忆

智力障碍儿童在记忆方面通常依赖于机械记忆,而不是意义记忆。他们倾向于通过重复和强化来记忆信息,而难以识别和理解信息之间的内在联系。高亚兵曾进行过一个经典实验,发现大多数智力障碍儿童即使面对有规律排列的数字卡片,也主要依赖机械记忆。这些儿童对按照类别分组的卡片或需要主观组织的无关卡片缺乏有效记忆组织能力,显示出他们在处理和组织信息时的困难。[①]

4. 形象记忆好,语词—逻辑记忆差

智力障碍儿童对概念、推理、判断等抽象的内容(数字、类别)难以识记,对感知过的具体形象(猫、狗)较易记忆。这与其思维发展水平大多停留在具体形象思维阶段而抽象思维发展水平较低,有密切关系。

5. 记忆与情绪的关系密切

大多数智力障碍儿童对于自己喜欢的东西记得比较快,对陌生或不喜欢的东西几乎难以记忆。与健全儿童相比,情绪对智力障碍儿童记忆的影响更大。

总之,与感觉和知觉一样,注意和记忆也是两个密不可分的心理过程。记忆是信息输入、储存和提取的过程,而成功地对客体进行注意则是这一系列过程的首要前提。所以,注意的缺陷可能直接导致智力障碍儿童记忆能力的低下,在研究和实践时应充分注意到这种相互影响的作用。

(五)思维发展特点

1. 思维直观具体,缺乏抽象与概括能力

思维是人脑对客观事物的本质属性和内部规律的间接、概括反应。思维上的缺陷也是智力障碍儿童的核心缺陷,直接影响其学业水平的提高。智力障碍儿童的思维直观具体,缺乏分析、综合、抽象与概括能力。他们的思维大多停留在具体形象阶段,为事物的具体形象或表象所支配,从直接的生活经验中寻找事物的共同点,而难以透过现象来寻找事物之间本质的内在联系。生活中他们总是难以将在学校学会的技能加以概括和迁移。当家庭、社区等环境有所变化时,他们也难以将在学校学会的技能加以恰当地应用。所以,对于智力障碍程度较为严重的儿童,教学应当尽可能在自然情境中进行,以使他们获得最真实的生活

---

① 高亚兵.弱智儿童识记材料的组织特点及训练的实验研究(一)[J].心理发展与教育,1996(2):60 - 64.

经验。

2. 思维刻板，缺乏目的性和灵活性

智力障碍儿童思维的不灵活性主要表现在形成的心理定势不易改变，习惯了的行为方式难以进行修正，遇到新问题习惯用过去的方法来解决，变通性差，很难做到根据实际条件的变化来调整自己的思维定向和方式。

3. 思维缺乏独立性和批判性

智力障碍儿童常常随大流，随声附和，人云亦云，极易受暗示，对自己和他人的行为缺乏分析、判断和评价能力，难以提出与众不同的见解，缺乏回答问题的必要依据。

二 语言发展特点

（一）语言发展迟缓

智力障碍
儿童的语
言、社会
发展特点

语言障碍是智力障碍儿童中最常见的问题之一。有数据表明，70％以上的智力障碍儿童有语言方面的问题，严重的甚至没有语言能力。健全儿童在学龄前语言发展迅速，通常1岁左右开始说话，4—5岁掌握了本民族语言的全部语音，小学入学前已经有了口语交往能力，能够使用比较丰富的语言表达自己的思想和需要。多数智力障碍儿童语言发展迟缓、水平低，2—3岁时才学会说一些单词，5—6岁时才会说简短的、内容贫乏且不合语法的句子，到入学前他们的语言发展还很落后。

（二）词汇贫乏，语法简单

研究发现，智力障碍的儿童使用的语言单调、贫乏，词汇的存储量比同龄的健全儿童少，很少使用形容词、动词和连词。同时，健全儿童3—4岁就开始使用大量的简单句，而智力障碍的儿童即使到16岁也还是以简单句为主，很少使用被动句、并列从属句等复杂的句式结构。

（三）语音和语调异常

70％～80％的智力障碍儿童还存在构音、发音和语流方面的障碍，主要表现为发音不准，吐字不清，经常出现替换、省略、歪曲、添加音节等情况，不会根据实际情境和需要控制自己的音量，同时很难区别发音相近的音，如 n 与 l、g 与 k 等[1]。此外，有的智力障碍儿童可能存在口吃现象，说话时断时续、缺乏连续性、呼吸不畅、气流不足。

智力障碍儿童语言障碍的严重程度随智力障碍程度的加重而越发显著。也有研究者认为，智力障碍儿童开始发音说话的时间能够决定他们的智力障碍程度。

---

[1] 张福娟. 弱智学校低年级学生语言能力研究[J]. 心理发展与教育，1994(3)：60.

三   社会情绪情感发展特点

（一）情绪不稳定，自控及调节能力差

智力障碍儿童的情绪往往很不稳定。他们的情绪波动大、容易冲动，可能在不合适的时刻和场合表现出意外的情感反应。这种不稳定性源于他们对社会情境的理解有限以及情感体验的浅显。然而，有时他们的情绪也可能表现为固守不变的模式，导致行为刻板、缺乏灵活应变能力。

（二）情感分化不足，情感体验缺乏敏感性

智力障碍儿童的情绪、情感长时间停留在幼儿阶段，情感分化不够，一般只有满意、不满意，高兴、不高兴等最基本的、对立的情绪体验，一些微妙的情感体验比较少。例如，他们可能对明确的奖励感到高兴，但对复杂的情感变化，如羞愧或内疚等，感受较少。这种情感局限使得他们在应对复杂的社交情境时显得不够灵活，难以适应细微的情感变化。

（三）高层次情感发展迟缓且发展水平较低

智力障碍儿童的情绪障碍还表现为高层次情感的发展迟缓。他们的情感体验常常停留在较低的层次，主要受到生理需求的驱动。研究表明，这些儿童的情感体验长时间处于初级阶段，诸如责任感、集体意识和奉献精神等高级情感的发展较晚、进展缓慢，并且其发展水平通常较低。

（四）自卑、退缩等消极情绪较多

智力障碍儿童，尤其是自尊心较强的轻度智力障碍儿童，往往能够感知自己在社会适应及学业表现方面的弱势和局限。在日常生活和学习中，尤其是在不融洽的环境中，他们更有可能遇到旁人的讥讽、嘲笑，从而产生抑郁、焦虑、退缩等消极情绪，严重影响其心理健康和社会交往技能的发展。

四   社会行为发展特点[①]

智力障碍儿童通常对周围的环境和玩具表现出较低的兴趣，这种情况让人感觉他们对外界缺乏关心。他们往往没有强烈的交往动机，因此很少主动与其他小朋友一起玩耍。更严重的情况下这些儿童可能会拒绝家长、教师或同伴发出的交往邀请，表现出回避和不合作的行为。这种行为模式使得他们难以有效地与他人互动，从而影响了亲子关系、师生关系和

① 王书荃. 智力落后儿童的早期发现与训练[M]. 北京：中国妇女出版社，2008：95 - 96.

同伴关系的建立和发展。由于缺乏适当的社交回应,他们可能在建立和维护这些重要关系方面遇到困难,进一步影响他们的社会适应和心理发展。

(一) 对人的反应性差

智力障碍儿童通常对周围的人、玩具的关注程度相对较弱,让人觉得他们对外界环境漠不关心,缺乏交往动机,很少有意愿和小朋友一起玩耍。严重的甚至拒绝家长、教师或同伴发出的交往邀请,难以作出恰当的回应,难以与人建立良好的亲子、师生以及同伴关系。

(二) 交往方式不当

除了交往动机严重不足之外,智力障碍儿童身上还存在交往方式不当的问题。他们即使愿意和别人玩,也通常会表现出一些过激的交往行为或挑衅行为。如通过不断地抚摸别人身体或扯别人的头发表示友好;用很大的声音喊同伴的名字或过分的身体接触表达交往动机;强迫同伴与其玩耍等,这些动作通常会引起其他小朋友的反感或自卫,进而让智力障碍儿童受挫感增强,以致产生焦虑、抑郁情绪,反过来抑制自己的交往动机,形成恶性循环,所以,智障儿童常不容易交到朋友。

(三) 交往行为具有攻击性

攻击性行为在智力障碍儿童身上有较多的表现,严重影响了其与他人之间良好互动关系的形成。智障儿童中男孩的攻击行为多于女孩。重度智力障碍学生攻击性行为较轻,而在中度智障学生身上多见,表现为易激惹、冲动、破坏物品,踢打、袭击他人或辱骂别人,幼小者则表现出咬人、咬物、好打人等不良交往行为。

一般来讲,智力障碍程度越严重,社会行为问题发生的可能性越大。

第二节　智力障碍儿童的学习

一　语言学习

语言是智力障碍儿童需要学习的重要领域。如前所述,大部分智力障碍儿童都伴有语言方面的障碍,严重影响其社会交往行为及学业水平的提高。与健全儿童相比,智力障碍儿童难以在正常的成长过程中自然地发展出符合年龄水平以及交往和学习需要的语言能力,有的甚至终生难以开口说话,而他们对语言的学习也主要通过专门、反复、机械地模仿和训练来实现。此外,语言学习与社会行为的学习是密不可分的。本节后半部分将会对社会行为的学习和训练进行详细介绍。本部分重点介绍几种在不同阶段能够有效促进智力障碍儿童语言学习的专门方法和活动。

智力障碍儿童的认知和语言学习

（一）口部动作模仿

对于语言能力极度低下的智力障碍儿童,要想发出正确的语音,首先必须形成正确的口部动作,因此其语言学习应当从最初的口部动作模仿开始。口部模仿包括模仿向各方位吹气、模仿唇部动作、模仿舌部动作等。在训练过程中,教师或家长对需要学习的行为应进行反复、慢速、耐心地示范,同时充分调动智力障碍儿童的各个感觉通道。例如吹气时可吹向儿童的手背,让儿童从触觉上感受气流,另外在示范时要配合言语指导并监控儿童的学习效果。

（二）发出声音

智力障碍儿童必须首先能够学会发"啊""吗""哈"等音节简单的音,以此作为能够正确说出词语及句子的基础。家长可以通过让孩子倾听笑声、挠痒孩子身体或进行简单的互动游戏(如假装捉迷藏)等方式创造能够激发智力障碍儿童发声的情境。此时不必过于在乎发音是否准确、是否符合情境,只要能发出音调、响度均在正常范围内的声音即可。

（三）模仿音节

对音节的学习和模仿也应从最基本的、常见的词汇开始,例如可以根据智力障碍儿童的兴趣先让其模仿动物的叫声,如"喵喵""汪汪"等,也可结合动物玩偶等实物来强化儿童的表达动机。另外,自然界熟悉的声音也是智力障碍儿童刚开始进行音节发声训练时的模仿对象,例如火车的"呜呜"声、汽车的"嘀嘀"声以及风的"呼呼"声等。

（四）简单的日常用语

当智力障碍儿童习得基本的发音技能后,即可结合日常生活环境对其进行简单的语言交往训练。例如会表达"我",会叫"爸爸""妈妈",知道自己的名字,能够称呼周围熟悉的同伴或亲戚,并且利用儿歌游戏的方式学会说数字、字母等。同时还应当学习在特定的情境中恰当表达自己的需要。听到自己的名字时能够及时反应,学会简单的礼貌用语,如"请""谢谢""对不起"等。与专门的发音模仿和训练不同,智力障碍儿童日常简单用语的学习需要在真实的生活情境中进行,与实际需要紧密结合,同时在不断反复强化和提示下得到巩固。

因为语言是社会交往的工具,所以语言学习和社会行为的学习是相辅相成的。本书后面智力障碍儿童社会行为学习和训练的相关策略同样可以用于语言能力的培养和训练。

二 发展智力学习

智力水平的低下使智力障碍儿童在感知觉、注意能力、记忆能力、思维能力等方面受到了严重的限制。对此本章第一节已经进行过详细的介绍。这些能力障碍直接影响到他们对于文化知识、社会行为等诸方面的学习。本部分主要介绍自然发展和进步之外的,能够有效提高智力障碍儿童注意、记忆和思维能力的方法和活动,进而更好地促进智力障碍儿童的学习。

(一) 注意力训练

从前面的讨论中我们知道,智力障碍儿童注意力的集中性较差,很难长时间将注意力集中在某一客体上,其注意水平远低于同龄的健全儿童。对智力障碍儿童的注意力训练除必要的语言指导之外,还可以通过简单的、符合儿童所处发展阶段和兴趣的游戏来实现。

(1) 合作画画(描画)。家长或教师可以与智力障碍儿童合作画画。大人用深色粗笔画单线条简笔画,其中留一些简单的线条用浅色的虚线画,让智力障碍儿童用深色的粗笔在浅色虚线上描摹,最终合作完成一幅画。描画是最简单且有效的注意力训练游戏,可以从横、竖等简单线条开始,逐渐增加难度。所选择的图画要尽量贴近儿童的兴趣和水平。同时该游戏可训练智力障碍儿童的精细动作能力。

(2) 挑选数字。该任务要求智力障碍儿童按照要求从一串随机排列的数字中挑选出正确的数字。下面是两个例子:

① 在数字"5"下面划线:676525390058725035753。

② 在两个连续、相同的数字下划线:267739902471889200733。

可以根据儿童的实际能力增加或降低难度,同时也可以一式两份。教师或家长与智力障碍儿童比赛完成,增加游戏任务的趣味性和智力障碍儿童的参与动机。

(3) 按自然顺序指读数字。画一张有 25 个小方格的表格,将 1—25 的数字顺序打乱,填在表格里面,然后以最快的速度从 1 数到 25,要边读边指出。也可以通过计时来激发智力障碍儿童的积极性。如果 25 个数字对于儿童来说难度较大,也可以从 9 或者 16 个方格开始进行训练。

(4) 快速指出人体器官。成人无规则地说出人体器官的名称,让儿童快速地在自己身上指出或指出相应的图片。也可以进行角色互换、增加趣味性。

总之,对于智力障碍儿童注意力的训练要充分考虑儿童的发展水平,选择难度适宜的游戏和任务,在游戏过程中尽量保持较高的动机,结合示范、强化等行为训练方法。但是需要注意的是,由于智力障碍儿童注意力易分散,在训练和教学过程中要注意排除任务之外可能分散儿童注意力的刺激,尽量保证训练环境朴素、整洁。

(二) 记忆力训练

智力障碍儿童的记忆存在不准确、保持时间短并且以机械记忆为主的特点,因此在训练记忆力的时候应当注意和强调以下方面。

(1) 提供具体形象、生动鲜明的识记材料。多样、生动的材料更能引起智力障碍儿童的兴趣,识记效果往往较好。教师或家长在训练其记忆力时应当首先使用实物、标本、模型、图画等直观的教具,让智力障碍儿童产生形象记忆、提高记忆能力。例如,在学习加减法、乘法等知识时,可以先利用教具进行充分的演示和讲解,加深智力障碍儿童在理解基础上的记忆。

（2）将记忆训练融入简单的趣味游戏。同注意力的训练一样，记忆训练也可以通过一些游戏来实现。例如依次向儿童呈现他喜欢的物体，然后让其复述呈现顺序，3～4个为起始点，复述正确几个就奖励其几个；在每天放学后让智力障碍儿童按顺序复述当天所上的课程名称；还可以让儿童闭上眼睛说出自己穿戴的衣帽鞋袜的颜色，为了增加其兴趣，家长也可首先闭上眼睛说出儿童身上衣帽鞋袜的颜色，让其回忆、复述。

（3）调动多感官参与记忆。听觉、视觉、动觉、触觉甚至味觉等多感官的共同参与，往往可以促进智力障碍儿童对识记材料的学习和记忆效果。例如在认识苹果时，可以通过看、摸、闻、尝，了解苹果的颜色、形状、味道，让智障儿童画苹果，加深尝试后对知识的记忆。此外，在学习运算法则时，也可以让智力障碍儿童亲自操作教具，加深记忆。

（4）适当教授一些简单的记忆策略。虽然智力障碍儿童在主动运用记忆策略方面有较大困难，但是有些简单的记忆策略，尤其是对于轻度智力障碍儿童来说仍有较好的效果。成人在训练和培养智力障碍儿童记忆能力时可以有选择性地进行教授。例如可以教儿童使用比较记忆的策略提高记忆效果。认识鸭子，可在认识嘴、脚时，出示鸡，让智力障碍儿童比较鸡嘴和鸭嘴的形状、鸡脚和鸭脚的样子，根据不同，明确记住鸡、鸭各自的特征。还可以将识记材料编成朗朗上口的儿歌、顺口溜帮其记忆。此外，还可以引导智力障碍儿童发现新学习的知识与旧知识的联系，从而提高记忆和学习效果。

（三）思维训练

发展速度缓慢并且长期停留在具体形象阶段是智力障碍儿童思维发展的最重要特征，也直接影响了他们对文化知识的学习和对事物本质的认识。也就是说，他们对于知识的学习必须建立在具体实物的基础之上，无法离开实物的支持进行独立思考，这是智力障碍儿童认知方面最核心的障碍。所以在对智力障碍儿童进行思维训练时，应充分利用其在具体形象思维方面的相对优势，重点发展其抽象思维及发散思维能力，提高其思维的灵活性。下面介绍几种能够促进智力障碍儿童思维发展的游戏和活动。

（1）图画填充。将画有部分缺失的智力障碍儿童熟悉并喜爱物品的卡片呈现给儿童，并提供几个选项，让儿童选出应该填入卡片中图画的一个，若选择正确则将画面对应的实物奖励给他。例如可以画一个足球的3/4，提供的选项可以是篮球、排球，或者颜色不相符的足球，让儿童从中辨别。此法能够培养智力障碍儿童从整体到部分的逻辑思维能力。

（2）卡片分类。用硬纸片制成各种各样的动物、植物和几何图形，如树木、花草、瓜果、蔬菜、家禽及圆形、三角形等，玩时将图片杂乱摆开，让智力障碍儿童根据你的命题进行归类训练。例如可让幼儿分别帮助蔬菜、瓜果和几何图形站队，看谁做得又对又快。从具体事物到对其类别的掌握是抽象思维发展的重要阶段。

（3）猜故事的结尾。给智力障碍儿童播放他们喜爱的动画片或故事片，在将近结尾时暂停，让他们猜测故事的结尾，以锻炼其发散思维能力。

（4）列举用途。向智力障碍儿童呈现生活中常见的物体或工具，例如尺子、剪刀、衣架、水瓶等,让其尽量列举这些物品除常规用途之外的其他用途,看谁说得最多最合理。

总之,对于智力障碍儿童的思维训练不能脱离日常生活环境和具体实物的支持,逐步帮其实现从具体形象思维到抽象逻辑思维的过渡。

需要特别说明的是,对于智力障碍儿童注意、记忆以及思维的训练绝对不是三个独立的过程,而是相辅相成的关系。其中一种能力的学习和发展完全可能影响另外一种的发展水平。例如,注意力集中水平的提高有助于智力障碍儿童对材料的识记效果,同样,抽象思维能力的发展有助于智力障碍儿童发现事物的内在联系,最终促进记忆力的发展。所以一个好的活动和策略应该能够同时对智力障碍儿童的注意、记忆以及思维发展产生积极作用。

对智力障碍儿童认知能力的训练相对较难,要求训练者采用科学的方法,与日常生活经验紧密结合,激发并保持其学习动机,保持足够的耐心和积极的态度。

三 社会行为学习

社会适应能力的显著限制是智力障碍儿童的最核心缺陷,因此,与其他方面的学习相比,社会行为的学习对于智力障碍儿童来说更为重要,直接影响着他们的心理健康发展和生活品质的提高。促进智力障碍儿童社会行为学习的方法主要有以下几种:

智力障碍
儿童的社会
行为学习

1. 塑造法

塑造法是根据斯金纳的操作条件发射原理设计的,主要用于智力障碍儿童新社会行为的培养和形成。该方法通过连续不断地逐步强化一系列小步子行为,使智力障碍儿童一步一步接近目标技能,最终完全学会目标技能。该方法被广泛地应用于语言表达、沟通行为、遵守社会规则行为、情感表达、人际交往等方面的学习。塑造法一般需要和强化法结合运用,通过恰当的强化激发智力障碍儿童充分表现并学习目标行为的动机。使用塑造法时须注意以下几点:第一,恰当地选择目标行为,控制目标行为的难度,以智力障碍儿童有所接触但并不熟练的行为为最佳,难度过低会降低训练意义,过高则会降低其学习动机。此外,目标行为一定要选择与智力障碍儿童生活密切相关并对其具有重要意义的行为,以切实提高其社会适应能力。第二,对目标行为进行拆分时要根据智力障碍儿童的实际水平恰当决定"步子"大小。过大可能会导致整个行为学习的失败;过小则难以持续激发智力障碍儿童的学习动机并增加不必要的工作量。最后,在塑造行为的过程中需要恰当使用强化物。可以通过与家长交谈、观察或者让儿童自主选择的方式确定最有效的强化物,同时做到物质性强化物和非物质性强化物配合使用,并在需要的时候根据实际情况和强化效果进行变换和调整。

2. 模仿、示范模仿及示范法

模仿、示范模仿及示范法以班杜拉提出的社会学习理论为基础,认为任何行为,尤其是复杂的行为,都是通过观察、示范以及模仿习得的。智力障碍儿童智力水平较低,很难习得良好行为并主动进行学习,单纯的口头教学难以达到预期效果。在自然情境中观察和模仿他人行为,并以此作为参照来改变自己的行为,是他们习得良好社会行为的主要途径。

使用模仿法和示范法促进智力障碍儿童的社会行为学习时,必须正确树立供其学习的榜样。榜样可以来自真实生活中的人物,或故事、电视、电影中的优秀人物,以及优秀的同学、教师和家长等。同伴是智力障碍儿童在社会交往行为模仿中的理想榜样。在与同伴的交往过程中,智力障碍儿童能更真实、自然地表现出社会行为,并发挥相互指导的作用。

在进行行为示范和模仿的过程中,教师或家长应时刻注意自己的言行,避免发生负面示范作用。同时,还应对智力障碍儿童的模仿行为过程进行指导和监控,以提高模仿的效果。

3. 认知指导法

由于智力水平的限制,大多数智力障碍儿童,尤其是中、重度智力障碍儿童,难以在理解某些社会行为原理和步骤的基础上习得新的良好行为,所以认知指导法大多针对轻度智力障碍儿童。社会行为学习的认知方法着重在培养智力障碍儿童解决社会问题的能力和自我调控能力,主要有言语指导法、反馈法等。言语指导法,顾名思义,就是将良好的社会行为用言语教学的方式讲授给智力障碍儿童,令其按照言语指令表现行为的方法。训练者在进行言语指导的时候应用词准确、指令明确、表述清晰,最大限度地促进智力障碍儿童对良好社会行为的理解和操作。反馈是言语指导过程的一个环节,即用言语的方式对智力障碍儿童目标行为的表现状况进行反馈。同样,反馈要及时、直接、清晰,并结合恰当的强化来进行。

和健全儿童相比,智力障碍儿童对新的良好社会行为的习得相对较慢,并且很多社会行为不能在常规的发展过程中自然习得,需要教师或家长对其进行专门的训练,其学习效果也需要更持久的跟踪和维持。在训练时,需要充分考虑智力障碍儿童的特点,综合运用多种方法,利用其身上的积极因素,有效促进其社会行为的学习和社会适应能力的提高。

第三节　智力障碍儿童的学习训练

一　案例一:使用书法训练提高轻中度智力障碍儿童的注意力

(一)个案简况

选取某培智学校五、六年级智力障碍儿童共 26 名,根据性别、年龄和智商随机分配为两组,实验组和控制组各 13 名。平均年龄分别为 12.85 岁、12.77 岁,平均智商分别为 50、52。

(二)学习训练

实验组连续两个月每天中午固定接受 1 小时的书法教学训练,程序如下:训练前静坐稳定情绪(3 分钟);篆书讲解、识字、示范笔画与复述笔顺(14 分钟);描红与临摹(30 分钟);训练后静坐(3 分钟);整理书写用具(10 分钟)。

（三）训练效果

两个月的实验期结束后,实验组被试在注意测验、踪迹描绘测验上的成绩均显著高于控制组及实验干预前。充分说明有计划的系统书法教学训练对轻(中)度智力障碍儿童的注意力有明显的改善作用,对其注意缺陷有一定的治疗康复效果,尤其是在注意稳定性与注意灵活性两个维度上,效果更为显著。

二　案例二:训练智力障碍儿童表达谢意和歉意

（一）个案简况

刘××,男,7岁,中度智力障碍,就读于某培智学校一年级,语言理解和表达能力相对较好,但词汇贫乏,情绪不稳定,易怒,有肢体障碍。没有明显的行为问题。

（二）学习训练

1. 训练方法

采用言语指导法、正强化法、榜样法、示范法。

2. 训练准备

选择与儿童关系较好、智力发展水平相对较高的几个同伴,告诉他们训练内容和目标;与家长沟通,争取家长配合。

3. 训练过程

充分利用智力障碍儿童在校时间,持续八周。

（1）得到别人帮助时表示感谢。训练者首先向刘××讲述需要说"谢谢"的情境,并播放与此训练内容相关的动画片和录像,之后抓住日常生活中的现实情境引导刘××在得到别人帮助后表示感谢,并在良好行为出现后立即说"不用谢! 刘××真是个有礼貌的好孩子"予以强化。另外,还可以创建专门的需要表达谢意的情境,激发刘××良好的行为表现。在训练过程中应尽力争取家长的配合,促进良好行为的巩固和迁移。该项训练要邀请那些与刘××关系密切的同伴参与,尽力创造需要表达谢意的场景和机会,让其在习得礼貌行为的同时感受到同伴的关怀和温暖。

（2）伤害别人时表示歉意。与对表达谢意的训练类似,训练者首先向刘××讲述在伤害、妨碍或打扰别人时应当主动表示歉意,说"对不起",例如踩到别人的脚、弄坏别人的东西、不小心打到别人等。其次,抓住日常生活中需要表示歉意的情境引导、提示刘××主动说"对不起",并让同伴及时回应"没关系",同时教师表扬刘××有礼貌。另外,利用课余时间给刘××播放经过特别设计和拍摄的情景剧,剧中反复出现需要表示歉意的情境以及主动说"对不起"的良好行为,让刘××以剧中同学为榜样,通过模仿习得良好行为。

（三）训练效果

八周后，刘××逐渐学会了在适宜的场合表达谢意和歉意，但个别时候需要训练者的提示，例如"刘××，这时候该说什么？"相比之下，表达谢意的主动性和正确率均高于对歉意的表达，说明被试在伤害别人后的正确反应还需进一步训练。

对智力障碍儿童社会行为的训练应紧密联系生活和实际，充分抓住日常交往中的一切机会，既能有效地节约训练成本，又能最大化地提高训练效果。同时，结合智力障碍的儿童身心发展特点为其提供恰当的影音资料也可作为较好的补充手段，让儿童通过模仿来形成良好的行为。此外，在训练过程中运用符合儿童需要和特点的强化手段、积极争取家长的支持和配合、重视良好社会行为的迁移，均是在行为训练过程中需要特别注意的问题。

思考与练习

1. 智力障碍儿童在感知觉、注意、记忆、思维的发展上有何特点？这些特点是如何影响其学习的？
2. 智力障碍儿童的社会情绪和行为有何特点？
3. 如何促进智力障碍儿童社会行为方面的学习？
4. 智力障碍儿童的语言发展有何特点？如何对其进行训练？
5. 设计一个能够促进智力障碍儿童发展智力的游戏或活动，注意此项设计的科学性和可行性。

本章小结

1. 智力障碍儿童的感知觉发展特点。智力障碍儿童在听觉、视觉、触觉、味觉等方面可能存在异常、迟钝等现象，并且知觉速度慢、联系少、分化不够、不精确，知觉的主动性、积极性和恒常性较差。

2. 智力障碍儿童注意发展的特点。注意力集中性较差；无意注意占优势，有意注意发展晚；注意广度狭窄；选择性注意存在缺陷；注意力分配差。

3. 智力障碍儿童记忆发展的特点。记忆目的性差；记忆的速度慢、容量小；机械记忆远超过意义记忆；形象记忆好，语词—逻辑记忆差；记忆与情绪的关系密切。

4. 智力障碍儿童思维发展的特点。思维直观具体，缺乏抽象与概括能力；思维刻板，缺乏目的性和灵活性；思维缺乏独立性和批判性。

5. 智力障碍儿童语言发展特点。语言发展迟缓；词汇贫乏，语法简单；存在语音和语调异常。

6. 智力障碍儿童社会情绪发展特点。情绪不稳定，自控及调节能力差，情感分化慢；高层次情感发展迟缓且发展水平较低；自卑、退缩等消极情绪较多。

7. 智力障碍儿童社会行为发展的特点。对人的反应性差；交往方式不当；交往行为具有攻击性。

8. 促进智力障碍儿童语言学习主要通过口部动作模仿、发音、模仿音节以及简单的日常用语来进行。

9. 对智力障碍儿童注意、记忆以及思维能力的训练将大大提升其智力水平和学业表现,通常通过设计符合其发展特点、兴趣以及生活经验的科学活动或游戏来实现。

10. 对智力障碍儿童进行社会行为训练需坚持生态化原则、个别化训练和团体训练相结合的原则及积极行为支持原则,强调在日常生活情境中使用塑造、模仿及示范、认知指导等方法,重视训练效果的维持和迁移。

第十章 语言与言语障碍儿童

知识目标

理解语言与言语障碍儿童的发展特点及其症状表现。

能力目标

掌握针对语言与言语障碍儿童的学习策略和干预训练技能，能有效制定和实施初步的干预训练方案。

素质目标

培养对语言与言语障碍儿童的同理心和尊重，提升耐心和支持性，以更好地理解和应对他们的特殊需求。

詹姆斯,9岁,令老师日益担忧:"很显然,詹姆斯是一个非常聪明的男孩,他愿意把功课做好。我注意到他喜欢艺术,总想画画。但每当我要求他在课堂上完成一些功课时,他就紧张不安。看来他害怕上学。他总抱怨,当他想读一些单词时,却根本不知道该怎么读。我担心这种状况持续下去会导致他在学习和交友方面出现其他问题。有时,他会因某事大怒,事后也无法平复。假如事情没有按照想象的结果发生,他会爆发并用拳头猛击墙壁。"

从詹姆斯母亲那里听到的情况也很类似。她知道,只有按照自己的方式去做一件事时,她的儿子才会投入。她总认为他还是个蹒跚学步的孩子,担心他睡得好不好,有没有生病。她对老师说她觉得很沮丧,因为找不到原因:"在家里想让他读书就像拔牙那么难。他自己根本一点儿都不想读书,因为他知道好多单词他都不会读。"儿童的语言在婴儿期发展非常迅速,但不是所有儿童都能正常地通过语言发展的各个阶段。我们可以看到有的儿童语言发展迟缓,会一直用手势或声音来交流而不是会话。还有些儿童在某些领域发展正常,比如遵循口语指令,但在表达词语时就会出现困难。而语言发展是个体心理发展的重要标志,儿童的语言发展不利有可能会带来基于语言的关联障碍。因而对这些孩子进行适当的矫治和康复训练,帮助他们克服由语言障碍产生的交往等问题,是特殊教育工作者义不容辞的责任。

人类的发展离不开语言。语言是人类沟通的工具、情感交流的桥梁。维果茨基认为,"精神生产的工具"即人类社会所特有的语言和符号。在日常生活中,语言和言语这两个词语往往被混用,这虽然不会影响对其意思的理解,但从科学的角度来讲,两者是有区别的。语言是以语音或字形为物质外壳、以词汇为建筑材料、以语法为结构规律而构成的体系,以其物质化的语音或字形为人们所感知,其词汇表示一定的事物,其语法规则反映人类思维的逻辑规律。言语是人们运用语言材料和语言规则所进行的交际活动过程。儿童的语言与言语障碍是特殊儿童心理学研究的重要内容之一。

第一节　语言与言语障碍儿童发展的特点

一　语言障碍

语言是人类社会中约定俗成的符号系统,人们通过应用这些符号达到交流的目的。语

语言障碍
儿童的发
展特点

言能力包括对符号的接受(理解)和运用(表达)的能力,其接受和表达的方式包括书写、阅读以及姿势语言和哑语等。语言障碍包含理解和表达上的障碍,代表性的语言障碍为失语症和语言发育迟缓。

(一) 失语症

失语症是言语获得后的障碍,是由于大脑损伤所引起的言语功能受损或丧失,常常表现为听、说、读、写、计算等方面的障碍。成人和儿童均可发生[①]。失语症可分为获得性失语症和发育性失语症。前者是指年长儿童或成人由于脑损伤或外伤出现的语言或言语消失,后者指由于先天原因不能学会说话的儿童。

造成失语症的原因主要是由于脑血管疾病、脑外伤、脑肿瘤、脑组织炎症等致使大脑皮层中枢受到伤害,从而使已习得的语言功能丧失或无法习得语言。

最常见的失语症有运动性失语症和感觉性失语症。这两类失语症在儿童口语和书面语上皆可能体现出来。前者能听懂话,看懂文字,但不能说话或只能讲一些单词。后者往往听力正常,但听不懂自己和别人所说的话或虽有说话和书写能力但语言混乱,无法被别人理解。他们的言语症状主要表现在以下几个方面:

1. 感觉性失语症

有些失语症儿童表现出对口语的理解能力降低或丧失。他们能像常人一样听到声音,但是听不懂别人所说的话,给人一种似乎听不见的感觉,常常对别人的提问没有反应或不予回答、答非所问等。还有些失语症儿童在阅读理解方面存在障碍,他们能看见文字,却不能正确理解其中的含义。朗读和文字的理解两者可能出现分离现象。

2. 运动性失语症

运动性失语症的表现形式多样。我国学者哈平安对口语表达中失语症的言语症状进行了分析,将其归纳为:觅词困难、迂回表达、言语错乱、语法缺失、杂乱语、刻板言语、持续言语、偶然性言语和模仿言语九种类型。我国学者李胜利根据汉语失语症患者的临床表现,将失语症儿童的书面语表达言语症状归纳为七种类型:书写不能、构字障碍、镜像书写、书写过多、惰性书写、象形书写、错误语法[②]。

(二) 语言发展迟缓

在儿童的言语障碍中,语言发育迟缓是发生率较高的障碍。语言发育迟缓是指在发育过程中的儿童语言发育没有达到与其年龄相适应的水平,但不包括由听力障碍而引起的语言发育迟缓等其他语言障碍类型[③]。造成儿童语言发育迟缓的原因通常有脑伤、智力落后、听觉障碍、发声器官机能障碍、情绪困扰、环境剥夺等。

① 黄昭鸣,杜晓新. 言语障碍的评估与矫治[M]. 上海:华东师范大学出版社,2006.
②③ 李胜利. 言语治疗学[M]. 北京:华夏出版社,2004.

1. 听觉障碍

听觉对儿童的语言发展非常重要。俗话说"十聋九哑"。如果在语言发展过程中长期存在声音语言的输入障碍,则语言信息的接受、理解和表达会受到影响,致使儿童出现语言发育迟缓现象。

2. 智力落后

智力落后影响儿童的语言发展,这是不言而喻的,在儿童语言发育迟缓症中所占比例最大。这类儿童在发育期间整体智力水平较健全儿童的平均水平显著降低,并伴有适应性行为障碍。表现为语言的接受和表达能力较实际年龄低下,具体表现在以下几个方面:

(1)掌握的词汇量较少。智力落后儿童往往难以理解抽象的概念,因而在语言运用、表达上都存在一定的不足。例如,智力落后儿童无法理解"信息化""民族"等概念,在语言表达过程中自然就不会使用。

(2)不会运用有复杂语法结构的句型。智力落后儿童在言语使用中一般只涉及简单句型,因为他们难以理解句子中词语之间的复杂关系。

(3)语言运用不当或不灵活。智力落后儿童常常会说出一些不完整或不符合语法规则的话,让人难以听懂。

除此之外,还有些智力落后儿童完全丧失语言能力。

3. 脱离语言环境

相关研究证实,缺乏适宜的语言环境将影响正常的语言发育。儿童在语言发展的早期被剥夺或脱离语言环境将导致语言发育迟缓。

二　言语障碍

言语是有声语言(口语)形成的机械过程。为使口语表达声音响亮、吐字清晰,需要有与言语产生相关的神经和肌肉参与活动。当这些神经或肌肉发生病变时,就会出现说话费力或发音不清的现象。代表性的言语障碍为构音障碍、流畅性障碍和发声障碍。

(一)构音障碍

构音障碍是由于神经病变,与言语有关的肌肉麻痹、收缩力减弱或运动不协调所致的言语障碍。原因是多方面的:有生理方面的,如唇裂、舌系带短、发音器官肌肉运动不协调等;也有心理方面的,如听力损伤、发育迟缓、情绪困扰等。构音障碍的言语症状主要表现在以下四个方面:

(1)增音。即增加不应该有的音素,如:将"三(sān)"发成"sāng"。

(2)遗漏。说话时漏掉了某个或某些音素,如,将"剪刀(jiǎn dāo)"发成"jiǎn āo",漏掉了"d"这个音素。

(3)歪曲。把一个音位发成该语音系统中没有的音位而出现走音现象,如将"s"发成齿音(舌尖顶在牙齿之间)或边音(空气从舌两旁挤出)。

（4）替换。把一个音位发成该语音系统中的另一个音位，例如把"电视（diàn shì）"发成"tiàn shì"，"t"音替换了"d"音。

遗漏、替换或增加单词声音或者发音质量较差，会让说话者很难被别人理解，甚至无法被理解，而言语发音上的错误也会让说话者受到嘲笑或奚落，给患者的言语发展带来更为不利的影响。

（二）声音障碍

声音障碍又称发声障碍、声音异常、嗓音障碍，即音调、音量和音质发生异常。

（1）音调失常。即出现不恰当的音调（太高、太低或单调、缺乏变化），也即儿童说话的频率、声音与其年龄、性别不相符合等。

（2）音量失调。即指说话的音量过小或过大。有些儿童说话声音太轻，甚至可能完全没有声音，让听话人很难听清楚；有些儿童则倾向于持续地高声说话。

（3）音质异常。指说话时鼻音过重或缺乏鼻音共鸣，有嘶哑声、呼吸声等异常情况。造成儿童声音异常的原因可能源自个体咽喉部疾病，也可能受个体心理、性格以及不正确的发声习惯影响。

（三）流畅性障碍

最常见的流畅性障碍就是口吃。口吃是指口语中由于反复、拖延、堵塞等原因所致流畅性出现障碍的现象。具体表现为语流或说话节奏中断，言语不流畅，特别是在有些音、音节、词或词组上有迟疑、停顿、重复或延长现象，如句首的词、词组。一般而言，男孩比女孩更容易口吃。相关研究显示，口吃儿童常伴有难以控制的挣扎和逃避说话行为，如挤眉弄眼、甩头、耸肩等。

口吃产生的原因相对较复杂，至今尚无定论。研究者根据现有资料作出过一些推测，其原因可能来源于遗传影响、中枢神经系统病变、儿童学语阶段出现不恰当的模仿（模仿他人不流畅的语言，没有得到及时、恰当的纠正）以及情绪困扰（父母在儿童学语阶段施加过度的压力使儿童对说话产生紧张、焦虑、逃避反应）等方面。

三 语言与言语障碍相关联的发展障碍

语言和言语是常用的沟通工具。沟通是分享信息的过程，但对语言和言语障碍儿童而言，沟通并非容易和愉快的，他们可能存在很多问题，如声音不够清晰、不能理解别人的语言、不能发出流畅的或者是有恰当节奏和速度的言语等，从而使交流、沟通遇阻。沟通障碍降低了传送和接受思想、事实、感觉及愿望的效果。有沟通障碍的儿童可能在语言或言语方面存在障碍，有的甚至两个方面都有障碍，其障碍包括听、说、读、写上的障碍[1]。

---

① 哈拉汉，考夫曼，普伦．特殊教育导论［M］．肖非等，译．北京：中国人民大学出版社，2010.

近期对儿童早期语言发展的干预和研究发现,儿童在很早的时候就可能出现沟通问题,而语言的发展有可能会影响到随之而来的学习问题,这些问题在儿童入学之后会变得重要起来。相关研究显示患有沟通障碍的学龄前儿童,很有可能在童年中期或青春期早期出现学习障碍。学习障碍是一个诊断性术语,指在阅读(阅读障碍、阅读困难)、数学(数学的障碍)或书写(书面表达的障碍)方面存在的特殊问题,是根据学业成绩测验结果确定的。有关学习障碍的内容本书其他章节会有详细阐述,在此不再一一赘述。

四　语言与言语障碍儿童的行为问题

语言与言语障碍儿童在生理、智能与学业成就等方面表现出来的特质,往往会受到其障碍原因所影响。如儿童因为发音器官异常(唇腭裂等)、脑伤、听觉障碍等生理因素而导致言语或语言失常,自然与语言发育迟缓者在行为适应方面有不同的感受,在此拟就言语与语言障碍儿童可能出现的一般性问题略做探讨。

尽管语言问题通常会随着时间的推移消失或减弱,但一般而言,在童年早期有沟通障碍的儿童负面行为的发生频率明显高于健全儿童。一方面,言语与语言障碍本身会带来许多负面情绪体验;另一方面,沟通障碍儿童在其社交行为受挫时也会产生不良情绪反应。一些沟通障碍儿童受到亲朋、同学等的嘲笑,精神压力过大导致情绪发生变化,产生焦虑、愤怒、敌意等,反映出具体行为上可能出现攻击性、注意力缺陷、自卑等问题行为,进而影响到儿童的学业发展。

第二节　语言与言语障碍儿童的学习

一　语言的学习

儿童语言的发展与学习建立在四个重要条件基础之上:口语的输入、重复的接受、有意义的情境、实际的应用。言语与语言障碍儿童的语言学习可以借助一些策略或方法来提升学习效果。

(一)仿说复述

从儿童的语言发展过程可发现,增加儿童说话的机会,对提升其语言发展有很大的裨益。儿童说得越多,越有机会练习词、句、语法结构,也会获得更多的沟通,因此在交谈情境中让儿童仿说或复述成人的话语,是语言与语言障碍儿童较好的练习和学习方法。

(二)自我谈话

自我谈话是指自己对自己大声说话,说出沟通对象正在关注的物品或事件、感受,而不刻意要求儿童作出一定的回应。这种方法的使用致力于使儿童能够将听到的语言与情境中的意义联结起来,加深理解。如和儿童一起玩汽车玩具时,可以说"我的车是红色的,这是一部红色的车子"。

(三) 平行谈话

平行谈话是描述儿童正在注意的物品、事件或正在进行的活动以帮助儿童习得正确的语言表述。如儿童正在吃饼干,可以描述"小明正在吃饼干,小明吃了两块饼干"。

(四) 示范学习

示范学习和仿说复述不同,要求儿童认真、多次听过语言训练材料后,再创造新的、类似的情境让其自发使用。

(五) 拓展延伸

当语言与言语障碍儿童说出语句破碎、概念不整的话语时,教学者可以在语意不变的情况下,完善相关细节、重复他们所说的话语,使得语意表达完整。如儿童说"熊熊 苹果"可扩展为"熊熊拿了苹果";儿童说"他掉河"可延伸为"是的,他掉到河里去了,你看,小狗也一起掉进去了"。

二　适应行为的学习

言语与语言障碍儿童通常会伴随着焦虑、挫折、厌烦等负面情绪,并出现注意力缺陷、多动等问题,因此无论家庭还是学校都要积极创设良好的语言学习环境,尽力给儿童提供适应性教育。

(一) 家庭环境

家庭成员要积极创造有益于儿童语言发展的良好环境,注意减少对儿童言语与语言障碍的埋怨、担心、焦虑及惩罚,竭力帮助孩子消除焦虑、自卑、挫折等不良情绪,同时也可以借助系统脱敏法等增加儿童对环境压力、挫折的承受能力,缓解言语与语言障碍儿童的心理压力,消除问题行为。

(二) 学校环境

对于言语与语言障碍儿童的教育,不同的国家、地区存在很大的差异,比如在美国有专门的特殊教育学校为其提供服务,但在我国目前还没有专门对这些儿童设置特殊教育学校或班级。一般而言,重度障碍儿童往往在特殊教育学校就读,一些轻度障碍的儿童往往在普通学校学习。但言语与语言障碍儿童由于语言发展异常,接受知识的能力相对不足,往往会造成学业滞后的现象。同伴的排斥、嘲讽,还可能使儿童出现退缩、焦虑、攻击等情绪反应,造成社会适应不良。普通学校可以对这些儿童提供以下一些帮助与支持：

（1）配备辅导老师。可以对普通学校的老师予以专门的培训，了解一定语言辅导的知识、技术和方法，对言语与语言障碍儿童进行辅导与帮助。

（2）设置资源教室。可以对言语与语言障碍儿童每周或每天安排一定时间去接受专门的辅导训练。

（3）创设良好的氛围。普通学校老师，一方面要引导健全学生理解言语与语言障碍儿童的生活、学习困难，痛苦与尴尬，教育他们要多帮助、鼓励言语与语言障碍儿童，使其得到别人的信任，融入班集体；另一方面，可以着重鼓励言语与语言障碍儿童自信、自强，坚持训练、克服困难，加强和其他同学的交流，培养其良好的个性品质。

三 交流沟通的学习

越来越多的教育工作者开始意识到，给予特殊需要儿童与健全儿童相互交往的机会，对特殊需要儿童的发展是非常有益的，因此引导言语与语言障碍儿童融入健全儿童的主流当中，对培养其交流沟通能力至关重要。

资料链接

哪一种同伴环境——特殊化还是主流化[①]

教育工作者和研究者对理解那些有语言表达障碍和类似沟通障碍儿童的能力很感兴趣，他们在这些儿童与同伴的游戏、玩耍中研究这个问题。有沟通障碍的儿童与有同样问题的儿童在一起时能力发展更快，还是与正常发展的同伴在一起时更能受益？古拉尼克、科纳、汉姆德在不同的情境中，通过观察两组儿童受同伴的影响来研究问题。他们发现两组有很多相似点，包括做相似的游戏、成功地吸引同龄人加入、争议决议、对同龄人给出的信息作出反应等。同样也有重要的差异存在，在不考虑情境的情况下，有沟通障碍的儿童很少积极参与交流，其积极的社会行为也较少，因而不能成功地获得适当的社会反应。

就像预料的那样，不论在哪种同伴设置组，正常发展的儿童在玩耍游戏中比有沟通障碍的儿童更投入。然而，那些与正常发展儿童在一起的有沟通障碍儿童，要比那些与有沟通障碍儿童在一起的相对来说更成功。这些发现支持这样的观点：只要关注这些儿童的特殊需要，将有特殊需要的儿童与健全同伴放在一起，前者会受益更多。

---

① 哈拉汉，考夫曼，普伦. 特殊教育导论[M]. 肖非等，译. 北京：中国人民大学出版社，2010.

此外,专门训练也可以帮助言语与语言障碍儿童更好地进行沟通、交流、学习。

(1) 抚爱交流,加强接触。抚爱行为可以使儿童与教育者之间相互感知,有接触、亲近的行为,使儿童学会关注、寻找教育者,用目光注意人,用姿势来作为传达意思的手段、方法。

(2) 练习实物操作,交换游戏。在操作实物时,注意选择儿童感兴趣的用具,并且一击就能发声或振动,使得儿童能够很快理解其操作结果。如,将小球放入小孔内。交换游戏则是当两个儿童与教育者同时做游戏时,改变他们的游戏设置,如相互交换原来拥有的物品,或交换原来的位置,从而使得儿童在操作实物时,学会社交词汇"请给我"以及将实物传递给对方的行为,并长时间保持交流。

第三节　语言障碍儿童的学习训练

一　案例一:对教育一个语言发展迟缓幼儿的个案分析[①]

(一) 个案简况

张××四岁半入园,由于语言发展水平低下,安排在小班就读。父亲是大学讲师,母亲是公司职员。据其家长介绍,孩子两岁前无语言活动,两岁后才无意识地发出"爸""妈"等单音,到三岁半才开始叫"爸爸""妈妈""爷爷""奶奶"。曾到多家医院检查,发现智力和听力都正常;也曾到聋哑学校,经老师几个月的训练,能认读汉语拼音字母。家访时,发现他的家人对他溺爱过度,致使他胆子很小,不敢与陌生人甚至小朋友接触。四岁半的他语言能力相当于两岁左右的幼儿,发音含含糊糊,喜欢坐在角落里自言自语地说一些别人听不懂的话;但在玩拼图游戏和数字游戏时所表现的智力却不低于同龄幼儿。

以上情况说明:该幼儿智力和听力正常,但由于家长的过分保护和相对封闭的生活环境影响,导致该幼儿性格孤僻、不合群、缺乏与同龄幼儿交往的机会;而这种心理上的缺陷,必然导致语言发展迟缓,语言能力低下,影响他与别人的正常交往,并陷入一个相互牵制的怪圈。应对方案是:从扫除心理障碍入手,择机对其开展语言发展迟缓儿童教育训练,创设良好的交往环境和语言环境,使培养良好的个性与发展语言同步进行。

(二) 学习训练

1. 扫除心理障碍,让孩子尽快适应幼儿园生活

小张同学在婴儿以至幼儿初期心理发展出现一些偏离常态的现象,而导致心理上产生障碍,入园时的主要表现是不开口说话,只用点头、摇头表示自己的意愿;不吃幼儿园的饭

---

① 徐兰君．一个语言障碍孩子的教育个案[J]．学前教育研究,2001(2):54.

菜,不盖幼儿园的被子;对同班幼儿不理不睬,独进独出。如何才能帮助他走出自我封闭的圈子呢?

(1)赢得孩子的信任,排除他对陌生环境的恐惧感

信任是人们通过交往、凭借经验得来的对人的一种态度,也是对人的一种评价。孩子对教师的信任往往体现在教师与孩子接触的小事上。为此,小张刚入园,教师先带他熟悉幼儿园的环境,然后无微不至地关心他生活的每个细节,如提醒他喝水、大小便、帮他穿脱衣服、喂饭等,让他体会到老师对他的爱就像妈妈一样;同时,园里的其他老师都主动与他打招呼,说一些鼓励的话或摸摸他的头表示关爱,这时老师就说:"啊,幼儿园的老师多么喜欢你!"让小张感受到幼儿园是一个充满爱的地方。渐渐地,小张对幼儿园不再恐惧,喜欢跟教师在一起,也愿意和小朋友一起进教室,而且终于能开口回答一些问题,虽然仅是几个单字,但表明其情绪已较稳定。对于小张来说,愿意在集体中生活,愿意接近人群,是他走出自我封闭怪圈的第一步,对他以后的教育具有重要意义。

(2)矫正不良生活习惯,获得与集体生活同步的能力

最令人头痛的问题是小张不愿在幼儿园用餐。由于小张在家里都是成人喂饭,食物又很精细,而且从来不吃菜和肉。因此,他对幼儿园的饭菜不屑一顾。然而,强迫进餐是不行的。这不但会引起他对食物的反感,还会影响他的情绪。于是,教师采取了以下有针对性的措施,使问题及时消除:① 不给孩子心理上造成太大的压力,饭不吃就给他留着,等饿了再喂,确实饿得不行了才给他一杯牛奶。② 让他认识当天吃的青菜和肉类等,了解它们的营养价值。③ 安排吃得好的幼儿与他坐在一起,让他在他人吃得津津有味的进餐环境中受到感染,并利用语言引导如"真香! 真好吃!"等,引起他对食物的兴趣。④ 在医生指导下服用多酶片、B族维生素等保健药品,增强其食欲,帮助消化。⑤ 利用奖励法,如采用红旗、全班表扬等形式对小张一些正常的进食行为予以强化。经过因势利导,小张渐渐地爱吃菜和肉,而且在入学第八周时即能自己独立吃饭,饭菜量也有所增加,脸色也红润起来。此外,诸如小张不愿用幼儿园的用具、卧具等,教师都予以耐心指导,并通过游戏、同伴帮助,逐一纠正过来。这样,小张逐步获得与集体生活同步的能力,为改变他独来独往的行为习惯提供了良好的条件。

(3)创造与同伴交往的机会,教给孩子与同伴交往的技能

与同龄伙伴交往,不但能矫正孩子内向的性格,还能发展语言表达能力。如何打开小张心灵中这扇封闭的大门? ① 为小张创造与同伴交往的机会。如邀请他与性格开朗的幼儿一起交谈,让自由、热烈的气氛感染他,鼓励同班的幼儿主动去找他玩,以消除他与同伴的心理距离。② 利用其长处树立自信心。小张虽然语言不行,但他动手操作能力很强,能用积塑拼出各种形状的汽车。让同伴欣赏他的作品,在小朋友的惊叹声中,小张的自信心也一点点地树立起来,教师乘机让他教小朋友拼汽车,这样,小张自然而然地与小朋友玩在一起了。③ 教师加入活动,教给小张一些初步的交往技能。教师说:"记得有一次,小张想加入小朋友的'开汽车'游戏,又不知怎么办。我就自己先坐进'汽车',然后引导小朋友把'汽车'开到小张身边说:'要坐汽车的请上车。''我要!'小张说完,开心地站在队尾。"经过老师几次有意地加入活动,自然地激发起小张与同伴活动、交往的愿望,也教给了小张初步交往的技巧。

经过一个多月的培养,小张已喜欢上幼儿园,愿意与小朋友一起做游戏、参加集体活动,脸上也经常带着笑容。与同伴的交往,给小张带来了愉快的情绪体验,为其学习语言和运用语言打下了良好的基础。

2. 循循善诱,点滴渗透,提高语言表达能力

在调整小张心理状态的同时,教师着力采取一些行之有效的措施,使其语言能力提高与心理发展相得益彰、相互促进。

(1) 创设自然、轻松的语言环境。语言环境越轻松自然,胆怯的孩子越容易放松,这是帮助孩子消除语言障碍的前提。小张刚入园时说话还常带儿语,重叠词较多,如帽帽、鞋鞋等。他怕别人笑话,就不愿开口说话。为此,无论在课堂上或日常生活中,教师都尽量做到轻声慢语、亲切平和地与他交谈,绝不斥责或否认他的语言,让他始终保持愉快和轻松的心境。这样,从根本上解除了小张的心理压力,使他愿意开口与教师交谈。接着,在日常生活中抓住时机消除他的儿语,教给他一些单字或词组的正确发音,例如教小张正确说出"吃饭""皮鞋""穿衣服"等。在要求回答问题时,不强调一个一个轮着回答,而是采用轻松自然的形式,通过有意的提示,多给小张回答问题的机会。随着时间的推移,小张的胆量、语言表达能力慢慢地提高了,跟同伴交谈的机会也逐渐增多。

(2) 给孩子提供谈话和表达意愿的机会。指导老师从不放过一切训练小张语言能力的机会,并经常用信任的目光鼓励他,激发他说话的积极性和主动性。日常生活中让他多与小朋友交谈、接触。教师耐心倾听小张的讲话,引导他说出难以表达的话。回答问题时,有意安排"以强带弱"的方法帮助他,如让能力强的幼儿先回答,再让小张模仿性地回答,这样使小张能有充分的时间思考问题,并在有一定的语言模仿情况下学习回答问题,锻炼他的胆量。同时,发现小张的闪光点,激发他学习的积极性。比如入园第二学期,班里开展了分区教育活动,活动区中丰富的操作材料使小张很感兴趣,并表现出较强的观察力和动手操作能力。教师根据他的条件和兴趣,鼓励他参加美术兴趣组,经常要求他边操作边讲述,或让他说出画面的意思,在全班小朋友面前给予肯定、表扬。这样,小伙伴看到了小张的优点,常常自发地观看他的作品和操作方法;小张也从同伴们的肯定中得到鼓励,主动地表达自己的意愿,对学习更有兴趣、信心了。

(3) 由简单到复杂,对孩子进行专门的语言训练。每天教师都有计划地对小张进行语言训练,并把他掌握的情况作详细记录。然后根据实际,提出新要求,尽快提高他的语言表达能力。

① 丰富词汇。词汇是一种语言里所有词的集合体,丰富和掌握词汇,是孩子学说话的首要任务。通过让小张模仿老师的口型发音、听音指物或指物说名称,每天有计划地教给他2~3个单字或词组。如穿衣时说出衣服的各个部分(领子、袖子、扣子等);吃饭时说出菜名或餐具的名称;洗手时学说"肥皂""毛巾""干净""搓""拧"等词;日常教他说"中山幼儿园""晴天""阴天""跳舞"等词组,并及时给予正音。

② 训练短句。学说短句是帮助孩子说完整句子的重要环节。先从模仿老师的语句开始,如"我上幼儿园""今天天气真好"等,让小张在模仿中学会把话说清楚、说完整。接着是

训练他学会表达自己的意愿,如户外活动时会说"我要玩滑滑梯""我要做游戏"等。然后是在日常生活中教给小张一些与同伴相处的语言,如得到别人帮助会表示感谢和怎样向别人提出要求等。当小张说不完整或说错时,及时纠正并让他重复一遍,加以强化。

③ 有计划的语言教学。学习儿歌、故事、讲述、日常观察、谈话等活动,是发展小张语言表达能力的一个重要途径。特别是儿歌这种富有韵律和节奏感的文字作品,既生动有趣,又朗朗上口,对小张的语言学习很有帮助。如学念"五指歌",让幼儿边念边数着五个手指头,重复几次小张就会念了,且特别感兴趣。这样,利用感染力强的游戏儿歌,让小张在边玩边念儿歌的过程中学习语言,效果很好。此外,每天安排一段时间为小张讲故事,让他对故事内容、情节、语言等有一定的了解,再把图书给他看,让他产生自己讲故事的愿望,慢慢学会模仿书中的语言去讲述故事,在语言游戏的对答、接龙说词句等活动中,锻炼小张与同伴互相提问或回答问题,帮助他掌握说话的语音、语调和语速等。

3. 家园同步,协调一致

让家长了解教育,参与教育,使幼儿园教育与家庭教育相互渗透,互相补充,才能提高教育效果 。

首先,让家长了解幼儿园的教育观念、教育方法和教育计划。刚入园时,小张的妈妈对他的吃饭问题很担忧,拿着一瓶牛奶对老师说:"老师,小张如果不吃饭,可不可以让他喝牛奶?"真是可怜天下父母心!看着小张妈妈那既担心又无奈的表情,老师耐心地给她讲解教师将对小张实施的一些教育计划,让她明白老师的爱心和一片苦心,并让家长知道,小张之所以在言语与语言方面有异于别的孩子,是由于家长过分保护。家长应理解老师的做法,做好家园配合工作。小张的家长对老师的做法十分支持。于是,老师尽量做到每天与家长交流,及时反映情况,与家长共同探讨教育计划,鼓励小张的妈妈参加家长委员会,使家园配合更加密切。

其次,帮助家长提高语言教育技巧。幼儿园的教育固然重要,家庭教育也不容忽视,老师要求小张家长学会以下语言教育的方法:

(1)让小张多说话。家长要多与小张谈话,要求小张一定要回答每个问题,就算是回答一个单字、词组或一个简单的句子,都可以,慢慢培养他学会说完整的句子。

(2)耐心倾听,及时纠错,巩固所学知识。家长要多让小张回忆班里发生的事情,用完整的话说出自己的请求和需要。这时家长要耐心倾听、不打断他的话,对于错误的发音、用词、句子要及时纠正。而且家长每天要为小张复习幼儿园所学的知识。

(3)正规的语言刺激。在日常学习中利用广播、录音强化正规的语言训练。

(4)创造交往的机会。家长要多带他外出,有意识地让他观察周围事物,并设法让小张多与同伴交往,锻炼他的胆量,扩大知识面。

(5)家庭教育要求要统一。在提高语言能力的同时,创造条件提高小张的生活自理能力,如让他独立吃饭,学习夹菜、摆碗筷、穿脱衣服等。

(6)将小张在家里的表现记录下来,及时与老师交流,以便提出新的要求和下一步的工作计划。

（三）训练效果

经过家园双方的共同努力，一年下来，小张变了，脸上经常有笑容，说话清楚了，也能与同伴进行简单的交流了。词汇量增多了，能掌握 800 多个单字，对名词、动词掌握较好。能准确说出幼儿园的名称和自己的名字；但发舌根音 g 和翘舌音 zh、ch、sh、r 有困难；能理解方位词"在……上面（或下面、里面）"；学会了说完整的句子，如"我自己脱衣服""昨天我感冒了"等；能记住五六首儿歌，在老师的帮助下能复述故事《小兔乖乖》，并愿意在同伴的陪同下表演唱歌、朗诵儿歌，有时能主动发言；家里来了客人，能打招呼和回答一些简单问题。小张的语言水平已接近同龄幼儿，而且生活自理能力也同步提高，学会了做自己能做的事。事实证明，对那些在某一方面发育暂时迟缓的孩子来说，只要教师能坚持以爱心、耐心、诚心去对他们进行教育与训练，他们一定能和其他的小朋友一样健康成长

二　案例二：一个矫治口吃幼儿的案例[①]

（一）个案简况

某男孩在陌生人面前或上课回答问题时，说话会相当频繁地重复一个词组的第一个音，如："老老师，这故事的名名称叫小马过河。"这一现象持续不断，老师把孩子的情况向家长反映，家长说孩子在家也有这样的现象，家长更为此焦虑不已。这到底是怎么回事呢？有办法帮助他解决吗？

很显然，此男孩的情况属口吃现象。口吃是指说话伴随言语中断、重复、不流畅，俗称结巴。口吃是幼儿常见的一种言语障碍。口吃的幼儿不仅使正常的言语交流受到影响，而且常会遭到同伴的嘲笑而变得自卑、孤独、易激动和焦虑，严重影响其心理的发展。

据观察，这个孩子的普通话和完整讲述一句话的能力不太过关，当在陌生人或在众人面前回答老师的问题时，便出现紧张心态，害怕说错话，越害怕就越不能说好话，故出现说话重复、不流畅。说话时紧张是该孩子造成口吃的直接原因。找到了孩子口吃的原因后，就要想方设法帮助其解决问题。

（二）学习训练

1. 消除说话时引起情绪紧张的因素，是矫正口吃的关键

努力创设平和协调的气氛，帮助孩子减少紧张感。在老师、家长与孩子对话时，不特别加以关注，而是顺其自然。当他一时说不清时，也不责怪。对其他孩子的嘲笑，应给予批评、制止。鼓励他慢慢说，有进步就给予肯定。如："你进步了，继续努力！"让小朋友为他鼓掌，鼓励他："老师说得好，你也一定说得好；老师能做到，你也一定能做到。相信你还会比老师

---

① 麦婉华．一个口吃幼儿的矫治个案[J]．教育导刊，1999(S2)：30.

做得更好。"使他树立信心,消除紧张情绪。

2. 有意识地进行一些语言训练,是矫正口吃的重要手段

(1)正确示范。老师念出正确的发音,让他看着老师的嘴形逐句逐字模仿(先一字字,后一句句),对孩子的模仿多鼓励,少责怪。

(2)训练孩子心平气和地说话。速度要慢,声音要轻,先把要说的话想好,然后慢慢地、轻轻地说出来。

(3)分散注意力。教他在说话时用呼吸和发声练习,或以做手势和头部运动来分散害怕口吃的注意力。还可以用游戏来增加他与人交往的机会,分散其对口吃的注意力。

(4)多练习儿歌、歌曲。找一些生动有趣的儿歌、小故事来激发学习兴趣,让他反复练习。不强调质量,以免增加他的心理压力。多让他唱歌,调整说话节奏。

(5)由易到难地训练。先让他多与熟人说话,对话的人少一些;逐步引导他与陌生人对话,对话的人多一些。教师先单独向他提些问题,当他能顺利回答后,再在小组面前向他提问。最后可在全班面前向他提问。逐渐加大难度,让他一一回答。

(三)训练效果

在多种方法的相互配合、共同作用下,一学年下来,该男孩已矫治了口吃。过去他上课时很少发言,现在他能积极举手发言,在陌生人和集体面前也能清楚、连续地表达自己的意思,自信之火又在他心中重新燃起。面对孩子的进步,老师和家长都感到莫大的欣慰。

思考与练习

1. 简述言语障碍的类型及特点。
2. 简述语言障碍的类型及特点。
3. 如何促进言语与语言障碍儿童的语言学习?
4. 如何促进言语与语言障碍儿童的交往沟通学习?
5. 如何促进言语与语言障碍儿童的适应行为学习?

本章小结

1. 语言障碍包含理解和表达上的障碍,代表性的语言障碍为失语症和语言发育迟缓。

失语症是获得言语后的障碍,是由于大脑损伤所引起的言语功能受损或丧失,常常表现为听、说、读、写、计算等方面的障碍。成人和儿童均可发生。

语言发育迟缓是指在发育过程中的儿童语言发育没有达到与其年龄相适应的水平,但不包括由听力

障碍而引起的语言发育迟缓等其他语言障碍。

2. 言语障碍是指与产生言语有关的神经和肌肉发生病变时出现说话费力或发音不清的现象。代表性的言语障碍为构音障碍、流畅性障碍和发声障碍。

构音障碍是由于神经病变，与言语有关的肌肉麻痹、收缩力减弱或运动不协调所致的言语障碍。

声音障碍又称发声障碍、嗓音障碍，声音异常，即音调、音量和音质发生异常。

最常见的流畅性障碍就是口吃。口吃是指口语由于反复、拖延、堵塞等原因所致流畅性出现障碍的现象。

3. 沟通障碍损害了传送和接受思想、事实、感觉及愿望的能力。有沟通障碍的儿童可能在语言方面存在障碍，有的甚至两个方面都有障碍，其障碍包括听、说、读、写上的障碍。

4. 言语与语言障碍儿童的语言学习可以借助仿说复述、自我谈话、平行谈话、示范学习、拓展延伸等技巧、方法来进行。

5. 言语与语言障碍儿童的适应性行为学习可以通过家园合作、创设良好的语言环境来达成。

6. 言语与语言障碍儿童的沟通交流能力可以借助专门的交流训练来提升。

第十一章 注意缺陷多动症儿童

知识目标

理解注意缺陷多动症儿童的基本特征及可能影响因素。

能力目标

掌握注意缺陷多动症儿童的学习特点，能够设计有效的干预训练活动。

素质目标

提升对注意缺陷多动症儿童的同理心和理解，支持其个性化学习和发展。

案　　例

　　某8岁男童,经常与同学发生冲突,攻击性强,具有冲动、任性等个性特点。在集体游戏过程中不能耐心等待,时而参与、时而破坏。不能遵守课堂秩序和学校规章制度,上课时很难安静坐着,常常玩弄手指和学具。老师在讲台上讲,他在座位上喋喋不休地讲个不停或发出怪声。写作业时经常是写一会儿、玩一会儿,经常抄错题。时常丢失学习用品。

　　注意缺陷多动障碍(attention deficit hyperactivity disorder,简称 ADHD)(也称为注意缺陷多动症)是儿童期常见的一种行为障碍。乔治·F. 斯蒂尔医生(Dr. George F Still)最早在医学界注意到注意缺陷多动障碍。当时,他把那些缺乏控制或容易多动的儿童称之为"道德控制缺陷"儿童。在过去的20多年里,注意缺陷儿童逐渐增多,学龄儿童中有该障碍的比例达到3%～7%。

第一节　注意缺陷多动症儿童发展的特点

注意缺陷
多动障碍
基础知识

　　注意缺陷多动障碍(ADHD)的诊断标准通常依据美国精神障碍诊断与统计手册第五版(DSM－5)或国际疾病分类第十一版(ICD－11)。注意缺陷多动症可以细分为三种类型:① 以涣散为主的注意缺陷多动症;② 以多动—冲动为主的注意缺陷多动症;③ 混合型注意缺陷多动症。

　　在注意缺陷多动儿童中男童高于女童,比例约为 3∶1。其中,男孩更多表现为以多动—冲动为主的注意缺陷多动症,女孩则表现为以涣散为主的注意缺陷多动症。

　　注意缺陷多动儿童的主要发展特点是多动、冲动和注意力不集中。注意缺陷多动儿童的认知、运动和言语发育的特异性延迟特征很常见,容易进一步导致继发社交紊乱行为及自卑。

一　注意的发展

注意缺陷
多动障碍
儿童的发
展特点

　　注意是个体对一定对象有意识的指向性认知过程,它是个体在觉醒状态下出现的一种心理活动,是个体获取知识、发展智力的起点。婴儿出生后不久即具备无条件的定向反射能力,以后逐步发展成两种注意:一种没有预定目标,是不由自主的注意,称无意注意;另一种有预定目标,是通过主观意愿来支配的注意,叫有意注意。无意注意是客观事物因其自身的特点吸引了人的注意力,于是可以随意地、不费劲地把注意力转向和集中到这些事物上,这是学前儿童心理发展的一般特点。有意注意是按主观意志把精力集中到某一事物上,以达到某个目的,完成某项任务。主动注意需要意志和毅力,即通常所称的"要费劲"。

注意缺陷多动儿童的注意缺陷具有下列特点：

1. 无意注意占优势、有意注意能力有限

注意缺陷儿童被动注意占优势，在他们感兴趣的活动中会持续将注意力投入较长的时间。这些孩子对有趣的电视节目、书刊、新奇的游戏等会全神贯注或相对集中注意力。

注意缺陷儿童很容易因被环境中的无关刺激吸引而导致分心，比如外边开过去的汽车声音。注意缺陷多动儿童避免任何需要持续意志努力的任务，对老师的提问茫然不知或答非所问，做作业或完成学习任务容易因受外界无关刺激而分心。平时做事也是丢三落四，经常忘记成人刚才告诉他们的任务或活动内容。那些我们看起来情绪或行为反应"木讷"的孩子可能已经具有注意力不集中的征兆。他们比同龄孩子接受外界信息要显得慢一些。当教师给予他们指令时，他们可能不理解到底要让他们做什么，甚至他们会安静地坐在那里等着老师。重症注意缺陷多动儿童则无论有意或无意注意都明显表现不足。

2. 注意维持时间短暂、注意稳定性有限

注意维持时间短暂指儿童可能有非常短暂的注意时期，或者在一段简短时间内很难持续注意某件事情。儿童注意力不集中的现象在儿童早期（即学前儿童阶段）不容易被发现，一般要到上小学后的几年之中才会发现。因为当早期儿童中断某种活动或很难控制或出现不适宜行为时，人们会误认为这些儿童需要成人的帮助和介入支持。事实上，有些儿童看起来很安静，但是他们可能有严重的学习困难。我们很少意识到或想起这些孩子可能也需要介入支持。

注意缺陷多动儿童的注意稳定性有限。他们很难集中注意力于某个单一任务上面，往往是在开始执行某个任务不久就会厌烦。他们经常在还没有完成先前游戏的情况下就转向另一个游戏。他们难以做到连续几分钟听同伴或老师讲话，极易疲劳和分散注意力。但是，注意缺陷多动儿童的注意稳定性仅在自选游戏活动中体现不明显。幼儿教师很难在自由游戏中把注意缺陷儿童与同龄健全孩子区分开来；健全儿童和注意缺陷多动儿童之间的差异更多体现在结构化的教学性游戏活动中。在这些活动中，注意缺陷多动儿童可能因为不感兴趣或无法完成任务而变得沮丧，行为也可能更具有攻击性。

3. 注意细节、注意分配能力有限

注意缺陷多动儿童不太特别注意细节，经常在学校作业中犯粗心大意的错误，如做作业容易漏题、串写，马虎潦草、计算出现不应有的低级错误等。

注意缺陷多动儿童很难在同一时间接受或完成两个任务指令。健全儿童能为完成某项任务在同一时间内关注多个对象，如做早操时，边举手边转圈；注意缺陷多动儿童只能站在原地举手，或双手下垂着转圈。

二　行为的发展

注意缺陷多动儿童的行为主要体现在多动行为和冲动行为上。学前儿童比较常见这两种行为表现。

1. 多动行为

我们把有多动行为的孩子称为"忙不停的孩子"。这些孩子坐在座位上经常显得烦躁不安，很难安静地坐几分钟。在集体活动时这些孩子的小动作不停，摇椅转身，离位走动，叫喊讲话，"扰乱"课堂秩序。

注意缺陷多动儿童的多动水平与正常年龄不吻合。大多数学前儿童有容易兴奋的特点，但是注意缺陷儿童的兴奋水平显然比同龄孩子显得过度活跃。婴儿期注意缺陷多动儿童表现为好哭、易激惹、手足不停地舞动、兴奋少眠、难以养成有规律的饮食和排便习惯。会走路后，注意缺陷多动儿童的活动明显较健全同龄儿童增多。除了睡眠时间外，儿童难以有安静的时刻。进幼儿园后儿童很难遵守集体生活的纪律，好喧闹和捣乱。比如，当老师要求所有孩子安静地坐一会儿时，注意缺陷多动儿童可能站起来，在教室内乱跑或跑到教室外边，甚至趴在地上不动、打滚或跳跃。在自由游戏时间，他们经常很难投入看书、画画等安静游戏，一个玩具玩一会儿就要更换另一个。

注意缺陷儿童的多动行为无明显的目的性。美国国家心理健康委员会指出，在学前班或幼儿园，这些孩子很难参与集体活动，他们经常会不断地动来动去，或者打扰坐在旁边的孩子，比如做鬼脸逗周围同学发笑、用动作招惹别的孩子等。

2. 冲动行为

冲动指儿童在行动前不预先思考。有冲动行为的注意缺陷多动儿童很难站在一行队列里，或者很难学会排队轮流等待。他们可能经常打扰别人，或发表不适宜的评论。这些儿童往往是在对问题没有听完整前就抢先回答。他们更关注即时的满足。随着年龄增长，这些儿童可能不去思考行为的后果。

注意缺陷儿童的冲动行为常常不分场合、不顾后果。这种行为往往具有破坏性、危险性，容易发生意外事故。比如，注意缺陷儿童在家经常翻坛倒罐，对玩具、文具任意拆散、丢弃；对老师、家长的批评"置若罔闻"，很难改变错误行为。参加游戏活动时，注意缺陷多动儿童喜欢爬高、翻越栏杆，在玩滑梯等需要排队的游戏中，不能耐心等待轮换，要么抢先插队，要么就是弃而不做。平时走在行驶车辆的马路上，注意缺陷多动儿童有时会突然横穿马路，即使不会游泳也会任意下水等。注意缺陷多动儿童可能呈现急躁的性格或认知不灵活的特点，当他们沮丧的时候，可能会推倒、击打或伤害其他孩子。

3. 自主行为缺失

儿童的自主行为需要大脑执行功能的控制。大脑是一个复杂的器官。大脑处理的图像来自人体外部感知到的信息，也来自人体内部的情绪认知。当这些信息经过处理后，大脑给身体各器官发出指令。这个复杂任务实施功能，我们称之为大脑的执行功能。大脑执行功能对目标定向的行为和行动负责，个体自我控制和自我管理的主要机制就是大脑的执行功能。

神经生物学已经将功能磁共振成像、正电子成像术等方法应用于注意缺陷多动研究，发现注意缺陷多动儿童的执行功能存在异常。这种异常导致注意缺陷儿童有如下表现①：

（1）注意缺陷儿童的工作记忆存在缺陷，他们很容易健忘，缺乏事先计划和事后反思的能力；

（2）注意缺陷儿童的内部言语延迟，他们很难管理自身行为；

（3）注意缺陷儿童对消极或积极的经历反应过度，他们听到好消息时，可能大声尖叫；面对挫折时，常常会立刻发脾气；

（4）注意缺陷儿童面对问题情境时，解决方法和能力有限，经常凭第一反应冲动地做出应对。

注意缺陷儿童对外界的反应缺乏目标，以无组织或冲动的方式作出反应。另外，注意缺陷儿童的中枢神经传导低效，这导致大脑的很多指令不能顺利传导到身体各部分，身体的反应也不能顺利反馈回大脑进行信息加工。

4. 动作不协调行为

有的注意缺陷多动儿童有轻微共济运动障碍。他们走路呈 S 形前进，易摔跤；操练缺乏节奏感；不正确的动作和姿势难以纠正；扣纽扣、系鞋带等精细动作缓慢而不灵巧，画圈、用剪刀等动作显得笨拙；有的还会出现镜相动作，如一只手在做某一动作时，另一只手也会不自主地做类似动作。

5. 问题行为

注意缺陷多动儿童的"吸吮手指"行为发生率较高，有时也常伴有口吃、遗尿等问题行为表现。有的儿童还有低耳廓、眼内眦赘皮、高弓形硬腭、斜视、通贯手、平底足、小指短、足内翻等先天缺陷。因此，教师或家长应注意鉴别导致这些行为的确切原因，必要时到专业医院鉴定以上行为是否与儿童精神发育迟缓有关。

6. 社交行为

注意缺陷多动儿童处于消极的社会地位之中②。此类儿童的共情能力、同伴关系及自我概念等较健全儿童差；其心理社会性发展主要受注意力缺陷的影响，同时还受执行功能损害的影响③。与健全儿童相比，注意缺陷多动儿童容易受到同伴排斥。有些孩子甚至明显表现出拒绝与其一起学习、游戏的语言或行为。由于注意缺陷多动儿童无法掌控自己的行为，他们并不知道哪些行为是社交中常用的积极行为，也不知道不同环境中行为存在的差异。注意缺陷多动儿童很难做出符合社会期待的行为，他们冲动、感情用事或反应过度的行为容易导致其无法在现实环境中做到举止得体。所以，他们即使知道哪些行为是得体的，也无法表现出适当行为。虽然渴望被同伴理解，但是他们朋友却很少。

三　注意缺陷多动儿童伴随的学习困难

学习困难是指智力基本正常的学龄期儿童学业成绩明显落后的一类综合征。一般是指有适当学习机会的学龄期儿童，由于环境、心理和素质等方面的问题，致使学习技能的获得

①② 哈拉汉，考夫曼，普伦. 特殊教育导论[M]. 肖非，译. 北京：中国人民大学出版社，2010.
③ 李韵. 注意缺陷多动障碍儿童认知特点及心理社会性发展特征的研究[D]. 济南：山东师范大学，2007.

或发展出现障碍,表现为经常性的学业成绩不良或因此而留级。学习成绩差是儿童 ADHD 的主要合并症状,且随年龄增长和学习内容加深而症状逐渐加重[①]。

注意缺陷多动儿童的学习困难有其特殊性。ADHD 儿童的智力水平较健全儿童的平均水平为低,其选择性抑制、语音信息的工作记忆及计划功能均存在一定程度的缺陷[②]。

具体来说,注意缺陷儿童的学习困难具有以下特点:

1. 学习成绩的波动性

注意缺陷多动儿童在老师或家长持续、适宜的要求或帮助下,学习成绩或任务完成水平能得到一定程度的提高。反之,如果缺乏帮助,由于注意缺陷多动症状的影响,儿童的学习成绩或任务胜任水平降低,信心就会明显下降。所以,注意缺陷多动儿童的成绩很不稳定,有时儿童之间的成绩相差较大。

2. 学习成绩随升入高年级而逐渐下降

在学前期或学龄低年级期间,学习内容较浅显、易于掌握,学业评价的外在压力较小,因此,注意缺陷多动儿童的学习成绩或活动任务完成效果还不错。他们中存在的学习困难症状不明显。当升入高年级后,随着学习内容的认知难度加大,社会或学校对儿童的升学压力也变得更大,注意缺陷多动儿童的症状将严重影响其学习效果,其成绩会明显落后于班上其他同龄儿童。

四　注意缺陷多动症的影响因素

注意缺陷多动症的影响因素主要有遗传、脑损伤、大脑执行功能的发展性损伤和社会环境因素。

1. 遗传因素

遗传在注意缺陷多动症的影响因素中起着重要作用。注意缺陷多动儿童的家庭成员中往往有类似症状出现。如果父母有注意缺陷多动症,大约 57% 的儿童也会被诊断为注意缺陷多动症,这些孩子中 30%～35% 的兄弟姐妹也会遗传到注意缺陷多动症。单卵双胎同时患 ADHD 几乎为 100%,而双卵双胎儿同时患病只有 10%～20%。很多父母并不知道自己有注意缺陷多动症,直到家庭中有其他成员被诊断出来,比如孩子被确诊时,才知道自己有此症。

基因研究表明,超过 80% 的注意缺陷多动儿童到成年后仍然无法康复。另一些研究指出,遗传对注意缺陷多动儿童的影响随年龄和发展阶段而有所不同。儿童年龄越大,基因影响注意缺陷多动的可能性就变小。个别家庭儿童成年后的注意缺陷多动症会获得康复。但是,这种状况并非发生在所有注意缺陷多动儿童的身上。

2. 轻度脑损伤因素

2004 年美国心理健康国家委员会公布注意缺陷多动儿童可能是轻度脑损伤、外伤或机

---

① 李平. 注意缺陷多动障碍(ADHD)适应行为的因素分析[J]. 国外医学妇幼保健分册,2001,12(4):180－181.

② 刘豫鑫,王玉凤. 注意缺陷多动障碍儿童认知特点的研究[J]. 中华医学杂志,2002(6).

能失调导致。然而,并非所有注意缺陷多动儿童都有脑损伤或神经系统异常的表现。

母孕期的营养不良,吸烟、酗酒等不良嗜好,疾病,接受 X 射线照射,分娩期早产、难产、缺氧窒息。出生后的颅脑外伤、炎症、高热惊厥、中毒等均可造成脑损伤,尤其是额叶皮质受损,可导致出现注意缺陷多动症状。

3. 儿童自身的动机水平

动机水平影响注意缺陷多动儿童完成某些作业任务或日常表现①。注意缺陷多动儿童的延迟障碍并非单纯由于其本身不能等待导致,儿童面临学习任务的动机水平也影响其学习效果。随着展现在注意缺陷多动儿童面前的任务情境越来越有趣,儿童等待的时间越来越长。在钓鱼情境下儿童的延迟时间最长,在枯燥等待情境下的延迟时间最短。注意缺陷儿童与健全儿童在枯燥等待情境、拣豆子情境、卡片分类情境下的延迟等待时间差异显著,而在钓鱼情境下的等待时间没有差异。色彩艳丽、内容丰富的图片能调动注意缺陷多动儿童的高水平动机状态。

4. 社会环境因素

家庭因素对注意缺陷多动儿童有显著影响。有报告指出,父母受教育程度与注意缺陷多动儿童有关。ADHD 儿童的父母文化程度多在初、中等水平,父母一方受过高等教育者仅占 7.6%,明显低于对照组。单亲家庭或父母患有精神病、酗酒和行为不端等"温暖被剥夺"的儿童易出现 ADHD 症状。自幼未能养成良好的生活和学习习惯,家庭过于溺爱,儿童会出现随心所欲、自制力差、多动等症状。家长或老师对儿童的学习生活行为过于苛求,儿童心理情感压抑、紧张,也容易出现活动过多、注意力分散、冲动任性等行为异常。家长因工作忙未能悉心教育儿童,或缺乏教育方法、责任感也易造成 ADHD 症状加重。

环境污染也容易导致儿童注意缺陷多动症的发生。相关研究指出,诸如铅中毒这样的环境因素与儿童多动行为有密切联系。儿童铅及其他化学物质污染的途径有:空气污染(工业废气、含铅汽油等)、学习环境和学习用品(课桌椅油漆层、铅笔、蜡笔等)、塑料和油漆玩具、食物和水污染(食品添加剂、罐头食品、爆米花、含铅皮蛋等)、家庭装潢化工产品以及小儿吸指癖、异食癖等,但这些污染因素与 ADHD 发病的确切机理尚不明确。另外,食用过多的精制糖和有过多食品添加剂的食品,容易导致儿童多动行为的发生。有研究者提倡家长为儿童提供少盐、天然的健康饮食,这样能够减少 5% 的注意缺陷多动儿童。

第二节　注意缺陷多动症儿童的学习

注意缺陷多动儿童可以进行教育方面的干预。早期干预需要遵循以下原则②:

---

① 严芳. 不同动机水平对注意缺陷多动障碍(ADHD)儿童延迟满足的影响[D]. 西安:陕西师范大学,2008.

② 哈拉汉,考夫曼,普伦. 特殊教育导论[M]. 肖非译. 北京:中国人民大学出版社,2010:222.

注意缺陷
多动障碍
儿童的学习

(1) 教学程序和规则必须简明扼要,并且经常通过直观的形式呈现给儿童;

(2) 成人对儿童行为的反馈必须迅速及时;

(3) 成人对注意缺陷儿童的反馈频率要比对健全儿童更高;

(4) 成人对注意缺陷儿童的反馈形式要比对健全儿童更多样化;

(5) 成人要给予注意缺陷儿童适当、多样的激励;

(6) 成人给予注意缺陷儿童的刺激强化要变化多样;

(7) 教师要提前制订好计划,特别是活动期间过渡环节时间段的转换内容与形式等计划,这样儿童才能够知道或理解即将进行的活动内容。

注意缺陷多动儿童的学习有其特殊性,主要包括积极行为支持、环境控制和适应行为的学习三种方式。

一   积极行为支持

行为管理项目对融合教育背景下的注意缺陷多动儿童发展有效。当然,这个管理项目对注意缺陷儿童必须是适宜的。行为管理指教师和家长共同采取某些行动,这些行动能够促进儿童发展出社会认可的、个人胜任的有意义行为的可能性。

积极行为支持(positive behavior support)是一种行为管理策略,它包括支持儿童学习适宜行为的一系列方法,这些行为能帮助儿童在学校、家庭和团体中获得成功感。教师采取有效行为管理策略的能力来自个人的教育观。教师必须清楚关于儿童行为、班级行为规则和正确或不正确行为后果期望的观念。以下是推荐的积极行为支持的相关策略:

1. 建立清楚的教师期望和一致的行为限制要求

教师和家长对幼儿该做什么和不该做什么是有要求的。但是,事实上,并非所有幼儿都能自动、自然地通过观察成人的行为学会适宜行为。教师应该具体、明确地告诉儿童在具体情境中怎样的行为才是适宜的。成人的期望必须是可以实现的,并且按照儿童发展的水平制定。比如,希望2岁或3岁儿童坐在一个地方5~10分钟是不现实的。

2. 清楚陈述静坐、谈话和互动的班级规则

规则必须简洁而清晰。幼儿教师在活动开始和过渡环节都要告诉儿童规则是什么。另外,教师对规则的要求必须一致,这样才能强化儿童对规则的执行力。比如,在一种情境下强化某种规则,而在另外的情境中不遵守,这样混合的信息呈现给儿童,将会导致儿童对规则的无所适从。贴在班级墙上的适宜规则视觉化暗示是一种提醒幼儿遵守规则的好办法。

3. 使用视觉和非语言的线索间接指导儿童的行为

儿童行为的间接指导发生于教师与儿童的谈话、阅读故事或与儿童的其他互动活动中。教师可以使用身体姿势、物理空间的暗示,使用图片或字卡的方式向儿童呈现其即将遵守的适宜行为。

4. 即时反馈儿童的行为

儿童能够接收到清楚的信息是非常重要的。这些信息包括成人对儿童行为的结果给予

及时的认可。对注意缺陷儿童来说,行为结果的信息要比健全儿童更快,因为这些儿童的行为是冲动的。

5. 使用变化的积极强化物

对儿童强化的活动范围和物体应该是有效的,强化物不应成为可以预期的。另外,所有活动和日常生活环节中,教师都应当对所有儿童使用表扬这一强化物。

以下提供了成人与注意缺陷儿童如何建立积极关系的具体策略:

建立一种积极的成人—儿童关系	支持儿童的适宜行为
观察儿童以便更好地理解儿童的兴趣和行为	成人为儿童在每种情境、地点和情况下的行为设立清晰的界限
成人对儿童看到、听到和注意的事情感兴趣	成人为儿童制订明确具体的日常活动计划,并且坚持执行它
以游戏的方式与儿童互动,并在游戏过程中听从儿童的领导	成人告诉儿童每种行为的明确具体的期望,并且坚持执行它
成人认可儿童展现的某种感情,反对各种理由的批评和主观判断	成人对儿童操作的每种适宜行为都给予一致和及时的积极评价
注意儿童正在做的事情	成人为鼓励适宜行为提供一系列积极的强化
描述儿童的行为和游戏内容	当儿童呈现不适宜行为时控制负强化
成人与幼儿要有持续的身体联系	在日常生活中表扬儿童的适宜行为

二　环境控制

一个最少限制的结构良好班级教室对注意缺陷多动儿童是有益的。下面是老师如何调整班级教室,以便帮助注意缺陷儿童或者其他自我控制混乱的儿童更好地为学习做好准备的相关策略:

1. 设立一个集中的组织中心

中心环境要整洁、自由,这对于注意缺陷多动儿童非常重要。混乱的无组织环境将导致多动儿童分心或过度兴奋。

2. 保持最小的噪声量

高分贝的噪声可能导致注意缺陷多动儿童变得过度兴奋。某些教育者认为学前教育儿童教室是一个天然的噪声场所。这种误解导致很多错误的班级管理做法,以致阻碍了儿童的学习。在儿童健康的社会情绪发展中,有一个部分即是学习与某种环境、情况和地点要求一致的适宜行为。

3. 减少感觉过度的刺激源

注意缺陷多动儿童对环境刺激的反应保持在一个最小水平上。比如,灯光和逼真的颜色可能会导致注意缺陷多动儿童分散注意力和感觉系统。这样的视觉刺激应该尽可能消除或最小化,譬如改变灯光或覆盖教室某些区域的微小改变将有助于减弱可能分心的声音和视线。

三 适应行为的学习

以下为提高注意缺陷儿童适应行为学习能力的策略:

1. 基于儿童的需要设计其不同活动内容

由于很多注意缺陷多动儿童都有具体的学习障碍,所以课程内容必须基于儿童具体的学习需要。注意缺陷多动儿童可能有以下需要:

◆ 任务分析;

◆ 每个步骤完成的时间比健全儿童要长;

◆ 每步完成时儿童需要及时予以反馈;

◆ 完成任务间要有间歇的休息停顿。

2. 为每个儿童制订小组和个别活动的日程表

教师可以利用海报、计划表、表格和个别化日程表等形式来告诉注意缺陷多动儿童每天的日常活动内容和时间安排。注意缺陷多动儿童需要利用可视化的日程表来清楚地知道哪些活动即将开始或结束,也要清楚知道哪些活动在教室内,哪些活动在户外。教师可以使用有颜色的即时贴和商标写上这些日程安排,以吸引儿童注意某一项活动,也可以使用工作簿告诉注意缺陷多动儿童今天的活动先做什么,再做什么,最后做什么。

3. 当儿童需要时与儿童互动并予以指导

早期儿童教育者要紧密跟随注意缺陷多动儿童,参与所有活动的全过程。当老师投入参与儿童的活动时,他们尤其能更加积极地投入活动,这样做将减少儿童不适宜行为的发生。

4. 使用近距离的身体控制

当教师给儿童以近距离指导时,注意缺陷多动儿童的注意力会大大提高。在小组和集体活动中,教师靠近注意缺陷多动儿童站立,或者坐在儿童旁边,这将提高他们的注意力,提高其完成任务指令的水平。

第三节   注意缺陷多动症儿童的学习训练

一 案例一:一个注意缺陷多动症儿童的训练

(一) 个案简况

小 A 是一位小学二年级的男生,今年 8 岁。与同学相处经常发生冲突,表现出攻击性强、冲动、任性等个性特点。在集体游戏过程中,他不能耐心等待,时而参与、时而破坏,常常因未达到满意而与同学打架。不能遵守课堂秩序和学校规章制度,上课时很难安静坐着,常常玩弄手指和学具,或是老师在讲台上讲,他在座位上喋喋不休地讲个不停或发出怪声。小A在课堂上经常随意离座走动;学习和玩耍时很难长久地集中注意力,总是虎头蛇尾;做作业时经常是写一会儿、玩一会儿,字迹歪七扭八,经常抄错题;自己的学习用品经常丢失。小A的学习成绩落后,体育成绩也很差,班主任说很难在他身上发现什么优点。任课教师大都认为,对他运用了多种教育方法,但是,小A反复无常、软硬不吃。个别教师对他失去了信心,只要上课时他不严重破坏课堂秩序,也就不管他了。每次他犯错误之后,总是受到老师的批评,或者向被打的同学道歉,或者当着全班同学的面作自我批评。然而,每次批评过后,他还会再犯同样的错误。

(二)学习训练

1. 建立咨询关系

辅导关系如何会直接影响到辅导效果。因此,在最初的几次辅导中,指导老师主要是同小A一起做做游戏、聊聊天,不对小A做出的事情给予评价。在这个过程中,师生之间情感融洽了,他逐渐消除了对老师的抗拒心理。渐渐地,他愿意把自己的事情向老师诉说。

2. 矫正错误认知

小A表现出情绪外露、性情暴躁、情感多变、感情反常,他与教师、家长的感情常常是对立的,这种对立影响到他对整个社会现实的感情、认识和态度。他经常遭到人们的批评、斥责和嫌弃,既自卑又自尊,有时自己瞧不起自己但又不允许别人瞧不起他。在这种情感的支配下,他常以粗暴的行为发泄自己受到的压抑情绪。无论客观情况如何,只要感到自尊心受到伤害就会立刻作出强烈的反应。为了取得他人尊重,采取以非存在的方式证明其存在。

指导老师结合他的行为,有目的地给他讲故事。在这个过程中,他认识到自己做错事是因为认知上的错误,学会检查自身的不对,学会说"对不起""请原谅",克服情绪冲动、任性的毛病。每次辅导,指导老师都细心倾听他的意见,了解他的想法、心情,通过谈话,让他将心中的不稳定情绪宣泄出来,并及时疏导,使他心理保持平衡。然后逐步帮助他分析、总结过去几天中自己认为做得好的和不好的地方。对他做得好的行为及时加以表扬,进行强化。渐渐地,他越来越重视别人对自己积极的评价,特别是在自知有缺点后,表现出强烈的改正、请求原谅的想法。

3. 强化行为

小A注意力集中困难,活动过多,动作协调性差,情绪冲动,这些他都能认识到,但总是反复,表现出自控力差,针对这些情况具体实施以下几种方法。

(1)游戏法。每次都做一些游戏。做新游戏的时候,他都很认真,注意维持时间能达到10分钟,而对于玩过两次的游戏,兴趣开始下降。针对这种情况,每一种游戏在玩过一次之后,就同他商量更改游戏规则。这样一种游戏就可以有很多种玩法,他对每种游戏的注意时间也就会逐渐延长。

（2）代币制。为了强化他的良好行为，矫正不良行为，指导老师采用代币制的方法。将他的不良行为表现列出表格，如上课离座行为、攻击性行为等，如果每天能减少一项行为可得到一朵小黄花，五朵小黄花可换一朵小红花，两朵小红花可换一朵大红花。一朵大红花等于一个愿望，如到动物园玩、买新玩具等。当他达到一个容易达到的标准之后，就与其商定提高要求。经过采用这种正强化方式，小A的不良行为得到明显的改善，他开始重视自己的行为带来的后果。

（3）角色扮演法。角色扮演是指在不同情景下体现角色身份的不同行为。每个人都在尝试学习某种社会角色，每一种角色都要求扮演者体验一定的情绪状态。在攻击性行为中，攻击者扮演着专制残暴的角色，被攻击者则体验着恐惧、逃避、愤恨、驯从，甚至悲伤、委屈的情感体验。让小A与平时受欺负的学生一道演戏，剧情中包含着人际冲突的情节，弱小的同学充当主动打人的人，小A充当被打者。要求小A细心体验角色要求，回忆自己被打后的表情和反应，并将之表现出来。经过这样的练习，小A学会了从挨打者的角度想问题，意识到了打架、骂人给他人造成的心理痛苦，从而抑制了自己的攻击性行为，逐渐减少了攻击性行为的次数。

4. 恰当宣泄消极情绪

当消极情绪积累到一定程度时，仅仅靠自我控制、压抑等方法是不够的，而必须适当地宣泄消极情绪，用恰当的方式将愤怒、不满等消极情绪表达出来，否则，过度的压抑会导致爆发性的情绪发作行为，造成更为严重的后果。可以帮助小A采取大声宣泄法和体育锻炼法宣泄消极情绪。

（1）大声宣泄法。当自己觉得很烦闷、愤怒，而无法控制自己的时候，便到空旷的地方，大声叫喊，这样既可以使烦闷、愤怒情绪得到发泄，又不会产生什么不良后果。

（2）体育锻炼法。一些心理学研究认为，儿童之所以发生大量的不良行为，是因为空余时间多，精力过于旺盛造成的。过于旺盛的精力不能及时发泄，不断积累，促使儿童跃跃欲试，行为冲动，导致在情绪冲动时使用破坏性的行为发泄其旺盛的精力。因此，针对这种情况，指导小A练习跳绳、踢毽子等活动，进而参与班级内各种体育比赛活动，使小A旺盛的精力得以宣泄，逐渐减少攻击性行为。

5. 家庭辅导

学校辅导时间有限，小A绝大部分时间与家人共处。为了取得更好的效果，教师与小A家长共同商定对他的辅导计划。对家长提出建议，促使家长转变教育观念，帮助小A养成良好生活习惯和学习习惯，对他微小的进步及时予以表扬、鼓励，使他建立信心，减少对小A不良行为的惩罚。主要包括：

（1）帮助小A监控有效注意时间。

（2）增进与孩子的交流，了解孩子的所思所想。

（3）多鼓励孩子，关心孩子。

（4）注意培养孩子的自信心。

（5）注意饮食营养，合理安排作息时间。

（三）训练效果

经过近六个月的跟踪辅导,基本达到预期目标:小 A 的自控能力明显增强,注意力集中时间有所延长,其上课离座行为有所减少,攻击性行为有所缓解,促进了良好人际关系的发展,提高了学习适应性水平。

二　案例二:对彼得破坏行为的矫治

（一）个案简况

彼得,4 岁男孩,独生子,单亲家庭,由母亲抚养长大。母亲是一名营业顾问,孩子从小没见过父亲,没有明显的病史,没有明显的发展性重要问题。目前在一所私立小学上学,已经是学前班二年级,从早晨到中午共四个小时在学前班。班级有 14 名同学,2 名教师,1 名助理。社区还给孩子配有特殊教育巡回教师。

（二）学习训练

1. 阶段 1:家长—幼儿互动模式的早期干预

彼得和母亲参加了 10 周的家长—幼儿互动模式早期干预会议。在第一次会议中,家长—幼儿互动模式的第一阶段是母亲学习"儿童导向的互动(简称 CDI)"。这个阶段要求家长在游戏活动中区别对待幼儿的行为,这些行为包括适宜正确的行为、忽略破坏行为、忽略非危险性行为。

接下来,早期干预会议开始辅导和评估彼得和母亲的互动技能。尽管在儿童导向的互动中,破坏行为并不是重点干预的行为,但是彼得的妈妈和治疗专家观察发现,在儿童导向活动中,这种行为看起来逐渐减少,而且这不仅体现在治疗师参与的治疗中,也体现在家庭中。

第三次早期干预会议,当妈妈忽略其破坏行为时,彼得很快投入到积极行为之中。彼得母亲也报告说彼得看起来非常喜欢参加日常的游戏活动,而且当妈妈表扬他时,他会对妈妈说"谢谢"。彼得母亲按照早期干预会议的要求,几乎每天都与孩子一起玩大约 5 分钟游戏,在此过程中利用儿童导向互动的家庭练习记录单来评价儿童学习。

随着彼得母亲逐渐熟悉了儿童导向的互动,她开始学习"家长导向的互动(简称 PDI)"。这种互动包括"偶然后果法"的使用,比如孩子完成了某项任务就表扬,如果没有完成就暂时停止活动。彼得在使用这种方法治疗的三周时间内,胜任行为逐渐增加,暂停活动逐渐减少。

随着家长导向互动活动的推进,彼得的特殊教育巡回教师也参与到早期干预活动中来。巡回教师参与早期干预会议,并且在彼得母亲基本上熟悉了家长导向的互动活动后,开始积极参与早期干预活动。

2. 阶段 2：基于学校的行为管理

第 20 周，彼得的母亲、特殊教育巡回教师和治疗专家共同讨论制订了一个适用于班级的行为管理项目。他们在班级观察彼得的行为，并对其做简单记录和分析。在班级中，彼得的破坏性行为是不可以接受的，比如在游戏活动中不能打扰别人，坐小板凳的时候不能和同伴靠得太近，集中注意力参与集体活动的时间至少要 20 分钟。破坏行为的后果也要明确，比如对老师的注意、转向喜欢活动的能力和逃避要求的能力。行为计划建立在功能性分析基础上。

特殊教育巡回教师和彼得的班级教师都接受治疗专家的指导。治疗专家要求特殊教育巡回教师在集体活动中对彼得的行为提出有效的要求和积极的关注，要求班级教师有选择性地参与彼得的活动，或者给予彼得比其他孩子更为具体的指令、要求等。在集体活动时间，彼得被安排在一个他喜欢的椅子上，而不是像其他小朋友那样坐在小板凳上。治疗专家制作了"日常报告卡片"，报告内容包括彼得的攻击性行为、冲动行为、多动行为和蔑视行为。教师对彼得的行为要求包括：得到老师允许才能离开座位、按照老师的要求行动、说话声调低一点等。如果彼得做到了上面的要求，老师要给予奖励。无论是在学校，还是在家里，老师都要给予这种奖励。

彼得的班级教师需要改变一些目标以适应现在的班级规则。班级教师希望彼得的个别化教育时间能与学校的时间一致，比如午饭前、活动后和离园前。在治疗专家的建议下，彼得的特殊教育巡回教师也制作了薄纸叠成的"日常报告卡片"。这些卡片放在相应学习目标的盒子里。如果彼得在指导下完成了某个学习目标，就会很快知道。

（案例来源：Timothy L Verduin，Howard Abikoff，Steven M S. Kurtz：Evidence-Based Treatment of Attention Deficit，Hyperactivity Disorder in a Preschool-Age Child：A Case Study[J]. Journal of Clinical Child & Adolescent Psychology，2008，37（2）：477－485. ）

思考与练习

1. 注意缺陷多动症儿童的学习特点是什么？
2. 请用"积极行为支持法"为注意缺陷儿童设计一个活动。

本章小结

1. 注意缺陷多动症儿童完不成任何需要持续意志努力的任务。
2. 注意缺陷多动儿童被动注意占优势，在他们感兴趣的活动中会持续将注意力投入较长的时间。注意缺陷多动儿童的行为主要体现在冲动行为和多动行为。注意缺陷儿童的兴奋水平显然比同龄孩子更加过度活跃。注意缺陷儿童的多动行为无明显的目的性。注意缺陷儿童的冲动行为常常不分场合、不顾后果。这种行为往往具有破坏性、危险性,容易发生意外事故。

3. 注意缺陷多动症儿童的学习有其特殊性,主要包括积极行为支持、环境控制和适应行为学习三种方式。积极行为支持(positive behavior support)是一种行为管理策略。它包括支持儿童学习适宜行为的一系列方法。这些方法能帮助儿童在学校、家庭和团体中获得成功感。环境控制主要指教师调整班级教室布置,以便帮助注意缺陷儿童或者其他自我控制混乱的儿童更好地为学习做好准备。适应行为学习指来自美国教育部的提高注意缺陷儿童适应行为学习能力的四种策略。

第十二章 孤独症儿童

知识目标

了解孤独症的历史背景、诊断标准及其核心特征。

能力目标

掌握孤独症儿童的发展特点，能够分析个案并实施干预和教育计划。

素质目标

提升对孤独症儿童的同理心和理解，以支持其全面发展和学习需求。

北生是一名活动性强、精力极其旺盛的 4 周岁小男孩,安置于一类似训练机构的私立幼儿园。2 周岁之前没有语言;几乎不与人对视;有想要的东西,拉着成人的手到相应的地方来表示。父母意识到孩子的异常,去医院后被确诊为孤独症。开始个训形式的干预之后发展出语言。个训过程中也表现出了北生的认知潜力。

一年前的冬天,北生被介绍到工作室。第一次来时,无视他人,被要求打招呼时,也不看对方。嘴里时而重复听不懂的音,时而重复之前动画片里听到的小动物的话,并情绪高涨地在办公室里跑了两个小时,满身是汗,妈妈面对面请他喝水,总算坐下来休息了一会儿。经过较为全面的能力评估之后,北生开始接受一周 2～3 次的个训和一周一次的集体音乐治疗性活动(每次均为 1 小时左右)。

一年的干预之后,虽然活动性仍然很强,自我控制能力仍较弱,但北生在语言理解和表达、情绪理解(熟悉的人)、认知能力(包括想象力等)、规则的理解和遵守等方面有了较大进步:能够较长时间地与较为熟悉的成人(除亲人外)视线对视;能用语言表达自己的意见和需求;能根据一些情境进行有意义的交流。但由于与健全幼儿的相处机会少,同伴关系基本没有,在同一活动空间中,对其他幼儿的意识弱,很难做到游戏时同伴间的等待与轮流。对其他幼儿的情绪反应(如因被他踩到、压到等大声哭泣)不理解,无歉意或愧疚等情感。因此,发展同伴意识和与同伴互动时的社会知识和技能、增强自我控制的能力等,将成为下阶段干预的中心。

第一节　孤独症儿童发展的特点

孤独症是所有儿童期障碍里最神秘、最令人迷惑的一种障碍。作为一种严重的发展性障碍,孤独症(autism)或孤独性障碍(autistic disorder)影响儿童与他/她的周围世界互动的每个方面,也影响脑的很多区域的正常发展,损伤人类的一些核心特征——社会性反应、交流能力以及对他人的情感。

1943 年,美国精神科医生坎纳(Leo Kanner)描述了 11 个有类似表现的儿童:幼年时的他们像躲在自己的壳里;关注物体而忽视人的存在;避免与他人的目光接触;语言有限或没有语

言;行为上表现出刻板的动作,而且都表现出对同一性的坚持(preservation of sameness),即强烈地、迫切地要求日常生活的程序和活动保持一致,除了他自己,不允许任何人打断或改变。坎纳将这种障碍命名为"婴儿早期孤独症(early infantile autism)",并提出了这些儿童的核心特征:"在生命的一开始就缺乏把自己与他人以正常方式联系起来的能力",即"一种极端的自闭性孤独,无论任何时候,对于外界的任何事物都视而不见、听而不闻,紧紧关闭与外界联系的大门。"坎纳当时认为孤独症发作的原因是先天性地缺乏与他人建立亲密关系的能力。

一 孤独症谱系障碍概述

(一) 概念

孤独症谱
系障碍概述

孤独症,全称孤独症谱系障碍(Autism spectrum disorder,ASD),属于神经发展障碍,核心特征是社交互动困难以及重复、刻板行为与局限的兴趣。

一般而言,孤独症谱系障碍个体均会表现出某些与核心症状相关的特征,表现出某些发展领域的缺陷。一名孤独症个体通常会表现出各发展领域间发展水平的不平衡,即个体可能在一个或几个发展领域有严重缺陷,但在其他领域可能达到一般水平,某些领域的表现甚至优于常人。

被纳入孤独症谱系障碍的个体,其症状表现不尽相同,即使表现出相似的特征,其特征的严重程度往往也存在极大的个体差异。这充分体现了这一障碍概念中"谱系"的特点。一名孤独症个体在谱系中的位置,取决于他症状、特征和能力的联合方式及其程度、水平。谱系的一端可能是一名蜷缩在墙角、无法与外界进行有意义沟通的个体,只是一遍遍地重复别人听不懂的话语,重复着扭曲手指的动作;而在另一端,可能是一位获得了博士学位的人,在众人面前思维清晰地表述自己观点,如美国动物学博士葛朗汀·天宝。

许多孤独症谱系障碍个体的障碍特征在婴儿期或儿童期已经出现,并且随着年龄增长,障碍越来越明显。另外一些个体出生之后表现正常或近乎正常,但在 15 个月至 3 岁期间某项或各项能力慢慢退行甚至丧失,被称为退行性孤独症。

(二) 诊断

1. 诊断标准

孤独症谱系障碍的诊断标准主要有美国精神病学会(American Psychiatric Association,APA)《精神障碍诊断与统计手册》第五版(Diagnostic and Statistical Manual of Mental Disorders,4th ed,DSM-5)、世界卫生组织关于精神与行为障碍的诊断标准(ICD-11)和中华精神科学会中国精神障碍分类与诊断标准(the Chinese Classification and Diagnostic Criteria of Mental Disorders,3rd ed,CCMD-3)。

2022 年 3 月出版的《精神障碍诊断与统计手册》(第五版修订版)(简称 DSM-5-TR)关

于孤独症谱系障碍的诊断标准见表12.1。

表 12.1 DSM-5-TR 关于孤独症谱系障碍的诊断标准

A. 个体的社会交流和社会互动缺陷在多个情境下持续存在，现在或过去表现出下列的所有三方面（所列表现只是列举，不代表全部症状）
A1：社交情绪互动的缺陷。如异常的社交接触，不能进行你来我往的对话；很少分享兴趣、情绪或情感；不会发起或回应社交互动
A2：社会互动非言语沟通行为缺陷。如言语或非言语沟通整合不良；眼神接触及肢体语言异常，或难以理解和使用手势；完全缺乏面部表情和非言语交流
A3：发展、维持和理解人际关系的缺陷。如难以调整行为以适应各种社会情境；难以分享想象游戏或难以交朋友；对同伴缺乏兴趣
B. 个体存在狭隘、重复的行为、兴趣或活动模式，现在或过去表现出下列中的至少两项（所列表现只是列举，不代表全部症状）
B1：刻板或重复的肢体动作、言语或物件的使用（如单一刻板的动作，排列玩具或翻转物件，模仿语言，使用怪异的词句）
B2：坚持同一性，固着于生活常规，仪式化的言语或非言语行为（如微小的变化会引起极度不安，难以适应转换，思维模式僵化，打招呼方式的仪式化，每天走同一路线或吃相同的食物）
B3：高度局限、固着的兴趣，强度或专注度上异于常人（如强烈依恋或着迷于不同寻常的物体，极度局限或不断重复的兴趣）
B4：对感官刺激的过度反应或反应不足，或对环境中的感官刺激有不同寻常的兴趣（如对疼痛/温度无反应，对特定声音或质地反应不当，过度嗅闻或触摸物体，对光或移动表现出视觉上的着迷）
C. 症状必须在早期发育阶段出现（但是可能在社会需求超过个体能力限制之前症状没有完全表现出来，或者症状可能被后来所习得的策略所掩盖）
D. 症状会导致目前社交、职业或其他重要领域的临床上显著功能缺陷
E. 无法用智力障碍（智力发展障碍）或全面发展迟滞来更好地解释。智力障碍和孤独症谱系障碍通常同时发生；若社交水平低于整体发展水平，可诊断为孤独症谱系障碍共病智力障碍

2022年2月，世界卫生组织的 ICD-11 中诊断孤独症谱系障碍的基本必要特征如下：

孤独症谱系障碍的特征是在社会互动和社交沟通的发起与维持能力上存在持续性缺陷，以及程度不一的局限、重复且固着的行为、兴趣或活动模式，这些特征对照个体的年龄及社会文化背景来看，显然是异常的或过度的。孤独症谱系障碍开始于儿童发展阶段的早期，但可能要到后来社会性的要求超出了个体承受能力时，症状才会显现。这些症状严重损伤个体在个人、家庭、社会、教育、职业和其他重要领域的功能。个体功能上广泛的特征可能在社交、教育或其他情境中表现不同，但通常在所有环境下都可以观察到。确诊孤独症谱系障碍个体的智力功能和语言能力水平各异。

目前，美国《精神障碍诊断与统计手册（第五版）》（DSM-5）和《国际疾病分类第十一次修订版》（ICD-11）是孤独症谱系障碍诊断上广泛应用的两个标准。

中华精神科学会中国精神障碍分类与诊断标准,目前仍为 2001 年的第三版(CCMD-3),该版本内容受 DSM-IV 影响,与 ICD-10 相似。儿童孤独症和不典型孤独症与 Rett 综合征、童年瓦解性精神障碍(Heller 综合征)、Asperger 综合征、其他或待分类的广泛性发育障碍,属于童年和少年期心理发育障碍。

我国《残疾人实用评定标准(试用)》(2006)和《残疾人残疾分类和分级》国家标准(GB/T 26341-2010)中对我国残疾人的分类分级,均未明确提及"孤独症"这一障碍类型。根据孤独症谱系障碍儿童的适应行为表现,其可能被分类为精神残疾。

2. 筛查和诊断工具

孤独症谱系障碍对个体的发展影响极大,但是早期干预可显著改善个体的症状表现,因此早期识别并诊断孤独症谱系障碍具有重要的现实意义。

孤独症谱系障碍的筛查工具较为有限。3—6 岁阶段孤独症谱系障碍的筛查工具的分类准确性高于 0—3 岁阶段。0—3 岁阶段达到良好水平的筛查工具有 M-CHAT-R/F、PDQ-1(陈光华,陶冠澎,翟璐煜,2022)。

在《婴幼儿孤独症量表》(checklist for autism in toddlers,CHAT)基础上逐步发展而来的《改良版婴幼儿孤独症筛查量表》(有后续随访的修订版)(The Modified Checklist for Autism in Toddlers,Revised with Follow-up,M-CHAT-R/F)被认为是目前较具潜力的孤独症谱系风险筛查工具。M-CHAT-R/F 属一级筛查工具,包含两个步骤的家长筛查,用于评估 16—30 个月幼儿孤独症谱系障碍的风险。

《幼儿孤独症筛查工具》(Screening Tool for Autism in Toddlers & Young Children,STAT)是适用于 24—36 个月幼儿孤独症筛查的二级筛查工具。该工具包含 12 个项目,采用游戏互动的方式评估幼儿关键的社会性和交流行为,包括模仿、游戏、要求和共同注意能力。

孤独症谱系障碍的诊断工具主要有《孤独症诊断观察量表》(autism diagnostic observation schedule,ADOS)、《孤独症诊断访谈量表》(修订版)(autism diagnostic interview-revised,ADI-R)和《儿童孤独症评定量表》(childhood autism rating scale,CARS)等。目前 ADOS 联合 ADI-R 被公认为孤独症诊断的首选标准。

2012 年发布的 ADOS-2 是目前广泛运用于疑似孤独症者的半结构化标准评估工具,其诊断准确性已被证实。ADOS-2 的评估对象从 12 月龄到成人,共 5 个模块,可以根据评测对象的语言能力(从无表达性语言到言语流畅)选择适合其发展水平的模块,对其进行评估和诊断。

ADI-R 是 20 世纪 80 年代编制的孤独症诊断访谈工具,测试对象为 2 岁以上的儿童和成人。由经过专业培训的评估者对儿童家长进行访谈,对个体的语言沟通、社交互动和局限的重复刻板行为、兴趣进行评估。ADI 经过多次修订后目前已广泛应用于临床。

(三)流行情况

多年来,孤独症一直被认为是一种罕见的障碍。1966 年,英国学者 Lotter 首次开展孤独症流行病学调查,得出孤独症流行率为 4.1/10 000。近年来,孤独症流行率呈上升趋势。WHO 给出的孤独症谱系障碍流行率为 1/100。这是个平均值,不同研究报告的流行率存在较大差异。美国疾病控制和预防中心(CDC)报告的 2020 年数据显示,美国孤独症谱系障碍的流行率从 2018 年的 1/44 上升到 1/36。

近几年,我国孤独症流行率也呈上升趋势。一项国家范围的、跨区域的流行病学研究以 2014 年 7 月到 2016 年 12 月居住于中国大陆 6 个城市的 6—12 岁儿童为对象,得出国家范围孤独症谱系障碍的流行率为 0.7%(Zhou H,Xu X,Yan W 等,2020)。2017 年《中国自闭症教育康复行业发展状况报告Ⅱ》中提到,在中国孤独症流行率达 1%。保守估计,我国孤独症人群数量已超过 1 000 万,14 岁以下的儿童孤独症有 200 余万。

孤独症流行率之所以增长迅速,饮食、抗生素、过敏、环境污染和电磁辐射等都是可能的原因,但还没有一个得到坚实科学证据的支持。研究者指出,对孤独症诊断标准的不断扩展、孤独症筛查和诊断水平的提高、医生等专业人员和民众对孤独症谱系障碍认知水平的提升等,可能是孤独症谱系障碍流行率增长的另一原因。

孤独症在世界范围内的各个社会阶层中均存在。孤独症群体中男孩的比例比女孩高 3～4 倍。2020 年美国 CDC 给出的数据显示,每百名男孩中有 4 名有孤独症,而每百名女孩中有 1 名孤独症。孤独症谱系障碍的性别差异在智商处于平均或高于平均水平的孤独症儿童中更加显著,在高功能孤独症个体中,男女比例大约为 10:1。

二 孤独症儿童的发展特点

孤独症对儿童的影响存在很大差异。孤独症造成的损伤是多方面的,儿童的认知、语言和社会情感等均可能受到不同程度的影响。

1. 智力发展

孤独症谱系障碍群体中,个体的智力从极重度落后到平均甚至高于平均水平,分布涉及智力分布的整个范围。孤独症谱系障碍儿童间症状严重性和适应功能的发展轨迹存在极大差异,个体间的异质性原因部分在于个体间智力水平的差异。

早期的流行病学研究表明,孤独症谱系障碍群体的智商分布向左倾斜,大部分孤独症个体的智商低于平均水平。

如果孤独症谱系障碍儿童伴随智力障碍,特别是在言语智商较低的情况下,其各个领域的发展均可能出现滞后。所有功能领域会存在局限性,且其兴趣和活动范围可能相当小,长期发展结果较为悲观。

孤独症谱系障碍儿童的智力水平若在正常范围内,与同龄的典型发展儿童相比,智力测验表现仍会普遍低于对照组(林力孜,戴美霞,肖启蓬等,2016)。且孤独症谱系障碍儿童存在智力结构不均衡的现象。总智商高于 70 的儿童,视觉空间能力优势明显,工作记忆和加工速度则存在劣势。表明儿童可能在认知灵活性、注意力专注与维持等方面能力较弱。预示着他们更容易出现学习上的困难,其学业发展可能受到较大影响。总智商等于及高于

100 的个体言语得分较高,词汇表现突出(Takayanagi,Kawasaki,Shinomiya 等,2022)。

从男女性别差异看,女童总智商高于男童;部分分测验女童的表现也优于男童,尤其是在言语理解项目上,女童的优势明显。男女童的智力分布特点基本一致。工作记忆和加工速度是女童智力能力相对薄弱的环节。在女性孤独症谱系障碍群体中,智力严重受损者比例高(邓晶鑫,燕东雍,徐琼等,2020)。

孤独症谱系障碍儿童的智商相对稳定。第一次测试时智商低于 70 的 2—5 岁幼儿,2 年后智商变化不大(Hedvall,Westerlund,Fernell 等,2014)。孤独症谱系障碍男女生在长期的发育过程中智力优势可能发生变化。女生随着年龄增长,原有的视觉空间能力优势可能变得不再明显(邓晶鑫,燕东雍,徐琼等,2020)。

在孤独症谱系障碍个体身上,智商与症状严重程度存在一定的负相关。总智商越高,孤独症症状越轻。一般而言,具有平均或高于平均水平智商的儿童有可能进行较高质量的学习,并达到相对独立的生活状态。

有超常能力的孤独症儿童时常由于受到媒体的关注而进入大众视野,如那些表现出音乐、绘画、计算、日历星期转换等方面天分的个体。这种能力被称为"孤岛能力",即个体在一般能力普遍落后的情况下,某一个或几个领域表现出与其整体能力不匹配的超常能力。有研究者在其综述性文章中提出,约 10% 的孤独症谱系个体具有不同程度的孤岛能力。不论何种孤岛能力,通常都与巨大的记忆(massive memory)有关联(Treffert,2009)。

知识链接

"学者症候群"最初由美国威斯康星医学院的精神科医生 Darold Treffert 提出,是指有认知障碍,甚至是严重的认知障碍,但在某一方面,如某种艺术或学术有超乎常人能力的人。Treffert 认为,50% 的学者症候群的患者受到孤独症的困扰。而在孤独症群体中,10% 属学者症候群,这些人也被称为孤独学者(Autistic savant)。

随着研究的深入,人们对孤独症群体的认识越来越全面和科学,孤独症都是某方面的天才这样的错误认识已在逐步改变。研究者也不再止步于关注孤岛能力的外在表现,而是注重探讨孤岛能力的特征及运作方式等。如有研究者采用数字 Stroop 作业,并通过量相符效应,比较一名具有计算天才孤独症个体的数字数量表征与一般大学生的异同,来考察其数字数量的表征形态(蔡佳津,杨宗仁,李俊仁,2007)。有研究者采用系统创新的实验方法,考察三名具有超强日历推算能力的个体是否真具有此能力,以及其日历推算的内在运作方式(洪若梅,2012)。

2. 认知特点

（1）感知觉。许多孤独症个体表现出明显的感知觉问题。感觉异常又称感觉信息加工障碍（Sensory Processing Disorder，SPD），是指个体在感觉信息的调节、整合、组织或辨别等方面存在问题，以至于无法对外界环境做出恰当反应。据统计，45%～95%的孤独症谱系障碍儿童存在感觉异常，并且会持续到成人阶段。更有学者提出，孤独症谱系障碍个体中存在感觉加工异常的比例高达96%。我国学者以南通市康复机构接受训练的孤独症儿童为调查对象，得出感觉特征总分异常的儿童占比约为54%（许占斌，倪钰飞，徐小晶，2022；倪钰飞，徐小晶，王飞英等，2023）。在医院确诊的孤独症谱系障碍儿童群体中，感觉异常的有81%（胡进明，刘兴华，詹国栋等，2021）。那些其他人几乎无所谓的感觉体验，对孤独症个体而言可能是生活中严重压力的来源，可能导致他们出现旁人难以理解的挑战性行为，给他们的学习和生活带来极大影响，也给照料者带来挑战。

大量研究证实了感觉异常与孤独症症状的相关性，并与这一群体的行为问题呈正相关。DSM-5首次将感觉异常作为重复刻板行为中的一项内容纳入孤独症谱系障碍的诊断标准：对感官刺激的过度反应或反应不足，或对环境中的感官刺激有不同寻常的兴趣。

不同孤独症个体体验的感觉问题具有多样性。有些对感觉刺激如光、噪音、触觉或痛觉等反应过度迟钝，有些则反应过度敏感。他们可能表现出对特定声音或移动物体的极端恐惧，如某人说话的声音、流水等，但又会对其他一些特定事物产生强烈兴趣或依恋，并全神贯注投入其中，如旋转的电扇、鞋子上装饰用的亮片或一根线等。在他们自己的世界里，他们关注的似乎是物体或事件更微小的部分，而不是整体，使得他们更难了解周围的世界。孤独症儿童的部分刻板行为，包括自我刺激行为（self-stimulatory behaviors）与他们感觉异常或损伤有关。

① 听觉。听觉问题在经常困扰孤独症个体的感觉问题中排名第一。孤独症谱系障碍的调查结果显示，在7个感觉维度中听觉过滤异常率最高，达到80%多（许占斌，倪钰飞，徐小晶等，2022）。部分孤独症个体在嘈杂的环境中难以过滤背景噪音，导致信息超负荷，难以专注倾听重要的声音，无法理解他人的话语，无法跟随指导。

孤独症儿童也存在敏感性异常。他们对环境中的声音存在反应特异性。一方面他们对声音的耐受力下降，对日常生活中他人习以为常的声音特别敏感，甚至过度反应。孤独症谱系障碍群体中听觉敏感的当前和终身发生率分别为41.42%和60.58%，大部分谱系个体在生命的某个或某些阶段出现过听觉敏感（Williams，Suzman，Woynaroski等，2011）。如听到录音机播放的歌曲中的特定段落就用双手捂住自己的双耳，在环境中存在较多声音的时候会被某广告的声音所吸引并不断复述等。另一方面，他们也可能对某些声音无反应，如马路上汽车喇叭的声音等。

无法听到声音中的细节是孤独症个体另一常见的听觉问题。由于语言的语音信息较为复杂，大部分孤独症儿童存在语音感知及其加工处理的异常。如部分高功能孤独症谱系障碍儿童可能无法注意到语音中元音的变化。在安静条件下语言感知能力在正常范围，但在噪音环境下语言感知能力明显下降，表现出对汉语普通话的语言感知能力的障碍。这能够解释部分孤独症儿童无法从背景音中分辨出特定个体（他人或自己）的说话声，甚至对他人呼喊自己名字的声音没有反应。

韵律是语音的超音段特征，也具有传递交际功能的作用。借助韵律信息中的音调、语调变化，人们可以理解口语的内容和说话者的情绪状态，从而帮助听话者把握对方的交际意图并做出适当回应。孤独症谱系障碍个体不能正确把握韵律信息的变化，存在提取语义和情感信息的困难，这给他们的正常口语交际带来阻碍。

② 视觉。眼睛所捕捉到的视觉信息是后认知加工过程的重要来源。视觉通道被认为是大部分孤独症儿童学习的优势通道。来自干预和教育的实践显示，孤独症个体能够更好地认识和加工视觉呈现的刺激和学习内容（如图片、照片或影像等）。他们在视觉搜索、视觉空间建构、知觉区分等方面表现出优势，也较少受到视错觉的影响（樊越波，彭晓玲，黄丹，2015）。

视觉信息处理问题仍是孤独症谱系障碍群体中非常普遍的问题。孤独症个体视觉信息处理的异常因人而异。如果个体的视觉信息处理受到干扰，个体就会在感知、认知、语言和运动等各方面表现出异常。如回避与人的视线接触、不愿意进特定的场所以及无法阅读等。高功能孤独症女士 Donna Williams 这样描述：人的脸看上去就像毕加索绘画中被扭曲的二维马赛克图像，房间里高对比度的装饰色彩让人感觉痛苦。

在视知觉加工上，孤独症谱系障碍个体表现出优异的局部细节加工能力，但存在整体加工的缺陷。他们往往是只见树木，不见森林，注重视野场景的细节，忽略整体构成。弱中央统合理论（WCC）是解释该群体这一视知觉特异性的常见重要理论。但在有提示语的情况下孤独症谱系障碍个体也可以进行整体加工（Hadad，Ziv，2015）。

③ 感觉统合。除了听觉和视觉，触觉、味觉、嗅觉、平衡觉和本体觉等都有可能在孤独症个体身上表现异常。有些孤独症儿童表现出对特定物体气味的偏好，有些持续把一些异物（如头发）放进嘴里嚼，有些喜欢坐在秋千上享受吊绳不停旋转带来的刺激等。

个体对外界事物的感知依赖于多感觉通道信息的整合，如在言语交流时，需要整合谈话者的表情、手势和声音等信息。孤独症儿童存在感觉信息整合的问题。孤独症者在进行视听情绪信息的整合时，其脑部激活的区域与常人不同，从而导致视听情绪信息整合困难（Doyle-Thomas，Goldberg，Szatmari 等，2013）。在关于视听语义时间进行的研究中，在一定时间窗孤独症者的听觉难以调节视觉唇动加工（Megnin，Flitton，Jones 等，2012）。孤独症者在整合视听、视触和听触等信息时存在缺陷，从而难以整合复杂的社会性刺激。

当视觉、听觉、触觉和本体觉等刺激同时作用于孤独症个体而他们感觉不适、无法承受时，他们会用仪式化的行为模式，把注意力集中在一个感觉通道上并屏蔽来自其他通道的感觉，以避免过多的感官刺激带来的不适。特有的仪式化行为（如以特定的不恰当的方式玩某一玩具）可能也是个体寻求更舒适的感官刺激的一种方式。

Jean Ayres 博士将孤独症儿童在感觉信息加工能力的特点归纳为：感觉输入似乎无法印记脑中，因此，常对周围事情漠然视之，而在另一些时候又反应过度；前庭和触觉虽有作用,调节上则相当不良,大多有重力不安和触觉防御过度现象;对新的或不同的事物,大脑的掌握特别困难,对有目的或需积极处理的事情不感兴趣。

重点提示

当孤独症儿童存在较为严重的感知觉问题时,很难期望他们与成人合作专注于各种任务进行有效地学习。因此在孤独症干预和教育计划中通常需要包含一些常见的感觉统合训练内容。美国国家孤独症证据与实践交流中心(National Clearinghouse on Autism Evidence and Practice,NCAEP)2020年的《循证实践报告》将感统训练加入了循证实践的行列,很多文献也显示感统训练能提高孤独症儿童的动作能力、手眼协调能力和平衡能力等,并使他们心情愉悦、信心增加。只有当儿童的神经系统得到放松,注意力集中、愿意合作,才能在行为、语言和社交能力等干预项目中获益。感统训练不能取代沟通技能、社会技能和适应性行为的教育训练。

(2)注意

① 注意的一般特征。国内外相关研究显示,孤独症谱系障碍儿童经常表现出注意力问题,并可能伴有注意缺陷多动障碍(ADHD)。学龄轻度孤独症谱系障碍儿童的综合注意控制和注意集中方面的能力均存在缺陷。他们的注意问题以注意集中能力缺陷为主,视觉注意集中能力缺陷重于听觉。注意集中能力的缺失使得孤独症个体注意持续时间短暂,会极大妨碍他们进行深度的认知加工。

孤独症儿童的注意和执行功能

孤独症谱系障碍个体的注意上也存在注意选择异常或过度选择的特点。孤独症儿童对特定物体或活动会表现出强迫性注意,特别是那些他们感兴趣的信息或刺激。如儿童常表现出对某些玩具的偏好和不恰当使用,把注意力集中于自己特别喜欢的圆珠笔,会手持圆珠笔长时间地以同样的方式把玩,旁人难以将圆珠笔从儿童的手中拿开。这种注意如果任其自然,会持续很长时间,且难以主动停下来。而对其他信息,他们会忽视或逃避,视而不见、听而不闻。这经常使他们出现不合时宜的挑战性行为,也会妨碍孤独症儿童对概念的学习和对关系的理解,极大妨碍他们适应繁重的学习任务和复杂的社交环境。

② 共同注意。共同注意(joint attention)是指个体借助线索,与他人(第三者)共同对某一对象或事物加以注意的行为。典型发展的婴儿9个月时已经开始出现共同注意。16—30月龄幼儿94.27%已经具备回应性共同注意的能力,85.25%具备自发性共同注意能力(肖雨,郭翠华,吴婕翎等,2018)。

在发展水平匹配的情况下,智力障碍、语言发展延迟的儿童和孤独症儿童中,只有孤独症儿童在共同注意上表现出缺陷。他们在自发性(主要表现为眼神接触、注视交替、指示、展示行为)及回应性共同注意能力(跟随近距离指示和跟随远距离指示)上均存在明显缺陷。但孤独症幼儿的共同注意能力只是发展上的延迟,达到一定的心理年龄(超过 4 岁)后,他们的回应性共同注意会有所发展。他们能注意到他人的眼睛注视方向或头部转向,并做出跟随反应。但他们做回应性共同注意的对象多为物体,他们引发共同注意的方式多为"拉""抱"等动作,而非注视和指向行为(如章首个案中的北生)。自发性共同注意能力难以随年龄增长而有改善(陈玉美,陈卓铭,林珍萍等,2017)。相关研究显示,回应性共同注意在孤独症幼儿早期心智及社会能力发展中扮演重要角色,而自发性共同注意与分享情绪是孤独症谱系障碍幼儿人际互动能力发展的重要因素(李羽涵,吴进钦,李沿澈,2016)。这为孤独症谱系障碍幼儿的早期干预提供了启示。

知识链接

　　共同注意是儿童学习概念的基础,是与他人建立联系、发展交流能力和心理理论的重要前提。Baron Cohen 提出儿童的共同注意有两类:一是注视监控,即儿童追随他人的视线或指点去注视某一特定对象;另一类是元陈述指向,即儿童作为主导者去引发别人的视线接触。早期的共同注意表现在视觉和指点两类行为上。9 个月的正常婴儿已经开始出现共同注意,他们能追随他人的视线,确定他人的凝视方向,看别人正在看的东西。

　　③ 社会性注意。社会性注意是指对他人,特别是他人面孔、眼睛和注视方向的注意偏好。在日常的社会交往中,社会性注意发挥了重要作用。孤独症群体的社会性注意存在异常,且这种特征在婴儿时期就已经开始出现(Thorup, Nyström, Gredebäck 等,2018)。孤独症谱系障碍个体缺乏对社会信息的优先注视,对非社会性信息的关注多于社会性信息,偏好非社会性信息。他们回避目光接触,缺少互惠交互,不对他人情绪线索做出反应。他们很慢才关注人物的面孔,但是却会迅速注意到机械和操作性物品(Wang, Jiang, Duchesne 等,2015)。

　　孤独症谱系障碍个体存在注意的转换和分离上的异常。他们表现出视觉注意脱离的异常现象,即他们的视线会胶着在某一物体上而无法灵活转移,需要比典型发展同伴更长的时间把注意从中心刺激上脱离(Elsabbagh, Fernandes, Webb 等,2013)。当中心刺激为面孔时,他们又可以很快地将注意从面孔上脱离(Chawarska, Volkmar, Klin, 2010)。

　　他们注视人时,更少关注人的面孔及面孔的核心特征,更多注视身体的其他部位。关注面孔时,他们较少注视眼睛区域,更少观看和直视眼睛。他们的视线更多停留在眼睛和嘴巴以外的区域。语言理解能力更低的个体视线停留在嘴部的时间更长。在关注面部表情时,孤独症谱系障碍儿童常无法理解面孔线索所提供的社交信息,且对面孔表情变化的觉察速度不及典型发展儿童。相对而言,他们偏好正面的情绪,能更快更好地识别积极的表情,对各种负面情绪的理解都存在一定困难(李琳,2020)。在对人身体活动的注意上,孤独症谱系障碍儿童花更多时间关注身体部位,对他人手势的指向、视线方向和头部朝向等社交线索不敏感,存在加工困难。

在社会场景中,当场景中只有单个人时,孤独症儿童能和典型发展的被试一样注视面部,但当场景中的人物有社会互动时,他们会表现出对面孔较少的注视。随着场景中人数的增加,孤独症儿童也会增加对面孔的注视,但总体比典型发展儿童注视少。人数增多时,孤独症儿童相对而言更少关注人物的面部和身体,更多会注视背景等非社会性的信息区域。

有意思的是,卡通材料似乎对孤独症谱系障碍儿童更有吸引力,也更容易理解。研究显示,单人场景中,孤独症儿童注视真人的眼睛的时长多于卡通人物,但在两人场景中,他们对卡通人物眼睛的注视时长多于真人的眼睛。随着人数增多,他们对真人眼睛的关注下降,对卡通人物眼睛的关注上升。人数越多,社会情境越复杂,他们越表现出对卡通图片和情境的偏好。这可能是因为相比较人为创作的卡通情境,真实情境有更多纷繁芜杂的线索,加大了孤独症谱系障碍儿童的信息加工难度。因此就出现了在复杂度较低的情况下,孤独症儿童能够对真人眼睛给予注视,但随着复杂程度的提升,卡通情境更容易为他们所理解,并能使他们优先加工人物头部区域(高磊,2019)。

案　例

刚过 3 周岁的舟舟就读于一大学的附属幼儿园,近期被诊断为有孤独症倾向。在园期间对教师主导的集体活动完全没有兴趣,对老师的言语没反应,不能跟随和参与。集体课时间,其他幼儿坐在自己小椅子上专注地听老师讲故事。舟舟自顾自站起来,在教室里走动,爬到教师办公桌边的高椅子上,或者躺在教室中间的地板上。操场上体育活动时间,他也自顾自玩大型玩具,保育老师把他拉到集体中,几秒钟后他又离开,去玩大型玩具或跑到沙坑玩沙子。

(3)记忆。记忆是和其他心理活动密切联系的基本心理过程。对个体而言,记忆联结着我们心理活动的过去和现在,在我们的学习、生活和工作过程中的重要性不言而喻。

早期关于孤独症的记忆特征描述中,会看到部分个体有惊人的记忆能力,尤其在诸如数字、日期、列车时刻表等的机械记忆方面。如有"人肉照相机"之称的英国孤独症天才画家斯蒂芬·威尔夏坐直升机在伦敦上空盘旋 20 分钟后,仅凭记忆在一周内画出了伦敦的俯瞰图。但是拥有如此超常记忆力的孤独症个体极少。

不过,孤独症谱系障碍个体可能确实存在特殊的记忆模式。他们瞬时记忆的广度似乎并未受损,对低水平记忆材料的记忆功能较好。通常他们以整块的、而非灵活重组和整合的方式进行图形的储存和记忆。但在组织回忆更加复杂的材料时出现明显障碍。这样的记忆模式不仅体现在视觉记忆,听觉记忆上也是如此。他们可能对复读机、电视录像、地铁广播中所讲的内容,连同讲话的语气语调一起进行记忆,即使并不理解其中的内容。

个训时间,教师递给北生新的绘本《和我一起玩》。北生自己翻起来,一边翻看,一边嘴上抑扬顿挫地讲《龟兔赛跑》的故事,语气语调与他听的播放器里故事叔叔的一模一样。

涂色时间,北生一边按要求涂色,一边嘴上说:每上一层,风景都不一样,就像人生一样。

工作记忆是对信息进行暂时性加工和存储的能力有限的记忆系统。孤独者个体的工作记忆系统各部分发展不平衡。言语工作记忆方面,当任务比较简单时,孤独症个体的言语工作记忆相对完整,但随着任务复杂性的增加,他们的工作记忆就会出现缺损。视觉-空间工作记忆方面,研究者们说法不一。一些认为他们的空间工作记忆相对完整,也有提出他们的视觉-空间工作记忆加工缺陷更为突出,无论是高结构化还是低结构化条件下,孤独症儿童的空间工作记忆能力均比典型发展儿童差。眼动分析表明他们缺乏自上而下的组块加工动机,难以主动对刺激进行组块编码,从而影响记忆效果(李松泽,胡金生,李骋诗,2017)。

前瞻记忆是指对未来恰当的情境或时间,在没有直接外部提示的情况下,从事先前计划好的目标活动的记忆。如儿童得知周六要和父母一起到植物园参加小组活动,他在周六那天是否能记起要去参加这个活动。前瞻记忆对人们正常的日常生活影响极大。高功能孤独症个体的前瞻记忆均存在明显损伤,而他们的社会交流能力与日常前瞻记忆能力显著相关(Jones,Happe,Pickles等,2011)。低功能孤独症儿童的前瞻记忆也存在明显损伤(陈琳,2013)。

回溯记忆是对过去已发生过的事件或行为的记忆,大致可分为情景记忆和语义记忆。情景记忆是个体直接记录自己经历的事件。孤独症个体的情景记忆存在损害,他们与典型发展群体相反,来自他人的信息记忆优于来自自我的记忆。以低功能孤独症儿童为对象的研究显示,低功能谱系障碍儿童的情景记忆中,细节数量显著偏少(陈琳,2013)。

语义记忆是指存储关于世界的与他人共享的一般知识。多数的相关研究显示孤独症个体语义记忆方面似乎是完好的。不过也有研究发现他们无法利用语义信息帮助组织记忆,可能预示着他们的语义记忆非常机械化,不灵活。

自传体记忆(autobiographical memory,AM)是个体加工、组织和存储个人重要生活事件的心理过程,把记忆的对象聚焦重要的生活体验。自传体记忆与前文所述"情景记忆"在概念上或有重合。孤独症谱系障碍个体通常存在自传体记忆的损伤。他们在回忆自己曾经经历过的事件上表现出困难,能够回忆起来的自传性记忆很少,且费时更长。他们更倾向于站在观察者(第三者)的视角,而不是第一人称的视角去回忆自己的经历。他们也很难描述经历特定事件时自身的感受。孤独症谱系障碍个体的自传体记忆的缺损可能与孤独症个体自我意识或自我一致性不足有关。

(4) 思维。孤独症儿童思维停留在具体形象思维阶段(但低于同龄的健全儿童),抽象思维出现得晚,发展得慢,且水平较低。

孤独症个体能分别说出两个物体的颜色、形状、材料和功能等,但却比较难正确表述两物体间的相同点和不同点。他们类比推理能力弱,从而难以执行分类、问题解决、隐喻、符号理解和社会功能等更高级的功能。而他们类比推理能力的损伤可能与一般认知功能的缺陷相关(Tan,Wu,Nishida 等,2018)。孤独症谱系障碍个体的推理表现出较少的快速、无意识的直觉加工,孤独症症状越明显,直觉推理反应越少,而表现出更多更慢的、有意识地反思性推理(Brosnan,Ashwin,Lewton,2017)。

孤独症儿童难以理解事物之间的关系。看图时,他们能关注个别人物和个别动作,但较难理解图画中人物之间的关系,不能完整把握整个画面的内容,更难理解两幅相连的画之间的关系(如绘本中这一页和下一页的关联)。听故事时也是如此。尽管有些孤独症儿童能绘声绘色地复述听到过的故事,也能理解个别的字句、情节,但很难理解事情的前因后果。

相比较而言,孤独症儿童的空间、视觉思维所受的损害较轻,表现出一般或高于一般的水平。他们智商测验时在操作性任务上的表现为这一点提供了证据。部分孤独症个体表现出较强的视觉加工或图像加工能力。如 Temple Grandin 曾提出孤独症谱系障碍个体存在三种不同的认知类型:视觉型、言语型和模式型思考者。并表示她自己就是一名视觉思维者,借助图像看世界、进行信息加工(Grandin,Panek,2013)。

(5) 执行功能(executive function)。执行功能是负责控制高水平活动的过程,是个体对思想和行为进行有意识控制的心理过程,帮助我们通过抑制不适当的行为、进行经过深思熟虑的行动、维持任务成绩和自我监督、运用反馈以及灵活地从一个任务转换到另一个任务等方式,来达成有效的问题解决。研究显示孤独症儿童表现出执行功能的普遍缺陷。他们缺乏计划调节能力,存在抑制控制的缺陷,不能抑制优势反应,难以灵活转换规则,元认知能力也显著落后。执行功能的缺陷可能导致孤独症个体出现重复刻板行为,也会影响他们的入学准备表现、游戏及技能发展。还可能作为有效的中介机制影响他们的社会性发展(邢冰冰,王志丹,2021)。

重点提示

总体而言,孤独症儿童在认知各方面均表现出异于正常发展儿童的特点。一种假设认为,孤独症的这些认知特点是由中心信息整合的驱动力较弱造成的。人类解释信息时一般倾向于以相对整体的方式综合考虑更广泛的背景,从很多复杂的信息中抽取含义,不纠结于具体的细节,而是关注信息的要点进行综合加工。而孤独症个体的中心信息整合倾向较弱,倾向于将信息按照片段或碎片来进行细节性的而非整体的加工。这一方面导致他们无法或较难进行有效的学习,一方面使得他们有可能补偿性地获得了其他特殊的学习能力。对孤独症儿童认知特点的理解和认识有助于为他们提供更有效的教育和干预。

3. 社会认知发展

即使是高功能孤独症,仍存在与他人建立联系方面的严重困难。从很小时候开始,孤独症儿童就表现出很多社会性技能的缺失,包括关注他人、与他人分享对事物的注意、模仿他人、理解他人的情绪和参与假想性游戏等。他们对社会性线索的感受和表达能力有限,极少与他人分享经验或情绪。由于缺乏把人理解为社会性存在的能力,他们可能会把人当作物体,或针对人的特定身体部位进行行为反应。如当有人试图用双手限制孤独症儿童的行为时,他们可能会攻击那双试图限制他的手,而不是针对这个人进行反应。

(1) 社会性理解。心理理论(theory of mind)能力被认为是个体凭借一定的知识系统对自身和他人的心理状态进行推测,并据此对行为作出因果性解释与预测的能力,是儿童社会认知中的一个关键概念。心理理论关于儿童社会性发展的一个假设是:只有具备一定的关于心理活动的知识,儿童才能习得一定的社会技能,并学会作出正确的情绪反应,进而发展为社会交往行为。

心理理论能力包含两个成分:一是社会知觉成分,主要负责对人的面部表情和身体姿态等所反映的心理状态进行判断;一是社会认知成分,负责对他人的心理状态进行表征和推理加工,与个体的语言能力密切相关。最初用于检测儿童是否具有解读他人心理状态能力的测验称为萨利—安妮(Sally-Anne)测验。少数但绝对数量不小的孤独症儿童(推测范围很广,在15%到60%之间)表现出了一定的心理理论能力——他们通过了萨利—安妮测验或类似测验。

知识链接

萨利—安妮(Sally Anne)测验

呈现给幼儿图片所示的剧场内容:

有两个娃娃——Sally 和 Anne,Sally 边上放着一个盖着布的篮子,Anne 边上放着一个盒子。Sally 把一个球放进自己的篮子并盖好布,然后离开了。Anne 把球从篮子里拿出,放入自己的盒子里并盖好。问观看的幼儿:当 Sally 回来时,会在哪里找自己的球,篮子里还是盒子里?

心理理论能力是个体对自己和他人心理状态(如意图、愿望、信念、动机和情绪等)进行归因,并据此预测和解释他人行为的能力。儿童需要认识到人们具有目标、意图和预期;人们知道一些事情但不知道另外一些事情;他们自己相信的事实并不表示他人也相信。简单地说,儿童需要了解人类心理的工作方式。20世纪80年代以来,儿童心理理论的发展成为认知发展研究中一个新的最为活跃领域之一。

① 社会知觉能力。相对而言,他们的社会知觉能力发展正常,基本能依据他人的表情如声调、语气等线索来判断他人的愿望以及理解那些由情境、愿望所激发的基本情绪,与正常发展儿童没有显著差异。

但他们的情绪理解方式可能异于正常发展儿童。相关研究显示,孤独症儿童在加工人类面孔信息时,呈现出过度加工部分信息(如嘴唇部分)而忽视整个面部、过度关注面部下半部分而忽视上半部分的特征。学龄前的孤独症儿童不会通过寻找或发现他人的情绪线索判断他人处于何种情绪,是高兴、悲伤还是感兴趣、发怒等。与其他智龄相同的儿童相比,孤独症儿童可能会按照人们戴的帽子的不同、而不是面部表情的不同给图片中的人进行分类。孤独症儿童在综合加工各类情绪信息方面也存在困难。他们很难结合面部表情、手势、肢体语言和声音等信息,以理解和判断他人的情绪。

难点解析

导致孤独症和正常发展儿童情绪理解方式差异的可能原因在于:①孤独症儿童的感知功能障碍和注意的过度选择性导致其高度关注环境中物体的部分特征而忽略其他重要特征。②孤独症儿童脑部发展的异常,如负责调整初级情绪的大脑右侧和识别刺激的情感意义及社会行为和奖赏关系的杏仁核等的异常,导致其情绪信息加工方式的异常,从而导致社交困难。③孤独症儿童可能存在快速—动觉整合缺陷,致使其将眨眼和眼球的活动视为反常刺激,避免面对面的目光接触,而将注意力集中在嘴部以获取面部表情的相关信息。

② 社会认知能力。孤独症儿童存在心理理论能力发展的缺陷,主要体现为社会认知能力存在缺陷,表现为难以表征他人头脑中的想法、观点及信念等。大约12个月的时候,大部分正常发展的婴儿开始意识到一个人的行动是被特定愿望驱动的,是有目标指向的。这一能力促使幼儿假装性游戏的出现,即假装自己是什么或者做什么。4岁左右的正常发展儿童开始能够理解他人知道、思考和相信的东西。语言在他们的情感认知中发挥着重要作用,描述情感的"情绪用语"有助于他们对情感的认知[1]。但孤独症儿童在情感认知中基本没有

① 周念丽,方俊明. 自闭症幼儿的情感认知特点的实验研究[J]. 心理科学,2003,26(3):407-410.

发挥语言的提示作用,他们利用图形认知这一机械记忆的认知策略记忆和辨别表情,缺乏对情感本身的判断。即使大于 4 岁的孤独症儿童仍很难理解他人知道、思考和相信什么。他们在理解"尴尬""惊讶"等涉及信念的、与认知相关的复杂情绪时存在缺陷,极少使用"吃惊""猜测"和"计谋"等词汇[①]。

道德认知和判断能力是形成道德感的基础。根据行为者的意图而不仅仅通过行为进行道德判断是道德认知发展的一个重要标志,因此道德判断与心理理论能力紧密相关。由于孤独症儿童对社会性认知的缺陷和理解他人心理能力的缺陷,其道德感很难得到发展。导致这一现象的原因可能在于:这些复杂情绪情感的理解要求社会心理认知能力,孤独症儿童存在理解他人心理能力的缺陷,而其共同注意的缺陷又限制了其通过与别人建立关系,运用共同注意从他人的面部表情学习识别这些复杂认知性情绪的机会。

（2）社会性表达

目前还没有明确的证据表明孤独症儿童是否在情绪体验上异于其他儿童,但他们用肢体表达自己情绪的方式异于正常发展的儿童。他们倾向于表现出奇异、僵硬或呆板的面部表情,使用有限、自发的表达性手势。

多数母亲的叙述显示,孤独症儿童突出的社会缺陷是欠缺情感交流和依恋行为,常常表现为不撒娇、不黏人、不爱哭、不认生等。但有些研究和与孤独症儿童相处的实践经验显示,孤独症儿童并不完全排斥周围的人,大部分孤独症儿童对于自己的照料者的反应要多于不熟悉的成人,他们也能与亲近的照料者建立高质量的依恋关系,妈妈(或亲人)的拥抱能引起儿童愉悦的表情;在探索的时候,他们表现出更偏好母亲而不是陌生人作为安全堡垒;情绪不好或苦恼的时候更容易被母亲安抚。部分孤独症儿童与一些教师或干预者也能建立起信任而温暖的关系。孤独症儿童并不是失去了他们在形成依恋方面的全部能力,他们存在的缺陷似乎在于对社会信息的理解和回应上。

由于自身的情绪行为问题和社会分享能力的缺乏,孤独症儿童较难与同伴形成亲密关系、建立友谊。儿童在与他人的共同注意、语言和活动交往中,及与照料者和同伴的互动中发展推测和理解他人的情绪、表情的表征含义的能力。由于孤独症儿童在视线、语言和活动三方面均存在与人分享能力的不足[②],并且由于情绪和行为的障碍、所处环境的限制等,与同伴交往的机会显著缺乏,失去了在交往中学习理解他人情绪的能力,阻碍了其社会性情感的发展。

三 交流与语言发展

言语交流的质的损伤是孤独症儿童的核心问题之一,这一问题在儿童早期出现并持续存在。很多孤独症儿童是由于早期语言没有出现,引起父母关注才去就诊而被诊断为孤独症。

---

① 焦青,曾筝. 自闭症儿童心理理论能力中的情绪理解[J]. 中国特殊教育,2005,57(3):58－62.
② 周念丽,方俊明. 探索自闭症幼儿装扮游戏特点的实验研究[J]. 中国特殊教育,2004,49(7):51－55.

1. 学语前的交流技能

正常发展的学语前儿童会用丰富的面部表情、发声以及手势与周围他人进行交流，表达他们的需要、兴趣和情感。孤独症儿童语言损伤的最初迹象之一是一直运用早期在未学会口语交流之前学会的一些交流技能。

典型的孤独症儿童一般会把成人拉向一个自己够不到但很想要的毛绒玩具，这是一种基本祈使性手势（protoimperative gestures），用手势或声音表达需要。而正常发展儿童会运用基本陈述性手势（protodeclarative gestures），将其他人的视觉注意引向一个共同感兴趣的物体或声音。

基本陈述性手势的首要目的在于使其他人参与到互动交往中：如一个学步期的婴儿兴奋地指着一只小狗，把他母亲的注意力也引向自己看到的这个东西身上。基本陈述性手势的运用需要分享性的社会性注意，以及对其他人正在想什么的内隐知识——而这个能力正是孤独症儿童所缺乏的。他们也缺乏其他的陈述性手势，比如"展示性手势"（showing gesture）。正常发展的幼儿会使用该手势把自己感兴趣的事物，如新发现的某个物品，展示给其他人。

2. 语言的发展和运用

不同孤独症个体表现出的语言问题存在极大的异质性。

一名孤独症儿童可能完全没有语言，无法用口语进行交流，而另一名却可能用一口流利的语言与他人沟通，并拥有大量与恐龙有关的词汇。

大约一半的孤独症儿童不能发展有实际运用意义的语言，包括那些先开始学会说话但在12—30个月时语言发展出现退化的儿童。没有语言能力或语言能力有限的孤独症儿童通常也较少使用手势进行交流。他们一般使用最原始的方式——工具性手势（instrumental gestures）进行必要的交流，如表达需求。他们会拉着母亲的手到一个自己需要的地方，或者把一个要打开的零食包装袋拿给母亲，但基本不会使用表达性手势（expressive gestures）来表达他们的情感。

孤独症儿童中有语言的，一般在 5 岁前获得。即使获得了语言能力，大部分孤独症儿童的语言发展仍是迟滞的。他们语言的语音、语法以及节奏、声调、音量等都可能存在异常。对于获得语言发展的孤独症儿童而言，首要的困难不在语言的语音、语义或语法的使用，而在于语用，即在社会情境中适当运用语言的能力。很多孤独症儿童在语用方面存在极其严重的损伤。无法根据时间、场景和对象进行适当的语言理解和运用，无法进行基于语言的有意义的社会沟通。当问一个人"你能接电话吗"，其实是要对方采取行动，而不是询问对方是否有能力拿起电话听筒。要理解这点，听话者必须能理解超出字面含义的内容。对缺乏语用能力的孤独症儿童而言，他们经常很难理解超出字面意义的句子，经常在字面含义层面上运用语言，很难调整自己的语言以适应不同的情境。高功能孤独症儿童即使可以掌握单词语序和很大的词汇量，仍会在语用上表现出损伤。

孤独症儿童的有声语言运用表现出代词反转和回声性语言等特点。

代词反转（pronoun reverals）指儿童重复他所听到的人称代词，而不根据情境加以变化，如当被问及"你叫什么名字"时，回答"你是××"，正确的回答应该是"我是××"；被要求"叫我×老师"时，重复"叫我×老师"，而不是直接称呼"×老师"。

　　回声性语言(echolalia)指儿童鹦鹉学舌般重复他/她所听到的词或者词语组合,可能是即时性的,也可能是延迟性的。如被问道:"你想要一块饼干吗?"儿童可能反应"你想要一块饼干吗?"回声性语言曾经被认为是病理性的,是无意义的。但现在认为,很多即时性的或延迟性的回声性语言是孤独症儿童在理解语言内容基础上进行的僵硬、不正确的使用,但是在传递特定的意义。而且回声性语言可能是很多孤独症儿童获得语言的关键第一步,在其多种交流和发展功能中起作用。尽管方式有误,但可能反映了儿童交流的意愿。

案　例

　　操场上,北生在一群同龄正常发展儿童中跑动穿梭,除了偶尔发生肢体摩擦,没有任何有意义的社会互动。北生拿着自己的球刚站定,一男孩飞快地跑过来将他撞倒在地上。该男孩愣在边上看着他。他自己一骨碌爬起来,看向不远处的妈妈和干预老师,并大声说:"你摔疼了吗?"然后捡回自己的球又开始玩。

第二节　孤独症儿童的学习

孤独症儿童的学习

　　孤独症是一种终身性的发展障碍。尽管孤独症儿童可能会持续存在很多问题,但其症状会随时间而改变。一些症状会随着年龄的增长渐渐获得改善,另一些则会在特定发展阶段出现,甚至恶化,如青春期的多动、自我伤害和冲动等行为。即使成年之后,仍可见很多孤独症个体表现出强迫性、仪式性的刻板动作、焦虑和不符合社会要求的行为,即使高功能孤独症个体也常会遇到社会问题和工作困难。

　　尽管行为矫治、教育干预和医学治疗可以改善儿童的学习和行为,而且部分孤独症儿童经由这些方法可以达到接近正常的功能水平,但迄今为止仍没有可以完全治愈孤独症的方法。大部分教育和干预方法的目标是最大限度地发挥孤独症个体的潜能,帮助他们及其家庭更有效地应对孤独症,适应社会生活。

知识链接

神经多样性

　　神经多样性(Neurodiversity)强调人类大脑和神经方面的差异是人类多样性的一部分,

和其他人类的多样性(如种族、性别、文化、性取向等)一样,神经系统差异属于正常差异。20世纪90年代兴起的"神经多样性运动",提出孤独症并非"缺陷"(defect),而是"不同"(difference),试图借助生物学的研究成果,让大众重新认识孤独症,转换观念和态度,倡导把孤独症谱系的非典型特征看作人类个体间的正常差异,而不是某种疾病或缺陷需要加以治疗或治愈。并希望社会营造接纳孤独症者的氛围,改善他们的生存环境。神经多样性目前仍是一种处于发展阶段的理论假说。

一　学习目标的设定

孤独症群体具有极大的异质性。不同孤独症个体的学习目标各不相同。在设定学习目标时,主要从两个维度考虑:一是个体的功能水平,二是他们的年龄阶段。

(一) 低功能孤独症儿童

低功能的孤独症儿童一般指同时患有孤独症和中度甚至重度智力落后的儿童。他们只有极有限的语言能力,表现出严重的社会损伤,可能有明显的神经发展问题。这些儿童预后较差,可能终身需要有监管的生活和工作环境。这些儿童极少具备认知或学业学习的能力。对于他们而言,消除其挑战性行为、学会服从简单要求和规则、掌握基本的生活自理能力、具备基本的社会和情绪行为以及对需求的沟通能力和基本的休闲娱乐能力,显得更为重要和现实。

因此,对于中低功能儿童而言,年幼时期的学习一般强调帮助其获得生活自理的能力,服从指令和规则,学会简单的表达和沟通。随着年龄的增长,开始注重学习与家庭或者工作相关的技能,为他们在有监管的生活环境或工作环境下生活做准备。

工作情境

在面对中低功能的孤独症儿童及其家长时,教育者或干预者需要客观地评估儿童的能力并对其可能取得的发展成果进行中肯的评价。同时也需帮助家长认识到:要客观地看待儿童的能力及其发展和预后,不对幼儿抱过高的不切实际的期望;同时积极地看待儿童,认同他/她是独一无二的,积极地看待儿童的每一次、每一点进步。

(二) 中高功能孤独症儿童

功能水平处于中度到正常智力范围的孤独症儿童的预后一般较为乐观,但真正能发展到何种水平取决于他们干预开始的时间和强度。如果中高功能孤独症儿童能够获得密集的早期干预,并在早期就显示出快速学习能力,则更容易达到接近正常的发展水平。

对于中高功能孤独症儿童而言,学习目标除了低功能儿童的发展目标外,还包括学会流畅有意义地使用语言、与正常发展同伴进行符合其年龄特征的适当社会交往、获得普通教育环境下需要的行为和技能。

接受了早期干预的中高功能孤独症儿童随着年龄的增长,其发展目标开始转向成功地适应特殊或普通教育环境,以及在语言、社会性技能、社区和工作技能上的进一步发展。总体而言,中高功能儿童的发展取决于多种因素,包括儿童自身、家庭、早期干预、教育质量和后续的机会等,因此其发展程度也因人而异。

二   学习内容和方法的选择

学习内容和方法依据不同儿童的不同学习目标及他们自身不同的特点(包括优势和弱项等)而定。

(一) 关系的建立

孤独症早期干预的重要性已经越来越得到承认和重视。一般而言,在孤独症儿童的教育和干预过程中,无论何种功能水平的儿童都是从建立与教育者或干预者的关系开始的。建立融洽、信任的且有一定权威的关系是任何干预或教育者工作之初关注的中心。相比较其他类型的特殊需要儿童,与孤独症儿童建立关系更加困难。但是适用于与其他儿童建立关系的方法也适用于用来建立与孤独症儿童的关系,只是过程可能会更长且可能需要一些特殊的方法。

很多方法可以帮助儿童感到,与教师或干预者的近距离身体接触是舒适的,如成人模仿儿童、身体接近、为儿童提供帮助等。无论什么方法,面对孤独症儿童的时候(其他类型的特殊需要儿童也是如此),成人首先需要能从心里完全接纳儿童,接纳他的现状、能力和特点等,并承认他是完全独立的个体。这样能帮助我们以平等的心态与他们相处,对他们抱以客观和积极的预期,并引导我们做出适宜的和有效的行动。

在建立关系的阶段,成人了解和观察对儿童而言可能起强化作用的事物,在互动中增加目光接触,鼓励和强化儿童与成人接近和交流的言行。

(二) 行为的干预

无论何种功能水平的孤独症儿童,在干预和教育的初期,都需要进行必要的行为干预。行为干预一般有两种:期望行为的塑造和挑战性行为的消除。

1. 期望行为的塑造

(1) 应用行为分析(applied behavioral analysis,ABA)。孤独症幼儿必须先学会听到名字作出反应、听到相应指令坐在椅子上并能注意老师,然后才能进行进一步的学习。学习的预备技能一般是通过行为塑造法帮助幼儿来获得。

应用行为分析(applied behavioral analysis，ABA)是用于塑造孤独症儿童行为的较为有效的系统化策略，采用环境会影响学习的原则来进行教学设计、教学指导和评估教学。ABA 在设计好的系统化生活环境中，运用诸如正强化的行为原则教给儿童技能。儿童在一天中可获得重复的机会，采用相同的环境、人与材料练习他们的新技能。

在以 ABA 为基础的孤独症儿童干预项目中，离散单元教学法(discrete trial training，DTT)是重要的教学策略。DTT 实施过程中，教师准备一套问题，以最适宜的顺序，一次向学生呈现一个；学生对问题作出反应或不作出反应；教师对学生每个反应或不做反应给予反馈，奖励或口头表扬学生的正确反应；忽视、纠正或责备学生不正确的反应；对学生的不作反应既可以忽视，也可以促进其进行反应。教学日积月累的效果帮助学生掌握一套整体的程序：一个观念或一种技能。DTT 实施能否成功，很大程度上取决于教师给学生准备环境的技巧以及对学生的反应作出反馈的技能。

DTT 可以帮助孤独症儿童进行各种学习，包括学习的准备技能、语言能力、社交技能和认知技能等。DTT 实施的场所一般为特定的场所，如个训室或教室等；所学的具体内容也是事先设计并按比较严格的顺序教授的。所学的知识和技能需要通过在其他各相关场景中的再次引导和练习，这样才能帮助孤独症儿童将所学的知识和技能进行恰当的迁移。

尽管 DTT 被认为极其枯燥，并缺乏人性化，但它确实能在儿童配合意识有限、能力有限的情况下，帮助他们获得必要的知识和技能。

舟舟刚开始个别化介入，还不能听从指令坐下来和干预者进行有效的一对一训练。当他对房间里事先准备的玩具木质火车头表现出强烈的兴趣并伸手去拿时，干预者先拿到火车头并蹲下与舟舟面对面，将火车头置于舟舟和自己之间。当舟舟看向火车头并伸手去拿时，干预者问："舟舟，火车头，要吗?"舟舟没有回答，仍伸手要拿。干预者巧妙地不让其拿到。同时将火车头呈现在舟舟面前，仍问："舟舟，要吗?"舟舟仍没有语言反应，但仍伸手要。干预者一边举着火车头一边引导舟舟："说'要'，舟舟说'要'。"舟舟开始显得有些急躁，伸手在空中挥舞着要拿。干预者仍引导："说'要'，'要'。"舟舟面部表情开始发生变化，似乎要哭，嘴里含糊地发声："a。"幼儿一发出声音，干预者立即把火车头递给他，并面带微笑地说："是的，'要'，给你火车头。"短暂的时间后，干预者又巧妙地将火车头从舟舟手中取回，开始第二轮引导发音的尝试。

（2）随机训练法（incidental training）。利用自然出现的机会来强化行为的方法称为偶发性训练法（incidental training）。其中一种便是当幼儿在生活中做出符合期望的操作性行为时，马上给予强化，如物质或社会性奖励等，促使幼儿在今后更多、更频繁地表现出该行为。其原理是操作性条件反射。

2. 挑战性行为的消除

孤独症儿童在不同的阶段均会表现出挑战性行为。孤独症个体的挑战性行为包括重复刻板（语言或动作）、自我刺激、自伤、攻击、破坏行为等。相比其他类型的发展障碍儿童，孤独症儿童出现挑战性行为，原因可能更多是非社会性的，主要意在满足其生理或心理的需求。由于干预的介入对儿童增加了要求，因此尤其在初期，可能导致幼儿挑战性行为的增加或出现频率的提高等。由于挑战性行为会影响孤独症儿童自身或周围他人的正常学习和生活，因此必须消除这些行为，幼儿才有可能学习更多适当的社会交往和交流方式。

要消除挑战性行为，首先必须了解幼儿为什么会出现挑战性行为。由应用行为分析发展而来的功能性行为分析（functional behavior assessment，简称FBA）可以帮助我们明确幼儿出现挑战性行为的原因。

功能性行为分析的前提信念是，任何行为的出现都有其背后的原因。儿童的行为在传递特定的信息，功能性行为分析旨在系统性地寻找行为背后的信息，为有针对性的、有效的应对提供依据。

（1）行为的ABC分析模型

ABC模型又叫三维可能性模型，三维是前因、行为和后果。三维可能性模型指的是每一个行为都受它之前的环境、条件和它引发的后果的影响。

A——前因：背景和刺激事件。行为出现前发生过什么事？背景事件是指一些会令人陷入困境的情况，如饥饿、疲劳、情绪上的不舒适、药物的副作用等。刺激或触发事件则是随即出现于行为发生前或引发行为的事件。

B——行为。客观地认识行为。行为看起来怎样？感觉起来如何？听起来怎样？如何开始的？有没有增强的趋势？如何结束的？是否达到失控的程度？发生频率如何？每次持续多长时间？在哪里会发生？在哪里不会发生？跟谁在一起会或不会发生？发生的时间？

C——后果。行为发生之后，周围人（通常是教师或家长）是如何回应的？回应之后儿童的行为如何？儿童的感觉如何？

重要的是知道前因和后果对行为的影响程度是不同的。简单地说，前因是从结果中汲取能量。前因对改变行为是最有效的方法。需要用不同的方式应对孤独症儿童的挑战性行为。

如果是为了满足感官刺激的需求，应对的时候需要用一种更适当的方式来取得感官输入；如果为了引起注意，儿童的行为若是不被期望的，就不予以回应，但对于积极、正向的行为则给予更多的回应；若是其他原因，如表达其他需求，则教给幼儿用可以接受的方式来提出这项需求。

相关链接

引发孤独症儿童挑战性行为的原因有多种,如:

感觉的问题或需求;

无法以行为以外的方式沟通;

对可预期形式的需求;

转移注意力有困难;

缺乏对因果的理解;

避免或逃避不想要的事物;

博取注意或社会接触;

得到物品或活动;

表达情绪或释放压力;

行为逐渐成为习惯、惯例等。

(2)行为干预方案

A. 描述行为:以一个基线表示行为是怎样的、多久出现一次或一次持续多长时间。

B. 根据所做的 ABC 表格收集的信息,建立关于行为功能的假设。

C. 根据所做的功能假设,设计一个正向行为支持方案。

D. 设立一个对行为反应一致的方案。

E. 设定一个时间及方式来评估方案的有效性,包括功能假设的准确性,必要的时候作修正,并重新实施。

表 12.2 为 ABC 行为记录表。

表 12.2　ABC 行为记录表

观察对象＿＿＿＿＿＿＿＿　　观察记录者＿＿＿＿＿＿＿＿　　日期＿＿＿＿＿＿

A(前因) 包括背景事件, 触发事件,人、时、地等	B(行为) 行为的详细 客观性描述	C(后果) 行为之后的程序和 对行为的反应等	备　注

(三) 交流干预和语言教学

交流能力的质的损伤是孤独症儿童的核心障碍之一。对孤独症儿童进行交流干预,旨在提高其交流的技能。对于低功能和年幼的孤独症儿童,通常从提高他们的交流意愿开始,逐渐发展他们的交流能力。

1. 直接干预/教学策略

孤独症儿童语言的直接干预方法有以下三类。

(1)儿童主导的策略。儿童主导的策略是以儿童为中心,康复师安排活动,提供机会让儿童在自然的游戏或者沟通情境中学习目标语言行为。康复师根据当时当地的情况选择和提供儿童可能感兴趣的玩具材料,但是不直接控制活动进程。其目的通常不在于让儿童掌握事先确定的特定语言结构,而是在拉近康复师和儿童关系的基础上,让儿童学会匹配语言与行动或相应的物品,从而建立起行动或相应物品与语言之间的对应关系。

儿童主导的具体策略有自我谈话、平行谈话、仿说、扩展、延伸和改编等。以下是平行谈话策略运用的实例:

平行谈话是康复师为儿童提供自我谈话的示范。在平行谈话中,康复师不谈论自己的行为,而是谈论儿童的行为,描述儿童正在注意的物品与事件,或是正在进行的活动。也就是对儿童正在做的事情等提供动态解说:

豆豆在开玩具汽车,康复师根据儿童的动作进行口头描述:"你正在开汽车。你开了一辆汽车。你又开了一辆汽车。1,2,3,4,哇!你开了四辆汽车。你开了四辆不同颜色的汽车。"

儿童主导的策略结构化程度低,并纳入儿童感兴趣的事物,因此更容易引起儿童的兴趣,为儿童所接受。对于缺乏沟通意愿的儿童、平均句长低于3个字的儿童,采用儿童主导的这些康复策略一般更为有效。

(2)康复师主导的策略。随着儿童沟通意愿的发展、语言能力的提升,可以使用康复师主导的语言康复策略来提升儿童的语言能力。

练习法是结构化程度最高的干预方法。康复师严格把控训练环境,减少或消除无关刺激,使相关的语言刺激高度突出,同时提供明确的强化以增加目标语言行为出现的频率,使得干预在改变语言行为方面发挥最大的作用。练习法具体实施的过程类似于应用行为分析中的 DTT。

游戏化练习和引入示范是从练习法延伸而来的语言训练技巧。前者强调激发儿童的动机,用游戏的方式给予儿童动机的刺激。以下是游戏化练习的运用实例:

比如女孩安安需要练习一组单字的发音,也就是需要进行构音训练。为了让她对构音练习更有兴趣,康复师和她达成一致,两个人玩"石头、剪子、布"的游戏,赢了的人可以决定安安读这组单字中的哪个,以及读几遍。游戏开始前,康复师决定如果她赢了,安安需要读康复师指定的那个单字3遍。安安决定如果自己赢了,她自己决定读哪个字,读2遍。

（3）综合教学策略。综合干预策略结合了康复师主导策略和儿童主导策略的优点,比康复师主导策略更加自然化,同时比儿童主导策略更加结构化和可控化。综合干预策略实施的时候,康复师确定一个或一组目标,对训练过程和材料进行选择和控制,但在干预过程中尽可能诱导儿童自发使用目标语言行为。角色扮演和情境教学是常见的两种综合干预策略。

2. 借助其他媒介的沟通训练

对完全缺乏言语交流能力的儿童,或当儿童无法发展出有意义的语言用于沟通时,可以考虑帮助儿童学习辅助和替代性的交流工具(AAC)进行沟通。对很多人而言,通过非言语的方法学习语言可能更加简单。一种方法是手语训练,即教给儿童使用特定的手势传递特定的含义。如果儿童学习使用口语而确实无法取得进展,可以采用同时性交流训练——口语和手语并用,或单一手语训练帮助儿童学习语言。也可以使用照片或图片交流系统、特制的辅助性交流书籍以及计算机程序等。

孤独症儿童的语言教学方法是不断改进的。早期行为主义的言语技能训练,将语言材料的学习与社会情境中的运用分离,一味强调词汇和语句的反复练习,显得单调乏味。到20世纪七八十年代,语言学习主要以自然语言模式为主,强调自然情境中的人际互动,注重儿童的需求和兴趣,并把儿童作为主要的互动者,强调把教学内容融入日常生活事件进行有意义的学习。教学结构灵活而有弹性。采用多渠道、综合性的交流方式,包括听话、说话,还有各种非言语的交流,出现了随机教学法、关键反应训练、环境教学法、体验式教学等丰富多彩的实验。九十年代以后,孤独症儿童的交流干预和语言教学方法呈现多元化发展的趋势。新近的方法更注重发展的视角和意义的表达,从而使交流和语言干预更加人性化。

（四）社会情感能力干预

孤独症儿童面临的一个重要挑战是:在变化的日常环境中适时、适地,采用适宜的技能、技巧,与人进行有效的社会沟通和交往。以下介绍几种常用于提升孤独症谱系障碍儿童社交和情感能力的干预方法。

1. 社会故事干预

社会故事的创作和运用过程为:① 编写社交故事。② 制作多媒体资源,如做成音频、视频等,为故事文本配上相应的图片。③ 设计社交故事理解测验。测验中的问题用于考察孤独症儿童对社交故事的理解程度。④ 执行社交故事干预。先让孤独症儿童理解整个故事内容,其次帮助其记住故事并能大致复述,然后考察其对故事的掌握情况,最后帮助其在类似情境中模拟还原故事内容。

社会故事运用的干预媒介是图片或绘本。图画会话干预也是一种基于孤独症儿童的视觉优势干预策略。

在对特殊需要儿童进行教育和干预时,绘本也可以作为教育材料加以利用。很多绘本聚焦幼儿的社会性认知,如认识和管理情绪、自我控制和理解友谊等。如《大卫不可以》《和我一起玩》《生气汤》等。同时绘本也可以用来发展幼儿的认知能力(如发展概念,包括动物概念及大小、高矮等概念和基本的数概念等）、语言能力（增加词汇量，练习特定句型等）和简单的推理能力（如因果关系等）。

2. 同伴介入法

同伴介入教学和干预法（peer-mediated instruction and intervention）是一类由接受过社交技能训练的典型发展儿童与孤独症谱系障碍儿童进行互动，以提高其社交能力的干预方法。干预者首先指导典型发展幼儿发起与孤独症儿童的互动，以增加孤独症幼儿做出回应的机会；同时典型发展儿童对孤独症儿童的社交行为及时做出回应，以强化孤独症儿童的社交行为。

相关实证研究给出的同伴介入法运用过程中选择同伴的原则或标准有：1）同龄；2）遵守行为规范，听从教师指令；3）积极参与园所活动，乐于与同伴交往；4）具有较好的语言发展水平等。鉴于这类干预法中同伴的重要作用，同伴介入这类干预法尤其适用于融合安置的教育情境。若孤独症儿童有兄弟姐妹，可以请兄弟姐妹作为指导者对孤独症儿童进行适宜的指导。

同伴介入法

阿博是安置于普通幼儿园的 4 周岁半孤独症男孩。规则意识缺乏，活动参与度低，在集体活动时一直自己游荡，玩自己用管状建构玩具搭的绿色玩具枪。结束了操场上的体育游戏，老师一边引导全班幼儿排队准备回教室，一边对班中个性比较温和也比较喜欢阿博的女孩子彤彤说："彤彤，去对阿博说：'回教室啦'，叫上他一起回教室。"彤彤跑到还在游荡的阿博前，对他说："阿博，我们回教室啦，走吧。"说完，拉起阿博的手，阿博没什么面部表情地看了一眼彤彤，把手甩开了。彤彤又把他的手抓在自己手里，把他带向班级的队伍。

社会统合游戏小组模式是一种需提前设计、准备并进行系统性实施的同伴介入干预法。通过成人支持的同伴互动来发展孤独症谱系障碍儿童有意义的同伴关系以及适当的社交和游戏技能。统合游戏小组一般由教师组建 3—5 人的小团体，其中 1—2 名是特需幼儿，其他是社会互动能力强、语言能力好、配合度高的典型发展幼儿。较为合适的社会性统合游戏包括功能性游戏、建构性游戏、社会戏剧表演和规则游戏等。在游戏过程中，教师可以根据特需幼儿的特点提供必要的支持，如视觉流程图，或将一些幼儿需要的社会线索用图卡呈现出来，如"眼睛看着朋友"的图卡等。

同伴介入法极其强调成人的指导与支持。缺乏系统的成人支持，同伴的努力常不足以改善孤独症儿童的社会行为。

3. 地板时光

地板时光(Floor time)又称基于发展性个体差异和关系的模式,强调干预者、家长或教师要跟随儿童个体的兴趣,根据儿童个人独特的功能发展阶段调整人际互动的具体方式,使其符合儿童当下的意义表达需要。

地板时光特别关注孤独症儿童的情感和动机,把情感作用作为心理发展的组织性原则,把个人意义的象征性表达作为认知和语言发展的核心任务。孤独症儿童的困难在于识别和表达自己的情感体验。例如,他们经常会感到孤独,但却无法表达自己的感受。语言治疗、心理治疗以及其他干预策略的有效结合,可以帮助这些儿童认识自己的情感体验和言语表现之间的割裂。治疗师的任务是形成一种能够与孤独症儿童有效交流的"共同语言"。

适用于孤独症谱系障碍儿童的教育/干预法并不限于上面所介绍的,到目前为止,面向孤独症谱系障碍者的循证实践已有 28 种,其中既有综合治疗模式,如 UCLA 孤独症幼儿项目、TEACCH 项目、LEAP 模式和 Denver 模式等,也有聚焦干预方法,即针对某项明确的技能和目标所使用的具体干预方法,如 DTT、视觉支持等(Steinbrenner,Hume,Odom 等,2020)。这些干预法对孤独症儿童很有意义,为提高孤独症儿童的生活质量提供了很多乐观的可能。现代科学技术的发展也为孤独症儿童找到特定的合适的方式与外界沟通、生活提供了更多的选择和机会。如采用可视方式支持的协助技术——多媒体活动程序,将反映孩子活动的照片、图表或是文字等通过事先设计好的程序,按次序呈现在笔记本上或电脑屏幕上,可以帮助孤独症儿童在没有成人指导的情况下,在扩展的时间内始终按顺序进行游戏,以培养孤独症儿童的独立性。

目前仍没有发现任何一种单一的干预方案,如行为治疗或药物治疗,能够"治愈"孤独症。但普遍认为运用多种技术及早对孤独症儿童进行综合性的干预,效果较好。因此,及早为孤独症儿童提供与其发展水平和特点相适宜的干预,尽可能发展他们的潜力,帮助他们更好地发展,并以自己的方式在社会中找到适宜的生存之道,是包括家长、教师和其他有识之士在内的成人能够做和应该做的。

第三节　孤独症儿童的学习训练

一　案例一:孤独症儿童颜色学习训练

(一) 个案简况

李××,男,6 周岁,经诊断为孤独症。一般儿童满 3 岁时,就应该对黑、白、红、绿、黄、蓝六大基本颜色有完整的认知表现;从 4 岁开始,已经能把各种基本色和它们的名称巩固地联系起来;5—7 岁的儿童便能把光谱中的全部颜色和名称巩固地联系起来。在 2011 年 6月对李××进行基本能力评估时,已满 6 周岁的李××不仅不能正确地表达出基本的黑、白、红、绿等颜色,甚至连相同颜色的匹配都无法完成。

(二) 学习训练

根据李××的具体表现,对他进行个别化的训练。每种训练为期一周,每天一次,一次 20～30 分钟。每天都对训练项目进行随机测试,第七周对六项训练进行综合测试,检验训练效果。对该生的训练共包括配对、指认、归类、表达、泛化训练等逐步递进的过程。

1. 配对训练

颜色的概念是比较抽象的,儿童学习起来比较困难,特别是孤独症儿童。当他们看到一个红色的苹果时,他们能够掌握形象具体的知识"苹果",但是对于"红色"却很难理解。

李××不能进行颜色的配对,说明孩子不仅不能理解颜色的概念,不具备基本的颜色认知意识,而且不能理解何为相同的颜色。因此,首先要做的是通过配对训练帮助孩子建立颜色的概念。训练者和李××相对而坐,用他喜欢的食品(牛肉干儿)或玩具(气球)作为强化物。具体操作过程如下:①先用两个颜色——绿与红,剪 6 个绿色与红色的圆形积木。把 4 个红色一个一个排成一列,再把 4 个绿圆排成另一列。把剩下 4 个圆形交给小孩,要他排好,引导他的手把圆形放在颜色正确的一列。②留更多的圆让他自己排列。排正确时给予强化物奖励。③利用一插洞板和彩色的插棒。拿着一个红色的插棒,要小孩找出另一个相同的,指导他把同色的放在一排。把彩色的大圆放在地上(红、绿、黄)。交给小孩一个彩色的圆形,要他踏在和手上圆形颜色相同的大圆上。④把 3 张颜色不同的纸放在小孩面前。要他从中一次抽出一种东西,再要求他指出这样东西的颜色和哪种纸的颜色相同。

通过基本的配对练习,锻炼了儿童的视觉表象观察能力,初步建立了颜色的概念以及颜色相同的概念,并对儿童的记忆力提高有所帮助。

2. 指认训练

李××能够完全掌握三种颜色的配对之后,训练者进一步帮助他建立每种颜色的概念,使其能够正确地指认红、黄、绿 3 种颜色。

开始时只用一个颜色的圆形卡片,如将红色卡片放在桌子上,并下指令:"指红色。"必要时可以提示他用食指指在红色的卡片上,指对时称赞他说:"你真棒,这是红色的。"

待他能够完全指认后,再加入一种颜色,重复上述的活动,最后用 3 种颜色。

3. 归类训练

李××能够正确指认 3 种颜色后,训练他将 3 种颜色进行分类,即把颜色相同的不同物体放在一起,加强学生对颜色概念的理解。

首先进行两种颜色的归类。准备红色和蓝色的物品,如衣服、茶杯、气球、铅笔等物品实物或者图片。训练者发指令"按颜色分类",并先示范将其中所有红色的物品或物品卡片放在一起,将所有蓝色的物品或物品卡片放在一起,同时总结说"这些都是红色的,这些都是蓝色的。"之后让学生模仿做。

李××能够正确完成两种颜色物品的分类后,让他进行 3 种颜色物体的归类。学生正确完成后给予强化物的奖励。

4. 表达训练

表达的训练也从说出 3 种颜色开始,在训练过程中也是一个一个地引入,让李××在掌握了一个之后,再开始学习另外的颜色。

刚开始熟知用一个颜色的东西,问他:"这是什么颜色?"必要时可以告诉他答案:"这块积木是红色的。"然后问:"这是什么颜色?"答对时称赞他说:"很好,这是红色的。"再利用颜色相同的不同东西。等他能完全说出正确颜色后,再加入一种颜色,重复上述的活动,最后用 3 种颜色。

给他看 3 种颜色,要他说出名称,并要他在书里或家里找出同样颜色的东西。

在问他时,可以提示他每件物品的颜色名称,让他自己说完。

5. 泛化训练

训练说出 8 种颜色,甚至认识并表达身边所有的基本颜色,如红色、绿色、白色、黑色、黄色、蓝色、紫色、粉色、橙色等。并帮助李××将颜色的使用运用到生活中。

画出不同颜色的图形,让他正确说出图形的颜色。

开始时用他已知的颜色,然后再加入更多的颜色。

利用一些形容颜色的词语,如"像救火车一样红"帮助他记忆。

起初可用"这是红色还是蓝色"的方式来给他提示,以后就只发出颜色名称最初的声音来提示他。

在每天的各种活动中,要他帮助你找出一件某种颜色的东西,如"帮我拿那红铅笔"或"拿黄色的杯子喝水"。

通过泛化训练,他能够更加自然地在生活中应用所学颜色,而不是一味地识记。

(三)训练效果

孤独症儿童色觉的良好发展是认识颜色的前提,第二信号系统初始形成、理解颜色名称的概括性是认识颜色的第一步;而把颜色特征与其相匹配的名称准确、巩固地联系起来则是认识颜色的关键。在早期康复教育中,通过小步骤、多循环的模式,学生的颜色认知能力得到了全面发展。该孤独症儿童用 1 个月的时间认识了红、黄、蓝、绿 4 种基本色,3 个月后认识黑、白、粉、橙、紫等 8 种颜色。儿童早期认识了颜色,提高了感知水平,促进了视觉表象的发展,因而加速了具体形象思维的形成和发展。在训练过程中提高了孤独症儿童的知觉、记忆、表象、思维等各方面能力,加强了他的口语表达与理解能力,达到了全面发展的康复目标。

(根据网络资料整理)

二   案例二：孤独症儿童的综合训练

(一) 个案简况

豆豆，男，5岁，孤独症。在听指令方面，能够近距离执行一步定向指令，如拍拍手、跺跺脚、踢踢腿、弯弯腰等，但对指令的理解及视觉观察都较弱，完成指令的效果较差。在视觉方面，对自己喜欢、感兴趣的事件、事物能够在较短的时间内敏锐地观察到，但对于不感兴趣的物品视而不见，且视觉转换的主动意识较弱；注意力很容易受到周围事物的干扰，专注力较弱。在语言方面，他具有说的基本能力，但是大多数情况下发音的清晰度及口型均不到位，语流的连贯性较弱，几乎是一字一顿；不会用语言表达自己的需求、喜好，拒绝、接受。在认知理解方面，能够理解常用生活用品的功能，如杯子能喝水、笔能写字、剪刀能剪纸、毛巾能擦脸等，但是他对物品命名的认识较差，如不知道开门用的东西叫钥匙、刷牙用的东西叫牙刷。在自控能力方面，他对于不感兴趣或兴趣一般的物品，可以等待片刻，但对于较感兴趣的物品必须立刻得到，否则就会大哭大闹；且在无人看护时，仍有乱跑、乱跳现象。

(二) 学习训练

针对听指令意识差的问题，通过示范、诱导等方式，在儿童对指令理解的基础上，通过手势、眼神等方式的提示，激发儿童听指令的主动性，并遵循由易到难、由近及远、由简单到复杂的规律。

针对视觉方面：①视觉观察能力的培养，用儿童感兴趣的物品或游戏吸引儿童的注意力，如吹泡泡、激光灯等，培养其主动观察的意识。②培养视觉注视持续性，除了要用感兴趣的物品吸引儿童，用夸张的动作、语气、声音吸引儿童的注意力之外，更重要的是老师要有亲和力及建立良好的师生关系，让儿童对老师产生兴趣和亲近感。

语言方面：注重语言基础能力的培养，通过口舌操提高儿童对口周小肌肉及舌部小肌肉的控制能力，打开上下颌关节；通过吹哨子、跳绳、吹蜡烛、蹦楼梯等方式锻炼儿童的肺活量；通过仿说儿歌、仿说情景短句、仿说情景照片、仿说动作名称等方式，练习儿童语音的清晰度及语言的流畅性、节奏感。

认知理解方面：认知理解能力的提高，应从生活中的细节加强儿童对物品名称的认识，从认识最常见的生活物品开始，如毛巾、剪刀、书包、杯子等。且可利用儿童已经学会的东西来帮助其学不会的东西，如儿童对接触物品功能的认识，让儿童加强对物品命名的理解。可以把物品的功用放于物品名称之前，如拿擦脸用的毛巾、喝水用的杯子、上学背的书包等。

自控能力的提高是建立在儿童对周围环境的观察、对规则的了解基础之上的，因此，在不同的环境中，要及时地用简短的语言向儿童讲解所处环境的规则，什么是好的，什么是允许的。且在儿童做出不期待的行为时，及时干预，帮助儿童做出良好的行为。

（三）训练效果

经过一段时间的训练,该儿童在视觉、语言、认知理解和自控等方面得到提高,能够主动去听老师发出的指令。在对不感兴趣事物的注视上,能够依据老师的提醒或强调,保持一段时间的注意。口舌操与仿说训练,增强了儿童对口周小肌肉及舌部小肌肉的控制能力,提高了儿童的语言水平。能够认识日常生活中大多数物品的功能,自控能力有所提高。但不尽如人意之处在所难免,仍然需要进一步加强训练。

（根据网络资料整理）

思考与练习

1. 孤独症谱系障碍儿童的核心特征是什么?
2. 近年来孤独症的儿童数量有增加的趋势,可能的原因是什么?
3. 孤独症儿童的狭隘兴趣和刻板性行为对其学习和发展有何影响?
4. 孤独症儿童社会发展的障碍主要体现在哪里?
5. 可以用于发展孤独症儿童语言能力的干预和教育方法有哪些?
6. 在融合教室中观察一融合安置的孤独症幼儿表现,并制作该幼儿发展侧面像,内容主要包含语言、认知和社会性领域的发展情况。
7. 根据本章开篇给出的案例描述,试选择北生下阶段个训干预的一项目标,设计能够实现该目标的具体干预内容、所用材料及可供选择的干预策略。

本章小结

1. 本章以一高功能孤独症的个案呈现入手,简要介绍了孤独症的核心症状、诊断标准及其变化。
2. 陈述了孤独症的流行率及在不同性别、不同群体中的发生情况。
3. 陈述了孤独症儿童在认知(包括社会认知)、语言等方面的发展特点。
4. 基于孤独症儿童的发展特点,就干预目标的设定、干预内容和方法的选择进行了阐述。
5. 介绍了目前为止较为有效的各种孤独症教育和干预策略。

第十三章 情绪与行为障碍儿童

知识目标

了解情绪与行为障碍儿童的发展特点及情绪、行为表现。

能力目标

掌握积极强化、消极强化和惩罚的定义和实施方法,能够设计初步的干预训练方案。

素质目标

增强对情绪与行为障碍儿童的理解和耐心,促进有效的干预和支持。

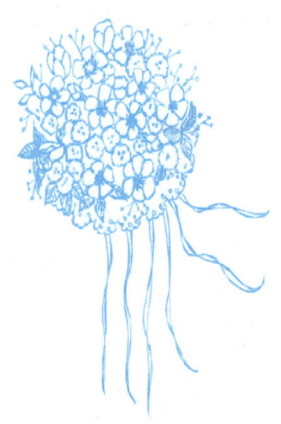

案　　例

　　6岁的莎莎在学前班里既不跟老师讲话也不跟其他同伴说话,在之前幼儿园的两年里也是这样。两年前,她不愿意留在幼儿园里。她花了2个月时间才能不哭并留在幼儿园里。尽管不跟其他孩子说话,她还是会和他们互动,参加学校活动。莎莎跟家里的所有人都能很坦然地讲话,但是这种事只能在家里发生。如果在公共场合,如果有其他人能听到她说话,就不行了。她说不知道自己为什么不说话,但是她告诉妈妈自己觉得很害怕。她妈妈说莎莎是个害羞的孩子,很容易忧虑。情绪与行为障碍儿童通常不擅长交朋友,他们最明显的问题是无法与其他可以帮助他们的人建立紧密而令人满意的情感纽带。

　　关于"情绪与行为发展障碍"的学术用语相当多,在不同国家、不同地区有不同的说法。如中国台湾地区称为"严重情绪障碍",英国称为"情绪及行为困难",还有的称"情绪障碍""性格及行为异常"等。情绪与行为障碍泛指儿童或青少年持续性的表现外向性的攻击、反抗、冲动、过动等行为,内向性的退缩、畏惧、焦虑、忧郁等行为,或其他精神疾病等问题,以致造成个人在生活、学业、人际关系和工作等方面的显著困难,而需提供特殊教育与相关服务者。因情绪与行为障碍的术语不一,所以其定义也是复杂多样的。其中,美国全国心理健康和特殊教育联合会(National Mental Health and Special Education Coalition)组成的跨专业小组委员会研究拟定的情绪与行为障碍的表现如下:[①]

情绪与行为
障碍基础
知识

　　1. 情绪与行为障碍表现出以下一些症状:

　　(1) 在学校日常生活中的情绪与行为反应与同龄人的平均水平,以及同一文化背景、同一种族的平均水平相比差异很大。而且,这种反应对学习成绩、社会适应、职业技能和个人技能的发展都有极为不利的影响。

　　(2) 对周围环境中有压力的事件,表现出非暂时性的过激反应。

　　(3) 在两种不同的环境中表现出一致的障碍,至少其中之一是在学校。

　　(4) 对普通教育直接干预的反应效果很差,或者说普通教育的干预对这种学生来说是非常不充分的。

　　2. 情绪与行为障碍可能与其他几方面的障碍并存。

　　3. 情绪与行为障碍可能伴随精神分裂症、情绪失调、焦虑症,其他行为或适应方面相类似的失调。正如上述描述那样,如果这种失调影响到孩子的学业表现,那么就会影响到他的全面发展。

---

① Turnbull R, Turnbull A. 今日学校中的特殊教育[M]. 方俊明,等,译 . 上海:华东师范大学出版社,2004:203.

第一节 情绪与行为障碍儿童发展的特点

一 情绪发展的特点

"情绪"是一种十分复杂的心理过程。虽然每个人对它都有切身的体验,但如果用概括的语言来对其作精确描述,则有一定的难度。一般认为"情绪"基本上包括以下四个方面的内容:

1. 生理反应

当我们体验某种情绪时,自然会产生某些生理反应,如心跳加快、手心出汗、内分泌的变化……不过单靠生理反应(如心跳加快)是无法判断到底引发了何种情绪(生气或兴奋等)。

2. 心理反应

心理反应即个体的主观心理感受,如不安、厌恶、愉快等感受。

3. 行为反应

个体因情绪而表现出来的外显行为,包括语言行为和非语言行为,如哭泣、兴奋、高声呼喊、蹦蹦跳跳等。

4. 认知反应

个体对于引发情绪的事件或刺激情境所作的解释和判断。例如看到别人一直注视着你,你可能认为别人对你有意思,而心生喜悦;也可能觉得别人不怀好意,而变得惴惴不安。

人的情绪具有两极性——积极情绪和消极情绪。相关研究显示,积极的情绪状态有益于儿童的身心健康,而消极情绪对儿童的神经系统刺激较大,可能使中枢神经系统的平衡性受到破坏;可能引起呼吸加速;可能使内分泌失调,从而引发疾病……如果儿童长期受消极情绪的影响且无法得到妥善解决,那么就可能诱发精神疾病而表现出病态的行为特征,即情绪或行为障碍。

总结情绪与行为障碍儿童的情绪发展特点是一个巨大的挑战。一般而言他们往往会表现出社会交往和情绪的缺陷。一方面,一些情绪与行为障碍儿童会表现出较低的社会性成就感,而家长和教师可能会认为他们是由于害羞和社会适应不良。与同伴相比,这些孩子也更容易认为自己害羞、社会性退缩,并自我报告低自尊、孤独感强烈。另一方面,大部分情绪与障碍儿童往往表现出情绪的自控能力较弱,常发脾气,对外在事物漠不关心,经常喜怒无常,且不合情境或时宜。从情绪与行为障碍儿童内化的心理与情绪冲突来看,主要表现为焦虑障碍。

焦虑是指个体在预感到潜在的危险或不幸时,会产生强烈的负面情绪和紧张的身体症状。所有儿童在正常的成长过程中,都体验过焦虑或担忧,适度的焦虑是有益的。当我们需要完成任务时,适度的焦虑会使我们行动和思考更为迅速,从这个意义来看,焦虑是一种适应性行为,可以使儿童更好地应对可能面对的问题。但过度的焦虑则是有害的,如有的儿童考试时过多关注考试不及格的不良后果,就会影响考试答题。因此,儿童如果呈现过度的焦虑,影响、削弱了身体机能,则产生了焦虑障碍。

焦虑障碍的症状主要体现在生理系统、认知系统和行为系统上,不同焦虑障碍由不同的反应系统主导[①]。

1. 生理系统

当儿童感知危险、不安时,身体上会产生许多促使躯体活动的化学和生理反应。如汗腺反应(出汗增加、降低身体温度等)、心血管反应、呼吸反应等。

2. 认知系统

认知系统的激活往往会引发儿童不安、紧张、困难重重和惊恐等消极情绪体验。

3. 行为系统

当儿童面对焦虑情境时往往会设法逃离,回避从而降低焦虑,但频繁的逃避使得他们难以参与、进行日常活动。

二　行为发展的特点

情绪的产生总是伴随着相应的面部表情和身体姿势,当我们体会快乐的情绪时会大笑,甚至手舞足蹈;当我们害怕时便会睁大眼睛、张开嘴巴、喊出声音,甚至做出逃跑的动作。因此,情绪与行为是不可分的。行为作为一个心理学概念,是指机体在主客观因素的影响下产生的外部活动,即机体任何外显的、可观察的动作、反应、运动或行动,以及人的头脑里所进行的各种内在的心理活动,是人与环境两者互动的结果。人类的行为大都是通过学习获得的。情绪与行为障碍儿童通常会表现出与内化的情绪冲突有关的问题行为,如攻击性行为、退缩行为等,具有以下基本特征。

1. 人际交往方面

大多数情绪与行为障碍儿童交往能力欠佳,喜独来独往,不参与同伴互动,常攻击他人,因而无法与周围人群建立较为妥善的人际关系,不受同伴欢迎。

2. 言语表达方面

多数情绪与行为障碍儿童表达能力发展欠完善,经常说些与情境无关的事情,并且说话音调常表现得显著尖锐或特别低沉。

3. 日常生活方面

部分情绪与行为障碍儿童自理能力不够,无法料理自己的生活,也不能清楚地表达及提出衣食住行方面的基本要求。

4. 社会适应方面

情绪与行为障碍儿童常出现一些异常行为,如打架、戏弄、碰撞、大叫、不顺从、哭泣、破坏及野蛮作风等。他们常会重复做一些不自觉而可能有象征性意义的举动,如摇头、抓发、

[①] 马施,沃尔夫．儿童异常心理学[M]．孟宪璋等,译．广州:暨南大学出版社,2004.

摆身、扭衣角等,这些自我刺激的举动往往会成为习惯性的动作,很难加以控制。此外,大多数情绪与行为障碍儿童可能会出现攻击性或退缩行为。表现出退缩行为的儿童基本上表现为行为幼稚或不愿意与他人互动,很少与同伴交流,缺乏玩乐能力,有些会幻想和出现白日梦。一些表现出退缩行为的儿童会产生害怕的感觉,有些要求不断的协助和注意,有些则会产生莫名的沮丧,甚而有自杀倾向。

5. 兴趣与注意力方面

大多数情绪与行为障碍儿童无法静坐,往往会被外在事物分心,不做劳动,记忆力差,注意力短暂,缺乏兴趣。

当然并不是所有情绪与行为障碍儿童都具有上述特征,往往是具有一种或两种以上的特征。

第二节　情绪与行为障碍儿童的学习

一　积极与消极强化

(一) 积极强化

情绪与行为障碍儿童的学习与干预

积极强化原理是行为学家们最早进行系统研究的理论之一。桑代克早在 1911 年就做了著名的"饿猫实验"来论证这一原理。20 世纪 30 年代,斯金纳使用老鼠和鸽子等动物进行了大量的行为强化理论研究。

1. 积极强化的定义

"饿猫实验"和"斯金纳"实验清楚地阐释了积极强化的原理。一般来说,如果行为反应后能得到愉快的结果(对这种动物的生存和安宁有好处的结果),那么这个行为在未来的出现频率就会趋向增加。虽然积极强化原理最初是利用动物的实验结果阐述的,但也是一个对人类行为构成影响的自然过程,也可以作为改变人们行为项目的一部分。那些在日常生活中能够满足人们需要的,能够产生愉快结果的刺激,我们称之为积极强化物。而有目的地利用积极强化物来提高行为出现频率的行为改变原理叫作积极强化原理,简称积极强化[1]。

例 1:小刚上车后很快找到一个座位。车到了下一站,上来了一位老奶奶,他就让了座。结果,老奶奶表扬他是个尊老爱幼的好孩子。后来,他在车上总是给老人、幼儿让座。

例 2:一个小男孩趁售货员不注意时偷了商店里的东西,妈妈夸奖他聪明。以后,这个小孩就经常偷东西来得到母亲的夸奖。

上述例子中,孩子的行为不论正确与否,都是积极强化的结果。

---

① 王辉. 行为改变技术[M]. 南京:南京大学出版社,2006.

2. 制订积极强化方案遵循的基本步骤

(1) 正确选择目标行为,合理确定终点行为

积极强化的目标行为是我们针对情绪与行为障碍儿童计划去改变的特定行为。它可以是教师或父母希望儿童增加或减少的行为。

终点行为是情绪与行为障碍儿童经过行为改变后所要达到的行为标准。终点行为的确定要具体,可观察、测量和记录,并且要对其下一个操作性定义。

(2) 分析问题行为产生的前因和后果

问题行为的产生有它的前因和后果,即在什么样的情况下产生这样的行为,行为的后果是什么,找出前因和后果以便实施改变时能得以控制。因为有些问题行为只有在某些情况下才出现,因此,避免此情境的出现可以在一定程度上避免问题行为的出现。同样,日常生活中有很多行为出现时指向该行为的后果,只要改变行为的后果,就可以达到改变行为的目的。

(3) 选择适当的强化物

根据强化物的内容不同,我们可以将积极强化物分成五种类型:

消费性强化物:指糖果、饼干、水果等一次性消费品。

活动性强化物:看电视、看漫画、郊游等。

拥有性强化物:一段时间内个人可拥有、享受的东西,如自己喜欢的衣服、有机会坐火车,以及其他个人的拥有物。

操作性强化物:提供给个体玩的东西或个人竞技,如玩具、走迷宫、画图等。

社会性强化物:个体喜欢接受的语言刺激或身体刺激,如赞美、拥抱等。

积极强化物的正确选择是顺利实施积极强化的关键。因此,要根据情绪与行为障碍儿童的个别需要与爱好来选择、确定适合的积极强化物。

(二) 消极强化

1. 消极强化的界定

消极强化指当个体正在承受厌恶刺激时,一旦个体表现出期望的良好行为,便立即撤除其正在承受的刺激,那么以后在同样的情境下,该行为的出现次数就会增加。例如,小敏喜欢咬指甲,为了帮助她增加不咬指甲的行为,在她指甲上涂了辣椒水,只要小敏一咬指甲就会受到辣椒水的惩罚。她为了避免这一惩罚,就要停止咬指甲这个不良行为,从而辣椒水这个厌恶刺激就自然而然地消除了。

2. 制订消极强化方案遵循的步骤

(1) 确定目标行为;

(2) 选择恰当的厌恶刺激作为消极强化物;

(3) 选定警告刺激;

(4) 确定所期望的终点行为标准;

(5) 找出合适的替代性良好行为;

（6）选择、控制行为改变的情境；

（7）选择有效的良好替代性行为的强化物。

（8）安排好具体的实施程序。

案例介绍

明明有咬指甲的习惯，总是把手指甲咬得光秃秃的，这种是非常不卫生的。针对这种情况，妈妈在他的指甲上涂上辣椒水。这是一个令明明厌恶的刺激，当明明再咬指甲时，会很难受。于是，他渐渐不再用嘴咬指甲，而是用剪刀剪指甲。当明明用剪刀剪指甲时，就不用再在指甲上涂辣椒水了。

消极强化原理是由逃避到回避的过程。明明首先对指甲上的辣椒水产生逃避，进而在此基础上产生回避反应。也就是说，不使用辣椒水也能不去咬指甲了。

二 惩罚

日常生活中，惩罚的例子随处可见。例如，小明遇到一只可爱的小狗，觉得它很友善，于是上前摸了它一下。结果，小狗咬了小明。从此以后，小明再也不去抚摸这只狗了。这个例子说明，一个具体的行为发生了，后面立刻跟随着一个惩罚的结果。将来这个行为再次发生的可能性就降低了。

（一）惩罚的界定

惩罚是指在某种情境或刺激下产生某一行为后，及时给予行为者一种厌恶刺激或撤除其正在享用的积极强化物，以降低该行为在相同或相似情境或刺激下的出现率，这个行为改变原理就叫惩罚[①]。而惩罚物则是指人们所不喜欢或不需要的，并令人不愉快的刺激，也称厌恶刺激。上述例子中的被狗咬就是一个惩罚物，即人们不喜欢的令人不愉快的刺激。

（二）惩罚的类型

依据惩罚实施过程中所使用的厌恶刺激种类的不同、施予厌恶刺激方式的不同、实施惩罚者所受训练的不同，可以将惩罚原理分为体罚、言语惩罚及隔离三种类型。

---

① 王辉. 行为改变技术[M]. 南京：南京大学出版社，2006.

1. 体罚

体罚是指随着儿童不良行为的出现,立即对儿童的身体施予一种厌恶刺激(惩罚物),使其产生生理上的不适感,以达到减少或消除儿童这种不良行为的目的。体罚是惩罚的主要方式,但不等于惩罚。

例如,明明看到别的同学都有漂亮的文具盒,自己却没钱买,于是偷拿了同学的新文具盒。妈妈发现后为了惩罚他,打了明明的屁股,并让明明把文具盒还给同学。从那以后,明明再也没有乱拿别人的物品。

从明明一例我们可以看出,使用体罚法能起到立竿见影的效果,这是使用体罚最主要的原因。儿童为了避免身体接受厌恶刺激只得不再选择表现不好的行为。但是要注意厌恶刺激的选择要因人而异,且在实施惩罚时要尽量克制自己的不良情绪,把握体罚的力度,否则可能会对儿童造成身心的伤害。

2. 言语惩罚

言语惩罚是指当儿童表现出不良行为后,通过警告、批评、责备、降低荣誉等言语方式对其施予惩罚,以此达到改变儿童不良行为的目的。例如,当儿童在课堂上不遵守纪律随意讲话时,教师会对他提出警告,让他保持安静。

适当的言语惩罚是希望通过言语方式指出儿童行为上的不恰当之处,让儿童认识到自己的不良行为并实施良好行为。但家长、教师要注意适度使用,避免伤害儿童自尊,影响儿童自我概念的发展。

3. 隔离

隔离是指当儿童表现出某种不良行为时,及时撤除其正在享用的积极强化物以阻止或削弱此种不良行为的再现,或把个体转移到积极强化物较少的环境中去,以降低不良行为的出现率。比如说,每当小红表现出攻击性行为时,就会立即被带入隔离室 2 分钟。2 分钟后,当她再安静 15 秒就放她出来。

但需要注意的是,隔离比较适用于矫正情绪与行为障碍儿童的捣乱行为或攻击性行为。有自毁行为或自伤行为的儿童不宜进行隔离,以免发生意外。此外,家长和教师还应随时关注隔离儿童的反应,避免出现危险情况。

知识链接

成为一名情绪或行为障碍儿童的教师意味着什么[①]?

情绪与行为障碍儿童教师的技能包括理解、评估及管理行为以促进跨内容领域的学习。

---

① 哈拉汉,考夫曼,普伦. 特殊教育导论[M]. 肖非等,译. 北京:中国人民大学出版社,2010.

具体而言,特殊儿童委员会为情绪与行为障碍儿童教师确定了以下必需的技能:

1. 了解针对可能有情绪与行为障碍个体的预防及干预策略。

2. 使用多种不让人反感的技巧来控制目标行为并维持情绪或行为障碍个体的注意力。

3. 建立一致的班级常规,并使用问题解决和冲突解决技能。

4. 计划和实施与行为强度相当的个别化强化系统及环境调整。

5. 综合个体和团体的学业教学、情感教育以及行为管理。

6. 评估个体适当的和有问题的社会行为。

第三节　情绪与行为障碍儿童的学习训练

在了解情绪与行为障碍儿童的学习与发展特点基础上,结合外在有利条件,制订切实可行、卓有成效的学习训练方案是我们研究的方向之一。以下两个案例希望能给大家一些启示。

一　案例一:采用积极强化原理改变幼儿吮吸手指行为

(一) 个案简况

1. 受训练者一般情况

吴雨(化名),男,5岁8个月,轻度智障,幼儿园中班幼儿。因受产伤该幼儿出生时脑发育不全。又因其母乳不足,由人工喂养。18个月后就由外婆抚养,父母每星期只到外婆家看望他一次。2岁时曾患肺炎,住院半个月,以后经常感冒、咳嗽,有过敏性鼻炎。该幼儿性格内向、胆小、怕孤独,尤其在受到成人指责时,表现紧张。该幼儿的问题行为起源于周岁时期,先是吃衣角、咬被角,后经外婆阻止,虽不再吃衣角,却产生了吮吸手指的行为。

2. 问题行为的表现

吴雨入园后,仍然存在吮吸手指的行为,在手上没事干或动脑筋时,吮吸行为尤为严重。手指上已吮出了茧。经教师连续观察6天,每天随机抽取作业活动、自由活动、游戏活动的一些时间,发现该幼儿在作业活动时吮吸手指行为发生次数最多,平均为8次;其次是游戏活动,平均为5次;最少是自由活动时,平均为2次。同时教师也观察到,持续1分钟以上的长时间吮吸手指行为也发生在作业活动和游戏活动之中,前者有4次,后者有2次。

3. 可能原因

第一,吴雨周岁吃衣角、吮被角的行为虽经外婆不断训斥得到了制止,但却被转移到吮吸手指上来。其间,一则恰遇其生病住院,家长对其放松了要求;二则吮吸手指行为也未引起家长重视,故久而久之,形成这种不良行为习惯。

第二,吴雨性格内向,渴望得到更多爱的温暖,但父母不与孩子同住、接触少,造成幼儿心理需要得不到满足,于是就无意识地产生了吮吸手指的行为,试图取得心理上的平衡。

第三,吴雨未接受过有关吮吸手指危害性的强化教育,也就不可能从根本上调动其主观能动性来纠正这一不良行为。

根据以上分析,教师认为吴雨性格内向、体质弱,采用积极强化法改变其吮吸手指行为比较适宜。

(二)学习训练

1. 矫治前准备

(1)选择积极强化物

应用积极强化物调查表,对吴雨及其家长进行了询问、调查,确定吴雨的有效强化物,并按由弱到强的顺序排列为:微笑、拥抱、花纸、五角星、户外游戏、玩具小汽车、戴头饰、表演、与妈妈一起玩。然后,据此准备好实物强化物,以供强化使用。

(2)设计教育内容

教育是幼儿园开展矫正工作的优势,应当贯穿矫治的全过程,以不断提高幼儿的知识水平,增强其克服不良行为的自主意识。为了取得教育的实效,教师必须精心设计教育内容。例如,为了使幼儿了解吮吸手指的危害性,教师可以设计"上医院看病"的游戏。教师扮演医生,让一个幼儿装扮病人。病人用手指指着肚子叫"肚子痛"。医生拿出听诊器听听,再按按病人的肚子,说"肚子痛是由于你肚子里的细菌在作怪",并且告诉病人:"细菌是因为你把手指放在嘴里而进入肚子的。如果你不信,可以来看看。"然后,让病人在显微镜下观察自己手指上的细菌,也让其他幼儿、被矫正幼儿来观察一下,从而使幼儿懂得病从口入的道理,明白吮吸手指是一种有害健康的不良行为。

(3)争取家长配合

教师在矫正前把矫正计划告诉家长,说清计划的心理依据,并征求他们的意见,争取他们的配合。尤其是要求家庭教育同幼儿园教育保持同步,吮吸手指时绝不能给以强化,不再吮吸手指时要及时给以正强化物。当幼儿园在矫治过程中需要家长配合时,家庭要主动配合。如到一定阶段时需妈妈带幼儿出去玩一次,妈妈应挤出时间与教师合作进行教育。

2. 行为改变过程

第一周,引导幼儿进入角色。

教师多次用亲切的口吻告诉吴雨"吮吸手指是不好的行为,老师帮助你克服这种坏习惯""如果你不吮吸手指了,老师会很高兴的,还要奖励你一张手工纸或五角星。"幼儿逐步理解教师的用意和期望,表示要改掉自己吮吸手指的坏习惯。同时,当幼儿能接受教师示意,立即停止吮吸手指或吮吸手指行为次数有所下降,哪怕只是一点点时,就立即给予奖励。并告诉他,这是由于他努力改正吮吸手指的坏习惯,才奖励给他的。多次重复,引导幼儿进入角色,建立起吮吸手指行为的改善与积极强化物之间的联系。一周以后,幼儿吮吸手指行为稍有改善但不稳定,不明显。

第二周,寻找合适机会实行强化刺激。

一天午餐前,每个小朋友洗完手,都双手握着。这时,教师就抓住机会对吴雨说:"你的两只手握得真好,老师请你第一个吃饭。"他听了高兴得笑了。进餐后,在自由活动中,他也没将手放入嘴里。吴雨特别喜欢玩机动小汽车,教师就告诉他,如果你能在作业活动时不把手放在嘴里,老师就奖励你玩小汽车。果然,在直接的诱导下,他能自制了。每当他有点滴进步时,教师都及时兑现自己的承诺,给予适当奖励,同时又以微笑、点头等表情动作予以肯定。这一周,吴雨吮吸手指的次数明显减少,由半日活动中的平均15次下降到了10次。

第三周、第四周,创设情境把矫治工作推向高潮。

吴雨与妈妈的感情很好,特别希望得到妈妈的夸奖。于是,教师在继续实施积极强化训练的同时,结合幼儿园向家长开放半日活动的工作,创设"给妈妈一个惊喜"的活动。教师对吴雨提出更高要求:"为了欢迎妈妈到幼儿园来,你从现在起,更要时时提醒自己不把手放在嘴里,让妈妈看到你的进步。妈妈看到你不再吮吸手指了,一定会惊喜,会夸奖你是妈妈的好孩子。"果然,这个阶段的矫治效果特别好,每天只是偶然会发生几次,并且只要一示意便会立即把手从嘴里拿出来。在这次家长参加的半日活动中,吴雨几乎没有把手放到嘴里,还不时地看看妈妈,好像在说:"妈妈你看,我的坏习惯已改掉了。"

第五周、第六周,巩固、发展矫治治疗成果。

吴雨吮吸手指的行为有了明显改善。这时,教师不失时机地拓展矫治成果,对他提出进一步的要求,提供更有吸引力的积极强化物。教师告诉吴雨,如果你连续两天不发生吮吸手指行为,老师就奖励你把喜爱的机动小汽车带回家去玩,他高兴极了。当他连续三四天不吮吸手指时,老师高兴地将小白兔的头饰戴在他头上,对他说:"你不吮吸手指了,小白兔也愿意和你做朋友。"允许他戴着头饰参加各种活动,使他对自己更充满了自信。这一阶段吴雨吮吸手指的现象只是偶然发生几次。

第七周,帮助幼儿获得最高奖励。

教师与家长联系,商定如果孩子在一周内不吮吸手指,希望母亲能安排出时间,陪孩子到动物园去玩一次,因为该幼儿十分喜欢和妈妈一起玩,十分喜欢动物。征得家长同意后,教师便把此消息告诉了孩子,他非常兴奋。为了能和妈妈一起玩,他努力控制自己,结果不但是有一周没有吮吸手指,而且一直保持到第九周,都没有再发生吮吸手指的行为。

(三)训练效果

吴雨经过七周的矫治,基本矫正了吮吸手指的行为。其间,由于强化物使用安排上,已经考虑到逐渐减少强化的次数和逐渐以社会性强化物代替具体强化物,所以使他在矫治后的一个阶段,较好完成了脱离强化的程序,较顺利地进入自然状态。一个月以后,再进行跟踪观察,未发现吴雨有吮吸手指的行为。

二　案例二：用惩罚原理矫正凡凡随意打人的不良行为

（一）个案简况

5 岁的凡凡是一个精神发育迟滞的孩子。凡凡自幼由爷爷、奶奶照看。作为家中第三代唯一的男孩，凡凡备受爷爷、奶奶的宠爱。凡是凡凡要求的，两位老人都尽力满足。久而久之，凡凡养成了霸道、随心所欲的毛病。

自进入幼儿园以来，凡凡经常挑衅或殴打其他小朋友，而且出手较重。所以班里的小朋友们都害怕他、躲着他，不愿意跟他玩。平常凡凡目光呆滞、反应缓慢。每次打完小朋友，凡凡便仰脸哈哈大笑。

老师对凡凡进行了两个星期的观察，发现他平均每天打人 30 余次。针对凡凡打人的不良行为，老师采取给他讲道理、树榜样、奖励他不打人等处理对策，但均无效果。

（二）学习训练

经慎重考虑，在不伤害凡凡健康的前提下，通过和凡凡的父母商量，老师决定采用惩罚法来矫正凡凡打人这一不良行为。具体程序如下：

1. 每当凡凡动手打小朋友时，在他身边的老师便说："凡凡不许打人。因为你打了人，现在罚你做 20 次起立和坐下的动作。"

2. 然后老师便拉住凡凡的手，走到教室后面。老师按着凡凡的肩膀要他坐下，然后再让他起来，同时老师嘴里还喊道"坐下""起来"，让凡凡共做 20 次坐下和起立。

3. 开始时，老师需要用手帮助凡凡完成坐下、起来的动作。老师用手帮助凡凡的另一个目的是促使凡凡按照要求接受惩罚。以后，慢慢地老师只需要用语言提示，凡凡便可以按照要求完成。

4. 在惩罚过程中，对凡凡表现出的言语反抗，老师未予理睬，仍坚持让凡凡完成任务。

（三）训练效果

未实施惩罚前，凡凡每天打人的次数为 35 次（平均值）。实施惩罚后，第一天，凡凡的打人次数下降到 15 次；第二天，凡凡打人次数为 8 次；第三天，凡凡打人 1 次；以后基本维持在 1 次或零。两周后，老师停止实行惩罚法。刚开始的四天，凡凡打人的次数还保留在低频率上，后来打人的频率又开始回升。到了第八天，老师重新实行惩罚法，并同时对凡凡安静地坐着玩玩具进行正强化。这样实行了两周，凡凡打人的次数平均 3 天发生 1 次，频繁打人的行为已基本控制住了。

案例分析

应用惩罚法来改变凡凡的攻击性行为,使凡凡的打人次数大大地下降,基本上消除了凡凡的攻击性行为,王秀爱老师所完成的这个实验比较成功。这个案例做得比较好的地方是:

(1)在尝试为凡凡树立学习的榜样、奖励凡凡不打人等行为改变对策失效后,老师才开始使用惩罚法。

(2)老师比较好地选择了惩罚法来消除凡凡的攻击性行为。一般攻击性强的儿童其内在能量较高,他(她)需要宣泄内在的能量。老师使用惩罚法,既使儿童受到了惩罚,又使其内在能量得到释放。这样儿童就不会再有能量去攻击其他儿童了。

(3)老师在重新实施惩罚法时,还对凡凡安静地坐着玩玩具进行积极强化。这样就在消除凡凡攻击性行为的同时,帮助凡凡学会怎样做才是对的,怎样做才能得到肯定。

但这个案例也有不足之处,对目标行为没有作出明确的操作性定义。因此,观察的信度难以保证。

思考与练习

1. 简述情绪与行为障碍儿童的情绪特点。
2. 简述情绪与行为发展儿童的行为特点。
3. 简述积极强化法的定义及使用步骤。
4. 简述消极强化法的定义及使用步骤。
5. 简述惩罚法的定义及使用注意点。

本章小结

1. 儿童的情绪与行为障碍是其日常生活中常见的问题,不同国家对此使用了不同的术语来描述。目前联邦法律中的术语是情绪障碍。目前世界各国、各地区所使用的术语不同,时常令人困惑。有多种术语组合,如情绪障碍、行为障碍及社会适应不良等。

2. 就情绪与行为障碍的定义来看,通常都会涉及极端行为、长期障碍,以及因社会或文化期望而不被接纳的行为这三个方面。

3. 情绪与行为障碍儿童在情绪发展方面,往往会表现出较低的社会性成就感,并自我报告低自尊、孤独感。情绪的自控能力通常较弱,常发脾气,对外在事物漠不关心,经常喜怒无常,且不合情境或时宜。

4.情绪与行为障碍儿童在行为发展方面,往往表现出外化(对他人表现攻击性)或内化(不成熟、退缩、抑郁)行为或两类行为都有。

5.积极强化法是在一定情境或刺激的作用下,某一行为发生后,立即有目的地给予行为者以积极强化物,使其在相同或相似的情境或刺激下,提高该行为的发生频率。积极强化原理往往和其他原理结合使用。

6.使用惩罚法、消极强化法要注意厌恶刺激物的副作用和弊端,并注意:惩罚是要给表现不良行为的个体施加厌恶刺激;而消极强化则是要撤除个体正在承受的厌恶刺激,两者的目的相反。

第十四章 学习障碍儿童

知识目标

了解学习障碍儿童在记忆、语言、情绪、动机及元认知方面的发展特点。

能力目标

理解学习障碍儿童在学业、生活技能及自我支持的学习特点，能够设计初步的干预训练方案。

素质目标

提升对学习障碍儿童的理解和支持能力，增强实施个性化学习干预的耐心和效果。

案　例

美国有一男孩求学时代无法在密歇根州的公立学校学习，因为老师认为他太笨，没有能力进行学业学习。于是父母不得不接受他辍学在家，并在家里开始指导他的阅读和基本课程的学习。虽然这是一个缓慢而费力的工作，但他却不断进步和提高，后来成为著名的发明家，他就是爱迪生。据估计，中小学生中具有学习障碍的人有 5%～10%，而作为家长和老师，对于学习有障碍儿童的了解是少之又少。爱迪生的故事给了我们哪些启迪呢？

对学习障碍儿童的研究是特殊教育的重要领域之一。学习障碍是当前基础教育中普遍存在的现象，已成为困扰学生学习和教师教学的一大难题。

国内外从不同的角度对学习障碍的概念进行了界定。

学习障碍（learning disabilities）这个术语是美国著名特殊教育家柯克（Kirk）在 1963 年为一群有阅读障碍和无法解决数学问题的孩子家长做讲座时首次使用的，并用来描述这样一类儿童："他们在语言、说话、阅读和社会交往技能方面发展异常。这类儿童既不是盲聋等感觉障碍的儿童，也不是智力障碍儿童。"此后，有关学习障碍的研究取得了很大进展。目前，国外最具影响力的关于学习障碍的定义分别是由美国联邦政府在《残疾人教育法》中给出的定义，以及由全美学习障碍联合会（National Joint Committee on Learning Disabilities）提出的定义。

《残疾人教育法》中指出：学习障碍是指在理解和使用语言、说话或写作过程中所涉及的一个或多个基本心理过程存在障碍。障碍可能表现为在听、说、读、写、思考、拼写或者数学计算方面能力的不完善。这一术语包括了感知觉障碍、脑损伤、轻微脑功能障碍、读诵困难和发展性失语症。但这一术语不包括由于视觉、听觉运动障碍和智力障碍所引起的学习问题，以及由于情绪紊乱，环境、文化和经济不利所引起的学习问题。这一概念成为后来美国各州广泛采用和参考的学习障碍的定义。

1985 年美国成立的全美学习障碍联合会（National Joint Committee on Learning Disabilities）出于对《残疾人教育法》中有关学习障碍定义存在的诸多内在缺陷的修订，将学习障碍定义为：学习障碍是一个概括性的术语，涉及一系列异质性障碍，表现为在习得和运用听、说、读、写、推理或数学能力方面存在显著性困难。这些障碍对个体来说是内在性的，且被认为是由于中枢神经系统功能失调造成的，而且有可能发生在生命的各个阶段。自我规范行为、社会认知、社会互动方面的问题常常与学习障碍同时存在，但是这些问题本身并不导致学习障碍。

在有些国家，学习障碍也被称为学习困难。如英国 1981 年的《教育法》对学习困难儿童的界定是：与同龄儿童相比，一个儿童如果在学习方面遇到严重的困难，表现出学习能力低下，以致终止或妨碍他在一般的普通学校学习，那么，这样的儿童就是学习困难儿童。

我国对于学习障碍问题确实早有关注，但真正把学习障碍儿童列为特殊教育的对象，时间并不长。我国特殊教育界对于学习障碍的定义也存在着不同表述，较为典型的有以下几种①：

第一种认为，学习障碍（也称为学习困难）儿童指的是除残疾儿童外，由于生理、心理、行为、环境等原因，在正常教育情形下学习成绩明显达不到义务教育大纲要求的水平，而需要采取特殊教育方式的学龄儿童的个体心理发展水平严重落后于同年龄段儿童平均水平的学前儿童。

第二种认为，学习障碍（也称为学业不良），主要包括以下特征：第一，学业不良儿童的智力是正常的，但在学习中有严重困难；第二，学业不良儿童可能在某些特殊能力或学习技能上有一定缺陷；第三，上述这些能力的缺陷并不是由于生理或身体上的原发性缺陷所造成的，也不是由于情绪障碍、教育与环境影响造成的；第四，这些儿童要达到一般同龄儿童的学习水平，需要额外的督促和辅导，甚至需要特殊教育与帮助。这在一定意义上是从学习障碍特征的角度来表述的。

第三种认为，学习障碍（也称为学习困难或学习低能）是指在学习上存在一定的障碍，遇到不同的困难，缺乏普通的竞争能力，学习成绩明显落后于其他儿童这一现象。学习障碍儿童有时也伴有轻度的脑功能障碍或其他轻度的伤残，但其主要特点是缺乏正确的学习策略，没有形成良好的认知结构。

总的来说，对于学习障碍的内涵以及操作定义的认识如今还没有一个统一的标准。本章主要着眼于国内外关于学习障碍表述的共性，从认知心理学的角度来阐述一下学习障碍儿童的发展和学习，以期为学习有障碍儿童的学习和发展提供支持。

第一节　学习障碍儿童发展的特点

一　学习障碍儿童的记忆

从信息加工观点来看，记忆是对所输入的信息进行编码、贮存和提取的过程。倘若没有记忆的参与，知觉过程就不可能实现；没有记忆也就不可能有思维活动。人类通过记忆不断地实现着与外部世界的互动，从而使自身得到持续的丰富和提高。

（一）瞬时记忆

一般来说，学习障碍儿童的感觉记忆是完整的，没有受到损伤，其记忆成绩差是由于对

---

① 方俊明．特殊教育学［M］．北京：人民教育出版社，2005：336.

信息的提取困难。国外研究表明:学习障碍儿童把信息从感觉记忆中提取出来的速度慢于健全儿童;学习障碍儿童与健全儿童单词再认的编码阶段的水平是一致的,只不过学习障碍儿童在记忆搜索上要花更多的时间[①]。这就是说,学习障碍儿童的瞬时记忆能力比健全儿童差,这也通常被认为是阅读障碍儿童的特征性记忆缺陷。

(二) 短时记忆

信息在从最初的瞬时记忆进入短时记忆后,紧接着就是要对信息进行比较、组织、加工和编码。而学习障碍儿童的短时记忆存在着许多困难,主要包括在听或看之后短时间内对信息的回忆有困难,如有的学习困难儿童会忘记正在写的词或句子,忘记刚刚看过的数学公式等。学习障碍儿童在短时记忆中的困难还表现在缺乏或不能够充分运用一定的复述策略使信息进入长时记忆中,复述的频率及复述的策略水平较健全儿童差。

托吉生和凯尔通过对学习障碍儿童记忆的研究认为:① 学习障碍儿童不能很好使用正常学生轻而易举就会使用的学习策略;② 学习障碍儿童因为贫乏的语言技能可能有记忆困难,因此学习障碍儿童记忆语言材料尤为困难。总之,学习障碍儿童的短时记忆缺陷一般与信息的加工策略(如复述、组织等)和信息的心理表征(如编码)有关[②]。

(三) 长时记忆

大量的研究表明,学习障碍儿童的长时记忆在各个方面明显落后于健全儿童。信息通过短时记忆进入长时记忆时,需要经过进一步的精细加工。学习障碍儿童在语义记忆编码方面存在困难,其在语义记忆中储存的信息无论在数量上还是在内部连贯性上都是低级的,这主要是由于他们较少利用精细的复述策略使短时记忆中的信息转化成有意义的或是概括化的信息,从而导致许多信息难于或很少进入长时记忆。并且,在回忆或提取信息方面,学习障碍儿童虽也运用了一定的策略,但选择的策略效用较低。

总之,学习障碍儿童在记忆这一认知加工过程中存在着较为明显的障碍。这种障碍可能发生在记忆的整个环节之中,总体体现在其对于信息的选择、存储、提取以及监控等方面。

二　学习障碍儿童的语言

语言是人类交往的手段和思维工具。它是"由少量单个、无意义的符号,根据公认的规则进行组合,产生无数信息的一种复杂的符号系统[③]"。在交流过程中人类借助于语言这种形式来表述对于世界的看法和理解。语言活动包括两种基本形式,即语言表达和语言接收。语言表达是指利用语言符号交流意见和想法;语言接收是对表达的语言进行的有

学习障碍儿童的认知、语言发展特点

① 赵斌,冯维 . 当代认知心理学对个体学习障碍的研究[J]. 西南师范大学学报,2001(5):82-86.
② 毛荣建 . 学习障碍儿童教育概论[M]. 天津:天津教育出版社,2007:47.
③ 谢弗 . 发展心理学——儿童与青少年[M]. 邹泓等,译 . 北京:中国轻工业出版社,2005:355.

意义理解的过程。布卢姆(Bloom)和莱希(Lahey)依照语言的形式、内容和使用,归纳出了语言的基本要素。他们认为构成语言的基本要素有语音、词法、句法、语义和语用,具体见表 14.1。

表 14.1　语言的构成要素①

构成要素	定　义	表达水平	接收水平
语音	某种语言的声音体系和支配这些声音组合的语言学规则	发音	辨音
词法	依照意义的基本成分来支配单词的结构和形式的语言学系统	在单词中使用语法规则	理解单词的语法结构
句法	决定句子组成的单词次序及其组合的语言规则,以及与句子中各种成分的关系	在短语或句子中使用语法规则	理解短语和句子
语义	形成话语的内容以及单词或句子的目的和意义	词义和单词关联系统的使用	理解单词的意义和各单词的关联
语用	在交流过程中由于语言的使用而形成的社会语言学系统,该交流可能是行为交流、口头交流或者声音交流	在语境中使用语言	理解语境中的语言暗示

研究表明,学习障碍儿童语言的发展和学习在表 14.1 各个要素中均表现出不同于健全儿童的特点,其在语言构成的各个要素上均表现出或多或少的缺陷或不足。

(一)学习障碍儿童的语音特征

学习障碍儿童语言发展障碍的主要表现之一是语音异常。他们的语音障碍在音段、音位方面的主要表现是音位分辨与组合困难,在超音段、音位方面的主要表现是语言清晰度发展迟缓,经常出现吞音、误音或读不出、不流利、声音颤抖、声调过高等现象。

学习障碍儿童由于听觉记忆功能有缺陷,他们很难在声音与声音所代表的事物或经验之间建立起顺畅的联系,或者不容易回忆听过的声音,并产生语言选用困难,在述说某些事物的名称、特性或事物之间的关联时感到吃力。听觉分辨功能较差的儿童,对于相似声音的分辨不敏感,极易产生混淆,难以完成节拍动作。这类儿童学习音乐特别困难。有的儿童听觉混合能力有缺陷,表现为缺乏把单个语音或音素混合成一个完整词的能力,如:在使用音素“m—a”或“b—a”形成完整意义的“ma”或“ba”时,他们很难完成。

学习障碍儿童也经常出现听与说的不协调,主要表现为语言听力和组织能力差,在语言模仿中经常出现吞音、误音和病句。但这种现象多源于内部信息加工过程的紊乱,而不是听

---

① 默瑟 . 学习问题学生的教学[M]. 胡晓毅等,译 . 北京:中国轻工业出版社,2005:228.

力障碍或发音器官的障碍。

（二）学习障碍儿童的词法特征

由于视觉、听觉和书写等的异常，学习障碍儿童，尤其是阅读障碍儿童的词汇学习困难表现在阅读、拼写、写作、口头表达和听力等多个方面。

视知觉异常表现在阅读、计算时会把一些相近的字词混同，出现单词的认识错误，如把"午"和"牛"、"大"和"人"、"于"和"干"、"奶"和"妈"等看混；看书时常常跳行、跳字，漏行、漏字，也经常把书上的文字看成镜像文字等。当他们进行朗读时，他们会省略、插入、替代或者颠倒词语。

听知觉异常表现在不能在短时间内分辨出听到的声音，尤其是相近的音，如"三"和"山"、"翻"和"攀"、"西瓜"和"西关"等。

书写异常表现在不能写，因为这类儿童的肌肉张力掌握不了，肌肉协调能力较差。比如，视写异常表现在不能摹写、书写镜像文字等；听写异常表现在不能空书等方面。

（三）学习障碍儿童的句法特征

据已有文献显示，学习障碍儿童语言发展落后于健全儿童的重要特征之一就是这类儿童存在句法障碍。具体表现是句法不完整，很难根据标准的句子法则来组织句子或遣词造句，往往用词不当，词不达意；在作文和口头表达时不流畅，词语搭配混乱，语句不合乎语法规则，不能正确表达实际意义等。

（四）学习障碍儿童的语义特征

学习障碍儿童中最为常见的是阅读方面的困难，主要表现在单词精确性的认知或句子流畅性的把握方面存在困难，同时在拼写问题和解码问题上也有较大困难。近年来的研究显示，大多数处于阅读问题困境的学习障碍儿童，其问题在于单词方面而非文章或处理信息的水平，例如无法正确、流利地解码个别单词。在阅读障碍儿童中最为常见的一个认知方面的缺陷，就是在理解口头语言中单词的语音结构方面存在功能障碍。与正常阅读者相比，许多有诵读困难的儿童都在视觉命名速度方面有重大缺陷，他们不能迅速地说出所呈现刺激物的名称。当他们被要求说出所呈现的视觉刺激物（如字母）的名称时，尽管他们认识这些字母，但在迅速地回忆并说出字母的名字方面存在很大困难。

阅读的目的是理解。阅读理解的实现依赖于对短语、句子、段落和篇章层面的理解，仅仅通过能够识别个别词汇是达不到对于阅读内容的理解的。但是，缺乏迅速识别词汇的能力会在两个方面影响阅读理解：首先，识别速度快的读者所接触的词汇和概念单元更多，因而有机会理解更多的内容；其次，假定识别和理解单词都要消耗有限的认知加工资源，那么，一个在困苦中挣扎、将更多的认知加工资源用于识别单词的读者，就只有"更少的认知加工资源能够用于理解了"。阅读障碍儿童在字词方面的能力缺陷会使儿童的工作记忆负担过重，并对儿童的阅读理解造成不利影响①。

（五）学习障碍儿童的语用特征

一般来说，学习障碍儿童有严重的沟通障碍，既不能正确理解别人的语言，又不能恰当地表达自己的思想，也不能灵活地调节自己说话的主题、内容、目的、时间或情境。他们在说话时经常会使用一些幼儿语言，往往用词不当；回答别人问题也有困难，常常答非所问。

学习障碍儿童在阅读时不能正确理解阅读材料的含义或者有阅读能力的失常，其症状有：

（1）视觉记忆或区分困难，表现为不能识字，或者对字的形体有错误认识，在阅读时常把字形颠倒，如分不清 b 和 d。

（2）知觉速度慢，表现为逐字阅读，或者用手点着读，甚至一个字要看好几次，不能正确停顿。

（3）缺乏理解能力，不理解阅读材料的含义。

（4）辨别词汇困难，对音同、音近或形近的字词识别不正确，难以辨别拼音字母，把字母与发音联系起来存在困难。

（5）当需要以听觉协助理解，朗读时嘴唇运动频率较低。

（6）不能从听觉上再现声音或文字，表现为能够默读但不能朗读，能把音义与视觉符号相联系，但不能把视觉符号转化为听觉。

造成阅读障碍的主要原因是听觉理解能力差、听觉或视觉速度慢、无法知觉文字符号、缺乏阅读所需要的知识、无法注意到关键字词或段落、无法了解书写文字的单位等。

另外，书写障碍也是学习障碍儿童的显著问题之一。书写包括写字和书面表达。写字涉及空间知觉、视动协调、肌肉控制能力；书面表达涉及词汇、语句和文章书写能力。学习障碍儿童在书写字词或用书面语表达信息、交流思想感情方面的能力存在缺陷，主要表现在写字、拼写、课文结构、句子结构、单词用法和写作方面。书面表达有障碍的儿童在写作时感到很吃力。他们很难组织和利用写作结构，很难流利地表达自己的观点，常常在拼写和以流利的方式组织作文上有困难，写的内容过于简单和肤浅等。有书写障碍的儿童在拼音文字中常常会增加多余的字母、省略必要的字母、颠倒元音和音节等；在汉语中常常出现的错误有：左右偏旁颠倒、漏掉笔画、写别字和写错字等。造成书写障碍的主要原因是视觉分辨能力和视觉记忆能力相对落后和视觉—动作整合出现问题及视觉编码上存在困难等②。

---

① Heward L. 特殊需要儿童教育导论［M］. 肖非等，译．北京：中国轻工业出版社，2007：166 – 169.
② 方俊明，雷江华．特殊儿童心理学［M］. 北京：北京大学出版社，2011：119 – 120.

三 学习障碍儿童的情绪

情绪是人类对于各种认知对象的一种内心感受或态度,它是人们对于自己所处的环境,对于自己的工作、学习和生活,对于他人的行为的一种情感体验[①]。心理学界对于情绪虽然有不同的划分标准,但我们可以从宏观的角度将情绪分为积极情绪和消极情绪。积极情绪是指个体由于体内外刺激、时间满足个体需要而产生的伴有愉悦感受的情绪,对个体的适应具有广泛的功能与意义;消极情绪是指在某种具体行为中,由于外因或内因影响而产生的不利于个体继续完成工作或正常思考的情感,常常伴随有忧愁、悲伤、愤怒、紧张和焦虑等。

学习障碍儿童在学习自我概念上情绪较低,学业情绪具有消极的特点。目前许多研究者普遍认为学习障碍者情绪常常表现为焦虑和孤独,其情绪理解、表达和认知能力普遍低于健全儿童的水平。有研究显示,相对于一般儿童来说,学习障碍儿童的消极学习情绪一般比较高,积极学习情绪一般比较低[②]。在对成功的归因上,学习障碍儿童的归因更消极,认为成功具有偶然性,且这种倾向较为稳定;一般儿童的归因风格更积极,更多地把成功归因于内部的、稳定的、普遍性的因素。而在对失败的归因上,学习障碍儿童更多地认为失败的原因是稳定的,在各种情境下都会出现。他们常常将失败归因于内部不可控因素(如自己的能力低),较少将失败归因于自己的努力程度不够;但一般儿童则认为失败是由于个人内部因素造成的,而且是可控的。

四 学习障碍儿童的动机

现代心理学将动机定义为推动个体从事某种活动的内在原因。具体说,动机是引起、维持个体活动并使活动朝某一目标进行的内在动力。对于学习障碍儿童的动机研究最多的是学习动机。学习动机是一种内部动力,能直接推动一个人开展学习活动,从强度、时间和方向等方面激发、维持并调节个体行为。学习障碍儿童有一个显著的特点就是很少对学习有直接的动机,他们学习动机的产生源自成人的影响,其中父母和老师对于他们学习动机的产生具有重要作用。如果父母重视孩子学习,对孩子的学习和进步较为欣赏并充满期待,那么孩子的学习动机就强;反之,孩子的学习动机就相对差些。许多研究结果都表明,学习有困难的儿童学习动机水平显著低于学习正常生的水平。

学习障碍儿童的学习动机受到家庭资源和社会支持的影响。家庭资源与儿童学习不良存在着明显联系,不良家庭环境的儿童常常会遭遇到学习上的困难。对家庭资源影响学习不良儿童社会性发展的研究表明,良好的家庭资源配置能促进学习不良儿童的心理发展。

---

① 全国十二所重点师范大学联合编写. 心理学基础[M]. 北京:教育科学出版社,2008:147.
② 曾守锤,吴华清. 学习不良儿童自我概念研究综述[J]. 中国特殊教育,2004(5):85-90.

还有的研究结果认为,学习不良儿童的家庭资源与其学习动机有较大的相关性,但是不排除动机反过来会作用于家庭资源的可能[1]。社会支持直接影响学习动机,与学习动机呈显著正相关,即获得的社会支持水平越高,学习障碍儿童的学习动机就越容易得到激发[2]。

五 学习障碍儿童的元认知

元认知是关于认知的认知,具体来说是关于个人自我认知过程的知识和调节这些过程的能力,对思维和学习活动的知识和控制[3]。

学习障碍儿童在元认知方面有明显的困难或缺陷。元认知能力缺乏的儿童往往不能清晰地总结自己的学习,对自己的学习过程、学习策略等缺乏自主意识和自觉,对自己在学习活动中所产生的认知和情感体验也缺乏清楚、正确的认识。概括来说,学习障碍儿童的元认知整体水平显著低于一般或健全儿童的水平,学习障碍儿童在元认知上主要表现出以下特点:

(1)在学习之前往往不能明确学习任务的难度或无推测难度的意识,不能明确哪种学习策略可以使学习变得更容易,更不会由此订立出周全的学习计划。

(2)在学习过程中,不能够自觉有效地使用和调整学习策略。

(3)缺乏对于学习的反思,不能对学习进行有效的监控。

第二节 学习障碍儿童的学习

一 学业的学习

学习障碍
儿童的学业
支持策略

学习障碍儿童在学业学习上的困难集中在两大方面:语言学习困难和数学学习困难。前者主要包括阅读困难、语言书写困难;后者主要包括计算困难、解决问题困难和空间组织困难等。

(一)语言学习困难

1. 阅读困难

阅读困难是学习障碍儿童最为普遍的特征。据统计,在所有被诊断为学习障碍的

---

① 俞国良,张登印. 学习不良儿童的家庭资源对其认知发展、学习动机的影响[J]. 心理学报,1998(2):179-180.

② 石学云. 学习障碍学生社会支持、学习动机与学业成绩的关系研究[J]. 中国特殊教育,2005,(9):58-59.

③ 陈琦,刘儒德. 教育心理学[M]. 北京:高等教育出版社,2005:318.

儿童中,有 90％是由于阅读问题而需要特殊教育服务的。有证据表明,学习障碍儿童阅读方面的困难是一种持久的缺陷,并不仅仅是语言或者基本阅读技能发展上的落后。阅读困难是一种难以预料的障碍,表现在认识字母、从句子中读出单词以及持久性的流利朗读和拼写方面的困难。在一年级就表现出阅读困难的儿童会比同龄健全人落后很多。

在拼音文字和汉语方块字之间存在着许多不同,因此英语的学习和汉语的学习有着不同特点。在汉语的学习中,学习障碍儿童往往表现为记不住字,不能准确理解词和句子的含义,不能流利地朗读和准确理解文章的意思等。

具体来讲,阅读有障碍的学生在阅读学习过程中常见的表现有:单词认识错误,当他们进行口头阅读时,经常会省略、插入、替代或者颠倒词语。他们缺乏回顾和辨别基本事实、序列或主题方面的能力,从而对理解所读的内容感到困难。这类儿童在学习过程中的不良表现或不成功经验会加重他们的挫折感,进而影响到他们的自信心,把握不好会出现学习过程中的恶性循环等。

有研究者认为,学习障碍儿童在阅读过程中对于字词解码上的障碍只是阅读障碍的初级形式,而阅读理解障碍是阅读障碍中的高级形式,它们共同构成了学习障碍儿童学业学习上的极大困难。对于在字词解码上有障碍的儿童,只需在字词解码能力上对他们进行训练即可;而对于在阅读理解上存在困难的儿童,则主要是训练他们的归纳能力、分析能力以及对理解的监控能力[①]。

2. 语言书写困难

学习障碍儿童常常会有语言书写困难,即书面语言表达的困难。他们的困难常表现在写字、拼写、课文结构、句子结构、单词用法和写作方面。有书面表达问题的学生会在开始写作时感到困难,他们会很吃力地来完成写作任务,很难组织和利用写作结构,很难流利表达自己的观点,常常在拼写和以流利的方式组织作文上有困难,写的内容过于简单、肤浅。

书面语言表达的困难会由动作协调能力不足、不专心、感觉能力缺乏、视觉图像记忆精确性不足以及课堂上不恰当的书写教育所引起。书写困难学生常常要把注意力集中在写的技能上而不是学习内容上,故很难完成学习任务,在学习过程中会更多地遭遇失败体验和挫折。

在拼音文字中,书写困难学生常见的拼写问题有:增加多余的字母、省略必要的字母、颠倒元音、颠倒音节等。在汉语中常见的书写错误有左右偏旁颠倒、漏掉笔画;写同音字、形近字、别字、错字等。

---

① 赵微.学习困难儿童的发展与教育[M].北京:北京大学出版社,2011:105.

相关链接

文字问题的教学①

针对学习有障碍儿童在文字学习方面的困难，国外研究者(如 Babbitt 与 Miller)提出了许多行之有效的教学措施，旨在促进其学业学习。

1. 运用前导组体(advance organizer)来帮助儿童拟订解题计划。前导组体包括题目中的语言及其必要的运算。

2. 在宣布家庭作业前，先在班上示范第一题，即使您已经提示过解题的前几个步骤，还是得重复示范。

3. 为了训练儿童用口语来解决问题，要他们大声说出运算步骤。

4. 要儿童注意提示字，并用铅笔把问题中的提示圈起来。

5. 先确定儿童了解的部分及需要了解的部分，再要求他们写出数学算式来解题。教儿童集中注意力于问题的关键字眼儿上。

6. 尽可能使用具体实物来说明问题中较特殊的部分，这能帮助儿童用脑思考问题。

7. 要儿童审慎思考，看看是不是做对了，强调检查答案的重要性。

(二)数学学习困难

学习有障碍的儿童由于在数学学习能力上的缺损而导致在数学学习上明显落后于同年龄或同年级其他儿童。数学学习困难主要表现在以下几个方面：

1. 运算困难

计算困难主要是指儿童由于计算能力的缺损而表现在加、减、乘、除四则运算上的困难。这是低年级学习障碍儿童的主要特征。这类儿童在运算时经常出错，常见的错误有：

(1) 运算错误。这是非常普遍的问题之一。他们在家长或教师的指导下，确实采用了正确的运算方法和适当的运算策略，但却出现运算结果的错误。如学生甲在计算 45＋23 时，答案写成了 79。这说明他在进行 4＋2 和 5＋3 的运算时，都出现了错误。

(2) 运算法则混淆。随着儿童年龄的不断增长、知识的增多，其所接触到的运算方法、法则也逐渐增多。但学习障碍儿童却不能很好理解这些运算法则，造成方法和法则的混淆使用。如学生乙在计算 232×2 时，答案是 234，很显然这个孩子是把乘法当成加法来运算了。

---

① Bender N. 学习障碍[M]. 胡永崇等，译．台北：心理出版社，2006：266.

（3）没有理解运算法则。这个主要体现在加法进位或减法借位的题型上。如学生丙所做的两道数学题：

$$\begin{array}{r} 49 \\ +\quad 2 \\ \hline 41 \end{array} \qquad\qquad \begin{array}{r} 42 \\ -\quad 6 \\ \hline 42 \end{array}$$

通过这两个题目可以看出，这个学生对加法进位和减法借位的法则并没有真正理解和掌握，从而导致了结果的错误。

2. 问题解决困难

学习障碍儿童在数学学习中，经常表现的困难是不能正确解决数学问题。许多研究显示，数学学习困难儿童往往在使用解题策略时不恰当，甚至使用了错误的解题策略。这主要表现在元认知策略使用不当。他们在解题过程中无法监控自己解题策略的正确性。同时，在表征和分析问题时，也经常会使用不当的策略，从而导致对问题的错误理解。

3. 空间组织困难

吉尔里（Geary）提出数学学习困难可以分为语义记忆、程序和视觉空间型数学困难三种类型。这说明数学学习困难与儿童的视觉空间能力有着密切关系。空间组织困难儿童不能正确感知各类题型，比如，把数字看颠倒、对题目中表面信息表征的质量等，都影响着数学学习的效果。

二　生活技能的学习

学习障碍儿童在生活技能上的困难表现在许多方面，如生活习惯方面、社会交往能力、身体运动能力等方面。

学习障碍儿童的生活技能支持策略

1. 生活习惯方面

学习障碍儿童的生活习惯普遍较差。他们一般都具有行为散漫倾向，不遵守规则；条理性差，易丢失东西；时间观念差，自理能力差；不能理解游戏的规则等。

2. 社会交往方面

学习障碍儿童在社会交往方面往往不能融入集体，常被同学排斥，朋友不多；集体活动时，缺乏参与的积极主动性；不关心集体，不知道同班同学的名字；做事懒于思考，简单地按别人说的去做等。

3. 身体运动方面

学习障碍儿童在身体运动方面水平较低，常常表现为：手指不灵巧，精细动作笨拙，例如，不能很好地系鞋带、解或扣纽扣、使用剪刀困难等；走、跑时手脚动作不自然，常常表现为同手同脚；身体平衡能力、控制能力较差；对球类运动、跳绳等全身运动协调困难等。

三   自我支持的学习

学习障碍儿童的发展虽然是多种因素作用的结果,但不管这些因素多么重要,最终还是要通过自我支持性的学习来获得实质性进步。与健全儿童相比,学习中有障碍的儿童在自我支持方面存在以下问题:

1. 做事自卑

学习障碍儿童较健全儿童有自卑、退化和缺乏自信倾向。他们常常处于被冷落和孤立的境地,与教师、同学的关系不佳,缺乏荣誉感、价值感和自我信任感,从而挫伤自尊心没了求知欲。

2. 评价消极

与健全儿童相比,学习障碍儿童对自身诸方面采取更为消极的评价,存在明显的自我意识不良。在判断事物时,往往从消极方面出发。这可能和平时受到社会、教师、同学的贬低和轻视有关。

3. 管理紊乱

学习障碍儿童管理时间总体能力的低下,也是造成一系列学业问题、适应问题、行为问题的重要因素之一。他们在个人取向和社会取向的时间价值感上低于健全儿童,表明他们没有深刻体会和领悟时间对自己学习和生活的重要意义。他们往往不清楚自己该干些什么,如何合理安排日常活动。

相关链接

学习障碍儿童在学习中的支持建议

针对学习障碍儿童的发展实际和学习特点,教师可以从以下几方面来思考如何去帮助他们,从而为他们提供更加有效的支持。

1. 大观念

在教育过程中高度灵活的概念、原则、规则、策略或启发式教学法,有助于其有效、广泛的知识获得。

2. 显著的策略

教学的次序和教师的活动有助于儿童获得清楚的学习步骤。教师可以通过使用视觉地图或模型、口头指导、全面清晰的解释等方法取得显著效果。

3. 支架式教学

在儿童学习新知识时提供暂时性的支持,随着时间的推移逐渐去掉"支架"。

4. 策略整合

教学计划和先后次序要体现新旧知识之间的联系。

5. 背景知识

在儿童学习新知识之前需要了解相关背景知识，根据这些安排有效的教学次序。

6. 认真回顾

安排好次序和时间表，让儿童有机会可以灵活运用新知识。回顾必须是充分、全面的，基于课程本身、多样化的。

第三节　学习障碍儿童的学习训练

了解学习障碍儿童的学习与发展特点，在切实可行的教育条件下，为他们提供健康成长的支持性措施，制订切实可行的、有针对性的教育方案，是学习障碍儿童研究的最终落脚点。下面这两个案例将为旨在提高学习障碍儿童学习和发展水平的人们提供借鉴。

一　案例一：学习障碍儿童的游戏学习训练

（一）个案简况

英英，女，5岁。无异常生长史，IQ89，主要表现：语言表达能力差；不能理解图意，不能看图讲述；对于所学的儿歌、故事等，不能复述；不能积极举手发言，胆小，自信心不足。

（二）学习训练

1. 学习训练时间

研究者对英英进行了为期3个月的教育指导，在指导期间，保证每周不低于30分钟的训练。

2. 学习训练目标

（1）第一阶段：能理解单幅画面的意思，并能简单讲述；能在老师的帮助下复述简单的儿歌；能记住简单的指令；能够与同组幼儿交往。

（2）第二阶段：能将两幅图片联系起来讲述；继续丰富大量词汇，能用适当的动词或形容词描述出图片的意思；在教师的帮助下，能复述简单的故事；能理解双层指令，并正确完成；乐意与绝大多数幼儿交往。

（3）第三阶段：能看多幅图片，并能讲述；能够独立、完整地讲述故事；注意力保持较长时间；能听多层指令，并能正确执行；能够主动与其他幼儿交往。

3. 训练的内容和方法

第一阶段：① 游戏《找朋友》，提供单幅图片，并提供图片显示的物体，让幼儿进行匹配和讲述；② 游戏《摸一摸》，将英英的眼睛蒙起来，让其对所摸到的物体进行描述；③ 教师创造与英英交流互动的机会，以关爱的方式与英英沟通和谈心；④ 为英英提供与同伴交流互动的机会；⑤ 利用适当的器械（平衡板），对英英进行前庭感觉方面的训练。

第二阶段：① 游戏《找不同》，为英英提供两幅有细微差别的图片，让她找出它们的不同之处，并用语言描述出来；② 游戏《猜猜看》，将其眼睛蒙起来，让她去摸其他幼儿并说出是谁，增进英英与同伴之间的了解和感情；③ 游戏《传话筒》，教师说一句话，让其进行复述；④ 角色游戏《我是小导游》，通过这个游戏来训练英英的口头表达能力及社会交往能力；⑤ 让英英从各种形状的集合图片中找出形状、颜色相同的物体；⑥ 利用感统器械（圆桶吊缆），对英英进行前庭感觉方面的训练。

第三阶段：① 游戏《故事大王》，提供多幅相关图片，让英英将图片联系起来进行简单的讲述；② 角色扮演：让英英和其他幼儿共同完成故事的表演；③ 创造机会让英英在全班面前讲述一个她最喜且最熟悉的故事，增强其自信心；④ 游戏《我说你做》，让英英听教师的指令，帮助其他小朋友做游戏，提高英英听指令完成任务的能力；⑤ 利用感统器械（羊角球），对英英进行前庭感觉方面的训练。

（三）训练效果

通过教育指导，英英取得了明显的进步。她能够根据图片进行连贯、完整的讲述；学过的儿歌及简单的故事，能够进行复述；乐意与他人交往，语言表达能力得到提高，词汇丰富；口语表达能力得到了提高；自信心得到了增强，能够独立地在集体面前进行各类表演。

二 案例二：一个学习障碍儿童的综合训练

（一）个案简况

丽丽，女，8 岁。无异常生长史，IQ94，主要表现：注意力集中时间短暂；书写文字动作笨拙，手和脑难以协调一致，阅读费劲，要花相当长的时间；在学习方面，简单的计算问题不大，但对于连加或连减题把握不好，数学应用题一窍不通；不能遵守集体游戏规则，常常与其他小朋友发生争执；喜欢独自玩自己的玩具，并且不允许他人触碰；不理会老师的呼唤，常沉浸于自己的思维之中。

（二）学习训练

1. 学习训练时间

研究者对丽丽进行了为期一学年的教育指导，在指导时，保证每周不低于 1~2 学时的训练。

2. 学习训练的目标

（1）提高注意力，进行课程学习。

（2）逐步提高其阅读和计算能力。

（3）培养其独立学习能力。

（4）改善行为上的问题。

3．学习训练的内容和方法

第一学期：每周一次、每次 80 分钟的教育指导。主要针对文章阅读指导，文字连句、句子构成短文的作文指导。

第二学期：每周一次，指导时间由原来的 80 分钟改为 50 分钟。主要针对数字运算、阅读和书写汉字、运动和游戏指导等。

具体做法是：

（1）通过图片与文字相对应，如采取"找朋友"的方式，训练丽丽数字抽象能力。

（2）对于连加、连减题，则采取在答题纸上画上有利于对齐位置的辅助线，留有记入进位数字的地方，让其进行练习。

（3）在平时，为了拉近丽丽与他人之间的距离，通过讲故事、聊天等方式给予指导。创造一切机会让其参与集体活动，并经常给予表扬。

（三）训练效果

通过教育指导，丽丽的阅读能力、书写速度有了一定程度的提高，对于数学中的连加、连减题已能熟练掌握，平时与他人接触时，也已能分清善恶，渐渐喜爱参加集体活动。

思考与练习

1．简述学习障碍儿童记忆的特点。

2．简述学习障碍儿童语言的特点。

3．简述学习障碍儿童情绪的特点。

4．简述学习障碍儿童动机的特点。

5．简述学习障碍儿童元认知的特点。

6．如何促进学习障碍儿童学业的学习？

7．如何促进学习障碍儿童生活技能的学习？

8．如何促进学习障碍儿童自我支持的学习？

本章小结

1．对学习障碍儿童的研究是特殊教育发展进程中的重要领域之一。学习障碍是当前基础教育中普遍存在的现象，业已成为困扰学生学习和教师教学的一大难题。

2.学习障碍儿童在记忆这一认知加工过程中存在着较为明显的障碍。这种障碍可能发生在记忆的整个环节之中,总体体现在其对于信息的选择、存储、提取以及监控等方面。

3.学习障碍儿童语言的发展和学习在语言各个要素中均表现出不同于健全儿童的特点。学习障碍儿童在语言构成的各个要素上均表现出或多或少的缺陷或不足。

4.学习障碍儿童在学习自我概念上较低,学习情绪具有消极的特点。目前许多研究者普遍认为学习障碍者情绪常常表现为焦虑和孤独的特点,他们的情绪理解、表达和认知能力普遍低于健全儿童的水平。

5.学习障碍儿童有一个显著特点,就是很少对学习有直接的动机,他们的学习动机的产生源自成人的影响,其中父母和老师对于他们学习动机的产生具有重要作用。如果父母重视孩子学习,对孩子的学习和进步表示欣赏并充满期待,那么孩子的学习动机就强;反之,孩子的学习动机就相对差些。许多研究结果都表明,学习困难儿童的学习动机水平显著低于学习正常生的水平。

6.学习障碍儿童在元认知方面有明显的困难或缺陷。元认知能力缺乏的儿童往往不能清晰地总结自己的学习,对自己的学习过程、学习策略等缺乏自主意识和自觉,对自己在学习活动中所产生的认知和情感体验也缺乏清楚、正确的认识。概括来说,学习障碍儿童的元认知整体水平显著低于健全儿童的水平。

7.学习障碍儿童在学业学习上的困难集中在两大方面:语言学习困难和数学学习困难。前者主要包括阅读困难、语言书写困难;后者主要包括计算困难、解决问题困难和空间组织困难等。

8.学习障碍儿童在生活技能上的困难表现在许多方面,如生活习惯方面、社会交往能力、身体运动能力等方面。

9.学习障碍儿童在自我支持的学习上表现为:做事自卑、评价消极、管理紊乱等。

第十五章　多重障碍儿童

知识目标

了解多重障碍儿童在动作、认知及情绪发展方面的特点。

能力目标

理解多重障碍儿童在生活技能、适应行为和支持下的学习特点，能够设计初步的干预训练方案。

素质目标

提升对多重障碍儿童的理解和支持能力，增强实施有效个性化干预的同理心和耐心。

飞飞今年 8 岁了,是先天性多重障碍患者,是重度障碍患者。关于飞飞是否可以像其他健全孩子一样接受教育成为家中众多成员的争议话题。这实际上也是整个社会关注的话题。反对者怀疑花费大量的金钱、时间和人力资源,以企图教育那些患有多重(或严重)障碍以至于可能永远不能独立发挥功能的儿童是否是明智之举;赞同者从公平正义的角度认为,没有人应该被拒绝给予教育,"放弃"是文明社会无论如何不可接受的。然而,所有的一切都依赖于人们对于多重障碍儿童学习和发展的了解和把握程度,更依赖于人们是否有一个坚定的信念:适宜的教育或支持定会让这类儿童从中获益。

毋庸置疑,多重障碍儿童和其他类型障碍儿童一样早已存在,但关于多重障碍的研究在特殊教育领域起步却是比较晚的。多重障碍儿童的相关研究是当代特殊教育领域的一个重大课题,它不仅对于多重障碍儿童,并且对于其他类型障碍儿童的发展与学习都将产生深远影响。

国内外学者都从不同的角度对多重障碍的概念进行了研究和界定。

根据 Winzer 的研究,有关多重障碍(multiple disabilities)的说法最早出现于 17 世纪时,在英国法律的诏谕之中有 Blackstone,用以描述具有智能障碍与感官障碍的人。经历了多年发展以后,美国联邦政府于 1975 年通过《所有障碍儿童教育法案》(Education for All Handicapped Children Education Act),正式确定了多重障碍的类别。此法案对多重障碍的定义是:多重障碍是指多种障碍的伴随出现(诸如智能不足与盲等)。这种障碍状况的合并所造成的严重教育问题,并非为某单一障碍所设的特殊教育方案所能解决,但是该障碍并不包括盲聋在内。美国学者从障碍者基本生活能力和特殊教育服务需要的角度提出了一个操作性质的定义:重障或多重障碍是指在一般发展能力、自理,表达感受、思想意见和需要,对环境刺激反应,以及同伴间的社会互动能力等方面,存在非常严重的缺陷。

我国《特殊教育辞典》对多重障碍的定义为:"多重障碍,指生理、心理或感官上两种或两种以上障碍合并出现的状况(如盲聋、智力落后兼肢体障碍等)[①]。"一般把同时具有两种或两种以上障碍的儿童称为多重障碍儿童。

我国台湾地区的学者 1999 年对多重障碍的定义是:"指具有两种以上不具连带关系且非源于同一原因造成之障碍而影响学习者。"

综合上述定义,我们认为,多重障碍是指个体在生理、心理或感官上两种或两种以上障碍合并出现的状况,并且障碍间不具连带关系且非源于同一原因造成。多重障碍状况的合

---

① 朴永馨. 特殊教育辞典[M]. 北京:华夏出版社,1996:25.

并会造成重度的教育需求,并非某单一障碍所设的特殊教育方案所能解决。

第一节　多重障碍儿童发展的特点

多重障碍儿童是异质性很高的群体,他们之间的差异也很大,这也是许多研究者对多重障碍儿童进行分类的原因。他们一般倾向于将多重障碍儿童按照主要障碍并其他次要障碍作为分类的基本思路。例如:

《特殊教育辞典》将常见的多重障碍分成四大类:① 智能不足兼脑性瘫痪;② 智力障碍兼听觉障碍;③ 智力障碍兼行为问题;④ 聋兼盲。

中国台湾《多重障碍儿童鉴定标准及就学辅导原则要点》中依据影响儿童最严重的障碍为主要障碍,将多重障碍分为五大类:① 以智能障碍为主的多重障碍;② 以视觉障碍为主的多重障碍;③ 以听觉障碍为主的多重障碍;④ 以肢体障碍为主的多重障碍;⑤ 以其他某一显著障碍为主的多重障碍。

Wolf 与 Anderson 以脑性麻痹、听觉障碍、视觉障碍、智能障碍四种障碍为主,把多重障碍分为:① 脑性麻痹为主的多重障碍,除脑性麻痹外,并可能包括智能障碍、听觉障碍、语言障碍、视觉障碍、癫痫,以及知觉异常等;② 视觉障碍为主的多重障碍,盲兼语言障碍以及盲兼有智能障碍等;③ 听觉障碍为主的多重障碍,聋兼智能障碍、聋兼语言障碍等;④ 智能障碍为主的多重障碍,智能障碍是多障儿童中最常见的主要障碍,但其他障碍也常伴随智能障碍。

Kirk、Gallagher 与 Anastasiow 以智能障碍、情绪困扰、视听感官障碍为主,把多重障碍分为:① 智能障碍为主的多重障碍,智能障碍兼脑性麻痹、智能障碍兼听觉障碍、智能障碍兼严重行为问题等;② 情绪困扰为主的多重障碍,例如孤独症、情绪困扰兼听觉障碍;③ 感觉器官为主的多重障碍,例如,盲聋哑、Usher 症候群(Usher's syndrome)等。

Brimer 根据智能障碍、严重行为异常以及感官障碍三大类把多重障碍分为:① 智能障碍为主的多重障碍,智能障碍兼脑性麻痹、智能障碍兼听觉障碍、智能障碍兼严重行为问题等;② 严重行为异常为主的多重障碍,例如孤独症、情绪困扰兼听觉障碍、Angelman 症候群、Rette 症状群;③ 感官障碍为主的多重障碍,例如,感官障碍兼其他障碍、视觉障碍兼听觉障碍(Usher 症候群)等。

值得一提的是,我们对于异质性如此之高而各种障碍组合又可能层出不穷的这一群体来进行一个准确的分类,事实上是非常不易的。所有这些以主要障碍加其他次要障碍分类将多重障碍分成不同类型的做法,并不意味着多重障碍就是其中各个障碍的简单叠加,而是这些障碍彼此相互影响形成新的独特的障碍①。我们认为,对于多重障碍作以上分类,其理论意义大于实践意义。从教师教和学生学的角度来看,这样做更有利于我们树立起科学的特殊教育观念,更有利于我们进行有针对性的研究。但我们却不能因此忽视多重障碍儿童

---

① 方俊明. 特殊教育学[M]. 北京:人民教育出版社,2005:310 - 311.

发展的综合性和整体性特质,否则,我们将不能更好地促进多重障碍儿童的学习和进步。以下从各类多重障碍儿童的异质中大致可以概括出一些多重障碍儿童所共有的常见特征。

一　动作发展特点

许多多重障碍儿童在生理上都存在着某些缺陷,因而会表现出与众不同。例如,有的多重障碍儿童由于脑部或脊髓受伤,常会有不自主的反射动作与姿势异常;有的则因新陈代谢或荷尔蒙分泌异常,出现身体机能发展迟缓、持续性恶化或老化的现象;有的则因为某种障碍或机体损伤伴随有癫痫、呼吸问题、耳朵感染、皮肤溃烂、气喘、过敏等现象;还有的由于有视觉、听觉或两者以上的感官障碍或损伤而影响到正常的身体运动机能,等等。

正是由于他们身体部分机能的缺陷导致了大多数的多重障碍儿童动作发展上的某些特点,归纳如下:

(一)动作发育迟缓

动作发育迟缓或严重运动障碍是多重障碍儿童常见的特征之一。脑性瘫痪或肢体畸变必然直接导致他们的运动障碍和姿势异常。重者不能够坐、立、行,或是卧床不起或是需要支撑工具;轻者动作发展迟缓,身体动作发育水平远远低于同龄水平。

(二)生理功能紊乱

多重障碍儿童缺乏身体移动的能力和理解记忆的能力,出现功能性紊乱。导致多重障碍儿童,尤其是创伤性脑损伤儿童时常有以下情况:

(1)慢性头痛、眩晕、头晕、恶心;

(2)视力损伤者,常常有重影、视野模糊、对光线敏感度下降等症状;

(3)听力损伤者,常常对声音敏感度下降;

(4)可能会出现味觉、触觉和嗅觉的改变;

(5)睡眠无规律,生物钟颠倒;

(6)身体协调性和平衡性差;

(7)运动速度和活动准确性下降。

二　认知发展特点

大多数多重障碍儿童存在严重认知问题。目前还没有单一的、被广泛接受的多重障碍的定义。大部分的定义都建立在智力功能、发展进步或者教育需求的基础上。根据美国智力落后协会目前使用的智力落后分类水平体系,个体 IQ 分数在 35～40 或 35 以下,则被认为患有严重智力落后。多重障碍儿童大部分存在着严重的智商低下问题。传统的智力测验对于多重障碍儿童是没有多大价值的。因为对于多重障碍儿童来说,此类测验不管从信度,还是从效度上来讲都是不可靠的。教育者只能根据多重障碍儿童的实际表现来确定他们认知发展的大致水平。多重障碍儿童大多表现出以下认知特点①：

（1）难以参与讨论、理解指导语以及做笔记；

（2）难以对手工任务集中注意力；

（3）学习迁移困难，如从一门课到另一门课的迁移、从知识 A 到相似知识 B 的迁移；

（4）无法安排好工作和环境，如经常遗忘该做的事或该带的东西；

（5）阅读理解障碍；

（6）固执己见、思维呆板；

（7）元认知水平很低。

三　情绪发展特点

多重障碍者本身的障碍所带来的不便和不安，再加上缺乏环境安全感和归属感，常使情绪困扰成为多重障碍以外的另一种障碍。成人最大限度地了解和把握多重障碍儿童的情绪发展特点，对于此类儿童的发展非常重要。多重障碍儿童情绪发展有如下特点：

（1）长期的激动、易怒，好动或焦虑；

（2）攻击性行为多；

（3）自我管理能力欠缺，对冲动的控制能力低下，对愤怒的控制力低下；

（4）难以应对变化，死板从事，缺乏对策；

（5）过高估计自己；

（6）对事物缺乏理解，判断力下降；

（7）抗挫折能力下降，经常有过激情绪反应。

相关链接

多重障碍的成因②

不同类型的障碍有其独特的原因，同一类型障碍的不同个体之间，其成因也不尽相同。因此，多重障碍的成因如其症状，相当复杂，大多不是由于单一因素引起的，而是遗传因素、环境因素等交互作用的结果。就目前来讲，关于多重障碍形成的原因，还是难以作出确切的阐述。从有利于预防的角度，依照柯克、Gallagher 和 Anastasiow 的研究，我们可以从胎儿

① Heward L. 特殊需要儿童教育导论［M］. 肖非等，译 . 北京：中国轻工业出版社，2007：404 - 408.

② 方俊明 . 特殊教育学［M］. 北京：人民教育出版社，2005：314 - 315.

发育期、生产和出生后三个时段来归纳多重障碍形成的原因。

1. 胎儿发育期

胎儿发育期的遗传因素如基因突变、染色体数目异常以及由此引起的代谢性疾病,特别是染色体数目异常引起的大量遗传信息的改变,导致出现严重障碍;环境因素如孕妇用药不当、感染病毒(风疹病毒、巨细胞病毒、梅毒等)、寄生虫(弓形体)、母子 Rh 血型不相容、父母吸毒、吸烟、酗酒以及置身于或直接接触有毒物质和环境等,导致神经系统发育障碍,并累及视觉器官、听觉器官和动作发展等。

2. 生产

产程过长、胎儿体位不正而难产等导致胎儿缺氧,助产师不当操作导致的机械损伤、感染等,以及过期产和早产,均有可能导致中枢及肢体的结构畸变和功能异常。

3. 出生后

出生后发生脑炎、脑膜炎、意外伤害、被惩罚和虐待等均有可能导致神经和精神状态异常,如癫痫、智障和严重情绪行为障碍等。

第二节　多重障碍儿童的学习

一　生活技能的学习

家庭对于多重障碍者有相当大的影响,比如,如何与家人相处、如何生活自理、自我决定等。相对地,多重障碍者的身心状况也会影响家人的对待与照顾方式,比如,当父母家长采用过度保护教养方式时,在无形中多重障碍者就易被剥夺许多成长的机会、没有机会练习如何面对日常生活上的困难。同样,当父母家长采用过度冷漠的教养方式时,多重障碍者则容易遭受失败挫折,缺乏自尊与自决,容易产生被遗弃与孤独、冷漠的态度,并发展出极端的退缩或攻击性的反应行为。因此多重障碍儿童生活技能的学习在其人生发展过程中具有非常重要的作用。多重障碍儿童在生活技能学习方面表现为以下特质:

(一)缺乏自理能力

生活技能差是多重障碍儿童的特征之一,尤其是一些重度障碍儿童甚至不能独立地满足自己的基本需求,比如穿衣、吃饭、大小便以及保持个人卫生。他们常常需要特殊的技能训练、借助辅助设备和调整技能顺序,才能学会这些基本技能。同时,他们在学习这些技能时,往往比其他单方面障碍儿童的学习速度更慢,在学习某种技能时需要进行更多有指导的尝试,能够学习的生活技能也更少,而且在学习抽象的技能和关系时困难重重。

（二）缺乏沟通能力

研究表明，多数多重障碍儿童在生活中不能正常理解他人、恰当表达自我。有些儿童甚至无法使用有意义的手势和语言，而且还可能在别人尝试与之沟通时完全没有反应；有的儿童可能连最简单的指令也无法理解和执行。

沟通能力的缺乏还表现在多重障碍儿童在生活中较少会出现积极主动与他人沟通的意识，即使有也缺乏实质的沟通意义。健全儿童和单一障碍儿童一般会和别的孩子一起游戏，与成人交流，并且会在周围的环境中寻找感兴趣的信息，但多重特别是重度障碍儿童却不会这么做，他们往往表现得好像现实世界对他们没有任何关联和触动，有的甚至还没有正常人应有的情绪反应。

（三）缺乏概括和保持能力

多重障碍儿童通过他人帮助和自己努力后习得的新技能，不能较好地得到概括和保持。概括就是将技能运用于除了最初学习的情景以外的场合；保持就是在教学以后继续使用新技能。尤其对于有重度多重障碍的儿童来说，如果没有经过严格计划的、促进技能习得的教学，概括和保持将很难发生。

二　适应行为的学习

多重障碍儿童适应行为的优劣表现在其满足个人自然和社会需要的能力如何。归纳起来说，包括多重障碍儿童作为个体发挥和保持自己独立性的程度如何；作为社会一分子，其圆满地完成他所接受的个人和社会责任的程度如何，主要体现在社会性行为的属性上。

（一）社会性行为品质较低

多重障碍儿童多数缺乏典型的社会交往，所表现出的社会性行为往往要么过多，要么太少（退缩）。有些人因需要更多的支持而不能注意到周围的人。一般而言，社会性行为如合作、社交礼仪等在工作场合中是相当重要的，然而多重障碍儿童在这方面的表现，往往不易被一般不了解障碍者的普通人所接受。

（二）刻板行为较多

多重障碍儿童的刻板行为较为普遍。他们中的好多人经常重复出现无意义的身体动作，满足自我刺激需要，不表达特定的社会意义，如前后摇动、反复摇手指、扭动身体等，有的还磨牙、旋转器物或学习用具等。

（三）伤害行为较多

多重障碍儿童的伤害行为表现为自伤和伤害他人两种。如有的多重障碍儿童用头或身体的某个部位撞击坚硬的物体,拧咬抓打身体,造成躯体伤害;还有的会产生攻击性行为,如打或咬别人等。

三 他人支持的学习

如前所述,多重障碍者是一群异质性相当高的族群,他们通常会伴随着不同程度的智能障碍和一种或两种以上的知觉动作方面的损伤,因此多重障碍儿童成长的道路注定会很坎坷,这就决定了他们的发展和学习更需要来自自身之外的力量来支撑。同时,针对多重障碍儿童的外部支持相对于单一障碍的儿童,在方法上、途径上也更需要多样化和具有灵活性。

(一) 护理方面的支持

对于多重障碍儿童的健康护理往往会成为第一要务。这是因为多重障碍儿童的健康程度不良,而其彼此之间也存在着很大的差异性。在生理方面,多重障碍儿童通常也伴随有知觉损伤、骨骼缺陷,心脏、呼吸、病痛发作、饮食、消化及其他症候群等健康上的问题。鉴于此,家长与老师应与医师保持密切的合作关系,并注意按医师指示按时复健并服用药物。

(二) 行动方面的支持

多重障碍儿童有时会因为肢体畸形而缺乏移动能力或缺乏理解与记忆能力,所以无法正常行动以及使用交通工具。因此行动辅具的使用与辅助科技开发是一项非常重要的工作。鉴于此,家长与老师应该与辅具开发师、物理或职能治疗师合作以改善并提升多重障碍儿童的行动能力。此外,家庭无障碍空间的开发也是未来的重点。

(三) 安置方面的支持

多重障碍儿童大多无法在一般正常环境里学习,所以应选择符合其能力及家庭状况的安置措施与机构来施行个别化教育方案与复健,促进其社会化。一般而言,多元化与常态化的安置有助于多重障碍者回归学校、社会。鉴于此,家长与老师应该参与多重障碍儿童的个别化教育计划会议,通过专业团队来获得最佳的安置与学习效果。

(四) 沟通方面的支持

多重障碍,尤其是重度障碍儿童,大多无法表达自己的需要与了解他人,有些甚至不能对简单的讯息作出反应,所以他们不常与人互动,也无法自己做选择。鉴于此,目前可以通过"多重感官法""松弛法""呼吸及说话的调节""口语技巧与口腔动作训练""音乐治疗""游戏治疗""扩大性、替代性沟通系统(augmentative and alternative communication,简称AAC)",以及语言"情境教学"(milieu teaching)来协助多重障碍儿童进行沟通训练与替代性沟通。

（五）家庭方面的支持

　　多重障碍儿童生活技能的欠缺、自我管理能力的低下，直接影响其与家庭成员之间的关系。家长的教育素养以及教养方式对于儿童来讲意义深远。鉴于此，家长应积极主动地和老师一起开展亲子教育活动，与老师充分沟通，为儿童创造一个有利的成长环境。

相关链接

家长怎样帮助多重障碍儿童快速成长[①]

　　认清现实。父母应以健康的心态对待自己的孩子，不可以消极绝望、自卑过甚，也不可以过分地溺爱、妥协，更不能歧视、厌憎。父母要保持信心、决心，以乐观、坚定、进取的态度认清事实、争取孩子学习上的进步。

　　喜爱孩子。对多重障碍儿童，家长更要给予全部的关爱和呵护，尊重、鼓励孩子，让孩子感受到平等。例如，家长可以和孩子一起说话、谈心，和孩子共同参加活动等。只有祥和的家庭氛围才有利于儿童的健康成长。

　　科学教育。对多重障碍儿童必须因材施教、不能按部就班。要根据孩子的实际情况，设定一套合理的教育方法，最好是能够直观、形象、简单易懂。比如，通过看图片、讲故事等方式激发孩子的兴趣，使孩子体会成功的快乐，明白道理、学会做事。

　　在养育孩子的过程中，家长应以身作则。家长是孩子最好的学习榜样。多重障碍儿童一般通过模仿学习，因此家长的言谈举止一定要谦和有礼，要以健康的心态、良好的素养给孩子做榜样，协助孩子改善不足、建立信心、不怕困难、奋勇向前，帮助多重障碍儿童的身体和心理同步发展。

（六）情绪方面的支持

　　针对情绪发展方面的特点，家长可以与学校辅导老师或医院的心理治疗师一起学习提高，了解与接纳多重障碍儿童、交流彼此的观点、通过自身良好的示范来协助多重障碍儿童。

（七）行为方面的支持

　　针对许多多重障碍儿童常常表现出的摇晃、自伤、伤害别人、发出怪声、太热情或太退缩

[①] 尹耀金. 浅谈多重障碍儿童家庭教育指导[J]. 宁夏大学学报（人文社会科学版），2019，41（4）：187 - 189.

等不被一般人所接受的行为,家长与老师可通过"行为改变技术(behavior modification techniques)""角色扮演(role playing)""感觉统合训练(sensory integration)"、情境仿真等方法来共同对其进行教导和训练。

第三节　多重障碍儿童的学习训练

近年来针对多重障碍儿童的研究和干预,一直是特殊教育领域的热点问题。多重障碍症因复杂,多重障碍儿童发展与学习的过程不同于单一障碍儿童。广大特殊教育工作者在指导多重障碍儿童的过程中,应综合各种因素,找准最佳切入点,采取适宜的干预措施,从而有效地促进多重障碍儿童的进步与发展。下面这两个案例将为旨在提高多重障碍儿童学习和发展水平的人们提供可资借鉴的启示。

一　案例一:一个以视力障碍为主的多重障碍儿童的行为治疗

(一)背景资料[①]

姗姗,女,6岁。父母均45岁,初中文化,经营金银首饰生意;姐姐18岁,读高中。她的障碍情况为全盲、语言障碍、情绪和行为异常。

母亲36岁时生下姗姗,孕前一直服用避孕药,后意外怀孕。从怀胎一个月时起开始吃药安胎,七个月时孩子早产,进入温箱60天。父母双方家庭都没有相关病史,家庭也没有因这个孩子的出生而受到打击,夫妻关系一直很好。除请保姆外,他们对孩子更是疼爱有加,百般呵护。90天后,孩子视网膜出血,到医院治疗,医生建议做视网膜手术。孩子10个月大时,右眼做"玻璃体切割"手术。出院几个月后,家长发现孩子的眼睛有问题。

姗姗情绪异常,经常会出现原因不明的哭笑和尖叫,情绪烦躁、郁闷。她有严重的自我伤害及攻击他人的行为,当个人欲望得不到满足或身边的人忽略她时,就会用力地捶打自己的头、咬自己的手,大哭大叫,甚至用头撞击地板与其他硬物,或对与其接触的人有抓、咬、撞等攻击行为。在家时,这种事情几乎每天都会发生,家人已经习以为常。她的手和脚现在还有许多伤疤。有时会大声、长时间地笑,能认识自己的保姆,听到喜欢的歌曲或响声时会自我陶醉。她不能理解老师的指令,不能进行简单的日常认知活动,显示出智力落后。另外,在观察中发现,姗姗生活不能自理,有严重的语言障碍;有语音,但从没有说过一句完整的话;有自闭的倾向,不喜欢小伙伴,只愿一个人玩,对陌生环境极不适应。

通过一系列的了解、观察和分析,干预者把姗姗诊断为以视力障碍为主、伴有严重情绪和行为问题的多重障碍儿童。接下来是对姗姗为期两年的教育训练和行为矫治,通过干预训练,姗姗的自伤行为有所减少,攻击性行为有所抑制,有意义的良性行为、适应性行为有所

---

①　谭间心. 多重残疾视力障碍儿童行为治疗的个案分析[J]. 教育导刊,2006(3):54-56.

增加,能通过某些语音、身体语言或面部表情与人进行简单交流,语言理解有所进步,教育训练和行为矫治收到了一定的效果。

(二)矫治与教育训练

姗姗刚入学时的情绪和行为给教育活动带来很大干扰和影响。除了在感知运动、生活技能、社会化技能等领域对她进行教育、训练外,更要着重对其进行行为治疗和矫正。在行为治疗中,针对她的具体行为症状、特点作出差别性的诊断、分析,并以此作为治疗的依据。治疗的主要目的是促进她社会适应和言语的正常发育。

1. 情绪和行为矫治的主要原则

(1)个别化训练原则。所有情绪和行为问题并不是都会表现在每个个案的身上,即使是有相同症状的个案,程度上也可能存在差异。因此,用行为矫治法对多重障碍、视力障碍儿童进行治疗时,要非常注意对个案各种异常情绪和行为的观察和记录。可以制订"行为数据观察表",同时还要结合个案的家庭环境、智商、年龄等因素设计、确定干预策略。

(2)个别治疗与集体治疗相结合原则。多重障碍视障儿童的某些问题行为症状是独特的,如姗姗对别人的攻击性行为,需要进行个别治疗。特殊学校的多重障碍儿童班级中存在一些相同症状的行为,可以采用集体治疗的方法。集体治疗使障碍儿童有机会感受或观察其他人的行为,获得替代性学习机会。集体环境及成员间的交流,对改善案主的言语和社会适应技能也很有帮助。

(3)注重家庭参与原则。攻击性行为形成的关键期是婴幼儿阶段,而孩子的攻击性行为与父母对儿童的家庭教育方式有着极其密切的关系。要改变多重障碍视障儿童的情绪和行为问题,应从改变父母的教养方式入手。在训练和纠正姗姗的某些行为时,应要求她的父母及保姆积极配合学校的教育计划、承担部分训练任务,及时提供相应的反馈和正强化机会。家庭成员的共同参与,有利于行为矫正的顺利实施,也让多重障碍视障儿童获得更多与家人交流的机会。

(4)增强适应性行为原则。多重障碍、视力障碍儿童由于缺乏与正常环境相适应的行为方式,大多不知道应如何恰当地表达自己的需要和想法。在行为治疗过程中主要发展障碍儿童的正常行为,增加其适应性行为,以其正常行为覆盖或消除其不良行为。

2. 情绪和行为问题矫治的方法

(1)游戏活动法。姗姗年龄较小,长期生活在过度受保护的单一环境中,对外界的人和事相当抗拒与恐惧。因此设计了一系列游戏活动,让她在游戏活动中愉快地玩耍,使之形成愉快、良好的心境,并促进其各种精细动作技能的发展;让她与其他小朋友游戏、相处,培养其初步的社会交往能力。

(2)认知行为塑造法。认知行为塑造法是通过逐渐强化接近目标的行为,同时消退希望其终止的行为,来形成新的行为。当良性行为出现时,马上进行强化;而当不良的行为出现时,则及时给予纠正,促使其消退。具体做法如下:

在进行社会技能训练时,先让她熟悉学校、班级等场所,消除她对陌生环境的畏惧,再让她听听干预者的声音、触摸他们的手和脸,然后再一起游戏、玩耍,逐渐增加接触的次数时间,使她慢慢接纳干预者。

在进行言语交流训练时,制订了具体目标:①模仿简单的音节;②用肢体语言表达自我的需要;③理解指令。通过模仿发音的训练来刺激其语言中枢,诱发其开口说话的欲望。采用了以下的方法:搔痒,使她发出"咯咯"的笑声,并同时重复对她说"好痒";电视示范,让她模仿电视节目的广告歌、广告词进行语言的学习。有时让她做不喜欢的事情、吃喜欢或不喜欢的零食,刺激她进行表达,训练她用点头和摇头来表示"喜欢""不喜欢",教她用带感情色彩的语音或笑声来表示"要""不要"等,并及时给予多次的强化,使她知道通过这些行为可以满足自我的愿望和要求,从而避免或减少行为问题的发生。此外,在日常生活中注意配合实情实境,不停地对姗姗说话。虽然缺乏应答,但却给了孩子听的刺激,相信慢慢会有所收获。

在进行生活自理技能训练时,用多循环的方法,让其进行生活技能的反复练习,直到能够掌握或有所好转为止。姗姗生活无法自理,完全由保姆包办。干预者根据"实用为主"的原则,把饮食技能的学习作为重点,再逐渐过渡到对其穿脱衣裤、洗漱等方面的训练。

(3)忽视和增强法。有时候姗姗的情绪和行为问题,只是为了引起身边大人的注意,进而满足自己不正当要求的一种手段。如果急着哄她或试图抱起她,她就会表现得更厉害。对此,干预者采用忽视法,即在没有影响到孩子自身或他人安全时,故意对她不理不睬,故意忽略她的存在,让她"自讨没趣",逐渐停止发脾气。等其情绪正常时,再及时予以强化,以增强良好行为来减少问题行为的发生。同时,在姗姗情绪好时,多表扬称赞她的表现,强化其良好情绪。

(4)奖惩疗法。有时,姗姗的某种意愿得不到满足时,常会表现出严重的自伤及攻击性行为。针对此类行为,干预者采用了奖励和惩罚疗法,通过操纵行为的后果来调节问题行为出现的次数。如在姗姗的语言及社会交往的活动训练中,如果没有出现不良行为,就以实物(如其喜欢吃的食物等)或非实物(如称赞、表扬、喜欢听的儿歌等)给予及时奖励;而惩罚则是利用负性刺激来对其问题行为进行治疗,即利用产生不愉快甚至痛苦体验的条件刺激,来代替自伤和攻击他人等异常行为。使她在一定程度上体验到行为与结果之间的关系,从而停止并消除自伤和攻击他人等不良行为。如针对姗姗有严重的咬手背、咬手腕、打头等自伤行为,采用束缚其双手进行惩罚的方法,有时也将她与所接触的人和当时的场景暂时隔离开来,在保证安全的前提下把她转移到另一环境中去,弱化其行为问题的发生,以减少不良行为出现的次数。

(5)身体放松法。大部分盲童由于视觉的障碍,在运动能力如身体放松方面存在较大的问题。相对而言,多重障碍的视障儿童在身体放松能力方面更显不足,这种不足又影响到他对于不良行为的克制、烦躁情绪的调节及对社会交往技能和言语理解与表达能力的学习。为此,对姗姗进行了身体按摩及运动训练,帮助她改善体质,使其肢体肌肉放松,从而缓解其不良情绪。开始时每周训练1～2次,然后慢慢增加到每周3～4次。由教师和家庭保姆陪伴,观察并记录对她的按摩进展及效果,并与按摩师协商,及时调整其按摩康复计划。

（三）训练效果

通过各种训练活动，姗姗的精神面貌有了很大的改观。情绪较为愉悦，已基本能够接受父母与保姆之外的其他人。通过行为塑造、忽视和增强疗法、奖惩疗法等训练，姗姗的哭闹行为大大减少，攻击他人及自伤行为有所抑制，社会性技能有所提高，能通过理解指令及运用动作、身体语言等表达自己的愿望和要求，还学会了简单的生活技能。通过身体放松训练，姗姗的精神状态大为改善，发生情绪和行为问题的次数明显减少。

二 案例二：一个以听力障碍为主的多重障碍儿童的行为治疗

（一）背景资料

嘉嘉，男，6 岁。听力损失 100 dB 以上，全聋。智力发育落后，相当于中度智力低下，粗动作相当于 3 岁，精细动作相当于 2.5 岁，应人能力相当于 1 岁，语言能力相当于 10 个月。此外，还伴有注意缺陷多动症（attention-deficit-hyperactivity disorder，以下简称 ADHD）、情绪异常（经常在课堂上莫名其妙地哭笑和尖叫），有攻击、破坏、自伤和刻板行为，生活不能自理等问题。通过一系列的了解、观察和分析，嘉嘉被诊断为以听力障碍为主，并伴有注意缺陷多动症和智力低下的多重障碍儿童。

（二）矫治与教育训练

针对嘉嘉的实际情况，干预者分别从以下方面对他进行了教育训练。

1. 对情绪和行为问题、ADHD 的矫治

由于嘉嘉的行为对同学和他本人造成了很大的困扰和破坏作用，也给教师的行为管理造成很大的压力，因此，在嘉嘉刚入学时主要以行为矫正为主，同时，建议家长带他到医院接受药物治疗。

（1）游戏活动法。让嘉嘉在游戏活动中宣泄自己的情绪情感，通过画画、玩积木、感觉统合训练、串珠子、前脚搭后脚地走直线，让他在不知不觉中训练粗大动作和精细动作技能，并逐渐培养其有意注意能力。此外，在游戏活动中，嘉嘉还可观察和模仿其他儿童的学习和游戏活动，并学会如何与其他同学正常交往。在游戏活动中，注意对嘉嘉的适当行为予以强化，对其不当行为予以惩罚。

（2）惩罚法。上课时，嘉嘉经常趁老师不注意时用拳头击打旁边的同学，在游戏活动中，嘉嘉还经常用脚踢同学、用牙齿咬同学。采用惩罚法就是当嘉嘉发生攻击行为时，立即让他停止游戏，并没收其玩具，过 5 分钟再允许他参加游戏活动；有时候也采用一次罚站几分钟的方式来减少嘉嘉的攻击性行为。

（3）消退法。嘉嘉经常莫名地哭笑，特别是当老师未满足他的要求（如强行索要玩具）时，他更是躺在地上大哭大叫。从行为分析技术的角度来讲，嘉嘉的大多数情绪和行为问题

只是其寻求老师注意进而满足自己不合理要求的一种手段。采用消退法进行矫治,即当嘉嘉大哭大闹或莫名地哭笑时,对他故意不予理睬,任其哭闹,过一段时间后,当嘉嘉知道自己的过分要求在老师这里行不通时,哭闹行为就会大为减少。同时,教会嘉嘉恰当地表达自己正当需要的技能。

(4) 药物治疗。针对嘉嘉的 ADHD,医院给嘉嘉服用哌甲酯(利他林),每天一粒,使他的多动和注意缺陷得到很好的控制。

2. 对生活自理和社会适应能力的训练

干预者把对嘉嘉的生活自理能力训练领域分为进餐、大小便、穿脱衣裤和洗漱四大块;将社会适应行为的训练主要放在行为的自我管理和钱物管理上。因为这些活动实用、贴近生活,对嘉嘉将来自立于社会很有帮助。在教学方法上,采用的是"小步子、多循环"的策略。如,在训练嘉嘉洗脸时,把洗脸的步骤分解为洗脸前的准备动作(如正确找到自己的毛巾、把毛巾叠为两半、沾水等)、洗脸(拧干毛巾、先洗哪里、后洗哪里)和洗脸后的动作(涂抹香皂、搓洗干净毛巾、晾晒毛巾)。由于生活自理能力的训练需要儿童粗细动作和眼手协调,同时考虑到嘉嘉年龄尚小、学习能力不强,且在家时生活活动多由家长包办代替,因此,训练时采用的是反复练习的方法,即针对某一生活技能反复训练,直到掌握为止。

对嘉嘉的社会适应行为的训练主要采用的是模拟练习与现实实践相结合的方法。所谓模拟练习,就是在教室或活动室设置某一模拟的现实生活场景(如商店),有针对性地对嘉嘉的自我管理和钱物管理能力进行训练。在此基础上,让嘉嘉在现实的生活场景中进行实践,把在模拟场景中学会的技能迁移到现实中去。

3. 语言训练

鉴于嘉嘉具有以下特点:① 听力损失 100 分贝以上,未佩戴助听器。② 存在 ADHD,不能将注意力集中于训练者的口型。③ 被诊断为"中度智力低下",学习能力不强。在对其进行语言训练时,重点着眼于嘉嘉综合运用书面语和手语来交际的技能。在操作中先让嘉嘉从卡片(图片)游戏活动开始,接着进行直观的学习,再到手语和书面语交叉使用。在方法上,主要采用以活动为基础(activity-based)的干预方法对嘉嘉进行语言训练。所谓以活动为基础的干预是一种指导儿童进行互动的方法,它把对儿童的干预目标放在日常生活、有计划的活动或儿童自发的活动中来进行,并通过合乎逻辑的前事和结果来培养儿童的功能性技能和产生式技能。这种方法最大的优点是发挥儿童的主观能动性,学习结果易于巩固和迁移。例如,为了让嘉嘉学习"妈妈"这个词及其含义,训练者向家长要了照片,把它贴在墙上,当嘉嘉看到了自己妈妈的照片时很兴奋,一个劲地笑。这时老师出示印有书面语"妈妈"二字的卡片,让他找妈妈的照片,进行配对学习,让他理解二者的内在联系,多次反复,重复练习。而后又让他拿着自己妈妈的照片找写有"妈妈"二字的卡片,就这样反复地学习,最后再进行手语训练。训练成功后,要求嘉嘉在妈妈接他回家时用手语把"妈妈"一词表达出来。结果发现,这种方法很适合于嘉嘉。

在采用以活动为基础的方法对嘉嘉进行训练时,并不限于儿童自发和教师有计划的活动,还经常要把多重障碍儿童带出教室,去海边、春游、秋游等。同时,还利用多媒体软件对嘉嘉进行语言训练。就这样,对嘉嘉的训练从刚开始的几个星期掌握一个词组,慢慢地到一星期掌握一两个词组,最后到一星期掌握六七个词组。嘉嘉的词汇量逐渐扩大,手语和书面语的运用也日益娴熟起来。

(三)训练效果

嘉嘉经过 6 年左右的矫治和教育训练,取得了很好的效果:在情绪和行为问题上,嘉嘉的攻击、破坏和自伤行为全部消失,学会了与班上其他多重障碍儿童融洽相处;注意力缺陷、多动等症状基本消失,预后良好;在学业上,目前已掌握了一千余字词,能通过手语和一支笔与任何人交流;生活基本能自理。

思考与练习

1. 简述多重障碍儿童动作发展的特点。
2. 简述多重障碍儿童认知发展的特点。
3. 简述多重障碍儿童情绪发展的特点。
4. 如何促进多重障碍儿童生活技能的学习?
5. 如何促进多重障碍儿童适应行为的学习?
6. 如何促进多重障碍儿童他人支持下的学习?

本章小结

1. 对于多重障碍儿童的研究是当代特殊教育领域的一个重大课题。它不仅对于多重障碍儿童,并且对于其他类型障碍儿童的发展与学习都将产生深远影响。

2. 多重障碍儿童在生理上都存在着某些缺陷,因而会表现出与众不同,例如:动作发育迟缓和生理功能紊乱。

3. 根据美国智力落后协会目前使用的智力落后分类水平体系,个体 IQ 分数在 35～40 之间或 35 以下,则被认为患有严重智力落后。多重障碍儿童大部分存在着严重的智商低下。

4. 多重障碍者本身的障碍所带来的不便和不安,再加上缺乏环境安全感和归属感,常使情绪困扰成为多重障碍以外的另一种障碍。成人最大限度地了解和把握多重障碍儿童的情绪发展特点,对于此类儿童的发展非常重要。

5. 多重障碍儿童在生活技能学习方面表现为:缺乏自理能力;缺乏沟通能力;缺乏概括和保持能力等。

6. 多重障碍儿童适应行为的优劣反映在其满足个人自然和社会需要的能力如何。归纳起来说,包括多重障碍儿童作为个体发挥和保持自己独立性的程度如何;作为社会一分子,其圆满地完成他所接受的个人和社会责任的程度如何。

7. 多重障碍者是一群异质性相当高的族群,他们通常会伴随着相当程度的智能障碍和一种或两种以上的知觉动作方面的损伤。因此多重障碍儿童成长的道路注定会很坎坷,这就决定了他们的发展和学习更需要来自自身之外的力量来支撑。同时,针对多重障碍儿童的外部支持相对于单一障碍的儿童,在方法上、途径上也更需要多样化和具有灵活性。

第十六章 肢体障碍和病弱儿童

知识目标

了解肢体障碍和病弱儿童的类型、发展特点及其成因。

能力目标

理解教育环境和课程安排对肢体障碍和病弱儿童的重要性，掌握基本的教育与训练方法。

素质目标

提升对肢体障碍和病弱儿童的同理心，支持其个性化教育和训练，促进其全面发展。

案　例

尼克·胡哲(Nick Vujicic 尼克·武伊契奇)生于澳大利亚,天生没有四肢。这种罕见的现象医学上取名"海豹肢症",但不可思议的是:骑马、打鼓、游泳、足球,尼克样样皆能,在世人眼中,他看来是没有难成的事。他是"没有四肢的生命"(Life Without Limbs)组织创办人、著名残疾人励志演讲家。他拥有两个大学学位,2005 年获得"杰出澳洲青年奖"。他为人乐观幽默、坚毅不屈,热爱鼓励身边的人,年仅 32 岁(注:2014 年),已踏遍世界各地,接触逾百万人,激励和启发他们的人生。

特殊儿童的类别有许多,每个国家的特殊教育对象范围也不相同。本章将就我国特殊教育界常见的障碍类别——肢体障碍儿童和病弱儿童的概念内涵、出现率、分类、成因、表现特点及其教育与训练进行探讨。

第一节　肢体障碍儿童的发展与学习

对于肢体障碍(physical impairment)的定级和分类,我国在 2006 年全国残疾人抽样调查中就已做了明确规定。肢体障碍类别是多种多样的。在下面的内容中,只介绍常见的类别或病例,以便在日常的教学中更加关注这些儿童并给予必要的帮助。

一　肢体障碍儿童概述

(一)肢体障碍概念

2006 年第二次全国残疾人抽样调查残疾标准中规定:肢体残疾,是指人体运动系统的结构、功能损伤造成的四肢残缺或四肢、躯干麻痹(瘫痪)、畸形等,导致人体运动功能不同程度的丧失,以及活动或参与的局限。肢体残疾包括:①上肢或下肢因伤、病或发育异常所致的缺失、畸形或功能障碍。②脊柱因伤、病或发育异常所致的畸形或功能障碍。③中枢、周围神经因伤、病或发育异常造成躯干或四肢的功能障碍。

(二)肢体障碍的出现率

根据 2006 年第二次全国残疾人抽样调查的资料推算,我国 8 296 万残疾人中,肢体残疾为 2 412 万人,占残疾人总数的 29.07%。美国教育部(2004 年)报告称,在 2003—2004 年,美国 6—21 岁的儿童中,有 67 772 人接受了为肢体障碍提供的特殊教育服务。

（三）肢体障碍的类型

肢体障碍有多种类型，这里介绍常见的几种类型。

1. 脑瘫

脑瘫是一种随意运动和身体姿势的失调。脑瘫是指大脑损伤，即因儿童大脑发育成熟前受损伤所致的一种综合征。约有 1/3 的脑瘫儿童智力在正常范围之内或超出正常范围，另有 1/3 存在轻度认知缺陷，还有 1/3 存在中度到重度智力障碍。

脑瘫产生的原因是多种多样的，而且尚不明确。脑瘫常被归因于出生前母亲重度感染、出生前脑部畸形、围生期缺氧、出生时传染病、出生后脑部损伤、出生后脑膜炎等因素。脑瘫者面临的最大问题是语言表达的障碍，以及由于嘴部、喉部肌肉运动的不协调而产生的发音问题。

2. 脊柱裂

脊柱是由脊椎骨节组成的，能包围和保护脊髓。脊柱裂是指脊柱的分开或分裂，是没有将脊髓闭合在其中的一种脊椎骨畸形情况。一个患有脊柱裂的人，他的脊椎并不是完全闭合和包围脊髓的，这通常导致脊髓或其覆盖物上有突出物，或是两者上面都有。一个囊状突起物可能出现在从颈椎到尾椎中的任何部分。脊椎障碍的部位越高，功能丧失的情况越严重。典型的脊柱裂一般发生在较低的区域，导致下肢的全部或部分瘫痪以及皮肤感觉功能的丧失。

至今，引起脊柱裂的确切原因还不清楚，但可以知道它发生在怀孕的早期。父母并不携带任何引起脊柱裂的遗传基因，但是他们的基因可能与环境因素相互作用（如营养问题、药物作用或暴露在高温下）而引发胚胎生长期的畸形。

3. 肌肉营养障碍

肌肉营养障碍（或肌肉萎缩症）是指一组以身体肌肉的进行性萎缩（退化）为标志的遗传性疾病。最常见的是一种被称为达彻尼氏症的肌肉营养障碍，在新生男婴中每 3 500 人就有一人受其影响。存在肌肉营养障碍的儿童躺下或在地上玩耍后，经常很难再站起来。他们很容易摔倒。到 10—14 岁时，这些儿童就失去了行走的能力，手掌和手指的小肌肉通常在最后受到影响。

目前还没有肌肉营养障碍治愈的先例，而且在多数个案中，这种进行性的疾病在青春期或成年初期是致命的。死因通常是由胸腔肌肉萎缩导致的心脏衰竭或呼吸衰竭。治疗的核心是尽可能久地维持还未萎缩肌肉的功能，帮助儿童行走，帮助儿童和家庭应对他们所面对的由这种疾病引起的限制，并为儿童和家庭提供情感支持和咨询。

4. 脊椎神经损伤

脊椎神经损伤（或脊髓损伤）通常是由穿透性刺伤（如枪伤）、脊柱拉伤（如车祸事故）、脊椎骨骨折或脊髓受压（如跳水事故）而导致的伤害。车祸、运动损伤和暴力是导致儿童脊椎神经损伤的最常见原因。各种脊髓神经损伤、下肢麻痹或四肢麻痹患者有排尿、呼吸、褥疮性溃疡等问题，有赖于长期的康复训练，但不能恢复正常功能。

（四）肢体障碍儿童的特征

肢体障碍儿童由于生理上的缺陷,行动不便,可能会产生不同程度的心理障碍。严重的肢体障碍儿童多缺乏生活自理能力,饮食起居都需要他人的帮助,因此容易产生自卑和依赖心理。大多数肢体障碍儿童从小就受到挫折。对挫折心理的研究表明,遭受挫折者一般多采取下列几种方法来维护自尊:一是退缩行为,畏避公开的场合,习惯于孤僻独居,在幻想中寻找精神上的满足;二是反抗行为,攻击他人以泄愤;三是防卫行为,唯恐自我贬值,靠扭曲现实来自欺欺人,严防别人察知自己生理与心理上的虚弱之处;四是补偿行为,竭尽全力克服障碍,为达到某种成功,不惜付出最大的代价。

二   肢体障碍儿童的生理与心理发展[①]

（一）生理发展

毋庸置疑,肢体障碍会对儿童的生理发展产生重大、直接的消极影响,并且这种影响与发病年龄、原因、严重程度、康复训练等因素密切相关。在所有的影响中,最明显的便是运动功能发展的显著障碍。

肢体障碍大多与中枢神经系统发育异常有着密切关系。由于神经系统发育的障碍,大脑不能够很好地协调身体各部分的工作而完成生活中的基本动作,例如平衡、翻滚、行走、进食等,使肢体障碍儿童的生活质量受到很大影响。同时,运动系统不能得到很好的发育也直接影响到肌肉的发育和成熟,因此很多肢体障碍儿童伴有肌肉萎缩、无力等症状,有的甚至完全失去运动功能。此外,肢体残疾还容易导致不同程度的生长障碍,如小儿麻痹患者,长期承重的肌肉以及骨骼由于压力而生长缓慢,最终造成肌力失衡,引发脊柱弯曲等异常生长形态。

值得注意的是,神经系统和运动功能的影响是双向的。运动功能的长期受阻导致不能为大脑提供及时的反馈信号,肌肉中向心性神经纤维的终末器如果不能很好地将各种刺激冲动传到大脑,也会反过来影响儿童大脑的活动功能。

总之,肢体障碍严重影响着儿童的运动功能和中枢神经系统功能的形成和发挥,使儿童通常难以具备日常生活中的必备技能并完成所需的基本动作,严重的则会完全丧失生活自理能力。

（二）心理发展

肢体障碍除了对儿童的动作发展产生直接影响之外,还间接地影响着儿童的心理发展和对文化知识的学习。这种影响主要表现在以下几个方面:

---

① 南登崑 . 肢体残疾儿童的教育与训练[M]. 北京:华夏出版社,1995:29 - 31.

首先，由于肢体障碍大多与中枢神经系统的损伤有关，所以肢体障碍儿童常常伴有感觉障碍或感觉缺陷，如脑瘫儿童可能存在视、听觉障碍，使得儿童不能完整、正确地接收外来的信息，更难以高效地进行加工。

其次，一些肢体障碍儿童可能伴有智力障碍，这种智力障碍也许与先天的脑损伤有关，而更多地由早期生活经验与文化刺激的不足导致。由于肢体残疾儿童常常被父母藏在家中，缺乏与外界接触的机会，不能够及时地获得智力发展所需的文化刺激和生活经验，这也会对其入学后文化知识的学习和良好人际关系的形成产生消极影响。

再次，有些肢体障碍儿童有时会伴有言语或语言障碍，导致口语表达和书面表达能力都受到限制，从而影响其学业能力的形成及学业水平的发挥。

最后，大多数肢体障碍儿童还存在或多或少的情绪问题。由于严重的残疾，他们可能遭到同伴的排挤、教师的歧视以及社会人士的另眼相看，从而很难形成积极乐观的心态。往往背着沉重的心理包袱，形成自卑、怯懦的消极人格，有的甚至存在抑郁情绪。长期情绪低落，严重的，可能患上心理疾病。即使智力发展没有受到损伤，也很难取得与智力水平相当的学习成绩。

三　肢体障碍儿童的学习

（一）学习环境

1. 教育安置

肢体障碍儿童接受教育的形式大致有四种：一是随班就读，轻度的肢体障碍儿童可以与普通班级学生一起上课，学校可以设置相应的机能训练室，定时派专人给予必要的机能训练或特别指导；二是特殊班，这种形式多设置在普通学校内，也有附设在医院或特殊学校的情况，安置对象以障碍程度较重或正在接受治疗的儿童为主；三是特殊学校，安置对象为肢体障碍程度严重者或者有多重障碍的儿童，学校除了教学的教室外，还设有医疗室、机能训练室、物理治疗室、语言治疗室、作业治疗室等；四是在家学习，主要适用于不能接受班级教学的严重肢体障碍儿童，采用教师或其他专业人员送教上门的形式，使这类儿童得到适当的发展。

2. 学校环境

学校要为肢体障碍学生创设无障碍环境，如学校大楼可方便所有人出入。一些老建筑则需要翻修，其中最小的整改包括在进口处设置必需的坡道。其他的修复工作包括在二层楼以上的建筑安装电梯、在洗手间门口修建坡道等。

（二）课程

肢体障碍儿童除了正常的文化课程学习之外，还需要在运动技巧和灵活性、自理能力、社交情绪的调整能力三个方面扩充相关知识。

1. 运动技巧和灵活性

运动技巧和灵活性对于肢体障碍儿童的技能发展是十分必要的。这些技能对保持正确的姿势(坐、站、立),完成一些动作(抓、握),以及在特定环境中行动等都是非常有用的。关于运动技巧的训练,应该包括在学校或班级内一些常规姿势的培训,具体如下:在学校进行头脑和躯干控制的训练,以便保持正确的姿势(听、写、使用电脑或其他通信工具、就餐);培养学生的四肢运动能力和精细运动能力(握笔书写能力、手握书本、翻页、使用键盘、旋转电脑和通信工具的开关);培养站立和通过一些辅助工具(如拐杖)进行平衡的能力;学会在教室和学校环境中使用轮椅(学会用手臂推动前进,学会使用操纵杆和其他控制系统来推动电动轮椅,学会转弯和进出大门,爬坡、过马路)。

物理和职业治疗师对于这些儿童的运动技能和灵活性的发展起着重要作用。他们必须与教师、其他专家、家长们共同协作。为了更好地完成任务,教师们必须熟悉这些辅助工具(如轮椅、拐杖、步行辅助器)的基本工作原理,并向儿童的治疗师及时提供工具的修复调整建议;治疗师应该向老师和其他工作人员提供儿童生理情况、受限情况和能力水平的信息。

班主任老师和相关工作人员需要接受如何帮助儿童在校期间使用运动辅助用具的培训。安置、抓握、高举和一些迁移技能等,都是老师们应该掌握并帮助儿童在运动技能培训中完成的。

对于患有脑瘫的儿童来说,长时间依靠轮椅的生活会让他们很难学会操作电脑键盘和控制鼠标。在物理治疗师和专业治疗师的帮助下,老师可以帮助他们保持端正的坐姿。通过有一定倾斜度的底盘将键盘移动到儿童面前,然后尽量帮助儿童放松手臂,让他们可以将手放在键盘上。

在物理治疗师的帮助下,脑瘫儿童的运动技能有望得到有效的发展。游泳、舞蹈、武术、骑马和其他生活体验能避免肌肉萎缩和损伤的发生。最新数据显示有 67% 的脑瘫成人患者可以独立生活,这个数字较以前提高了许多。

2. 自理能力

对于肢体障碍儿童来说,自理能力是非常重要的。自理能力包括饮食、如厕、穿衣、洗澡和整理物品等。一些患有严重障碍的儿童只有在别人的帮助下才可以进食,有的甚至需要喂食。一些儿童需要相应的辅助设施才能完成日常生活任务,例如大手柄或组合器具、专用的盘子和杯子,或用来稳定盘子的防滑垫。

3. 社交情绪的调整能力

患有肢体障碍的儿童,有时候会感到自己无能为力。除了病魔带来的困扰,他们还会感到孤独和自闭。尽管退隐和冲动的表现都是可以理解的,但这些儿童也都需要调整他们的状态。

美国的哈维(Hawy)和吉力维(Greenway)在 1984 年发现,肢体障碍儿童与健全儿童相比,在自我价值、焦虑控制和自我综合能力判断方面的能力都很低。然而,在某些情况下,他们可以有积极向上的自我意识。研究表明,当环境积极健康时,这些儿童更能接受自己肢体障碍的现实,特别是当他们可以在克服现有障碍的基础上拥有控制力,或可以接受新挑战的时候。对此,教师可以通过教育孩子加深对周围环境的理解、强调生活质量和增强自我控制能力等方法,来加强他们的社交能力、进行情绪上的调整。

(三)教学策略

1. 了解障碍儿童情况

老师必须对肢体障碍儿童的情况十分了解,包括儿童的病因、治疗情况、预后情况和教育方案等。然后,在家长的帮助下,老师应该让儿童和其他同学了解相关的情况。当教师向儿童传授有关残疾病症的信息时,应该让他们知道肢体障碍只是一种个体差异,并不可怕。

2. 鼓励障碍儿童自我调节

老师可以告诉肢体障碍儿童:他们的缺陷只是生活和自身缺点中微小的一部分,帮助儿童进行自我调节。在普通班里,教师可让儿童列出他们对周围每一个同学心存的喜爱和尊敬。这样的联系常常会收到意想不到的效果。尽管肢体障碍儿童会不可避免地谈到自身的缺陷,但也要让他们了解自己的长处,包括其帮助他人的能力,从而让其学会将注意力放在生活中积极乐观的方面。

3. 引导障碍儿童学会求助

让肢体障碍儿童列出他们在生活中无法控制的事情十分重要。这样,他们就知道自己无助时需要帮助。但寻求帮助时应该注意情绪的控制,要通过一种温和的方式来获得帮助。教育者应当帮助其找到一种正确合理的表达方式。

(四)技术

对于那些在语言表达或书写能力上存在障碍的儿童,应该为他们提供扩音器或其他替代性沟通系统。一些脑瘫儿童的发音器官存在严重障碍,且因精细动作能力较差而存在书写障碍等。肌肉营养功能失调或关节炎会使得儿童体质虚弱,导致他们在书写时容易感到疲倦。教师和校长应该积极配合言语治疗师的工作,帮助治疗师为障碍儿童选择、设计和使用扩音设备及替代性沟通工具。

1. 语言方面——沟通板和电子装置

最常见的扩音和语言交流装置是沟通板和带有综合性言语输出能力的相关电子设备。多数儿童使用的沟通板或电子设备是通过用手指或拳头点击相关单词或符号完成的;对于那些无法准确点击的儿童,可以使用手控指示器、头戴式指示棒或口含式指示棒;对于手部活动受限的学生则可以通过眼睛来操作,将视线定格在目标单词或字母上。

一个简单的指示棒就可以帮助那些活动受限或无法使用双手的孩子们。这种指示棒是基于孩子的活动能力设计的。它可以配合仪器使用,清晰地按行、按列进行选择。当选中目标后,学生再次点击,正确的句子、词组、单词或字母就可以朗读出来了。尽管这种方法比使用键盘要慢一些,但是它可以帮助那些患有严重障碍的学生们。许多电子设备还可以同电脑连接起来进行单词加工或计算机辅助说明。

在某些学科,教师还需要电子设备的补充说明板和覆盖图。例如:一个带有数字、数学符号和课堂教学说明词汇的数学教学板。其他反映教学内容和专业词汇信息的教学板也是如此(科学、社会学、历史等)。这些教学板还要根据课程内容的改变而及时更新。

为儿童提供扩音设备和其他相关的言语交流辅助设备是十分必要的。许多儿童常常因为语言上的缺陷而受到教学环境的限制(资源教室或普通教室)。专家们应该和言语治疗师、家长以及其他有关人员一起为儿童选择一个合适的辅助设备,教会儿童如何使用,并教会其他儿童如何与障碍儿童相互交流。

2. 书写方面——援助措施和相关辅助系统

许多在书写方面的辅助措施和设备已经面世。那些由于肢体障碍而导致的肌肉无力、不自主运动和手指配合不协调等障碍,使障碍儿童不得不依靠一些书写辅助系统来完成学校和家里的书写任务。书写方面的调整可选用多种辅助设备:用手动夹板来帮助抓握蜡笔或铅笔;有特制的握笔器、支撑前臂的斜板;用来在书写时固定纸张的笔记板,或遮蔽胶带、宽条纹纸等等。

电脑也是一种书写工具,可以通过文字加工软件来完成书写任务。许多类型的电脑键盘都有不同的替代品。那些由于精细动作能力较差而无法使用标准键盘的儿童,可以使用较大规格的键盘。而那些患有肌肉营养失调的儿童则可以使用迷你小键盘,因为他们无法在标准键盘上大范围地活动手指。这些替代性的键盘可以放在儿童腿上、书桌上或其他容易接触到的地方。有些肢体障碍严重的儿童可以用两个手指控制电脑鼠标。有了鼠标,他可以控制整个电脑屏幕并与电脑里的程序进行互动,就能很好地获得知识,并参与一些游戏项目。

第二节　病弱儿童的发展与学习

社会的飞速发展有时也会给环境造成一定的破坏与污染。生活在现今的社会中,人们的身体健康自然会受到一些损害。近年来,病弱(health impairment)儿童逐渐增多。这类儿童的教育日益受到关注。

一　病弱儿童概述

(一) 病弱的概念

病弱是指患有慢性疾病或体质虚弱的状态,患者由于慢性或急性的健康问题而出现力量、活力或机敏度的限制。这些健康问题,如心脏病、肺结核、风湿热、肾炎、哮喘、血友病、癫痫、白血病或糖尿病等,对儿童的教育表现有负面影响。一个儿童的健康状况出现问题,必然会使他的体力、活力或警觉性都受到一定程度的限制,从而对他的教育、进步产生不利的影响。他们需要在医教结合的环境中接受特殊的指导和帮助。因此,病弱儿童也是特殊教育的对象。

（二）病弱儿童的出现率

2003 年，美国 6—21 岁在校学习的病弱学生有 45 242 人。我国对病弱儿童没有作过抽样调查或详细统计，因此，目前我国病弱儿童的发生率尚不清楚。

（三）病弱儿童的类型及成因

目前大约有两百多种病弱状况存在，其中大多数是罕见的。这里介绍较为典型的病弱类型。

1. 病弱儿童的类型

（1）哮喘。哮喘是一种慢性肺病，其特征是间歇式的一阵一阵喘息、咳嗽和呼吸困难。哮喘发作通常由过敏原（如花粉、特定的食物、宠物）、刺激物（如烟雾）或情绪压力所引发，这些因素会导致肺部的气道变窄。这种反应增加了对气流进出肺部的阻碍，使患者变得呼吸困难。

哮喘的症状和严重性因人而异，个体间差异相当大。通常的分类包括轻微间歇的（每星期两次以下）、轻微持续的（超过 2 次但不是每天都有）、中度持续的（每天都有）、重度持续不停的（严重干扰了身体活动）四类哮喘。尽管哮喘的发作可能会要求紧急医疗救护，但因此而导致死亡的病例还是极少数的。

（2）癫痫。癫痫发作是由脑中异常放电导致的活动、感觉、行为和意识的一次混乱。癫痫发作的特殊症状表现为：由于大脑不正常的放电，引发了短暂的神经反常，很像电流风暴。若一个人仅发作过一次或偶有暂时性的发作，可能是由于发高烧或脑损伤引起，不能称之为癫痫患者。当这种情况长期、反复出现时，被称为抽搐或癫痫。据估计，一般人群中约有 1％的人患有癫痫。

（3）糖尿病。糖尿病是一种常见的儿童期疾病，是由于胰腺停止产生或产生过少的胰岛素而导致的。这是一种慢性新陈代谢失调。当糖尿病发作时，身体无法吸收葡萄糖。这些无法吸收的糖分便会堵塞在血液里，肾脏试图把这些多余的糖分过滤出去。糖尿病控制不住时，通常会表现出以下迹象：急剧的口渴、尿频、体重减轻。葡萄糖含量增加并持续一段时间后，会对眼睛、肾脏、神经系统和心脏产生一定的损害。

患有 I 型糖尿病（或青少年糖尿病）的儿童胰岛素不足。这种病在 10—16 岁之间的青少年身上出现最为普遍。患这一类型糖尿病的青少年在诊断之前表现出的症状类似于重感冒，但发作非常迅速。如果不尽快注射胰岛素，他们会昏迷或死亡。II 型糖尿病是一种非胰岛素依赖性糖尿病，是由于人体无法产生，也无法正常使用胰岛素而产生的。这类糖尿病通常和肥胖症及遗传因素有关。现在有不少儿童和青少年被诊断出患有此病。患者大多数都超重。

（4）人类免疫缺陷病毒（HIV）。人类免疫缺陷病毒是一种逐渐影响并最终摧毁人体免疫细胞的病原体。随着此种病原体的发展，人体的免疫系统会变得脆弱不堪。一个感染人类免疫缺陷病毒的人属于易感染者，增加了感染其他疾病的机会，如癌症、循环菌感染、肺炎等。人类免疫缺陷病毒存在于一定的体液中,而且可以通过血液、精液、阴道液体、乳汁以及其他一些液体传播。人类免疫缺陷病毒会通过性接触和血液感染从一个人传染给另一个人,包括共用针头和注射器具。

2. 病弱儿童的成因

病弱的成因是多种多样的。大多数是由于感染、遗传因素和环境影响。很多疾病是由不同类型的微生物感染引起的。有些感染会造成长期的影响,甚至导致死亡。若一个儿童出生时携带使健康受损的不正常基因,将会遗传诸如胆囊纤维症、血友病或月牙状细胞贫血症等。这些遗传成分会存在于一些健康受损器官的发育过程中而导致疾病,如糖尿病、哮喘、癫痫等。在这些条件下,异常的基因导致了个体产生这些状况的预先倾向。另外,出生前和围生期因素的影响也很重要。一个母亲如果在怀孕期间饮酒、吸毒或吸食尼古丁,会影响未出世的孩子。那些致畸物质会阻止胎儿的正常发育。导致畸形的物质包括母亲受到的感染、外伤、X射线或其他放射性物质的辐射,当然还包括饮酒、吸烟、吸毒。最后,产后因素对病弱也有影响。婴儿出生后,环境因素也会造成健康损伤。铅中毒是儿童时期最常见的一种环境病症。饮食因素也可能会导致健康损伤,食物过敏可能会引发个别人的哮喘。

二　病弱儿童的生理与心理发展特征

与肢体障碍儿童相似,疾病对儿童的影响直接表现在生理发展上。不同的疾病对儿童的影响不尽相同,但可以肯定的是,长期病痛的困扰和体质的虚弱会引发一系列身体问题,严重影响他们的日常生活并影响学业成就。此外,病弱儿童的身体状况往往导致他们在学习时注意力的集中性和持久性较差,记忆力下降,思维受限,学习成绩不好。在情绪和人格方面,病弱儿童往往具有与肢体障碍儿童类似的表现和状态,例如自卑、孤僻、退缩等。

总之,病弱儿童的身体状况会对其生理和心理发展产生严重的消极影响,他们难以像健全儿童一样学习和生活,需要特殊的养护和关爱。

三　病弱儿童的教育与学习

(一) 教育安置

病弱儿童的教育安置形式主要有四种:一是养护学校,这是以医疗养护为主的学校,有的附设在儿童医院、儿童疗养所。安排在养护学校就读的儿童一般都是有半年以上医疗史和生活限制比较严重的病弱儿童。他们可在接受治疗和疗养的同时,进行一些力所能及的学习活动。这类学校所收学生十分有限,在发达国家也只有较大的城市才能设立。二是特殊班,这是为较为严重的病弱儿童开设的特殊班级,有的设在普通学校内,有的附设在儿童医院或儿童疗养所。三是普通班,就是把一些尚可坚持正常学习的、病弱程度较轻的儿童安排在普通学校的普通班中学习。四是家庭学习小组,这是一种以家庭为学习养护基地的学习小组,由巡回教师和医护工作者对病弱儿童进行定期的教学和指导,家长可参与养护和教育活动。

(二)医教结合

病弱儿童教育的每一个环节都要与医生、护理人员、儿童家长密切配合。不仅要为他们创造一个良好的将医疗养护和教育教学融为一体的教养环境,而且要根据儿童的身体情况和智力水平制订个别教学计划,提高他们对学校生活和学习的适应性。

对于那些需要常规治疗(糖尿病注射剂)或定期药物治疗(哮喘吸入剂)的儿童,必须尽早教会他们进行自我药物治疗。教师和专职护理人员必须全程参与整个培训活动。在进行培训前,应得到儿童家长、监护人或医生的许可和专业指导。

第三节　病弱儿童的学习训练案例分析

对于病弱儿童,轻者可在普通学校学习,重者需要在专门的学校,通过其他形式接受教育。这类儿童通常需要特别的医疗保护、治疗和卫生环境,由医生指导和监督其营养、康复训练和劳动。病弱儿童在学校学习,应适当减轻其学习负担或免修一些课程。

一　案例一:病弱儿童的体能训练

(一)个案简况

苗苗是某初中二年级学生,从两岁半起就患有支气管哮喘病。十岁后病情加剧,多次住院治疗。

(二)学习训练

苗苗在未接受特殊教育之前,哮喘病不仅造成体质虚弱,精神上也受到创伤。她缺课太多、学习成绩差,不能与人很好地相处,有孤独感,经多方评估鉴定后安排在某养护学校接受特殊教育。

对苗苗进行特殊教育的出发点是在与医疗配合的基础上进一步改善健康状况,增强体质;根据健康水平给予个别指导,提高她的学习兴趣,着重消除她的病弱感,增强生活和学习的信心,使之成为思想活跃、意志坚强的人。

在实行特殊教育的过程中,大约用了一个月的时间训练她习惯寄宿学校生活。与医护人员配合,尽量减少大剂量地用药,把重点放在呼吸法、干布摩擦、哮喘体操等养护性训练上,帮助她制定有助于健康的训练目标,增强与疾病作斗争的信心与勇气,多次和她个别交谈。

（三）训练效果

经过一年的学校生活，她具备了战胜疾病的体力和信心。她能用 40 分钟跑完 4 200 米而哮喘并未发作。她还参加了五天四夜的高原住宿生活训练。这些都是她以前不敢想象的事情。后来，尽管也有一些反复，但近两年的保育性特殊教育，已使她能转到普通中学继续完成学业。

二 案例二：金豆和银豆的训练

（一）个案简况

陕西省西安市的金豆和银豆是一对双胞胎兄弟，同时患上了"进行性肌营养不良症"。这种病会让患者的肌肉逐渐萎缩，骨骼变形，直至全身器官衰竭，呼吸困难。发病概率是 30 万分之一，双胞胎同时发病的概率只有一亿分之一。金豆和银豆恰巧就属于这一亿分之一。得这种病的人都有一个"规律"：5 岁发病。1999 年 5 月 4 日，距金豆、银豆 12 岁的生日还有 2 个月零 7 天。这一天，包括世界卫生组织官员在内的二十多名国际医疗专家来给金豆、银豆看病。这是代表世界最高医学水准的诊断，家长希望可以看到一线希望。然而，世界最权威的声音也告诉他们，金豆、银豆将在 12 岁瘫痪，18 岁死亡！经过母亲的训练，二人被西安交通大学以特招的形式录取为材料科学与工程学院的旁听生。

（二）学习训练

1. 练习双腿

妈妈找来一根皮带，把孩子们的脚脖子给捆着，然后把他们撂倒在沙发上，自己坐在他们的腿上，每天给金豆、银豆压腿。训练进行了 1 个月，她发现自己的方法虽然让孩子的脚腕灵活了一些，其他方面却仍然没有明显的改善。

2. 练习走路

最初妈妈自己倒着走，一个手拉着一个孩子，让兄弟俩正着走。后来就是让两个孩子自己走，由她监督，每天都坚持练习走路。

3. 按摩双腿

妈妈每天给金豆、银豆按摩双腿，活动腿部肌肉。

4. 提高腕部力量

为了锻炼两个孩子的腕部力量，妈妈在家门上用膨胀螺丝打了个钩，把绳子挂上去、结成疙瘩，让金豆、银豆拉绳子做攀岩动作。

5. 练习呼吸

妈妈让孩子们做深呼吸、吹气球练习，每天都做这种运动，锻炼脸部肌肉。因为对于气球被吹起后的大小可以一眼看得出来，这样妈妈就可以知道孩子们有没有用力。为了防止他们偷懒，她还有一个特殊的规定，要把每一个气球吹爆。但是这特别容易导致孩子嘴肿，于是她就买了口琴让孩子练。当时妈妈想，孩子你只管吹吧，吹响了就行，没想到金豆、银豆还能用口琴吹出好听的曲调。

当然还有很多其他训练措施，妈妈在社会的支持下，2006年10月创立了西安肌病康疗训练中心。

（三）训练效果

金豆与银豆在妈妈自创的训练方法下，顺利度过了12岁的瘫痪、18岁的死亡的预言。《知音》杂志2013年8月下半月版报道了他们的事迹，金豆、银豆不但活着，而且都能站立起来，还上了大学。

思考与练习

1. 肢体障碍儿童的发展特点有哪些？
2. 肢体障碍儿童的教育与学习过程中应该注意哪些问题？
3. 病弱儿童的发展特点和类型有哪些？
4. 简述病弱儿童的成因及特征。
5. 试阐述如何把医教结合运用到病弱儿童的发展与学习之中。
6. 如何开展病弱儿童教育安置工作？
7. 简述肢体障碍和病弱儿童的评估过程。
8. 在肢体障碍和病弱儿童的评估过程中有哪些影响因素？

本章小结

1. 肢体障碍儿童常见的几种类型为脑瘫、脊柱裂、肌肉营养障碍、脊椎神经损伤，发展特点各不相同。肢体障碍儿童由于生理上的缺陷，行动不便，可能会产生不同程度的心理障碍。严重的肢体障碍儿童多缺乏生活自理能力，饮食起居都需要他人的帮助，因此容易产生自卑心理和依赖感。

2. 肢体障碍儿童接受教育的形式大致有四种：一是随班就读，二是特殊班，三是特殊学校，四是在家学习。在课程安排上，肢体障碍儿童除了正常的文化课程学习之外，还需要在运动技巧和灵活性、自理能力、社交情绪的调整能力等多个方面补充完善。尤其要注重教学策略和方法的使用。教师需要在了解障碍儿童情况的前提下鼓励他们自我调节，并引导他们学会求助。

3. 病弱是指患慢性疾病或体质虚弱的状态。患者由于慢性或急性的健康问题而出现力量、活力或机敏度的限制。病弱儿童的类型中常见的有哮喘、癫痫、糖尿病、人类免疫缺陷病毒等。大部分病弱儿童在智力发展上是正常的。疾病或体质虚弱影响了他们的生活和学习,降低了学习效果。他们注意力不易集中,持久性差,情绪不够稳定。在人格方面,他们的交往受到一定程度的影响,多有孤僻感、退缩感。

4. 医教结合对于病弱儿童的教育非常重要。病弱儿童每一个发展和学习环节都要与医生、护理人员、儿童家长密切配合。要为他们创造一个良好的、将医疗养护和教育教学融为一体的教养环境,还要根据儿童的身体情况和智力水平制订个别的教学计划,提高他们对生活和学习的适应性。

5. 肢体障碍与病弱儿童评估小组由医生、物理治疗师、特殊教育教师等专业人员构成。评估的内容包括一般性的体检、骨外科检查、神经病理学检查、康复医学检查以及心理与教育方面的检查。

第十七章 超常儿童

知识目标

理解超常儿童的发展特点及其鉴定方法。

能力目标

掌握超常儿童的学习特点和训练方式,能够设计有效的学习与训练方案。

素质目标

提升对超常儿童独特需求的理解和支持能力,促进其特长技能的全面发展。

案 例

曹冲七岁时以等量置换的办法称大象体重，不但震惊当时，也流传千古，成为经典的儿童智力启蒙故事。有记载孙权曾送来一只漂亮的雉鸡，曹操想观赏雉鸡舞蹈，但使尽办法，这珍禽就是不鸣不舞，让人徒叹奈何。曹冲想出一个办法，让人制作一面大镜，摆在雉鸡面前。那雉鸡于镜中看到同类，起了争胜之心，当即舞将起来。这一下对镜成双，然是好看。

超常儿童，也称天才儿童和高天资儿童（gifted and talented children），中国古代称为"神童"。目前，不同的国家或地区对超常儿童有不同的称呼，如日本叫"英才儿童"，新加坡称"高才儿童"，我国台湾称"资优儿童"。其概念的外延与内涵基本一致，都是指智慧和能力超过同龄儿童发展水平的儿童。超常儿童有哪些发展特点？他们是怎样学习的？怎样对他们进行合适的学习训练以进一步促进他们的学习？这是人们关心的问题。这些问题将在本章中给予解答。

第一节 超常儿童发展的特点

一 超常儿童的认知发展特点

研究发现，超常儿童的多种认知能力表现出较高的水平，这些能力使他们的智力水平优于同龄的儿童，具体来说包括以下几个方面：

第一，超常的记忆力。超常儿童与常态儿童相比，不仅记忆保持时间长，而且记忆的速度较快。

第二，注意力集中，有意注意时间长。一般来说，超常儿童的注意力能够高度集中，特别是对感兴趣的事情，他们有意注意的时间较长，很少因其他事情的干扰而分心。如有一个超常儿童，他两岁时玩积木可长达数小时而不显出疲累，注意力异常集中而稳定。

第三，思维能力发展超前，理解及解决问题的能力强。许多超常儿童的思维能力比常态儿童强，但具体表现不同，有些表现为抽象思维能力更强，也有些表现为直觉思维能力超常。他们对问题的理解快，能迅速发现事物之间的关系[1]。

第四，信息加工速度快。研究证实，超常儿童在许多任务中的信息加工速度都明显快于常态儿童。国内一项关于超常儿童和常态儿童的信息加工速度的研究发现，7岁超常儿童

---

[1] 苏雪云,张旭. 超常儿童的发展与教育[M]. 北京:北京大学出版社,2011:46-47.

的信息加工速度显著优于常态儿童,他们在选择反应、图形匹配等任务中的反应时间短于常态儿童[①]。

第五,在元认知方面,超常儿童与常态儿童相比占有优势。超常教育领域中的研究,对超常儿童和常态儿童之间的元认知技能进行了比较,结果发现,超常儿童不管是在学龄前、小学还是成人阶段,在元认知方面都占有优势。有许多研究表明,超常儿童会在解决问题时运用元认知策略。例如在完成拟订问题解决计划、组织不同层次的知识等任务时,超常儿童的元认知策略与专家完成任务的方法很相似[②]。

二　超常儿童的情绪发展特点

超常儿童尽管具有更高的认知能力,但并不能确保他们的情绪/情感的发展也能达到高水平。不过,整体来看,超常儿童表现出很多积极的情感特征,如与同龄的常态儿童相比,他们的焦虑水平更低,更容易适应;有更强的独立性;有更强的内在动力;自我接纳的程度更高;心理调适的能力更强。

超常儿童常常怀有理想主义和很高的期望值,如达不到目标会感到沮丧。也有个别超常儿童表现出孤僻、冷漠、急躁、自私。这主要是由于过高的社会期望值,来自家长、教师、同伴和社会的压力使他们感到焦虑和烦恼。有的在自卑感和不圆满感的驱使下,产生妒忌心理;有的对无休止的学习与竞争表示厌倦。

知识链接

完美主义(perfectionism)

完美主义是超常儿童身上普遍存在的特征。克拉克(B. Clark)从三个维度对完美主义进行了定义:①对自我要求的完美主义:对自己的表现设立高标准,对自己完成任务的结果极其挑剔,甚至因此而感到抑郁、焦虑;②来自社会的完美主义:感到他人对自己设立的标准很高,而且觉得为了取悦他人必须要达到这些标准,因而可能产生逃避、被动的攻击倾向、焦虑和习得性无助;③他人方面的完美主义:为自己身边的他人设立很高的标准。完美主义可分为健康的完美主义和不健康的完美主义。

健康的完美主义包括以下几个特征:第一,对秩序感和组织感的强烈需要;第二,对错误的自我接纳;第三,父母的高期望;第四,处理完美主义倾向的积极方式;第五,身边没有不断

① 邹枝玲,施建农,恽梅,等.7岁超常和常态儿童的信息加工速度[J].心理学报,2003(4):527-534.
② 张炼.国外超常儿童的认知发展研究综述[J].中国特殊教育,2004(7):75-79.

追求最完美自我的"榜样";第六,将个人努力视为完美主义的重要部分。

不健康的完美主义包括以下几个特征:第一,对犯错误感到焦虑;第二,对自己的要求极高;第三,对他人对自己的期望和批评反应过度;第四,怀疑自己的判断力;第五,缺少处理完美主义的有效方式;第六,需要不断地被肯定①。

三　超常儿童的个性发展特点

(一) 超常儿童个性发展的一般特点

超常儿童个性发展的速度比常态儿童快,个性发展的水平也明显较高。从总体上看,超常儿童的社会适应性好、情绪稳定、意志坚强、喜欢而且善于开展智力活动、动机效能高,特别是成就动机的水平比较高等②。

但有的研究表明:有些超常儿童在身心发展过程中可能出现发展不平衡、不同步的现象,这使他们的个性发展具有了"不同步发展综合征",主要表现有:

1. 运动发展与智力发展的不同步

一般来说,超常儿童的智力和运动能力都比常态儿童发展得更早,也更快。但就超常儿童本身来说,智力和运动能力的发展却出现显著的不平衡。如有的超常儿童进入小学后,能识大量的字并能很好地阅读,但却有书写困难,这就是他们超常发展的智力与运动能力发生了矛盾。因为书写能力有赖于手指、手腕等手部肌肉和运动神经的发展,所以这里有一个感觉—运动发展成熟的问题。由于他们的智力与其动作操作能力、发展水平之间的反差较大,就有可能带来个性发展和行为上的一些问题。如由于他们阅读能力发展得很快,进行阅读总能给他们带来成功的喜悦感;但是当他们书写时,就意味着失败。这样就会引起他们情绪上的困扰。长此以往,这种在书写困难上表现出来的消极态度和情绪困扰,有可能迁移到学习的其他方面,并进而影响其智力和个性的健康发展。当然这并不是说每个超常儿童都会出现这样的问题,但这是教师和家长应当充分关注的。

2. 智力的不同方面发展的不同步

超常儿童的智力发展水平,总体来看是明显超过了同龄的常态儿童,但就其自身的发展来说,智力各方面的发展水平是不一样的。有的超常儿童记忆能力特别突出,有的则是思维推理能力好,有的是对空间关系的知觉能力发展得特别好等。发展的这种不同步,可能带来两种后果:一是智力某方面的超常发展,可能影响智力其他方面的优异发展,从而影响整个智力。如记忆能力发展得特别好的儿童,如果家长和教师不注意锻炼、发展他智力的其他方面,而他本人又在智力活动中过多地依赖记忆能力,日久天长,超常发展的记忆能力就会在

① 苏雪云,张旭. 超常儿童的发展与教育[M]. 2版. 北京:北京大学出版社,2016:122—123.
② 查子秀. 超常儿童心理学[M]. 2版. 北京:人民教育出版社,2006:198.

一定程度上抑制抽象思维能力的发展。另一结果是可能造成过早的定向发展,而影响以后智力水平的进一步提高和成才,最终会影响他们个性的健康发展。

3. 智力和情绪发展的不同步

超常儿童智力的超常发展,不会必然导致他们情绪的早熟。因为他们阅读丰富、见多识广、思维灵活,因此有些看法、见解已经成人化,会有很多的成人行为,但他们的情感却还是儿童的。这就给家长和教师带来了麻烦,既不能完全像对待孩子那样对待他们,以免伤害他们的自尊心,又不能真的像对待成人那样来对待他们,因为他们毕竟还是孩子。

这种智力和情绪的发展不同步在超常儿童身上可能会表现为一种情绪敏感性。心理学家认为,这种情绪敏感性具有双重性:一方面可以增加他们的智慧财富;另一方面,如果走向极端的话,就会形成真正的神经过敏,会导致各种各样的甚至是连锁性的不良反应。例如,有些超常儿童对批评过于敏感。为了保护自身的完美形象,他们有时就会采取各种心理防御手段,如与众隔离、压抑、不敢冒险尝试等[1]。

4. 儿童行为和社会要求的不同步。

这个不同步可以说是前面提到的三个发展不同步的综合表现。一方面,社会对超常儿童的要求总是全面的、偏高的;另一方面,超常儿童的各方面发展又是不平衡的。这种矛盾表现在超常儿童的外显行为上,就可能出现一定程度的适应困难,并在内心中体验到情绪困扰和不安[2]。如果出现这样的情况,必然会使他们的个性得不到健康发展。

(二) 超常儿童个性发展的年龄特点

超常儿童和常态儿童一样,他们的个性发展也有年龄方面的特征。由于前面提到的几个发展不同步,他们常常会表现出"半成人、半孩子""半成熟、半幼稚"的特点。

1. 学前超常儿童的个性发展特点

国内学者陈帼眉等人研究了学前超常儿童的个性发展特点,发现学前超常儿童既有和同龄儿童相似的一些特征,例如活泼好动、喜欢玩耍和娱乐等等;又有一些个性特征明显地和常态儿童不同,表现突出的是主动性、坚持性、自制力、自尊心、自信心和个性的某些情绪特征,学前超常儿童的这些特点的发展水平高于常态儿童[3]。研究同时还发现,学前超常儿童的个性特征处于比较稳定状态,而且稳定于良好品质一端。儿童发展心理学认为,幼儿期是个性初具雏形的时期,幼儿身上的一些个性特征往往是不稳定的。然而超常儿童的这些个性特点在幼儿时期就比同龄幼儿稳定,这说明学前超常儿童在个性方面比常态儿童早成熟。超常幼儿个性的稳定性比较高这一特点,还暗示着童年期的某些个性特征(或品质),预示着未来成就的方向,这可以看作成就品质的早期显露。而这些品质作为超常幼儿的个性特征又比较稳定,这就赋予了超常教育,特别是早期教育以特

---

[1][2] 查子秀. 超常儿童心理学[M]. 2 版. 北京:人民教育出版社,2006:202 - 203.

[3] 陈帼眉. 超常儿童的个性特点//怎样培养超常儿童[M]. 西安:西安交通大学出版社,1987:17 - 26.

殊的意义[①]。

2. 小学超常儿童的个性特点

小学超常儿童,同样具有自身的个性特点。超常小学儿童比同龄的常态儿童更喜欢独立地进行智力活动,在独自作业的情景下往往反应良好。他们有更旺盛的求知欲望和广泛的认知兴趣,他们比同龄小伙伴更善于自我定向,喜欢有较长的自由支配时间。当他们确定了行动目标之后,就会以坚韧不拔的精神克服各种困难,以达到最终目的。虽然这种坚持性不时会带有一种孩子的稚气,但是这种毅力却远远超过了同龄的常态儿童,而成为超常儿童明显的个性特征[②]。

(三) 超常儿童个性发展的性别特点

现在人们都认同,儿童的性别差异除了生物学基础之外,更多是其受到了所处的社会文化环境的影响。不同的文化对于两性的行为模式和期望会有一些固定的模式。一些取得巨大成就的超常发展人物之所以能充分发挥潜能,并取得成功,与他们具备某些个性特征有关。这些特征主要是高度发展的独立性、自信心和探索心等。而这些有利于超常发展的特征,传统上被认为是属于男性的。这样的"性别角色定位"非常有利于超常男孩的发展,而对超常女孩不利。当超常女孩摆脱传统的性别角色定位羁绊,具备这些个性特征,同时保持女性的某些特征(如交际性、适应性等),那么她们也能很好地发挥潜能并取得成就;如果不具备这些个性特征或者在以后的发展中又丧失了这些特征,则会影响她们取得好的成就。但是当超常教育采取特别措施,如鼓励她们的信心,使她们相信自己的特殊才能,克服传统的刻板化性别角色观念,即从个性上加以培养和要求,那么她们也有相同的机会取得更大的成就[③]。

另外,国外的研究发现,超常儿童中的"两性型",即男孩具有一定程度的女性个性特征,女孩具有一定程度的男性个性特征,将更有利于儿童的个体发展[④]。

知识链接

托尼·施玛德和迈克尔·约翰斯(Michael Johns)设计了一系列巧妙的实验,展示了工作记忆和刻板印象威胁之间的联系。他们选择学术能力评估测试(Scholastic Assessment Test,SAT)数学分数高于500且知晓"女性比男性数学差"这一成见的女性作为被试。在进行工作记忆测试前,一位男性试验者告诉部分女性被试,测试成绩或被用来判

① 苏雪云,张旭. 超常儿童的发展与教育[M]. 北京:北京大学出版社,2011:129.
②④ 查子秀. 超常儿童心理学[M]. 2 版. 北京:人民教育出版社,2006:208,212－213.
③ 苏雪云,张旭. 超常儿童的发展与教育[M]. 北京:北京大学出版社,2011:130.

定"数量能力"的性别差异。根据回忆词语的数量可以判断,收到以上任务说明的女性被试的工作记忆能力下降,低于被告知该测验目的仅在于测量工作记忆的女性被试。第二项研究针对的是拉丁裔人口,也得到了类似的发现。第三项实验中发现,女性在面临威胁情形时工作记忆的降低是解释其数学测试成绩降低的关键因素①。因为刻板印象威胁会导致女性过于关注别人对自己的看法,怀疑自己的能力,对自己的期望降低,同时与数学相关的消极想法增多,这消耗了宝贵的工作记忆资源,导致她们的数学测试成绩降低。

第二节　超常儿童的学习

一　超常儿童的鉴别

要为超常儿童提供适当教育,促进他们的学习,前提条件是发现和鉴别出这些超常儿童。家长和教师在发现超常儿童中起着很重要的作用。家长和教师发现有的儿童某些方面明显超出常态儿童后,可提请学校或有关机构进行鉴别。

目前国内外对超常儿童的鉴定主要是从智力、成就、创造能力、非学术领域、非智力因素等方面来进行综合评估。一般采取的是把智商测试和创造力测验的结果和其他标准结合,如行为等级量表、艺术作品或创作的文章、科技项目的照片,父母、教师提供的其他材料等。

(一) 智力测量

不能单纯地根据智力测验的结果来判断超常儿童,但智商偏高是其主要特征之一。因此,在超常儿童的鉴定过程中,智力测验是常用的方法。我国应用范围较广的是韦克斯勒儿童智力量表、鉴别超常儿童认知能力测验等。这里简要介绍韦克斯勒儿童智力量表。

目前韦克斯勒儿童智力量表的最新版是第四版。测试用时 60～85 分钟,测试对象是 6 岁至 16 岁 11 个月的儿童。测试包括 10 项核心分测验和 5 项补充分测验,计算时由 4 个指数合成全量表分。这 4 个指数分别是语言理解指数、知觉推理指数、工作记忆指数和加工速度指数。

韦克斯勒第四版中文版的修订由北京师范大学张厚粲教授主持完成,目前已在全国应用。该量表修订过程科学严谨,修订质量达到美国原版的水平,并提供了众多信度和效度证据。其中总智商的分半信度系数为 0.97,四个指数的分半信度系数在 0.87～0.94。量表的

---

① 考夫曼. 绝非天赋[M]. 林文韵等,译. 杭州:浙江人民出版社,2017:142-143.

内部结构、效标参照等多方面的数据证明该量表具有优良的效度①。

(二) 成就测量

对儿童来讲,成就测量包括一些与学业成就和学术潜能有关的测量。例如,一些正式的标准化测试、统一考试测试和学科测试等,都可作为成就测量的工具。

国外比较著名的成就测试有斯坦福系列成就测验、考夫曼教育成就测试第二版等。这里简要介绍斯坦福系列成就测验。

1992 年出版的斯坦福系列成就测验是最早的综合性成就测验,由斯坦福早期学校成就测验(Stanford Early School Achievement Test,SESAT)、斯坦福成就测验(Stanford Achievement Test,SAT)和斯坦福学业技能测验(Test of Academic Skills,TASK)组成。这三套测验都是团体施测的综合成就测验,其中 SESAT 适用于幼儿园儿童至一年级的学生,SAT 适用于一至九年级的学生,TASK 适用于九至十三年级(社区学院)的学生。目前 SAT 已经更新到了第十版。在该版中编制者取消了时间限制,并且加入了知名儿童作家所写的诗歌和原创作品等。斯坦福成就测验分为 13 个水平,即 13 个年级,每个水平包含了数量不等的分测验,每项测验都涵盖了基础理解和思考能力两个认知过程。分测验包括阅读、数学、语言、拼写、听力、科学、社会科学②。

(三) 创造能力测量

创造能力是一种独特的创新和解决问题的能力。关于创造能力测验,著名的有南加州大学发散性思维测验、托兰斯创造性思维测验。这里简要介绍南加利福尼亚州立大学发散性思维测验。

美国南加利福尼亚州立大学教授吉尔福特等在研究智力结构理论中发展并编制的发散性思维测验,主要用于测量发散性思维。适用年龄为初中以上。

本测验分别从语义、符号、图形三个方面来测量发散性思维的三个主要特征:流畅性、变通性和独特性。本测验共包含有 13 项分测验,其中第 1～9 项要求言语反应,第 10～13 项分测验要求非言语反应。

南加州大学发散性思维测验在全世界被广泛应用,并被作为其他发散性思维测验的编制蓝本。我国华东师范大学曾对本测验作适当修订后进行研究,并对 3～6 岁幼儿进行测量(原测验年龄要求为初中以上)。本测验的主要缺点为测验的信度和效度均不够理想③。

(四) 非学术能力的测量

有些超常儿童在音乐、绘画、表演艺术、运动技巧等方面有出众的才能。目前关于音乐、

---

① 李毓秋. 智力超常儿童韦氏儿童智力量表第四版分数模式及其认知特性的初步研究[J]. 中国特殊教育,2009(4):47-51.

② 苏雪云,张旭. 超常儿童的发展与教育[M]. 北京:北京大学出版社,2011:60.

③ 周家骥. 心理测验分类介绍(六)[J]. 现代特殊教育,1996(5):19-20.

绘画、表演艺术等方面能力的鉴别,虽然国外有一些评估和鉴别工具,但测验的内容非常专业化,因此多半只能通过非常有经验的专业人员通过共同观察和集体评分的方法来测量和评估。另外,涉及这些能力的成果,如作品、比赛获奖等,也可作为成就测量的资料。

研究人员在这些领域编制了一些鉴别量表,如桑代克编制的书法、绘画等测验,推孟编制的机械能力测验,我国研究者余子夷编制的书法测验量表等。这里将介绍两项在美术和音乐领域著名的鉴别工具,即梅尔艺术测验(Meier art tests)和西肖尔音乐才能测验(Seashore measure of music talent)。

1. 梅尔艺术测验

梅尔艺术测验分为艺术判断和审美知觉两个分测验。

艺术判断测验包括100对不着色的图画,内容有风景、静物、木刻、东方画、壁画等,每对图画中的一幅是名画的复制品,另一幅是模拟名画,但在技巧或结构方面稍加改动,比原作差。让被试在两者之中挑出他认为较好的一幅(见图17.1)。这些图画的好坏标准是根据25位艺术专家的意见决定的。其中有些较难判断,其得分比其他的多。被试选择正确的图画所获得的分数即为其成绩。测验的常模分为初中、高中、成人三组,采用百分位数,常模团体是上美术课的学生。分半信度系数在0.70~0.84。艺术判断测验的分数与艺术课程的成就和艺术创造力评定的相关在0.40~0.69。

图 17.1　梅尔艺术鉴赏测验例题

审美知觉测验包括50道题目,每题为一件艺术作品的四种形式,每一种形式相对于另外三种在比例、整体性、形状、设计及其他特征上有所不同,要求被试按其优劣排出等级[①]。

2. 西肖尔音乐才能测验

在20世纪20年代和30年代,艾奥瓦大学的卡尔·西肖尔(Carl Seashore)及其同事对音乐能力进行了开创性的研究,从而产生了最早也是最为突出的音乐能力测验(1939)。与后来发展出的音乐测验比较,西肖尔测验的刺激材料主要是一系列音乐调式或音符,而后来的测验多采用有意义的音乐选段。该测验的刺激由唱片或磁带呈现,每一项目共有两个音

---

① 黄元龄. 心理及教育测验的理论与方法[M]. 台北:大中国图书公司,1987:313-315.

或两个音阶,测量被试音乐能力的六个要素是:

① 辨别音调的高低;② 辨别音强的高低;③ 辨别节拍;④ 辨别时间的长短;⑤ 辨别音色或音质;⑥ 音调的记忆。

每一项目的音阶差别开始时显著,随后越来越细微。没有音乐才能的人,仅能区分显著的差别,不能区分细微的差别。这个测验偏重于听知觉方面。唱片共有两套,分别用于测量专攻音乐和非专攻音乐的人。测验成绩不以总分计算,而以 6 种能力的剖析图作为取舍的依据。该测验适用于小学生到成人,每个测验约需 10 分钟。分半信度为 0.55~0.85。

(五)非智力因素的测量

由中国科学院心理研究所等组成的中国超常儿童研究协作组,经过近五年的协作、研究,编制出"中国少年非智力个性心理特征问卷""小学生非智力个性特征问卷"和"学前儿童非智力个性特征测验"等三套测查工具,可测查 4—15 岁儿童的非智力个性特征。

"学前儿童非智力个性特征测验"由北京师范大学等组成的中国超常儿童研究协作组学前儿童个性组,编制完成。测验由问卷测查和心理实验两部分构成。适用年龄 4—6 岁。问卷共包括 24 个测题,测试六项与智力发展有密切关系的非智力个性特征,即主动性、坚持性、自制力、自信心、自尊心和性格的情绪特征。问卷由熟悉幼儿的教师和家长填写,要求作等级评分,由低到高分别记 1~5 分。

实验部分是通过儿童在完成智力任务中的表现,来直接取得与智力活动有关的个性特征的资料。通过对问卷和实验结果的综合分析来评定幼儿的非智力个性特征。本测验在全国许多城市进行,取得了很好的效果[①]。

二   超常儿童的学习

(一)超常儿童的学习特点

1. 学习效率高,潜力大

超常儿童在认知方面具有优势,他们通常能在更短的时间内获取更多的知识,更好地掌握技能。他们在学习上表现出优异的理解力和领悟力,通常一点就通,善于举一反三,学习速度快、效果好。

他们的学习能力还具有极大的潜力,能耐得住强压,在学习时间紧、学习任务重的情况下仍能很好地完成学业任务。

2. 学习主动,自觉性强

超常儿童对于知识的渴求高于常态儿童。他们往往不会停留在家长、教师的要求上,而

---

① 周家骥. 心理测验分类介绍(五)[J]. 现代特殊教育,1996(4):19－20.

会根据需要,或者结合自己的兴趣爱好,主动进行学习和探索。他们会主动利用和创造各种有利条件,满足自己的求知欲和探究欲,同时丰富自己的知识,提高技能。

3. 有良好的学习习惯

超常儿童通常有良好的学习习惯,这是他们学习效率高的原因之一。他们一般都有一套适合自己的学习方法。虽然他们的学习方法各异,但他们都表现出学习目标明确、学习计划安排合理等特点。这使他们能更快、更好地学习。另外,他们通常具有较高的元认知技能,拥有并能有效利用有关学习方法和学习策略方面的知识,并能有效监控自己的学习过程,从而达到特定的学习目的。

4. 存在知识上的缺陷

不少超常儿童靠自学完成一部分学习任务,有的还经历过跳级,因而在知识上存在一些问题或弱点,如知识结构不够全面、知识有断层等。一些超常儿童在学习过程中重视数、理、化等课程的学习,对语文、历史等课程学习不够。虽然他们读书较多,可以了解和掌握一些文史知识,但知识不够系统、全面①。

(二) 超常儿童特异能力的发展与特异技能的学习

超常儿童都或多或少地拥有特异能力,如数学能力、文学能力、音乐能力、绘画能力、运动能力、舞蹈能力等。超常儿童各种特异能力的发展都是有一定规律的。只有在遵循规律的前提下为超常儿童创设各种有利的学习条件,并通过超常儿童自身的勤奋学习,才能推动特异能力的快速发展,才能促进特异技能的学习。

下面通过重点介绍超常儿童数学能力的一般发展趋势和数学技能的学习,对特殊技能的学习进行说明。

1. 超常儿童数学能力的发展

儿童的数学能力是在儿童从事有关数学活动,学习数学知识,掌握数学概念、法则、定理的过程中逐渐发展起来的。

数学超常儿童与常态儿童在数学能力的发展方面有共同性,也存在明显的特殊性。我国学者孙吕识和姚平子追踪研究的超常儿童中有一部分(约占 1/4)是数学天赋超常、出众的儿童,根据对他们数学才能发展的调查和追踪研究资料的整理,可以大体看到他们数学才能发展的趋势。

(1) 幼儿期(六七岁以前)。有数学天赋的超常儿童多数在 2—3 岁就表现出对认数、计算的极大兴趣。他们在日常生活和游戏中逐渐认识了客观物体的数量和形体关系。借助实物和表象进行数的组成与分解,较早发展了数的稳定性,学会了加减运算;这类幼儿的一个突出特点是心算能力很强,如郑某 4 岁多能心算万以内加减,一位数乘两位数乘法;李某 5 岁多能心算 6 位乘 6 位的数,他们喜欢并主动要求家长教他们算术。大多数 4—5 岁就掌握了基本的数概念、学会了整数四则运算。

① 苏雪云,张旭. 超常儿童的发展与教育[M]. 北京:北京大学出版社,2011:193.

（2）儿童期（七—十一二岁）。有数学潜力的儿童进入小学后，通过对数学的正规、系统学习，不但能较快地掌握加、减、乘、除概念系统，较快地掌握运算方法，而且学习轻松、成绩优异。他们在数学课上一般都感到"吃不饱"，课外如饥似渴地寻找数学参考书看，找难题做。多数在课外有计划地超前自学了高年级的数学。例如，陈某某，5岁多，已掌握万以内加减法，两位数的乘法。五岁半进小学一年级，同时课余自学小学数学课本，第一学期学完小数、分数、带分数，第二学期学完有理数、代数、因式分解、比例等。9岁多学完了初中数学①。

2. 超常儿童数学技能的学习

根据国内外关于数学超常儿童的文献资料发现，他们的数学能力获得顺利发展及数学技能学习取得成功的因素中，既有个人因素，也有环境因素、教育因素。具体来说包括以下方面：

（1）个人因素。除了学习主动自觉、学习习惯良好、元认知水平较高外，数学超常儿童大都有极强的学习兴趣，对学习异常专注、执着。

数学超常儿童大都有极强的学习兴趣。爱因斯坦说过："兴趣是最好的老师。"多数数学超常儿童从小就对数学有浓烈的学习兴趣。兴趣是他们学习数学的最大动力。他们对数学的兴趣，通常在少年时期会逐渐发展为对数学或与数学密切相关的理科专业的特别偏爱，并逐渐在心中形成理想。例如，10岁考上小学超常少儿实验班的范某某，在理想中写道："我从小就喜欢数学，想将来当个数学家。"

数学超常儿童大都对学习异常专注、执着。数学超常儿童学习数学时异常专注，不容易受外界因素干扰。他们在学习中遇到困难时从不放弃，总是积极想办法克服困难、解决问题。数学超常儿童陶哲轩在上学期间，如果课堂上学的知识半懂不懂，解答问题不准确时，就会感到十分烦恼，不搞清楚绝不罢休。即便是一些很简单的问题，他也会花大量时间去反复思考，直到彻底理解，然后继续向更高的层次进发。这种执着有助于他对数学课题的深入研究，所以他在研究数学问题时，从不为周边环境影响，专注力惊人。

（2）环境因素。数学超常儿童大多有较好的学习数学的环境，如能较早接触到数学这个领域；家中有一定数量的数学书，或者能借到数学书，有的甚至享有自家的图书馆，如数学家莱布尼茨；多数父母文化素质较高，可以从父母处获得一定的指导；父母重视孩子的发展环境，努力给孩子创造良好的环境条件；父母大都表现出自强不息、好学上进的性格，这样的环境有利于超常儿童的成长；在教育机构获得教师的重视；有的被置于适宜成长的环境中，如在我国有的数学超常儿童进入中国科技大学少年班等。

（3）教育因素。家长发现孩子在数学方面的潜能后，大力支持孩子学习数学，通过多种途径帮孩子搜集数学知识和信息，如帮孩子购书、借书；有能力的家长积极对孩子提供一定的指导；有些家长为孩子请家庭教师；积极争取让孩子早进学校学习数学；经常鼓励孩子等。

---

① 中国超常儿童研究协作组. 智蕾初绽——超常儿童追踪研究［M］//查子秀. 超常儿童心理学. 2版. 北京：人民教育出版社，2006：275.

数学超常儿童所在幼儿园或学校的教师在获悉超常学生有数学天赋后,能制订特殊的教育计划,因材施教;经常鼓励他们,激发他们进一步学习数学的动机;有的教师把数学超常学生推荐到高年级学数学;或者帮助联系接纳超常儿童的教育机构或学校,以便超常学生能进入一个更利于发展数学才能的环境,接受更好的教育训练等。

超常儿童其他特异能力的发展与数学能力的发展一样,既与常态儿童有一些共性,也有自己的特殊性。总的来看,这种特殊性主要体现在超常儿童的特异能力发展得更早、更快,发展程度更高。而导致超常儿童其他特殊技能的学习比较顺利的因素,与影响数学超常儿童数学技能学习的因素基本相同,包括上述的个人因素、环境因素、教育因素。

但也有部分超常儿童特异技能的学习并不顺利,影响了其特异能力的发展,导致这种结果的原因主要有:家庭环境不佳;家长对孩子的发展缺乏关注、不够重视;家长和教师没有提供适当的教育;成长过程中认为学习枯燥,积极性受到影响,进取心下降等。

第三节　超常儿童的学习训练

超常儿童的特殊才能是在先天素质的基础上,通过教育的培养、自身的勤奋学习,以及儿童参加某种专门的实践活动而逐渐发展起来的。有目的、有计划地对超常儿童进行学习训练,可大大促进超常儿童的发展。

一　超常儿童学习训练的主要途径

(1)学校是超常儿童进行学习训练的主要途径。教师是学校中对超常儿童进行学习训练的主要力量。教师应针对超常儿童的特点和特长制订特殊的学习训练计划,因材施教,为超常儿童特殊才能的发展打好坚实基础。

(2)家庭对超常儿童的学习训练责任重大。家长在了解了孩子的潜力或特长后,应根据孩子的特殊才能的类型,有针对性地制订适当的学习训练计划,利用课余时间,有计划地指导孩子自学、训练。如有些儿童在家长或家庭教师指导下,系统自学高年级数学,数学才能突出发展;有些儿童自觉主动练习绘画、书法,在书画竞赛中连连获奖,从而脱颖而出等。家庭的另一作用是根据孩子的潜能,为孩子提供进行学习训练、发展特殊才能的条件,如联系业余特长班(校),请指导老师,以及在学习上提供必要的物质和精神支持等。

(3)社会上为发展儿童的各种特殊才能创办的各种培训机构,如数学学习班、音乐班、绘画班等,它们也能够对超常儿童进行相应的学习训练。这些培训班一般都有相应专长的教师提供指导。让超常儿童进入相应的培训机构,可使他们获得有计划的学习训练,使他们的特殊才能获得更快更好的发展。

二 超常儿童学习训练的主要方式

（一）个别化学习训练

因为超常儿童属于异质性极强的群体，即使智商相同或年龄相同，个体间仍存在极大的差异，如兴趣不同、特异能力不同、学习方式偏好不同、个性也存在差异等，所以应进行个别化的学习训练。个别化学习训练是因材施教的重要体现。个别化学习训练时，应根据每个超常儿童的能力、需要和特点制订个别化训练计划，安排训练内容、进度等。

（二）差异学习训练

差异学习（differentiated learning），一般是指在同一教室内，根据儿童掌握、加工和理解学习内容的差异，来选择不同的学习材料和方法，以满足不同能力水平儿童的需要。教师应根据超常儿童的现有发展水平、兴趣、学习方式偏好来进行差异学习训练，促使每一个超常儿童获得相应的发展。

（三）自主学习训练

自主学习在语言学习、成人教育等领域被广泛应用。美国心理学家齐莫曼（Zimmer-man）认为，只要学生在元认知、动机和行为三方面都是积极的参与者，其学习就是自主的。元认知指的是学生能够在学习的不同阶段进行自我反思，包括计划、组织、自我指导、自我监控和自我评价；动机是指学生从被动的学习变成主动的求知者，由"要我学"变成"我要学"，视自己为有效的自律者；行为是指学生能够自主创设有利于学习的最佳环境。[①]

超常儿童一般具有较强的自主学习能力和解决实际问题的愿望。自学能力是促进他们获得超常发展的重要条件，而且他们也偏好进行独立自主的学习。在自主学习的训练中，教师应该鼓励超常学生积极思考，自主学习，通过学生自身的探究，去发现问题和解决问题；同时教师要给予科学的指导和监督。教师的训练目标应该包括，加强学生自学能力的培养，教给学生学习方法，使学生懂得怎样对待学习、怎样学习，掌握独立获得知识和技能的方法。

（四）兴趣小组学习法

国外非常强调超常儿童有机会与能力相当的伙伴一起学习。我国目前采用"特殊班级"的安置方式，只有少数学校有实验班，多数超常儿童是在普通班级就读，而且即便在实验班

---

① 张勇，潘素萍．齐莫曼的自主学习模型理论与启示［M］//苏雪云，张旭．超常儿童的发展与教育．北京：北京大学出版社，2011：201.

内,不同的超常儿童也有不同的兴趣爱好、才能领域。在现有的教育体制内,组建兴趣小组是发展超常儿童才能的一个较为常用的方法。当然,这个方法也要科学合理地运用:首先,要基于超常儿童自己的选择,以超常儿童自身的发展和兴趣为出发点来组建学习小组;其次,小组的学习训练应该是以发展兴趣、培养超常儿童的综合素质为目标;再次,小组的学习训练过程中,要指导儿童如何开展独立学习和合作学习,培养儿童的创造力和问题解决能力等①。

三　超常儿童学习训练应注意的方面

(一) 发现超常儿童的潜能所在,因势利导

每个超常儿童特异能力的类型和特点是不同的。首先要发现孩子可能具有哪方面的特殊才能。只有深入了解孩子具有哪方面的潜能,然后才能有针对性地为他们提供适合的条件,因势利导,给予相应的学习训练,才能有效地促进其发展。

(二) 正确处理好特殊才能与全面发展的关系

研究表明,超常儿童智力和才能的超常发展和优异成就的取得,不仅取决于他们的聪明才智,还取决于是否具有良好的个性和品德等。所以在针对超常儿童的特长进行学习训练时,不应忽视其他方面的发展,而应贯彻全面发展的教育方针,使他们德、智、体等方面获得全面发展。

(三) 进行学习训练应考虑儿童的年龄特征

超常儿童特殊才能的形成有其规律,在不同年龄时期表现出不同特点。因此,在对他们开展学习训练时应遵循其发展规律,考虑不同年龄阶段的特点。不能因他们特殊能力超常,就忽略了他们的年龄特点,否则将难以收到好的效果。例如绘画,七岁前训练孩子绘画的技能、技巧,效果不会很明显。而八九岁以后则不同,他们学习、掌握技能技巧的兴趣和能力日益增长,这时如果得不到鼓励和满足,绘画才能就不能进一步提高,儿童对绘画的兴趣和信心就有可能衰退,绘画才能的发展可能由此夭折。如果他们学习掌握了前人的创作方法、技巧,创作成果获得较高的评价,他们对绘画的兴趣会日益增长,以至于逐渐成为自己终身追求的事业。

(四) 特殊才能必须掌握的技能技巧要反复进行学习训练

任何特殊才能都有需要掌握的技能技巧。不仅体育运动才能有需要训练的运动技能技巧,乐器演奏需要掌握弹奏技巧,数学运算也要遵循数学问题解决的技能……各种才能的技

---

① 苏雪云,张旭. 超常儿童的发展与教育[M]. 北京:北京大学出版社,2011:204.

能技巧不可能自然而然地形成,而是需要在掌握这种技能技巧的实践活动中,通过反复的学习训练才能形成。

四 对超常儿童进行学习训练的案例

(一)案例一:超常儿童陶哲轩

1. 个案简况

陶哲轩,华裔澳大利亚籍,早在幼儿时期,陶哲轩就显示出过人的智商和极高的数学天赋。不到 2 岁时,陶哲轩就在看儿童剧《芝麻街》时自学了英文字母。父亲发现,玩写有字母和数字的积木时,陶哲轩会把积木块按照字母顺序和数字顺序排列,而且不久后还能用数字作简单的加减法。在 2 岁的时候,对数字非常着迷的他还试图教比他年长的孩子用数字积木进行计算。研究天才教育的新南威尔士大学教授米那卡·格罗斯经过正规的测试证明:陶哲轩的智商高达 221。

2. 学习训练

(1)家庭方面。父母发现陶哲轩有超常的数学潜能后,积极创造条件,满足他的学习需要。3 岁半时,父母把他送进一所私立小学,尽管他的智力明显超过班上其他孩子,但不知道怎么与比自己大两岁的孩子相处,而学校的老师面对这种状况也束手无策,因此父母让他退学了,然后把他送进了幼儿园。在幼儿园阶段,母亲指导他提前学完了小学数学课程;还积极买书、借书,满足他的求知欲;母亲更多的是对他进行启发,而不是进行填鸭式的教育;经常鼓励他,增强他学习数学的动机;父母让其加入南澳大利亚超常儿童协会,接受专门针对超常儿童的零星教育,这个项目由澳大利亚的教育机构发起,每个星期六对超常儿童进行有计划的特殊教育;当他升入中学后,父母没让他提前升入大学,而是希望他全面发展,希望他在科学、哲学、艺术等各个方面打下更坚实的基础。

(2)学校方面。5 岁生日过后,陶哲轩再次迈进了小学的大门。学校为陶哲轩提供了灵活的教育方案,比如刚进校时,陶哲轩和二年级孩子一起学习大多数课程,数学课则与 5 年级孩子一起上;后来该校长意识到小学数学课程已经无法满足陶哲轩的需要,在与他们夫妇讨论之后,他成功地说服附近一所中学的校长,让陶哲轩每天去中学听一两堂数学课。陶哲轩 8 岁半升入中学。9 岁半时,他有三分之一的时间在离家不远的弗林德斯大学学习系统的数学和物理知识。12 岁起,墨尔本大学卓越数学教育国际中心主任加思·高德利(Garth Gaudry)教授每周三的下午都会和他见面,讨论数学问题。

3. 训练效果

在家庭、学校、关注陶哲轩的数学家和他本人的努力下,陶哲轩的数学才能获得了超常发展。他超常的数学才能有不少表现,如他在 8 岁零 10 个月时,曾参加一项数学才能测试,取得了 760 分的高分。该项测试在美国十七八岁的学生中只有 1% 能够达到 750 分,而 8 岁的孩子里面还没有人超过 700 分。再如,他 11 岁、12 岁、13 岁连续三年代表澳大利亚参加国际数学奥林匹克竞赛,依次获得铜牌、银牌、金牌,是迄今最年轻的金牌获奖者。

(二)案例二:超常儿童杨夏男

1.个案简况

杨夏男幼时记忆力很强,善于模仿,对音乐非常敏感,对节奏感强的东西掌握得特别快,有艺术潜质。

2.学习训练

(1)家庭方面

首先,发现孩子的优势,创造适合发展的条件。为了把孩子对音乐的敏感转化为特长,挖掘音乐潜能,父母在她不满两岁时教她古诗词;后来节衣缩食买钢琴,支持她学钢琴;全力支持她学舞蹈。

第二,启发孩子的兴趣。在学习中引导她的兴趣非常重要,尤其是不愿意学习的时候。比如,她四五岁的时候,弹一首非常简单的曲子《唐老鸭有一个农场》。她在弹,父亲就学着唐老鸭走路,逗得她哈哈笑。

第三,让孩子体验成功的乐趣。获得成功的体验对一个人的发展很重要。为了让她体验到成功,父母在客厅里给她布置了一个荣誉墙。比如学舞蹈到了什么进度或在学校获得的奖状都集中到那儿,让她觉得有成就感,激发她的自豪感。

第四,严格要求。母亲每天陪她练习,要求非常严。定好的目标一定要达到,承诺的事情一定要做到。碰到困难时,教育引导孩子克服困难,并且让她懂得做事要持之以恒。

第五,适当的夸奖和鼓励。俗话说"好孩子是夸出来的",特别是当着众人的面夸奖和鼓励,更能够起到事半功倍的效果。所以每到公开的场合,爸爸妈妈都会给杨夏男留足"面子",从来不吝惜赞美之辞。

(2)在"银帆"艺术团。在杨夏男考入"银帆"艺术团后,指导老师对她进行了系统和正规的舞蹈训练。指导老师王老师非常严格,他对杨夏男的指点多、批评也多。在授艺过程中,他发现杨夏男非常聪明,领悟能力很强。在他的指导下,再加上杨夏男能吃苦,勤学苦练,进步很快。后来在老师的信任和指点下,她在《希望之花》中平生第一次领舞,表演非常成功,她的才华获得了充分的展露,在观众心目中留下深刻的印象。此后,在"银帆"的每一场舞蹈演出中,她都担任领舞的角色。在20世纪90年代初,恰逢中国第一次筹备申奥,王老师等人不失时机地创作了一支独舞——《童心盼奥运》,选择他们器重的年仅八岁的杨夏男表演,获得了巨大成功。

(3)在人大附中超常教育实验班。杨夏男从小学三年级考到人大附中超常教育实验班,老师们很重视对超常儿童因材施教,使他们的潜能得到挖掘,综合素质得到提升。虽然杨夏男尽量调配时间,力争做到学习与训练两不误,但还是经常遇到训练、演出的时间与上课发生冲突。尊重个性发展的刘校长特批她可自己掌握时间。当外出演出或参加一些活动后,学校会专门给她安排,比如补考及补足需完成的作业。

人大附中的领导和老师不仅重视杨夏男发展舞蹈特长,而且对其他方面也不放松要求,重视全面发展。在他们的指导、帮助和鼓励下,再加上杨夏男本人的勤奋刻苦,她的学习成绩在班级一直很优秀,从来都是前三名。无论是她热爱的舞蹈还是钢琴,都没有拖她学习的后腿。同时,她的思想道德素质、心理素质等都获得了极大的提高。

3. 训练效果

通过家庭、学校和校外机构的努力,杨夏男在舞蹈、钢琴等方面的艺术潜能获得了极大的挖掘,艺术才能获得了极大的提高。她的才能也获得了人们的证明和认可,获得了北京市舞蹈比赛一等奖、中央电视台青少部优秀演员一等奖等荣誉。另一方面她也获得了全面进步,为以后的发展奠定了坚实的基础。

思考与练习

1. 超常儿童的认知发展有何特点?

2. 简述超常儿童的情绪发展特点。

3. 简述超常儿童的个性发展特点。

4. 试述对超常儿童进行鉴定的内容和主要方法。

5. 超常儿童的学习有何特点?

6. 超常儿童特异技能获得发展的有利因素有哪些?

7. 如何对超常儿童进行学习训练?

本章小结

1. 超常儿童指智慧和能力超过同龄儿童发展水平的儿童。

2. 超常儿童的认知发展特点有:超常的记忆力;注意力集中,有意注意时间长;思维能力发展超前,理解及解决问题的能力强;信息加工速度快;在元认知方面,超常儿童与常态儿童相比占有优势。

3. 超常儿童的情绪特征:整体来看,表现出很多积极的情感特征,如与同龄的常态儿童相比,他们的焦虑水平更低,更容易适应;有更强的独立性;有更强的内在动力;自我接纳的程度更高;心理调适的能力更强。但也有的超常儿童存在消极的情感,如达不到目标而感到沮丧;孤僻、冷漠、急躁、自私;对无休止的学习与竞争表示厌倦。

4. 超常儿童个性发展具有的一般特点:个性发展的速度比常态儿童快,个性发展的水平也明显较高;从总体上看,超常儿童的社会适应性较好、情绪较稳定、意志坚强、喜欢而且善于开展智力活动、动机效能高,特别是成就动机的水平比较高。另外,他们的个性发展还具有一定的年龄特点和性别特点。

5. 国内外对超常儿童的鉴定主要是根据智力、成就、创造能力、非学术能力、非智力因素等方面的测验结果进行综合评估。

6. 超常儿童的学习特点：学习效率高，潜力大；学习主动，自觉性强；有良好的学习习惯；存在知识上的缺陷。

7. 影响超常儿童特异技能发展的因素主要有个人因素、环境因素和教育因素。

8. 对超常儿童进行学习训练的主要途径为学校、家庭和社会上的各种培训机构。

9. 对超常儿童进行学习训练的主要方式为个别化学习训练、差异学习训练、自主学习训练和兴趣小组学习法。

参考文献

[1] 陈东珍.学前特殊教育[M].北京:北京师范大学出版社,2011.

[2] 陈帼眉,姜勇.幼儿教育心理学[M].北京:北京师范大学出版社,2007.

[3] 陈云英.智力落后心理、教育、康复[M].北京:高等教育出版社,2007.

[4] 方富熹,方格.儿童发展心理学[M].北京:人民教育出版社,2004.

[5] 方俊明,雷江华.特殊儿童心理学[M].北京:北京大学出版社,2011.

[6] 郭力平.学前儿童心理发展研究方法[M].上海:上海教育出版社,2002.

[7] 黄伟合.儿童自闭症及其他发展性障碍的行为干预——家长和专业人员的指导手册[M].上海:华东师范大学出版社,2003.

[8] 黄昭鸣,杜晓新.言语障碍的评估与矫治[M].上海:华东师范大学出版社,2006.

[9] 雷雳.发展心理学[M].北京:中国人民大学出版社,2009.

[10] 李胜利.言语治疗学[M].北京:华夏出版社,2004.

[11] 刘全礼.残障儿童的早期干预概论[M].天津:天津教育出版社,2007.

[12] 刘新学,唐雪梅.学前心理学[M].北京:北京师范大学出版社,2011.

[13] 刘艳虹.特殊儿童病理学[M].北京:北京师范大学出版社,2011.

[14] 蒙台梭利.蒙台梭利教育法[M].霍力岩,李敏,胡文娟,译.北京:中国人民大学出版社,2008.

[15] 朴永馨.特殊教育辞典[M].北京:华夏出版社,2006.

[16] 皮连生.教育心理学[M].上海:上海教育出版社,2011.

[17] 任颂羔.特殊教育发展模式[M].北京:北京大学出版社,2012.

[18] 王和平.特殊儿童的感觉统合训练[M].北京:北京大学出版社,2011.

[19] 王辉.特殊儿童感知觉训练[M].南京:南京大学出版社,2012.

[20] 王小慧,安秋玲.教育评估的新方法:动态评估及其应用展望[J].中国临床康复,2005(40):82-84.

[21] 王小慧,张福娟.特殊儿童评估的新进展[J].中国特殊教育,2001(3):50-53.

[22] 韦小满.当前我国特殊需要儿童心理评估存在的问题与对策[J].北京师范大学学报:社会科学版,2006(1):62-67.

［23］谢弗．儿童心理学［M］．王莉，译．北京：电子工业出版社，2010．

［24］Brotherson，Cook，Erwin，et al. Understanding self – determination and families of young children with disabilities in home environments［J］. Journal of Early Intervention，2008(31)：22 – 43.

［25］Cobb，Lehmann，Newman，et al. Self-determination for students with disabilities：A narrative metasysthesis［J］. Career Development for Exceptional Individuals，2009(32)：108 – 114.

［26］Cook B G，Cook L，Landrum T J. Moving research into practice：Can we make dissemination stick? ［J］Exceptional Children，2013(79)：163 – 180.

［27］Council for Exceptional Children. What every special educator must know：the ethics，standards，and guidelines for special educators［M］5th ed. Arlington，VA：Council for Exceptional Children，2003.

［28］Diamond A，Barnett W S，Thomas J，et al. Preschool program improves cognitive control［J］. Science，2007(318)：1387 – 1388.

［29］Greenwood C R，Abbott M. The research to practice gap in special education. Teacher Education and Special Education，2001(24)：276 – 289.

［30］Hawkins R P. The functions of assessment：Implications for selection and development of devices for assessing repertoires in clinical，educational，and other settings ［J］. Journal of Applied Behavior Analysis，1979,12(4)：501 – 516.

［31］Martin J E，Marshall L H，Sale P. A 3-year study of middle，junior high，and high school IEP meetings［J］. Exceptional Children，2004(70)：285 – 297.

［32］McLennan D P. Educators as authors：Teaching beyond the classroom［J］. Early Childhood Education Joumal，2013(41)：1 – 4.

［33］Test D，Mason D，Hughes C，et al. Student involvement in individualized education program meetings：A review of the literature［J］. Exceptional Children，2004(70)：391 – 412.

读者意见反馈

为收集对教材的意见建议,进一步完善教材编写并做好服务工作,读者可将对本教材的意见建议通过如下渠道反馈至我社。

咨询电话　400-810-0598

反馈邮箱　gjdzfwb@pub.hep.cn

通信地址　北京市朝阳区惠新东街 4 号富盛大厦 1 座
　　　　　高等教育出版社总编辑办公室

邮政编码　100029

学前教师课程交流 QQ 群:69466119

责任编辑邮箱:zhangqb@hep.com.cn